DEUX ANS
EN ESPAGNE ET EN PORTUGAL
PENDANT LA GUERRE CIVILE.
1838-1840.

PARIS. — IMPRIMERIE DE FAIN ET THUNOT,
rue Racine, 28, près de l'Odéon.

DEUX ANS
EN ESPAGNE ET EN PORTUGAL

PENDANT LA GUERRE CIVILE.

1838-1840.

PAR LE BARON
CHARLES DEMBOWSKI.

> Yo quisiera morir,
> Y oir mis dobles,
> Para ver quien me diria :
> Dios te perdone.
>
> Je voudrais mourir — Et entendre mon glas funèbre — Pour voir qui me dirait : — Dieu te pardonne.
>
> *Chanson de la Manchega.*

PARIS.
LIBRAIRIE DE CHARLES GOSSELIN,
RUE SAINT-GERMAIN-DES-PRÉS, N° 9.

1841.

Ces lettres familières ont été adressées d'Espagne et de Portugal à Mesdames la comtesse de Bourke, Viscontini et Ancelot; à Messieurs Mérimée, de Stendhal, barons Trecchi et de Mareste.

L'auteur, les publiant aujourd'hui, prie ses aimables correspondants d'accepter l'hommage du livre.

Écrivant dans une langue qui n'est pas la sienne, il réclame du lecteur français quelque indulgence.

Il saisit cette occasion pour assurer les lecteurs espagnols qu'il n'oubliera jamais les preuves de bonté et de bienveillance dont il a été comblé sur le sol hospitalier de leur pays.

DEUX ANS
EN ESPAGNE ET EN PORTUGAL
PENDANT LA GUERRE CIVILE.
1838-1840.

Urdax, dernier village de la frontière française,
ce 31 janvier 1838.

Vous savez, madame, jusqu'à quel point je pèche par l'obstination ; ainsi tout ce que vous pourriez me dire sur les dangers que je puis courir à voyager en Espagne en ce moment ne m'y fera pas renoncer. L'Espagne se trouve dans une de ces crises de transformation sociale où les vieux peuples offrent le plus d'intérêt à étudier ; je pense donc que je ne saurais m'y rendre assez tôt pour observer les symptômes de la métamorphose politique qu'elle subit, et recueillir en même temps les derniers soupirs de ce délicieux roman espagnol, qui nous fait tourner la tête à nous autres étrangers, et qui ne tardera pas à mourir sous les coups de notre civilisation prosaïque. D'ailleurs, à moins de me résigner à perdre mon bagage, qui a dû passer aujourd'hui même la frontière, il m'est désormais impossible de m'arrêter en chemin. Tenez-vous donc pour battue par mes excellentes raisons, et veuillez bien me permettre d'aller vaguer jusqu'à satiété au delà des Pyrénées. En reconnaissance de votre bienveillante tolérance, je prendrai la liberté de vous adresser de fréquentes lettres, que je m'efforcerai de rendre le moins ennuyeuses possible.

Pour commencer, je vous écris celle-ci d'un coin de la

cuisine de la porte d'Urdax, au milieu d'une atmosphère de fumée, de neige et de vent ; car, pour ne pas mourir asphyxiés, nous sommes forcés de tenir ouvertes jusqu'aux croisées de l'élégant salon où l'on nous a servi à souper. Tout annonce passablement de frayeur chez mes compagnons de voyage, qui sont tous des Espagnols, et cela se conçoit, car malheur à eux s'ils tombaient entre les mains de quelque guerillero ! Le marquis ** est déguisé en prêtre mexicain, et nous l'appelons don Manoel ; le vicomte *, son gendre, passe pour son pupille ; don Miguel *, je ne sais pour quel personnage, et il n'y a que moi qu'on appelle de mon vrai nom et qui le conserve en toutes lettres sur mon passe-port français. Abrités sous le manteau d'une immense cheminée, mes amis s'entretiennent à voix basse avec des Espagnols qui émigrent de l'Aragon, des marches et contre-marches des carlistes, et des dangers du voyage que nous allons entreprendre. A l'autre bout de la salle, deux autres individus, que l'on croit être des émissaires du Prétendant, soupent en causant d'une manière non moins mystérieuse, sans faire cependant attention à un espion christino qui, son large chapeau rabattu sur les yeux, feint de dormir à leur côté et les écoute. Tout cela est triste et serre le cœur.

Pendant notre repas, les gendarmes s'étant présentés pour nos passe-ports, je me suis avisé de demander à l'un d'eux si nous trouverions à acheter de ces truites si renommées d'Urdax : « Certainement, m'a-t-il répondu avec un sourire significatif (et il faisait le geste d'avancer une pièce de monnaie) ; avec ça on obtient ici tout ce que l'on peut désirer. » En même temps j'entendais l'ancien maire d'Urdax dire à quelqu'un derrière moi : « Sans nul doute ; ouvrez la bourse et tout passera. »

Ceci vous donne à juger de la facilité que les partisans de don Carlos peuvent trouver à lui envoyer de France toute espèce de secours, d'autant plus qu'il n'y a ici que neuf douaniers et quelques fantassins pour donner la chasse à une centaine de hardis contrebandiers. Ceux-ci, avec une charge de plusieurs quintaux sur le dos, grimpent dans des endroits où jamais personne n'oserait les poursuivre. Ils sont assistés dans leurs expéditions aventureuses par de nombreux compères qui vont à la découverte. Au moindre signal d'alarme, les contrebandiers cachent leurs ballots dans des ravins, jusqu'à ce que le moment se présente d'une tentative plus heureuse....... Et voilà où en est le traité de la quadruple alliance, à Urdax du moins. Le prince de Talleyrand avait donc bien raison de dire de ce traité : qu'il n'était rien pour la France, peu de chose pour les Espagnols, mais beaucoup pour les simples.

Depuis hier, douze mulets et autant de vigoureux montagnards aragonais arrivés de Canfran nous attendent ici. Demain nous partons avec eux à la pointe du jour.

Canfran, ce 1er février 1838.

Enfin, après une journée des plus fatigantes, nous voici arrivés en Espagne. Il était tombé tant de neige sur la montagne, que nos pauvres mulets s'y enfonçaient à chaque pas, et que pour en relever un, il ne suffisait pas toujours des efforts et des énergiques apostrophes de quatre muletiers. Puis la tourmente nous a surpris près du port de Canfran ; et alors, à nous voir si recueillis et silencieux, on n'aurait plus reconnu cette caravane si gaie et bruyante à son départ d'Urdax. Enveloppés dans des tourbillons de neige et de vent, nous avancions péniblement, nous cramponnant à la selle, et nous abandonnant aux talents de nos muletiers. Il faisait beau les voir ces hommes intrépides s'identifier tellement au milieu du danger avec leurs animaux, qu'hommes et mules ne paraissaient plus former qu'un seul être! Dans la montée ils se tenaient constamment aux mors de leurs obéissants amis ; dans la descente ils saisissaient la queue à deux mains, et manœuvrant avec elle comme un matelot avec le gouvernail de sa barque, ils les faisaient passer à travers des périls sans nombre. Un mulet vieux routier de la montagne marchait tout seul en tête du convoi; les autres suivaient à la file, ayant chacun son maître au mors ou à la queue. En extase devant l'admirable instinct avec lequel notre chef de file découvrait les traces perdues du chemin, le marquis ** laissa échapper une patriotique exclamation bien propre à vous peindre la triste situation de la malheureuse Espagne : *Oh si España tuviera un ministro tan hábil como este macho !* Oh ! si l'Espagne avait un ministre aussi habile que ce mulet !

A notre arrivée à Canfran, nous avons trouvé la cuisine de la *posada* (auberge) remplie de paysans. Le courrier de *Jaca* et un capitaine de la légion étrangère racontaient à tout ce monde les détails de l'exécution de trois sous-officiers compromis dans une conspiration exaltée, qui a failli livrer la place de *Jaca* aux carlistes. Les condamnés avaient bu avec tant de sérénité leur dernier verre d'anisette, que le sensible courrier ne put s'empêcher de nous dire, en essuyant une grosse larme avec sa manche : « Ces pauvres enfants m'ont fait tant de peine, que je ne veux plus voir mourir personne de ma vie. »

Pendant le dîner nous avons été honorés de la visite du chef de la douane, qui nous a fait un éloge on ne peut plus comique de la bravoure et de la courtoisie des contrebandiers de la Sierra « Figurez-vous, disait-il au marquis, que dimanche ces braves gens sont venus pour me voir, et comme je faisais la sieste, ils ont chargé ma femme de m'offrir leurs compliments et, ce qui vaut mieux, une grosse caisse d'excellents cigares. Ils n'en veulent absolument qu'aux carabiniers qui les harcellent à coups de fusil; il n'y a pas d'exemple qu'ils se soient jamais querellés avec mes paisibles douaniers. » — La contrebande se fait donc ici d'une manière scandaleuse? dit le marquis fort choqué de ce qu'il venait d'entendre. — Comment ! cabaltero, je serais millionnaire si l'on voulait me donner ce qui passe la montagne rien que dans l'espace d'une semaine. » Le marquis n'y tenait plus, et je prévoyais un éclat comme inévitable, lorsque par bonheur le bruit d'autres mulets qui arrivaient à la posada vint interrompre la conversation. Ils amenaient un Allemand se disant courrier de l'ambassade autrichienne à Madrid, qui repartit aussitôt avec le courrier de Jaca. Cet Allemand se donnait évidemment pour ce qu'il n'était pas, car depuis la révolution de la Granja, l'Autriche a retiré son représentant de Madrid; cependant mes Espagnols se mirent à rêver sur les motifs réels qui pouvaient amener cet homme en Espagne, et ils y rêvaient encore lorsque le retour du courrier de Jaca vint fort à propos pour me donner le mot de l'énigme. Interrogé par moi il me dit que l'Allemand s'appelait Keller, et voyageait pour le compte d'une maison immensément riche de Paris; puis, chose que je ne lui demandais pas, que lui-même s'appelait *Lois*, natif de Toulouse, et que le capitaine de la légion qu'il avait amené à Canfran, venait d'épouser une fort belle demoiselle de Saragosse. J'ai été aussitôt faire part de ma découverte au marquis, qui m'a répondu en riant aux éclats : J'y suis maintenant, c'est le vif argent qui fait courir les Rothschild !

Bernuens, ce 2 février 1838.

Nous avons vu ce matin les débris de la malheureuse légion étrangère campés hors de *Jaca :* « Quelles nouvelles nous apportez-vous de France? nous demandaient avec anxiété les officiers et les soldats: Est-il bien vrai que la France nous abandonne? » Nous leur avons fait connaître les vains efforts de l'opposition pour compromettre la France dans la querelle espagnole; et à voir le cruel désappointement qui se peignait à nos paroles sur les mâles figures de ces vétérans, on ne pouvait s'empêcher de plaindre le sort de ces hommes sans patrie.

Pendant notre dîner, M. Ferrari, le colonel de la légion que je connaissais, est venu nous voir ; interrogé par le marquis ** sur l'état actuel de la légion, il lui a répondu de la sorte :

« Nous n'avons que des misères à vous apprendre, monsieur. Placés, comme nous sommes malheureusement, entre le gouvernement espagnol, qui ne veut pas nous congédier dans l'espoir que les débris de la légion pourront lui servir tôt ou tard à renouer les négociations relatives à la coopération, et le gouvernement français, qui n'ose pas nous rappeler de crainte que l'opinion publique ne lui reproche de déserter déloyalement la cause de la reine, il paraît qu'on s'est décidé à nous tenir ici séquestrés comme des ballots de marchandises infectées. Cette situation dure depuis plus d'un an, et n'est plus tenable pour des gens de cœur. Puisque la France abandonne ses enfants, pourquoi l'Espagne, à laquelle nous avons rendu de si grands services, ne nous adopte-t-elle pas enfin ? De six mille combattants que nous étions en débarquant à Tarragone, il y a deux ans, trois mille ont déjà succombé. Quand nous sauvâmes Pampelune, menacée par une insurrection insensée, en présence des carlistes qui en approchaient, la légion comptait encore onze cent dix hommes ; nous ne sommes plus maintenant que quatre cent quatre-vingts, parmi lesquels quatre-vingts officiers surnuméraires, dont j'ai été obligé de faire une compagnie d'élite, ne sachant comment les employer autrement. »

On parla ensuite de la guerre civile et des Navarrais, et M. Ferrari continua : « Les Navarrais sont d'indomptables soldats, et je doute qu'on trouve en Europe des troupes légères à leur comparer. Lorsque la légion parut pour la première fois en Navarre, ils introduisirent dans leurs bataillons des tirailleurs uniquement chargés de viser nos officiers, et, dans une affaire, nous pouvions entendre leurs chefs qui criaient sans cesse dans les rangs : *Muchachos, á las charreteras de la legion!* Enfants, ajustez les épaulettes de la légion ! Nous eûmes les plus grands obstacles à vaincre avant de conquérir sur eux tout l'avantage auquel l'incontestable supériorité de nos manœuvres nous donnait droit, car nous n'étions nullement faits à toutes les éternelles marches et contre-marches de cette guerre, cent fois plus rude que celle que nous avions faite contre les Bédouins de la régence. Nous y réussîmes cependant, et telle était la terreur qu'inspirait la légion, que, tout braves que soient les Navarrais, à moins que la nécessité ne les forçât au combat, ils nous cédaient le terrain pour éviter une effusion de sang inutile.

» Aujourd'hui, fatigués d'une lutte sans terme ni issue, les Navarrais ne sont plus aussi enthousiastes qu'ils l'étaient du temps de Zumalacarregui, lorsqu'on voyait jusqu'aux jeunes filles repousser comme des lâches indignes de leur amour les hommes qui avaient fui de leurs villages pour échapper aux levées de don Carlos. Ils en sont venus à user de moins de cruauté envers les prisonniers. Ainsi, après l'affaire de Huesca, un convoi de nos blessés ayant été surpris par des lanciers de l'escorte de don Carlos, ils se contentèrent de les dévaliser, et les invitèrent ensuite à presser le pas de leurs mulets en leur disant : Dépêchez-vous, car si nos chefs arrivent, vous serez tous fusillés.

» Il est évident que la lutte ne se soutient plus que grâce à l'admirable ténacité qui caractérise les Navarrais et les Basques, et à leur haine innée contre les Espagnols, qu'ils considèrent comme des maîtres étrangers. Cependant la transaction, à moins qu'elle ne s'opère par la lassitude des partis, n'est pas facile à prévoir. En ce qui touche le Prétendant, son triomphe, si présumable lors de sa première apparition en Castille, est maintenant devenu impossible. On pense généralement que si, à peine arrivé sous les murs de Madrid, don Carlos, sans donner aux libéraux le temps de se reconnaître, eût vigoureusement attaqué Madrid, comme le voulait Cabrera, il serait parvenu à s'en emparer d'autant plus facilement qu'il avait pour lui les sympathies de tout le bas peuple. Quelle que soit encore la durée de la guerre, une pareille occasion ne se retrouvera certainement plus. »

L'impatience de nos muletiers nous a forcés de nous séparer de ce brillant colonel italien, le seul des anciens officiers supérieurs de la légion que le plomb carliste ait épargné. C'est un bel homme dans la force de l'âge, aux manières franches et chevaleresques, dont chacun vante ici la bravoure et l'excellent cœur.

Ayerbe, ce 3 février 1838.

Depuis mon entrée en Espagne, je me trouve soumis au régime tout espagnol du chocolat. On m'en donne avant et après le déjeuner, puis à midi, puis après le souper, et je n'oserais pas vous assurer qu'on ne m'en fasse pas prendre à mon insu, même pendant la nuit.

Ce soir nous avons eu le spectacle fort amusant d'un bal champêtre. Il fallait voir ces vives paysannes aragonaises à la taille si souple, aux regards si passionnés, sauter la *Jota* au son de deux guitares, d'un triangle et des castagnettes, pendant que les guitaristes chantaient le couplet amoureux! La danse de la Jota est si gaie et la chanson si pleine de verve et d'originalité, que si j'étais médecin j'ordonnerais à mes malades atteints du spleen de venir passer un carnaval à Ayerbe. S'ils ne retournaient pas chez eux remplis d'amour pour la vie, je les déclarerais incurables. Voici les couplets que j'ai retenus :

>Te quiero mas que á mi madre,
>Te quiero mas que á mi padre;
>Y si no fuera pecado,
>Mas que á la Virgen del Carmen.

Debajo de tu camita
Hay unos zapatos blancos;
Ni son tuyos ni son mios.
¿ De quién son estos zapatos?

Las mugeres y las gatas
Son una misma familia;
Que en haciéndoles caricias
A lo mejor nos arañan.

Dentro de mi pecho tengo
Una mesa de cristal,
Donde juegan á los dados
Mi amor y tu falsedad.

Cuando dos quieren á una,
Y los dos están presentes,
El uno cierra los ojos,
El otro aprieta los dientes.

No tocarán campanas
Cuando yo me muera,
Que la muerte de un triste
Muy poco suena.

Je t'aime plus que ma mère, — Je t'aime plus que mon père; — Et, si ce n'était pas un péché, — Je t'aimerais plus que la Vierge du Carmen.

Au pied de ta couchette — Il y a une paire de souliers blancs; — Ils ne sont ni à toi ni à moi. — A qui donc sont-ils?

Les femmes et les chattes — Sont de la même race : — Faites-leur des caresses, — Elles vous égratignent au plus beau moment.

Je tiens dans mon sein — Une table de cristal, — Sur laquelle jouent aux dés — Mon amour et ta fausseté.

Quand deux hommes aiment une femme, — Et que les rivaux sont en présence, — L'un ferme les yeux, — L'autre grince des dents.

On ne tintera pas les cloches — Quand je mourrai, — Car la mort d'un malheureux — N'a que bien peu d'échos.

Depuis Canfran nous parcourrons un pays d'une beauté admirable, et tout peuplé de bourgades qu'on pourrait croire bâties exprès pour alimenter la guerre civile : elles s'élèvent la plupart sur des positions naturellement fortes, n'ont qu'une porte d'entrée, et les maisons qui ont vue sur la campagne sont toutes crénelées et présentent comme un mur d'enceinte. Un bon peintre trouverait sur le sommet de la Sierra de Pequeras, le sujet de panoramas magnifiques, soit qu'il regardât la chaîne imposante des Pyrénées, soit les rochers gigantesques de los Riglos qui se dessinent comme une redoutable forteresse de géants derrière une échappée des plus fantastiques. Non loin de ces rochers est une vieille tour en ruines qui marque la limite du haut Aragon, et on pourrait dire celle aussi de l'esprit libéral, car le bas Aragon est entièrement dévoué à don Carlos.

Je vous quitte pour aller faire mes adieux à nos braves muletiers dont nous allons nous séparer avec un vif regret. Demain ils retournent à Canfran, et nous autres nous continuons notre voyage dans un vieux carrosse qui nous a été envoyé de Saragosse. Si jamais vous voyagez dans l'Aragon, recherchez la société de ces braves montagnards chez qui un excellent cœur s'allie si bien à l'orgueil espagnol; gardez-vous d'imiter la sotte réserve de la plupart des voyageurs; allez vous asseoir auprès d'eux, et vous mêler à leurs conversations sous les manteaux de ces immenses cheminées aragonaises où l'on pourrait rôtir un bœuf entier; croyez-moi, vous n'en aurez point de regret.

Saragosse, ce 4 février 1838.

Nous avons fait notre entrée dans Saragosse à une heure de l'après-midi. A mesure que nous approchions de cette ville célèbre la verve patriotique de mes Espagnols s'échauffait à tel point, qu'oubliant les terribles secousses de notre carrosse, vraie relique antédiluvienne roulant sur une chaussée aussi inégale qu'une mer agitée, ils n'avaient de paroles que pour me raconter les prodiges de courage des habitants pendant les siéges de 1808 et 1809. Ces prodiges sont à peine croyables, lorsqu'on songe que Saragosse n'est défendue que par un simple mur d'enceinte, et est entièrement dominée par des hauteurs qui dès les premiers moments tombèrent entre les mains des Français. Le marquis parla d'Agustina, cette jeune fille du peuple, qui saisissant la mèche d'un canonnier tué, et mettant de sa main le feu à une pièce, sauva la porte du Portillo au moment où les Français allaient s'en emparer; le vicomte nomma la comtesse de Burita, qui se battit comme un simple soldat; don Miguel cita cette fière réponse de Palafox au général Verdier, qui maître déjà de la moitié de la ville le sommait de se rendre : « *La guerra hasta al cuchillo*, la guerre jusqu'au couteau. »

De tout ce que j'ai visité ici je me borne à vous indiquer le temple imposant de l'Aséo, monument gothique de la plus grande beauté; cette miraculeuse Vierge del Pilar, par qui jure tout bon Aragonais, et dans la bouche de qui le peuple mettait ce curieux couplet : « La Vierge del Pilar dit qu'elle ne veut pas être Française, qu'elle veut commander en chef les troupes de l'Aragon; » le palais de l'Inquisition, devenu par un caprice du sort une prison de carlistes; enfin la *Torre Nueva*, magnifique minaret arabe, dont le bourdon servait à donner les signaux d'alarme pendant le bombardement des Français. Au son de cette cloche, me disait le vieux guide qui m'accompagnait, tout Saragosse levait les yeux pour observer les bombes qui tombaient. Nous en avions si bien contracté l'habitude que longtemps après la prise de la ville, quand la grosse cloche venait à tinter, tous les regards se portaient involontairement en l'air, chacun se croyant encore à l'époque du bombardement.

En rentrant ce soir, après ma tournée en ville, il m'est arrivé de rencontrer dans la rue un jeune matamor qui donnait une sérénade à sa belle. Voici ce qu'il chantait en s'accompagnant d'une guitare, râclant avec les ongles et frappant de temps à autre avec le pouce sur la caisse de l'instrument, de manière à imiter le son du tambour.

>   Adios, Zaragoza noble,
>   Con tu pulido arrabal ;
>   Adios, niños y mugeres ;
>   Adios, Vírgen del Pilar.
>
>   Por tu calle voy entrando,
>   Cabello de emperadora ;
>   Si tienes los novios vapos,
>   Diles que salgan ahora.
>
>   El cuerpo me huele á plomo,
>   El corazon á puñales,
>   Y la sangre de mis venas
>   Rabiando porque no salen.
>
>   En esta calle hay barro,
>   Tengo que hacer una puente ;
>   Con las costillas de un vapo,
>   Y la sangre de un valiente.
>
>   La despedida te doy,
>   Porque quiero ir á dormir ;
>   En los clavos de tu puerta
>   Se queda mi corazon.

« Adieu, noble Saragosse, — Adieu ton riant faubourg, — Adieu, femmes et enfants, — Adieu, sainte Vierge du Pilar.

» J'entre dans la rue où tu habites, — Belle aux cheveux d'impératrice ; — Si tes galants ont du cœur, — Dis-leur de se montrer.

» Mon corps se rit du plomb, — Mon cœur des poignards, — Et le sang de mes veines bouillonne — De ce qu'ils n'osent paraître.

» Dans ta rue il y a de la boue ; — Pour la traverser il faut un pont : — Je le bâtirai avec les os d'un galantin — Et le sang d'un matamor.

» Je prends congé de toi, — Parce qu'il me faut aller dormir ; — Mais je laisse mon cœur — Attaché au clou de ta porte. »

Au dire de mon guide il y a tout au plus deux ans, avant que la police de la ville fût confiée à la garde nationale, il nous aurait été impossible de passer dans la rue jusqu'à ce que ce jeune homme eût fini sa *rondalla*, c'est le nom particulier de la sérénade aragonaise. Alors nous aurions trouvé les amis de l'amoureux troubadour postés en armes aux deux bouts de la rue et tout prêts à en disputer le passage, non-seulement à nous, mais même aux habitants du quartier. Une prétention si extravagante donnait souvent lieu à des combats sanglants sous les croisées des belles, car le rival du chanteur, pour peu qu'il se piquât d'être brave, se faisait un point d'honneur d'aller troubler la musique. Quelquefois les alguazils accouraient et alors les deux guitaristes suspendaient la bataille pour repousser en commun les soldats de la police, à laquelle ils ne reconnaissaient pas le droit de s'immiscer dans leurs affaires. Mais aujourd'hui que les alguazils ont été remplacés par les miliciens, la *rondalla* a perdu son caractère primitif, car pour ne pas s'exposer à tuer un ami ou un parent qui pourrait être de service, les jeunes amoureux, bien qu'à leur grand regret, sont cependant forcés de tolérer qu'on passe dans la rue qu'ils font retentir de leurs mélodieux soupirs.

Demain nous partons avec la diligence de Madrid. Mes Espagnols se défont des objets qui les feraient reconnaître par les bandes que nous pourrions rencontrer en chemin. O divine Providence! *ora pro nobis*.

Ariza, ce 6 février 1838.

Je vous écris pour me distraire de la peur. Nous passons la nuit dans l'endroit le plus exposé de la route de Madrid, car Ariza se trouve tout juste sur le chemin battu par les guérillas carlistes qui maintiennent les communications entre la Navarre et les provinces insurgées du bas Aragon. Aussi la diligence est-elle surprise ici fort souvent; et dernièrement encore, sans l'admirable sang-froid d'une Italienne qui tient la *posada*, c'en était fait de plusieurs voyageurs. Avertie de l'arrivée d'une bande de partisans par les cris d'un courrier qu'ils assassinaient dans la cuisine, la courageuse Catalina parvint à cacher ses hôtes dans un grenier, et elle résista à toutes les menaces du chef de la guerilla qui, la main dans des lits encore chauds, voulait à toute force savoir d'elle où s'étaient cachés les dormeurs. Je crains d'autant plus la visite de ces bandes qu'elles se recrutent pour la plupart non de vrais carlistes, mais d'un tas de coquins qui n'arborent un drapeau politique que pour piller plus sûrement. Si don Carlos venait à triompher, vous les verriez continuer le vol et le massacre au nom du libéralisme. En attendant personne n'ose voyager avec son véritable passe-port. A l'appel des voyageurs pas un n'a répondu ce matin à son vrai nom. C'était des barbes toutes faites, des moustaches rasées et des costumes à sentir le déguisement d'une lieue et dont j'aurais ri volontiers si je n'avais eu sous les yeux les tristes adieux des voyageurs à leurs familles; car qui peut prévoir les dangers de la route? Figurez-vous que pour les conjurer nous n'avons qu'un misérable sbirre qui, assis sur l'impériale, passe son temps à saluer à coups d'escopette les pies et les corbeaux.

Nous avons déjeuné au *Frasno*, les yeux collés sur nos assiettes, sans que personne ait seulement osé prononcer le mot *facciosos*, factieux. On les indiquait par un *ellos*, eux, et chacun comprenait. Ce soir, grâce à Dieu, nous sommes un peu moins méfiants entre nous. Il y a même un jeune officier qui, séduit par mon air de franchise, ou fatigué de son long incognito, est venu me révéler son état, son nom, don Claudio, et chose fort délicate à dire à un inconnu comme moi, que prisonnier des carlistes pendant deux ans, il était parvenu miraculeusement à s'échapper d'Estella. Je l'ai remercié de la confiance qu'il me témoignait et je lui ai demandé s'il connaissait ses compagnons de voyage. « C'est une véritable mascarade, m'a-t-il répondu; le prêtre est un capitaine de carabiniers, le muletier un député, ce *majo* un curé fort compromis avec les carlistes ; le voyageur du coupé un agent des sociétés secrètes de Madrid, et cette femme gracieuse et belle qu'il ne quitte pas un instant, c'est sa femme. C'est, voyez-vous, une tourterelle sous la griffe d'un vautour, acheva-t-il en soupirant. — Et que diable avez-vous, don Claudio, qui vous fait soupirer de la sorte? — Il y a bien de quoi, monsieur. Figurez-vous que pendant que je perdais mon temps à Saragosse à me promener sous les croisées de la jeune fille, ce coquin de *comunero*, plus adroit, s'est introduit dans la famille et a tant fait qu'il l'a obtenue en mariage. Profondément affligé, ne pouvant plus rester à Saragosse, je pris une place dans le coupé de la diligence. Comment imaginer jamais que les nouveaux mariés allaient non-seulement partir le même jour que moi, mais arrêter les deux places restantes du coupé! Et voici comment le diable s'est plu par un de ses méchants tours à me mettre côte à côte de ce rival abhorré, et à me rendre spectateur forcé de sa lune de miel. Vous devez comprendre aisément combien ma position est délicate. Aussi le jour je m'enveloppe la tête dans mon manteau pour n'avoir pas d'yeux ; la nuit je tousse, je fredonne, je me remue pour que ce vilain *comunero* ne pense pas que je dorme. *Ah! caballero, caballero, bajo qué estrella he nacido!* Ah! monsieur, monsieur, sous quelle malheureuse étoile je suis né! »

Le pauvre don Claudio fume et soupire pendant que je me distrais à ses dépens. Si vous pouviez le voir, il vous ferait peine!

Guadalajara, ce 7 février 1838.

Vous n'avez pas d'idée de la désolation du pays. Les populations sont si exténuées, que dans nombre de localités elles ont organisé deux municipalités, l'une composée de libéraux et présidée par l'alcade, l'autre toute de carlistes ayant à sa tête le curé. Aussitôt qu'on apprend qu'un partisan carliste approche du village, les christinos se renferment dans le fort ou dans les églises qui sont toutes actuellement fortifiées, et le curé entre en fonctions, cherchant à modérer les exactions et les vengeances des envahisseurs. A leur départ, le curé résigne ses pouvoirs à l'alcade qui les lui rendra au premier bruit d'un nouveau danger. Mais ce qui surprend encore plus, c'est que malgré les nombreux accidents qui arrivent sur cette route, la seule par laquelle on communique désormais avec la France, c'est, dis-je, que le gouvernement espagnol la fasse garder si mal, que si les guérillas le voulaient, pas un courrier ne leur échapperait. Les gens du pays prétendent expliquer cette modération phénoménale chez les carlistes, à l'aide d'un arrangement secret conclu entre don Carlos et la France, laquelle aurait obtenu, au prix de je ne sais quels mystérieux services, que le chemin de Madrid restât libre autant que possible pour les courriers. La vérité est, je crois, que les carlistes, faute d'autres moyens plus expéditifs pour communiquer avec leurs partisans dans les provinces lointaines, sont obligés de profiter de ceux que leur offre le gouvernement de la reine, et se trouvent par là intéressés à une modération qui leur profite; de son côté, le gouvernement laisse passer la correspondance de ses ennemis; et voici jusqu'à quel point, à l'insu peut-être de chacun, la guerre civile se trouve assujettie à une sorte d'organisation dans ce malheureux pays.

Quant aux causes de l'affreux brigandage, la principale consiste dans la faim qui jette sur les grands chemins une foule de malheureux. Dépouillé tour à tour par les carlistes et les christinos, et lassé d'être toujours victime, le paysan saisit son escopette comme dernière planche de salut, et se venge sur de plus faibles que lui de la protection que la société lui refuse. Ajoutez que la vie vagabonde et les habitudes du guérillero, que la guerre de l'indépendance a ressuscitées, s'accordent à merveille avec le caractère aventureux et indépendant des fiers montagnards de la Catalogne, de la Navarre et de l'Aragon. Le partisan est la personnification la plus complète du génie démocratique de ces populations; chacun y fait la guerre pour son compte et ne reconnaît de la discipline que ce qu'il en entre indispensablement dans toute organisation militaire, quelque imparfaite qu'elle soit. Nombre de capitaines généraux et de brillants officiers espagnols ont débuté de la sorte; Mina n'était d'abord qu'un pauvre muletier, et on pourrait faire de fort curieux rapprochements entre beaucoup de chefs de guerillas de la guerre de l'indépendance et beaucoup de généraux de la république et de l'empire : même origine populaire, et, proportion gardée à la civilisation et aux circonstances dans lesquelles se trouvaient placés les deux pays, même élévation et brillante carrière. Lui aussi, le guerillero de nos jours, a ses traditions de gloire comme le troupier français, et, comme lui, ses rêves d'ambition. C'est une espèce de tiers-état militaire qui trouvera à se recruter longtemps pour le compte de tous les gouvernements quels qu'ils soient, et de toutes les oppositions. En Espagne on se fait guerillero comme en France avocat, journaliste, médecin, prêtre autrefois, et ici, comme là, c'est la classe des prolétaires qui fournit les recrues. Je n'en finirais plus, si je voulais vous dire tout ce que ce thème m'offre dans ce moment d'idées peut-être bizarres, mais vraies, et je passe à notre voiture, qui en vaut bien la peine.

Le personnel se compose d'un *mayoral* ou conducteur, d'un *zagal* ou aide, assis tous deux sur un siége fort peu élevé, d'un jeune postillon et d'un sbire placé, comme je l'ai déjà dit, sur l'impériale. Tous portent en été le costume de muletier andaloux; mais à les voir tout couverts comme ils sont actuellement de peaux de mouton, ils ont l'air d'autant de Robinsons Crusoés. L'attelage se compose de treize mulets, baptisés de noms de guerre qu'ils conservent jusqu'à la mort. Ils sont tous rasés jusqu'à la peau, et l'inexorable ciseau du *gitano*, qui leur passe sur le corps deux fois chaque année, n'a respecté que le bout de la queue, à la racine de laquelle il a ménagé pour ornement deux courtes mèches de poil, qui rappellent assez des moustaches hongroises. Cette toilette si légère paraît certainement devoir être très-comfortable au milieu des grandes chaleurs; mais aujourd'hui, par l'une des journées du ci-devant mois de pluviôse, elle crie vengeance. Tous ces mulets sont attelés deux à deux, moins celui monté par le postillon qui marche en tête. Le mayoral n'a entre les mains que les rênes des mulets du timon; les autres sont aussi indépendants qu'une tribu de Bédouins, et la longue habitude les maintient seule à leurs places.

Au bruit qui se fait lorsqu'on met en mouvement notre diligence, vous croiriez qu'on lance une meute de chiens à la poursuite de quelque roi des forêts. Les garçons d'écurie poussent en chœur un effrayant *hourra*, le zagal empoigne un mulet du timon, et, à force de coups, de jurons et de *arri! arri!* on enlève la voiture. Le postillon fouette de son côté et entraîne les mulets du milieu. Alors le zagal saisit la queue du mulet qu'il tenait au mors, et d'un bond léger vient tomber à la gauche du mayoral. Il saute à terre avec une égale adresse quand les rangs se confondent, et à l'aide de quelques pierres bien ajustées il rétablit, change, imprime la direction convenable au flottant attelage, sans que jamais il soit besoin, pour l'aider dans ses manœuvres, d'arrêter ou même de modérer la marche de la voiture, qui est souvent lancée au galop. Pendant ce temps le mayoral ne reste pas oisif; il fait claquer son long fouet, gourmande ses mulets peu dociles, et lie avec les membres de sa nombreuse famille une conversation remplie d'emphase où chaque animal retrouve son nom de guerre, et l'accent de la menace ou de la satisfaction du maître. *Arri, arri, la Provinciala! Ra ré ri, la Estudianta! Yō, yō* (ici un coup de fouet). *Firme, la Portuguesa! Oh! la la! Alza, macho! Caballo perro!* (Prononcez la lettre r comme si vous vouliez imiter un roulement de tambour.) *Yó todas, yó!* (Ici une fustigation générale.......)

Grâce à ces apostrophes, aux claquements de trois fouets, aux cailloux et à l'admirable voltige du *zagal*, notre diligence espagnole marche aussi bien que les meilleures malles anglaises, quand le chemin le permet.

Madrid, ce 8 février 1838.

Que n'avez-vous pu jouir de ce qui se passait il y a huit jours dans notre diligence ! Une fois en vue de Madrid, et hors d'atteinte des bandes carlistes, les voyageurs ont commencé à se moquer de leurs frayeurs et de leurs travestissements, et c'était à qui ferait le plus d'esprit à ses dépens. Vous rappelez-vous ces charmantes veillées du carnaval italien quand la fête touche à sa fin, au moment où dames et cavaliers ôtent le masque qui protégeait leurs intrigues et se mettent à rire ensemble des piquantes méprises de la nuit ? Eh bien ! c'était quelque chose de semblable.

Ce qui m'a le plus frappé aux environs de Madrid, c'est la nudité complète du pays ; l'on trouverait à peine de quoi faire une douzaine de manches à balais. On prétend que cette contrée était autrefois fort boisée et qu'il faut s'en prendre aux Arabes de l'état où elle est réduite. J'ignore si le fait est vrai. Ce qui est positif, c'est que, malgré l'arbousier et l'ours qui figurent dans les armes de la ville, les populations des campagnes environnantes ont hérité des Maures une haine vivace contre les arbres, qu'ils considèrent uniquement comme autant de repaires d'oiseaux parasites ; la chose est au point, que j'ai ouï dire à des personnes fort sérieuses qu'en admettant l'entrée des carlistes dans Madrid, cette entrée serait suivie immédiatement de la coupe de toutes les nouvelles plantations. A ce sujet, je vous dirai en passant que dans nombre de localités les paysans sont tenus de payer un impôt fort curieux qu'on appelle *contribucion de pájaros*, contribution de moineaux. Chaque paysan est tenu d'en présenter un nombre proportionné à l'étendue de son champ. L'alcade exige que la tête soit coupée afin d'éviter que le même oiseau soit présenté deux fois.

Je suis logé rue du Carmen, chez une dame que je pourrais vous donner à deviner entre mille, que dis-je? entre tout le beau sexe madrilègne, car ce n'est rien moins que Doña Dolores, l'intime amie d'un haut et puissant personnage du parti carliste que je ne vous nommerai pas à cause de mon respect pour le froc. Elle est si laide que celui-ci peut se passer d'être jaloux. Figurez-vous une naine disgracieuse dont le refrain habituel est : *Máłame*, tue-moi, qui louche si fort d'un œil qu'elle paraît borgne, à moins toutefois qu'elle ne rie ou ne pleure, ce qui lui arrive à propos d'un rien, car alors vous voyez avec surprise la moitié de l'autre œil se montrer brusquement pour disparaître aussitôt qu'elle reprend son sérieux. Mon aimable hôtesse, qui d'ailleurs est une excellente personne, a voulu à toute force me mener passer la soirée d'hier chez une famille de ses intimes. C'était tout bonnement un des nombreux tripots qui abondent dans chaque rue de Madrid : on dansait dans une pièce, dans l'autre des hommes, des femmes de tout âge, et de malheureux employés qu'on laisse sans paye depuis dix-huit mois, se pressaient autour d'un jeu de pharaon. Doña Dolores a vainement cherché à me faire prendre part au jeu ; fidèle à mon habitude de ne jamais toucher de cartes pendant mes voyages, j'ai constamment refusé.

Madrid est une ville moderne dans le genre italien, et l'on y chercherait en vain quelques vestiges de l'ancienne *Magueril*. Ses couvents, ses églises datent du règne de Philippe II ; les délicieuses promenades du *Prado* et du *Retiro*, les palais, les musées, enfin tout ce qu'il y a de beau, datent de celui de l'immortel Charles III. Les troupes de la garnison y sont habillées à peu près à la française ; les auberges y sont fort médiocres, les voitures presque toutes sans ressorts, avec de petites nacelles, des bouquets de fleurs, des images de madone, ou bien des Andaloux dansant le boléro peints sur leurs portières. Les hommes du peuple marchent drapés dans d'immenses manteaux, et à chaque pas vous rencontrez des dames qui tiennent soigneusement leur mouchoir sur la bouche, crainte de pulmonie, disent-elles. Madrid enfin est triste à voir en ce moment. Pendant que la municipalité fait raser nombre d'anciens couvents, le génie militaire élève des redoutes devant les portes de la ville, s'attendant à une prochaine visite de don Carlos. D'autre part les palais des plus riches familles qui ont émigré à l'étranger sont fermés; la reine vit presque cloîtrée, le corps diplomatique s'efface complétement au milieu des rivalités existantes entre la France et l'Angleterre, et les rues fourmillent de mendiants en haillons. Tenez, dans ce moment même on a frappé à la porte de l'appartement de Doña Dolores, et une voix lamentable a crié : *Una limosnita por Dios*, une petite aumône pour l'amour de Dieu ! — *Dios socorra á usted, hermanito*, que Dieu vienne à votre aide, lui a répondu la domestique en fermant la porte sans lui rien donner. Et il en est ainsi tout le long de la journée.

Madrid, ce 2 mars 1838.

Les derniers jours du carnaval ont été ici fort gais. Il y avait foule de beaux masques dans les magnifiques salons d'Oriente et de Villa Hermosa; et à voir les aimables folies de ces gracieuses et sémillantes Madrilègnes pendant que la guerre civile moissonne tant de victimes, j'ai compris aussi comment les Orientaux pouvaient s'habituer aux ravages de la peste. Le costume qui a fait le plus de fureur est celui des sœurs de la charité. On comptait tant de dames sous ce costume que j'ai cru un moment que toutes les sœurs grises de l'Espagne avaient déserté leurs hôpitaux pour goûter dans leur vie, du moins une nuit des joies mondaines.

Les bals que j'ai trouvés les plus piquants sont ceux qu'on appelle *Bailes de la piñata*, bals de la marmite. Dans les théâtres, à deux heures du matin, on a bandé les yeux à plusieurs masques, et après les avoir armés de longues perches, on les a placés dans la direction de trois énormes ballons (ces ballons remplaçaient l'ancienne marmite traditionnelle) remplis de friandises, et suspendus à la voûte de la salle. La musique jouait de plus en plus fort à mesure que les perches s'approchaient des ballons, et alors a commencé une bastonnade d'aveugles, remplie des épisodes les plus comiques. Ceux qui frappaient à faux cédaient la perche à d'autres et ainsi de suite, jusqu'à ce que de plus adroits ont crevé les ballons; aussitôt la foule de se précipiter sur les dragées qui pleuvaient sur le parterre.

Pour en finir avec le carnaval, aujourd'hui, jour des Cendres, pendant que les gamins célébraient sur les bords du canal l'arrivée du nouveau carême, par l'enterrement d'une vieille sardine qui est censée représenter le carême de l'année passée, une mascarade de miliciens figurant l'entrée de don Carlos dans Madrid, se promenait dans les rues en y causant beaucoup de scandale. En tête du cortége, marchait un *corrégidor* monté sur un énorme grison; puis venait une troupe de musiciens, puis le Prétendant avec ses confesseurs et ses généraux, enfin le saint-office au milieu d'une nuée de moines de toutes les couleurs. Toute la mascarade chevauchait sur des grisons magnifiques, car nulle part cette race utile n'est aussi belle qu'en Espagne. Le cortége s'est arrêté devant les Cortés, le palais de la reine, le sénat, et à chaque halte don Carlos envoyait dire aux corps de garde qu'il leur savait gré de leurs bonnes intentions et les dispensait de lui rendre les honneurs dûs au légitime successeur de Ferdinand. Je me suis trouvé par hasard sur le passage de la mascarade, et j'ai été frappé de la défaveur marquée avec laquelle on l'a accueillie partout. La cause en est d'abord dans la peur de l'avenir, qu'il n'est donné à personne de prévoir ; ensuite dans l'opinion qu'on a généralement de don Carlos comme homme privé. Ses ennemis eux-mêmes rendent justice à la loyauté de son caractère, et se rappellent qu'après la restauration de 1823, le roi et ses frères ayant changé le personnel de leurs maisons comme entaché de libéralisme, don Carlos fut le seul membre de la famille royale qui conserva leurs pensions à ses anciens serviteurs et osa les saluer publiquement au Prado. Mais chose qui vous surprendra bien davantage, je n'ai encore entendu ici aucun libéral parler de don Carlos sans avouer en même temps que si, mieux éclairé sur ses véritables intérêts, le Prétendant ne s'était pas mis à la remorque d'un parti furibond qui a fait de la querelle actuelle une question de vie ou de mort pour tous les libéraux de la Péninsule, il serait depuis longtemps roi d'Espagne. Après tout, me disait à ce sujet un milicien, homme de beaucoup de sens, mieux vaut mourir en se battant que brûlé par l'inquisition, car elle ne saurait manquer d'être rétablie aussi furieuse qu'autrefois sous un prince dont les ministres seraient le comte d'Espagne, le père Iluerta, et ce fameux évêque de Léon, lequel annonçait que la religion était désormais perdue, parce que Ferdinand pensait en 1827 à créer en Espagne un système d'administration. A propos de l'évêque de Léon, on raconte que Ferdinand fut si choqué de ses prétentions hypocrites, qu'il lui dit dans son langage vulgaire : « *Señor obispo, usted tiene hoy el r... muy caliente;* » phrase dont l'équivalent en français serait à peu près : « Monseigneur, il paraît qu'aujourd'hui le sang vous monte à la tête ; » et il lui indiqua le chemin de la porte.

Madrid, ce 8 mars 1838.

Le gouvernement venait à peine d'apprendre la nouvelle de la surprise de Saragosse par les carlistes, que déjà un courrier extraordinaire lui apportait celle de la miraculeuse délivrance de cette ville. On a de suite lâché dans les rues les crieurs publics, et ceux-ci nous ont éveillés cette nuit en nous annonçant sur tous les tons : « les détails de la défense admirable qu'ont faite dans l'immortelle Saragosse hommes, femmes et enfants. »

Voici ce qu'on raconte sur ce singulier épisode de la guerre actuelle. Informé par ses émissaires que San Miguel, en sortant de Saragosse, pour marcher au secours de Gandesa, n'y avait laissé que trente hommes de troupes sous les ordres du général Esteller, officier abhorré à cause de sa défection aux Français devant Tarragone en 1823, Cabrera conçut le projet de s'emparer de la ville par un hardi coup de main, dont il confia l'exécution à l'intrépide Cabañero. Celui-ci partit de Lecera dans la nuit du 3 mars, et telle fut la rapidité, tel fut le secret de ses mouvements, qu'après avoir parcouru, à la tête de cinq bataillons et cinq cents chevaux, quatorze lieues *du pays* en moins de douze heures, il arrivait dans la soirée du 4 en vue de la place, pendant que les habitants le croyaient encore à Lecera. A la nuit tombante, trente de ses carlistes déguisés en paysans, portant des guitares et des triangles, entrèrent dans la ville confondus avec le peuple : les factionnaires les avaient laissés passer, les prenant pour des faubouriens qui se rendaient à une sérénade. Sur les dix heures on entendit des coups de feu dans plusieurs directions, mais on n'y fit pas attention ; on crut que c'étaient les alertes ordinaires des sentinelles. A minuit, Cabañero se présente avec ses troupes sous les murs de la ville, les conjurés lui descendent des échelles, et bref, sur les trois heures du matin, Saragosse est envahie par deux mille cinq cents carlistes, à l'insu des habitants, à l'insu des autorités qui dorment à qui mieux mieux. C'en était fait sans la vigilance d'un factionnaire posté au palais du *Principal*. Il entend les pas des carlistes qui arrivent sur lui, et leur crie le qui vive? *Vira Carlos Quinto y la Inquisicion!* lui répondent les assaillants, tellement ils sont sûrs de la victoire. La sentinelle fait feu sur eux, tout le poste se replie sur le théâtre en tiraillant, et un tambour s'établissant sur le balcon de la façade bat la générale de toute sa force, et travaille à éveiller la population du quartier, où le hasard voulait que demeurât aussi le courageux chef politique de Saragosse, don José Moreno. Il accourt à sa croisée, et, sur la nouvelle que la ville était surprise par l'ennemi, donne le signal d'une résistance digne de Saragosse, en ouvrant le feu de ses propres balcons. Bientôt après, une grêle de plomb, de pierres, de meubles, de tuiles, pleuvait de toutes parts sur les hommes de Cabañero. Les miliciens descendirent dans leurs étroites ruelles, et les carlistes furent refoulés sur tous les points. Ceux qui ne purent sortir par les portes, ou sauter des remparts, se renfermèrent dans le couvent de San Pablo; mais ils se rendirent bientôt à discrétion aux premiers coups de canon. Cabañero, qu'on dit blessé, est parvenu à s'échapper avec le gros de la troupe, emmenant avec lui une centaine de miliciens enlevés dans les premiers moments de la surprise. C'est, dit-on, un ancien prêtre rempli de bravoure et d'énergie; son premier acte, en entrant dans Saragosse, a été de frapper, pour lui et son état-major, un impôt de chocolat chez l'avocat Mainar, dont il trouva la maison ouverte. Tout ce drame, surprise et délivrance, s'est passé dans trois heures de temps, tout juste la durée d'une pièce de théâtre à Franconi. Ce soir on annonce qu'Esteller a été fusillé par la populace devant la pierre de la constitution, comme accusé de complicité avec Cabañero. La municipalité a fait proposer à ce dernier un échange de prisonniers, lui offrant trois de ses soldats contre chaque milicien qu'il rendrait.

On dit encore que le gouvernement va décorer les drapeaux de la milice de Saragosse, qui ajoutera à tous ses autres surnoms celui de *siempre heróica*, toujours héroïque. Les Cortès ont pris ce matin l'initiative des récompenses nationales en votant des actions de grâce aux miliciens, hommes, femmes, enfants et étrangers qui ont pris part à l'expulsion de Cabañero.

Madrid, ce 12 mars 1838.

Une séance fort orageuse a eu lieu aujourd'hui au *congrès* des députés. L'appel fait par Espartero aux Cortès contre le gouvernement qui laisse dépérir l'armée, les récriminations du journal officiel contre l'opposition, et le voile qui couvre la surprise de Saragosse, avaient tellement monté les esprits qu'on a vu une trentaine de députés réclamer à la fois la parole. Les tribunes s'en sont mêlées, et le désordre était au comble lorsque le général Seoane est venu supplier la chambre de finir un débat si irritant, annonçant que des groupes, avec des armes cachées sous leurs manteaux, stationnaient devant le congrès, et que tout était à craindre si la séance venait à se prolonger pendant la nuit. Cédant à des observations aussi sages, la chambre s'est séparée.

Puisque l'occasion s'en présente, je vais vous parler des Cortès. On comprend, comme vous savez, sous ce nom générique, le *congrès* des députés et le *sénat*.

Le congrès se compose de 180 députés et se réunit dans l'ancien couvent du Saint-Esprit, qui fut détruit par un incendie en 1823, quelques jours après l'entrée des Français. Le duc d'Angoulême y assistait à la messe au moment où le feu prit à l'église, et pendant quelques instants, les Français crurent à une insurrection semblable à celle du 2 mai 1808. La façade de cet édifice reconstruit en 1831, est une mauvaise parodie des tombeaux égyptiens. La tribune publique et celle du corps diplomatique sont placées en face l'une de l'autre aux extrémités de la nef; sur le milieu du bas côté de droite, la tribune des journalistes; vis-à-vis, sur le bas côté de gauche, le fauteuil du président et le trône sur une haute estrade. A la droite et à la gauche du trône, on lit sur des tables de marbre incrustées dans les murs, des noms chers aux libertés espagnoles : Juan de Lanuza, Diego de Heredia, Juan de Luna, défenseurs des libertés de l'Aragon; Juan de Padilla, Juan Bravo, Maldonado, défenseurs des libertés castillanes; enfin les noms plus modernes de Daoix, Velarde, Alvarez, Porlier, Lacy; Alvarez Acevedo, Riego, Empecenado, Nuyar, doña Mariana Pineda, Torrijos. L'estrade du trône est occupée par les tables des quatre secrétaires de la chambre, et les deux pupitres destinés aux orateurs. Les députés occupent quatre rangs de banquettes rangées en ovale. Les ministres siègent sur un banc séparé à la droite du président. Derrière eux s'asseoient les ministériels quand même, Galiano, Pacheco, les deux Carrasco, etc., etc. Le général San Miguel, l'un des hommes les plus purs de l'Espagne, Mendizabal, Olozaga, siègent à l'extrême gauche, à côté de Caballero, dont ils ne partagent cependant pas les doctrines radicales.

Les nuances de l'opposition moins avancée et les modérés mêlent leurs rangs; ainsi l'on voit Arguelles, Seoane et leurs amis près de Martinez de la Rosa et les siens; Sancho presqu'à côté du comte de las Navas. Sancho est un orateur facile, élégant, consciencieux. Ancien émigré, le comte de las Navas a joué un rôle important lors de l'insurrection des juntes de l'Andalousie contre le ministère Toreno. Peu d'orateurs sont plus spirituels et en même temps plus véhéments que lui dans le *congrès*, où il passe pour le plus grand consommateur d'eau sucrée qui soit en Espagne. Au milieu de ses plus violentes attaques, soit contre le comte d'Ofalia, soit contre M. Mon, un huissier vient-il à passer sous la tribune, on peut s'attendre à ce qu'il l'interpellera par ces mots : *Amigo, deme usted un baso de agua* ; ami, donnez-moi un verre d'eau. Il le dit ordinairement sans changer de ton et tout en poursuivant le cours de sa fougueuse harangue, de telle façon que bien souvent c'est aux ministres eux-mêmes que la demande paraît adressée.

La place de Toreno est près des bancs ministériels. Souvent le comte va s'asseoir derrière les ministres et leur souffle des conseils et des avis. Toreno a le don de l'à-propos, manie l'épigramme avec bonheur, parle sur les questions spéciales avec beaucoup de savoir, et rappelle souvent M. Thiers par sa parole exacte et incisive. Son organe a peu d'extension, mais ne languit jamais. Le premier il a osé prononcer le mot de *conciliation*, et les rapports qu'on lui suppose avec les Tuileries ont fait croire qu'il exprimait le vœu du gouvernement français.

Martinez de la Rosa, qu'un homme d'esprit a surnommé le Bayard de la liberté espagnole, déploie toutes les ressources de l'éloquence la plus poétique. Son regard est noble et franc ; son geste animé, et sa voix parle au cœur. Les traits de Martinez de la Rosa rappellent ceux d'un autre grand littérateur, de l'Italien Manzoni ; la bouche et les yeux cependant tiennent un peu du type moresque-andaloux. Comme orateur, Galiano passe peut-être avant tous ; peu favorisé par la nature, son physique et sa voix n'ont rien d'imposant ; mais ses mouvements oratoires lui captivent toujours l'admiration de l'assemblée. Sa parole et ses gestes sont aussi mobiles que sa brillante imagination. Les exaltés ne lui pardonnent pas de s'être rallié aux modérés.

Arguelles a beaucoup de profondeur et rappelle les grands orateurs latins dont il a fait son étude favorite. Lorsqu'il parle, sa physionomie prend quelque chose de l'aigle qui déchire. C'est cependant un homme fort doux et du commerce le plus agréable. Ainsi que son ami San Miguel, ennemi constant de l'influence française, il n'a jamais flatté le pouvoir et jouit d'un grand renom de probité. Voici ce que racontent les modérés. Un Anglais, à qui une belle Gaditane demandait en 1812 son opinion sur lui, répondit par le mot anglais *divine*, voulant dire qu'il le trouvait un peu mystique. La dame traduisit de bonne foi par le mot espagnol *divino*, divin, sublime; et depuis lors le surnom de divin est demeuré à l'orateur, qui du reste n'en est pas indigne.

Seoane représente dignement à la chambre la partie la plus généreuse de la nation espagnole, l'armée. Il est plus logique qu'éloquent; et personne n'a osé, comme lui, dire la vérité à tous les partis, et mettre le doigt sur la véritable plaie de l'Espagne, la dilapidation administrative. Seoane rappelle à la fois la loyauté et les manières du vieux gentilhomme castillan.

Arteta et Lujan servent d'organe à la jeune armée. Ce sont deux officiers fort distingués, l'un dans le génie, l'autre dans l'artillerie. Olozaga et Caballero sont des hommes politiques nouveaux. Le premier est un excellent orateur et sait faire entendre au pouvoir les paroles les plus dures avec de belles manières. Caballero, toujours impassible sous ses lunettes, parle peu et préfère attaquer à outrance l'ordre de choses actuel dans *l'Écho du commerce*, journal officiel de l'opposition, qui a quelques rapports avec *le National*. Les modérés ont donné à entendre que Caballero était un carliste déguisé. La vérité est que si une Convention était possible en Espagne, Caballero en serait un des chefs.

Enfin, don Juan Mendizabal, la bête noire du parti modéré, l'ancien chef des sociétés secrètes, est l'un des hommes qui ont le plus fait pour la révolution. La suppression des couvents, la réforme du clergé, la mise en vente des biens devenus nationaux furent décrétés sous son ministère. Les exaltés lui reprochent de n'avoir pas su profiter de la puissance dictatoriale qu'il eut entre les mains après la révolution de la Granja pour abattre le parti modéré. Mendizabal a laissé en Portugal, où il aida puissamment don Pedro, une réputation d'homme habile. Il est d'une taille si élevée que les modérés lui ont décerné le sobriquet de *don Juan y medio*, don Juan et demi.

La grandesse ne compte qu'un seul représentant dans le congrès : c'est le duc de Gor, homme intègre, aimable et profondément instruit.

Toute étiquette est bannie du congrès. Un seul député, M. Cordero, représentant de Léon, a conservé le costume de sa province. Les députés possèdent en général une étonnante facilité de parole. Leur défaut est de se répéter trop souvent, ce qui fait qu'on aime plutôt entendre que lire leurs discours.

Lorsque l'orateur espagnol est calme, son geste est noble, et l'intonation de sa voix fort harmonieuse. Mais il se laisse facilement entraîner sur le terrain des personnalités, et alors toute la fougue méridionale se révèle en lui. Cela tient particulièrement à l'irritation actuelle des esprits et au long état de souffrance dans lequel gémit ce malheureux pays. Le président rappelle à l'ordre les orateurs et les interrupteurs par le son d'une bruyante sonnette, et les tribunes par la lecture de l'article 35 du règlement de la chambre. Les spécialités y sont rares, mais c'est le défaut de l'obscurantisme qui pèse depuis des siècles sur l'Espagne.

Je finirai cette esquisse par quelques mots sur le sénat. D'après la constitution de 1837 les mêmes collèges qui nomment les députés présentent chacun trois candidats à la sénatorerie, au choix du gouvernement. Ces candidats doivent avoir atteint leur quarantième année et jouir d'un revenu territorial de 7,500 francs dans une partie quelconque du royaume. Un article de la constitution veut que le nombre des sénateurs ne dépasse jamais les quatre cinquièmes du congrès des députés. Toute réflexion serait donc superflue pour prouver combien est secondaire le rôle d'une chambre conservatrice ainsi constituée, devant une démocratie de plus en plus envahissante. Le gouvernement nomme le président et les deux vice-présidents; le sénat, ses quatre secrétaires ; le tiers du sénat se renouvelle tous les trois ans. Tout sénateur ou député pendant la durée des sessions est jugé par ses pairs pour tous les délits ordinaires, à moins qu'un arrêté des chambres ne vienne le soumettre à la loi commune.

La plupart des illustrations de l'Espagne qui ne siégent pas dans le congrès ont trouvé place au sénat. Castaños victorieux à Baylen, Palafox défenseur de Saragosse, et les généraux Zarco del Valle, Almodovar que la révolution de 1820 retrouva prisonnier dans les cachots du saint-office à Valence, et Espeleta, y représentent dignement l'armée ; le duc de Frias et le marquis de Miraflores, l'un des hommes d'état les plus distingués de l'Espagne, et en tout point le digne fils du fameux comte de Florida Blanca, la diplomatie ; Pio Pita Pizarro et Garreli, la haute magistrature ; Calatrava, surnommé le Caton du parti libéral espagnol, les Cortès de 1812 ; et Gonzales, la révolution nouvelle ; enfin le clergé y compte huit membres, parmi lesquels figurent les archevêques de Valence et de Tolède, hommes fort capables. Il faut aussi distinguer parmi les sénateurs les marquis de Falces et Guadalcazar, MM. Heros, Bardaji, Ondovila, Isla Madrano, d'Alta-Mira, et le duc de Rivas.

Les traits caractéristiques des débats du sénat sont la modération et la gravité. Deux hérauts d'armes revêtus de l'ancien costume espagnol sont en faction constamment à la barre de la chambre pendant ses séances.

Madrid, ce 16 mars 1838.

Vous savez toute la peine qu'on se donne dans nos théâtres, quand on y joue *le Barbier de Séville*, pour qu'il ne manque pas une tête d'épingle au brillant costume du comte Almaviva ; eh bien ! ici on s'est amusé hier soir à transformer le comte en un élégant du boulevard de Gand ; pour peu que le progrès continue, je ne désespère pas de voir l'année prochaine Figaro lui aussi affublé en perruquier français. Cela m'a tellement choqué que j'ai déserté la salle avant la fin de la pièce. N'en déplaise à mes aimables hôtes, il n'est malheureusement que trop vrai que les hautes classes désertent ici de plus en plus les vieilles idées espagnoles. On y est à son insu Anglais ou Français; on en copie les modes, les formes politiques; on en prend la littérature; et les acteurs, comme de raison, suivent le courant de la mode. Pourquoi ceux-ci oublient-ils donc le vieux répertoire du théâtre espagnol, si riche, si original, pour jouer de préférence des pièces traduites de l'anglais et du français, sinon parce qu'ils savent que c'est la seule manière de remplir les salles de spectacle? Si le *sainete*, qui est pour les Espagnols ce que le vaudeville est pour les Français, et la *farsa* pour les Italiens, reste encore debout, c'est uniquement parce qu'elle fait la satire la plus amère d'une époque de laquelle l'esprit des générations nouvelles se sépare chaque jour davantage.

Quant aux acteurs que j'ai vus jouer ici, ils sont fort médiocres, à l'exception de Guzman, inimitable dans les pièces espagnoles et rival de Bouffé dans celles de *Michel Perrin* et du *Gamin de Paris*, traduites du français. En général, j'aime peu les acteurs espagnols dans la comédie. Ils la déclament d'une manière tout aussi plaintive, tout aussi solennelle que le drame; et les scènes qui auraient le plus besoin d'un jeu vif et animé sont reproduites par eux avec une langueur et une monotonie désespérantes. Peut-être suis-je un mauvais juge; chaque langue a une musique particulière à laquelle l'oreille ne se forme que par la longue habitude, et ce qui est bon dans l'une peut bien ne pas l'être dans l'autre.

Il y a en ce moment deux théâtres ouverts à Madrid. La comédie est jouée dans celui du *Principe*, et l'opéra italien dans celui de *la Cruz*. Dans les deux théâtres il existe en face de la scène un vaste balcon assez semblable à un four, et pour cela fort improprement appelé Casserole, *Cazuela*, qui est uniquement réservé aux dames. C'est une espèce de harem, dont l'entrée est interdite à qui n'est pas dame ou demoiselle, que ce soient leurs frères, pères ou maris, peu importe. Voulez-vous quelques détails sur l'introduction de la musique italienne en Espagne? Barcelone est la première ville espagnole où l'on ait chanté l'opéra italien; il y débuta en 1772 par *la Villageoise enlevée*. Trente ans plus tard, à l'occasion des fêtes qui eurent lieu à Madrid pour célébrer le mariage du prince des Asturies, la cour manda dans la capitale la troupe italienne de Barcelone; elle y joua plusieurs fois avec un grand succès sur le théâtre de *los Caños del Perral*. Jusqu'alors les seules compositions musicales qu'on connût à Madrid étaient les *tonadillas*, petites pièces légères, mélanges curieux de déclamation et de chansonnettes andalouses, dont l'instrumentation était on ne peut plus simple, se bornant à quelques coups d'archet d'un petit nombre d'altos et violons, auxquels un clairon et un basson faisaient la basse. Le plus souvent les acteurs chantaient à une ou deux voix, quelquefois cependant, comme dans la *Tahona*, les contrebandiers et soldats; dans d'autres pièces du maestro Laserna, on entendit des morceaux chantés à trois et même quatre voix. On continua de la sorte jusqu'à la paix de 1814. A cette époque les *tonadillas* furent remplacées par d'autres petits opéras traduits du français et de l'allemand, tels que *la Pierre noire*, *les Religieuses de la Visitation*, *le Calife de Bagdad*, et c'est à ces pièces que durent leur réputation mesdames Rodriguez et Estremera, Albera, Muñoz, et Garcia, le père de madame Malibran, qui avait commencé par être chantre de chœur dans les cathédrales de l'Andalousie.

Enfin arrive 1821, et l'opéra italien s'établit définitivement à Madrid au milieu de l'enthousiasme excité par *le Barbier de Séville*, *le Turc en Italie* et *Cendrillon*. On fit venir d'Italie Mercadante, qui amena avec lui Montrésor, Mangiarotti, la Albini et la Cortesi, auxquels il fit chanter *la Tête de bronze*, le *Don Quichotte*, la *Françoise de Rimini*, et *les deux Figaro* (le saint-office défendit pendant longtemps la représentation de cette dernière pièce), et ces opéras furent successivement mis en scène à Cadix, Séville et Valence. Depuis lors il s'est formé d'assez bonnes troupes d'artistes espagnols, qui, pendant le carnaval et les temps de foires, font le tour des théâtres du second ordre, tels que ceux de Saragosse, Valence, Grenade, Santander, etc., où elles donnent les meilleurs opéras italiens traduits en castillan. Plusieurs de ces artistes sont des élèves du conservatoire de Madrid, fondé par Ferdinand VII à l'époque de son mariage avec Christine de Naples. Saldoni, l'auteur d'*Ippermestra*, sort également de cette bonne école.

Madrid, ce 17 mars 1835.

Je suppose que vous arrivez à Madrid pour la première fois de votre vie. Vous ignorez les mœurs et les usages espagnols, il vous faut un *cicerone*. Je me présente et je vais faire en sorte d'abréger le temps de votre noviciat.

Même sans être muni de lettres d'introduction, si vous annoncez à toute famille espagnole que vous êtes chargé de lui faire une visite de la part d'un de ses amis absents, vous pouvez compter sur un accueil cordial. On vous offrira une place autour du brasier (je suppose que vous arriverez en hiver), on vous présentera des cigarettes, et si vous demandez un verre d'eau, une demoiselle de la maison vous en offrira deux avec un *espongado*, biscuit de sucre soufflé, vous aidant en outre à lui balbutier quelques mots de remerciement en castillan. Au moment où vous prendrez congé, la maîtresse vous dira courtoisement : *Caballero, esta casa es muy suya ; usted puede venir acá con toda franqueza :* Monsieur, considérez cette maison comme la vôtre ; vous pouvez y venir sans façon quand il vous plaira.

Ne vous fâchez pas si le chef de la famille ne vient pas vous voir ou ne vous envoie pas même sa carte; de tels oublis chez les Espagnols ne doivent pas être attribués comme ailleurs à un manque de courtoisie, mais bien à la paresse, qui est ici la maladie dominante. Que cela donc ne vous empêche pas de faire votre seconde visite.

Cette fois toutes les demoiselles vous demanderont, après leur mère, si vous vous sentez bien reposé des fatigues du voyage, *ha descansado usted ?* Cette question se répétera à chaque pas que vous ferez, et non-seulement les dames, mais des hommes aussi vous l'adresseront. Ayez soin de vous montrer sensible à cette démonstration de politesse tout espagnole, et n'imitez pas votre cicérone qui, pendant quinze jours au moins, ne manquait pas d'y faire cette réponse : « Mais, messieurs et mesdames, fatigué de quoi, s'il vous plaît ? » tant j'avais peine à comprendre la portée d'une telle question reproduite sans cesse par des Espagnols qui passent pour les plus intrépides marcheurs, et les hommes les plus endurcis à la fatigue qui soient au monde.

Enfin, à votre troisième visite, si vous n'êtes ni Français ni Anglais, on vous demandera comment vous goûtez *el trato y la franqueza de los Españoles;* les manières et le sans-façon des Espagnols, en opposition avec les manières complimenteuses et mesurées des premiers et la froide réserve des seconds. Les dames s'enquerront ensuite de votre nom de baptême, et que vous soyez homme ou femme, elles ne vous appelleront plus que de ce nom ; usage qui choque au delà de toute expression les Français habitués à s'entendre toujours qualifier de monsieur et de madame. Peu importe, votre noviciat est terminé, et sauf les heures sacramentelles de la sieste, vous pouvez arriver, partir, retourner dans la maison comme un intime, sans être tenu à aucun frais de toilette.

Vous saluerez les dames par ce compliment on ne peut plus galant et soumis : *A los pies de usted, señora;* je me mets à vos pieds, madame ; et les hommes par ces mots, qui rappellent quelque peu trop le moyen âge : *Beso à usted los manos, caballero;* je vous baise les mains, monsieur. —

Vous n'oublierez jamais de faire précéder le nom de la personne à qui vous adressez la parole du *don* ou du *doña* ; ainsi, vous direz, par exemple, *doña María*, ou *don Pablo*, car tout le monde ici, sans distinction d'opinions politiques, a d'égales prétentions à la noblesse, et par conséquent aux particules susdites, dérivées du mot *dominus* des Latins, qui font partie des attributions nobiliaires. S'il vous arrive de louer un objet, attendez-vous à ce que le propriétaire vous l'offre en vous disant : *Caballero, esta à la disposicion de usted* ; Monsieur, vous pouvez en disposer. Vous vous garderez bien cependant d'accepter, car il est convenu qu'on remercie par cette phrase on ne peut plus polie : *Está demasiado bien empleado* ; merci, la chose est trop bien en vos mains. — De même, lorsqu'il vous arrivera de demander à qui appartient telle maison, en présence du propriétaire, attendez-vous à cette phrase de sa part : *Es la suya*, c'est la vôtre ; et loin de prendre cette offre magnifique à la lettre, n'y voyez que l'expression du plaisir avec lequel on vous y recevra toujours.

Un Espagnol survient-il pendant que vous prenez quelques rafraîchissements ou un repas, ne manquez pas de l'inviter à en prendre sa part, autrement vous courrez risque de passer pour mal élevé.

Les familles ont ici l'habitude de recevoir chez elles tous les soirs, et ces réunions s'appellent *tertulias* C'est la soirée des Français avec plus d'abandon, et fort souvent avec autant d'esprit. On y cause amour, sentiment, guerre civile ; on y fume, on y joue, on y danse, on y fait de bonne musique. Les demoiselles confessent leurs fidèles dans un coin, es vieilles prisent du tabac à l'eau de Cologne, tricotent ou fabriquent des cigarettes pour leurs enfants qui sont à l'armée ; et chacun, n'importe l'âge et le sexe, se laisse aller à sa gaieté naturelle, car les Espagnols n'abhorrent rien tant que la contrainte et aiment le fou rire beaucoup plus que ne le comporterait leur réputation de gens graves. Pour moi j'aime à la passion cet enjouement et ce laisser-aller espagnols, qui font que dans leurs tertulias on peut se croire presque en famille, et me rappellent sans cesse les mœurs de ma chère Italie.

Vous trouverez les dames fort aimables et spirituelles, mais peut-être plus fières et passionnées que sensibles. Les unes ont le teint d'une pâleur mate avec les yeux d'un noir très-foncé, très-chaud et qui semblent un foyer où toute la lumière vient s'absorber; les autres ont le visage d'un éclat éblouissant, avec des yeux d'où la flamme jaillit. Ces dernières sont les plus coquettes et les plus brillantes dans une réunion. Les autres, ordinairement concentrées et recueillies, l'emportent par l'énergie de leurs sentiments en amour comme en amitié; heureux, dit-on, l'homme qui parvient à toucher leur cœur! Mais toutes sont excessivement naturelles et détestent par-dessus tout l'affectation chez les hommes. Ainsi, mon ami, si vous désirez leur plaire, mettez de côté toute prétention, ne posez jamais, et déployez devant elles toute votre bonne humeur. En leur rendant visite dans leurs loges aux théâtres vous pouvez vous permettre de leur offrir un cornet de bonbons, c'est même un présent auquel elles sont toujours sensibles, et qu'elles acceptent avec reconnaissance. Vous serez un peu plus réservé avec les hommes jusqu'à ce que vous les ayez habitués à vous voir. Il est venu tant d'aventuriers à Madrid, on y est tellement aigri par les souffrances de la situation actuelle, où la politique étrangère joue un rôle si triste et si déloyal, qu'un certain sentiment de méfiance, dont au premier abord l'étranger est aujourd'hui l'objet, s'explique aisément. Mais en général, une fois qu'il est constaté que vous n'êtes ni un aventurier, ni un observateur malveillant, et pour peu que vous sachiez vous faire aux mœurs du pays, vous trouverez partout des gens fort prévenants. Leur accueil cordial contrastera d'une manière charmante à vos yeux avec la morgue de quelques sots, infatués d'eux-mêmes et de leur blason, et qui croiraient déroger à leur hidalgie en prenant jamais l'initiative du salut, non-seulement envers l'étranger, mais envers leurs compatriotes eux-mêmes. A ceux-là le cigare sied parfaitement entre les lèvres, car rien ne peint mieux la vanité qui s'échappe de leur triste personne par tous les pores, qu'une épaisse bouffée de tabac.

Vous n'apprendrez pas sans regret que la délicieuse danse nationale est bannie des cercles de la noblesse. Moi qui en arrivant à Madrid ne rêvais que fandango et boléro, je n'ai pu m'empêcher de protester contre cette mesure et de demander pourquoi on préférait marcher une contredanse insipide, ou bien tourner comme des furieux dans une valse; grande a été ma surprise, lorsque l'on m'a répondu sèchement que depuis trois générations au moins il n'y avait plus en Espagne que le bas peuple qui dansât le fandango. Et quant aux interpellations que vous aurez dessein d'adresser, soyez-en sobre, car il arrive souvent aux Espagnols de soupçonner la bonne foi du voyageur, et de se laisser dominer par la crainte d'être pris pour un peuple différent des autres du continent. Ce sentiment est facile à comprendre; c'est celui de l'orgueil national blessé par l'état d'avilissement où est tombée l'ancienne grandeur espagnole. D'ailleurs, quand on souffre, la curiosité souvent indiscrète du voyageur est insupportable.

En voilà assez sur la société du grand monde. Quelques mots maintenant sur quelques types vraiment originaux de la population de Madrid, les *manolos*, les *milicianos*, les *aguadores* et les *serenos*.

A Madrid on distingue sous les noms de *manolos* et *manolas*, les hommes et les femmes du peuple. *Manolo* et *manola* sont la corruption d'Emanuel et d'Emanuela, et comme ces noms sont très-communs, on les applique à la plus grande masse de la population.

Rien de plus curieux à voir, qu'un groupe de *manolos*, drapés dans leurs longs manteaux et fumant la cigarette au soleil. Vous vous fatiguerez de les observer avant qu'ils aient quitté leur grave immobilité, avant qu'ils aient laissé tomber sur vous un regard. Sur quel sujet s'exerce leur méditation profonde? Probablement ils méditent sur eux-mêmes; car nul être au monde ne pense à soi avec plus d'orgueil que le Castillan. Jetez un manteau sur la statue du Silence, mettez-lui entre les lèvres une cigarette, et vous aurez un emblème de la gravité espagnole. Vous approchez du *manolo*, il vous toise avec méfiance; vous lui adressez une question, c'est à peine s'il daigne vous répondre par un geste, rarement il va jusqu'à un monosyllabe. Une seule chose le décide à se mettre en rapport avec vous : si, par exemple, sa cigarette vient à s'éteindre. Seriez-vous un grand d'Espagne, revêtu de toutes les insignes de votre classe, il vous accostera sans façon, et vous demandera de lui prêter celle que vous fumez pour rallumer la sienne; ceci est un usage reçu : toutes les classes viennent aboutir et se confondre au bout de la cigarette. Gardez-vous de lui disputer la droite si elle lui appartient. Le comte de S. M., ministre de Sardaigne, ayant été oublié par son cocher à la cour, fut obligé un jour de retourner à pied chez lui. En chemin il rencontra sur le trottoir un *manolo*. Pendant quelques instants ils s'arrêtèrent en se regardant l'un l'autre. Enfin le comte somma l'homme du peuple de lui céder le pas. Peu ébloui par le brillant des plaques du ministre, le manolo lui répondit : « La droite m'appartient, je suis d'ailleurs aussi noble que vous. » Inutile de dire que le comte dut descendre sur la chaussée. Les *manolos*, si orgueilleux vis à-vis des classes supérieures, se piquent d'une courtoisie exquise entre eux; ils ne manquent jamais de se saluer par un *buenos dias, caballero; buenas noches, caballero; vaya usted con Dios, caballero.*

Lors de la guerre de l'Indépendance, le *manolo* avait encore le chapeau à trois cornes, et les cheveux emprisonnés dans une longue résille qui lui tombait sur le dos. Aujourd'hui son costume se compose d'un chapeau andaloux qui est un vrai turban en feutre garni de velours, d'une veste ronde qu'il ne boutonne jamais, d'une écharpe rouge ou jaune, enfin d'un escarpin très-fin qu'il ne quitte pas, même au milieu des boues de l'hiver.

Mais que vous dirai-je de l'orgueilleuse *manola*, type de femme unique en Espagne et à laquelle on ne saurait trouver rien de comparable dans aucun autre pays? La *manola* a le nez un peu au vent, le teint pâle et des paupières admirables. Sa taille est bien prise, et sa robe, qui dépasse à peine le mollet, laisse apercevoir un pied mignon couvert d'un bas de soie à jour et finement chaussé. Elle abhorre le chapeau et tresse ses cheveux en nattes menues, dont elle forme une corbeille fort élevée. Elle encadre avec beaucoup d'art sa physionomie expressive et passionnée dans une mantille garnie de velours, et se pavane à pas lents, une main sur la hanche, sans que jamais le sourire vienne effleurer ses lèvres. Elle provoque le passant par un orgueilleux *qué hay?* que me voulez-vous? et lui tourne le dos avec mépris, si elle aperçoit quelque froideur offensante pour ses charmes. Craignez de l'offenser, car elle sait se venger. Bon nombre d'elles portent encore le couteau dans la jarretière de la jambe droite, ou bien dans un gousset caché sous la fente de la robe et qui sert aussi à renfermer le pécule.

Le col de la *manola* porte souvent quelque cicatrice dont elle est fière, car c'est une preuve qu'elle a été aimée avec jalousie. Jalouse et désintéressée, elle croit au-dessous d'elle et indigne de son amour tout homme qui ne porte pas veste ronde et chapeau sur l'oreille. Peut-être réussirez-vous à l'amadouer avec un cigare de la Havane, offert à propos, car il est étonnant combien on peut obtenir de choses en Espagne avec une feuille de tabac : elle émousse en un moment la susceptibilité ombrageuse de l'homme du peuple; aux yeux du muletier elle a plus de prix qu'un pour-boire en argent; et le paysan la révère autant que la robe noire du curé; autant que l'écusson du gentilhomme du village. Les voleurs mêmes sont sensibles à ce présent, et j'aurais là-dessus de charmantes historiettes à vous conter, si je n'étais pressé de revenir à la *manola*.

Sainte Hélène et saint Antoine sont les saints auxquels la *manola* a recours dans ses tribulations. Dans un endroit retiré, chaque maison possède une image de la sainte, et devant brûle une lampe que la *manola* entretient avec autant de zèle que la vestale entretenait jadis le feu sacré. En outre elle n'oublie pas d'aller chaque matin jeter son obole dans le tronc de l'image de saint Antoine qui est peinte sur les murs de la rue de *los Peligros*. La *manola* croit la rencontre d'un chien noir de bon augure, funeste celle d'un chien roux. Enfin elle raffole des sucreries, des combats de taureaux, aime le fandango dansé en plein air pendant les veillées des saints Pierre et Jean ; et on est sûr de la rencontrer le soir à la *Puerta del Sol* et au *Prado*. Si la passion de la couleur locale vous décide à la poursuivre jusque chez elle, vous trouverez toujours une guitare au pied de sa modeste couchette, et suspendues au même clou que le crucifix, des jarretières où sont brodées des devises amoureuses, telles que celles-ci : *Te digan estas ligas, mis penas y mis fatigas*, que ces jarretières te disent mes peines et mes soupirs ; *Intrépido es el amor, de todo sale vencedor*, l'amour est intrépide, il triomphe de tous les obstacles ; *Soy de mi dueño*, j'appartiens à mon amant ; *Feliz quien las aparta*, heureux qui les dénoue.

Les *milicianos* de Madrid composent un corps superbe de onze mille hommes de la plus belle tenue militaire. Les *milicianos* des basses classes aiment leur uniforme avec d'autant plus de passion qu'il est devenu pour eux une sorte de costume, qui s'allie fort bien avec l'orgueil espagnol et les idées d'indépendance individuelle si profondément enracinées dans ce pays. Instituée par la révolution de 1820, la milice de Madrid fut dissoute après l'entrée des Français, et remplacée par les volontaires royalistes. Lorsque ceux-ci parurent pour la première fois devant Ferdinand VII, frappé de l'identité des figures de ces nouveaux soldats royalistes avec celles des miliciens libéraux qu'il venait de congédier, il se tourna, raconte-t-on, vers le chambellan de service en lui disant : *Pues, hombre, son los mismos perros con otros collares*, ma foi, ce sont les mêmes chiens avec d'autres colliers.

Le *sereno* est un garde de nuit chargé d'annoncer à la population en repos, les heures et les quarts d'heure qui viennent de sonner aux horloges et l'état de l'atmosphère. Sous Ferdinand il ajoutait un hommage pour le roi absolu. Par exemple : *Son las doce! Estrellado y sereno! viva el rey neto!* Il est minuit. Le ciel est étoilé, le temps est au beau. Vive le roi absolu! Aujourd'hui il salue la madone, puis la reine Isabelle : *Ave Maria purisima! Viva Isabel Segunda!* Le *sereno* porte un manteau gris, une lanterne numérotée et une pique dont il se sert au besoin contre les voleurs et les auteurs de désordres nocturnes. Si je dois en juger d'après les précautions dont chacun s'entoure ici, l'intervention du *sereno* doit être souvent réclamée. La plupart des maisons de Madrid n'ont pas de portier, et le locataire, pour rentrer chez lui, frappe à la porte le nombre de coups qui répond à son étage. La domestique descend, interroge à travers la porte et se garde d'ouvrir avant d'avoir constaté l'identité de la personne. Depuis mon séjour à Madrid, je n'ai encore fait qu'une seule rencontre tant soit peu suspecte. C'était celle d'un individu qui m'aborda à deux heures du matin en me priant de lui donner une prise de tabac. Je lui répondis en levant ma canne qu'on ne prisait pas à pareille heure ; et il s'en alla.

L'*aguador* ou porteur d'eau vient des Asturies passer autour des nombreuses et maigres fontaines de Madrid, une vie toute de peine et de travail. C'est lui qui se charge de fournir d'eau les maisons; le seau de cuivre dont il se sert rappelle certains vases étrusques connus sous le nom d'*urseus*. Un incendie se déclare-t-il dans son quartier, il est tenu d'y courir avec son seau, sous les ordres de son chef de fontaine. L'*aguador* jouit d'une telle réputation de probité que les banquiers l'emploient souvent à porter de l'argent. Pour l'ordinaire, un Asturien est cru sur sa parôle. Il a pour amis les cuisinières, les chats et les chiens de ses pratiques, et partage avec eux les restes des repas des maisons qu'il dessert.

Je vous parlais tout à l'heure de paresse ; elle se retrouve au même degré dans toutes les classes. Si vous envoyez chercher un artisan, il vous fera souvent répondre que vous le trouverez chez lui. Un jour un tailleur m'envoya sa femme pour prendre mes commandes, et comme nous ne pûmes nous entendre sur les prix, elle exigea de moi que je lui payasse sa course inutile. Les passions politiques elles-mêmes ne triomphent pas de la paresse, et jusqu'aux affaires de l'état traînent en une longueur accablante. La *mañana*, demain, et le *no importa* des Espagnols sont aussi proverbiaux que le *dolce far niente*, reproché aux Italiens, et rien ne leur coûte comme de faire une chose sur-le-champ. Je parlais à un Espagnol des embarras que les rivalités de la France et de l'Angleterre causeraient à son pays après la cessation de la guerre civile ; il me répondit en riant : « Ne craignez rien, nous aurons toujours un puissant allié dans notre propre paresse. » Enfin la paresse des Espagnols ne saurait être comparée qu'à leur admirable persévérance. Peut-être en est-elle la conséquence naturelle, comme la versatilité des Français est celle de leur prodigieuse activité.

Je finirai cette esquisse sur Madrid par une citation que j'emprunte à un auteur espagnol : « La position si élevée de Madrid, au milieu d'une contrée dépouillée de toute végétation, rend cette ville si exposée aux vents du nord et du nord-est, qu'il n'est pas étonnant que les pulmonies et les coliques soient si communes. D'autre part les vents du midi exercent une influence si pernicieuse sur l'économie animale des habitants, que lorsque ces vents soufflent pendant plusieurs jours on voit tout à coup la discorde s'introduire dans les ménages, certains époux devenir sombres et taciturnes, d'autres irritables et emportés jusqu'à la fureur ; en même temps les prisons se remplissent de criminels, et les greffes des tribunaux de procès..... Quant aux manières des habitants, je doute que partout ailleurs en Europe on en trouve de plus élégantes et de plus agréables que chez nos gens bien élevés; mais je doute fort aussi qu'on rencontre quelque autre part une populace plus grossière et plus insolente. »

Tolède, ce 15 avril 1839.

Partis hier matin de Madrid, à la pointe du jour, nous n'étions plus qu'à un mille de Tolède lorsque nous rencontrâmes sur la route une jeune dame donnant le bras à un cavalier. Sur les signes qu'ils nous firent de la main la diligence s'étant arrêtée, la dame regarda dans la berline. Reconnaissant son mari, qu'elle savait devoir arriver de Madrid, elle congédia son suivant. Elle monta, s'établit avec vivacité sur les genoux de son mari, et écartant sa mantille, lui déposa sur le front deux baisers si passionnés, qu'eussions-nous tous été des aveugles, il nous eût suffi du sens de l'ouïe, malgré le roulement de la voiture, pour deviner la scène attendrissante qui se passait en notre présence. Enchanté de la surprise, l'heureux bonhomme étouffait cependant sous les douces étreintes de sa chère moitié; son agitation inquiète témoignait de toute la gêne qu'il éprouvait. Heureusement pour lui et pour moi (en ma qualité de son voisin, j'avais à supporter une partie du poids de la dame, qui était fort rondelette), on aperçut enfin les tourelles mauresques et les flèches des églises de Tolède se dessinant sur la crête d'une large colline à laquelle le Tage sert de ceinture. Quelques moments après nous étions reçus dans la ville avec un inexprimable sourire de satisfaction par don Francisco Pintado, le *posadero* de l'auberge de l'Europe. A côté de l'aubergiste se tenait un individu de haute taille, aux traits fortement prononcés, enveloppé dans une longue simarre noire, et jetant sur nous des regards qui annonçaient une incontestable supériorité. Mon ami D. crut deviner juste en l'abordant par ces mots : « Señor caballero, si j'en juge à votre air, vous êtes sans doute un vrai Mozarabe, un descendant de quelque ancien roi maure de Tolède. — Je ne suis pas Tolédan, répondit gravement le personnage; je m'appelle don Manoel, natif de l'Estramadure, et je fournis de saucissons les plus nobles familles de Tolède. » Très-mortifiés d'une pareille école, le courage nous manqua pour continuer la conversation, et nous gagnâmes l'appartement qu'on venait de nous destiner.

Bientôt on frappe à notre porte; j'ouvre, et je vois un milicien en petite tenue, portant sous le bras un bassin à barbe : « C'est le posadero qui m'envoie, me dit-il; je suis don Pablo, barbier, chirurgien, milicien volontaire, tout prêt à raser ces messieurs et à les servir en tout ce qui peut leur être agréable. » A ce début assez original du petit-neveu de Figaro, nous fûmes tentés de lui donner l'accolade. Nous parvînmes cependant à maîtriser notre émotion, et ce fut vraiment heureux, car les absurdes réponses que je tirai de lui pendant qu'il rasait D. ne tardèrent pas à me prouver qu'il était tout à fait indigne d'exercer la noble profession de barbier espagnol. Au lieu de détails sur la chronique du voisinage, il ne me répondit que par des tirades d'excommunié, citant Voltaire et Fréret, traitant de canaille toute la population de Tolède, parce qu'elle était carliste exaltée; louant le gouvernement de ce qu'il avait supprimé les processions nocturnes; s'acharnant contre la mémoire de l'archevêque Vuanzo, qui poussait de son vivant le peuple à s'insurger en faveur du Prétendant; faisant enfin d'incroyables frais d'éloquence pour nous convaincre qu'il était une tête forte à la manière française. Vous le voyez, mon ami, les idées françaises ont déjà fait disparaître une de ces individualités si originales de la vieille Espagne, que nous voudrions retrouver partout nous autres voyageurs. Croyez-moi, Figaro, Rosina, les combats de taureaux, le fandango, le majo, tiennent au carlisme beaucoup plus qu'on ne le pense, et la révolution menace de les enterrer tous avec don Carlos. Ce serait grand dommage!

La barbe de mon ami enfin achevée, nous nous rendîmes, escortés de ce mauvais barbier, chez l'intendant à qui nous étions recommandés. Nous avions un vif désir de connaître sa femme; le conducteur de la diligence nous avait fait un grand éloge de sa beauté. Nous le trouvâmes rentrant chez lui et enjambant quatre à quatre les marches du grand escalier de l'intendance, tout en pestant contre la toilette de milicien qui lui restait à faire pour paraître convenablement à la procession de sainte Léocadie, la patronne de Tolède, dont la fête tombait justement dans la journée. Malgré cet accès d'humeur et le temps qui pressait, il ne nous reçut pas moins de la manière la plus courtoise et nous fit servir du chocolat. Toutefois, à notre grand désappointement, il accueillit avec une défaveur très-marquée les compliments que nous lui adressâmes sur le délicieux portrait de sa femme, dont la chambre était ornée, et ne nous fit pas l'honneur de nous demander si nous désirions être présentés à elle.

Pendant qu'il endossait l'uniforme, je m'emparai de son fusil, et après l'avoir manié j'en louai la légèreté et l'excellente batterie. Lui aussitôt de me l'offrir, par ce banal compliment qui, en Espagne, s'applique à tout hors les femmes : « Caballero, vous pouvez en disposer. » Je l'en remerciai le plus sérieusement que je pus; mais en moi-même je riais beaucoup, pensant à l'embarras dans lequel j'aurais pu mettre ce jaloux magnifique si je l'avais pris au mot, dans le moment surtout où l'arme lui était le plus nécessaire.

Quand il se fut armé de pied en cap, l'intendant nous quitta, chargeant son *escribano* de nous faire les honneurs de la ville.

Pour votre instruction, il est bon que vous sachiez que Tolède, cet admirable pêle-mêle de décombres de la guerre de l'Indépendance, et de ruines romaines, gothiques, arabes, juives, et du temps de Charles V, où résident les patriarches de l'Église espagnole, est placé sur sept petites collines liées entre elles par un inextricable réseau de ruelles mauresques toutes fort étroites et tortueuses, sauf celle baptisée du nom de *Calle Ancha*, qui aboutit à la grande place de Zodocaver, et la seule qui ait une apparence tant soit peu chrétienne. Dans le voisinage de Sainte-Léocadie toutes les ruelles, inondées de dévots et de curieux, étaient pavoisées en signe de fête. Les cloches de toutes les églises de la ville sonnaient à pleine volée. Pas une croisée, pas un balcon où l'on ne vit de belles dames en mantille. Nous vinmes nous établir sur la place du couvent qui sert de collége aux demoiselles nobles et où la procession devait se rendre (on voyait les nobles recluses entassées sur la haute terrasse de l'édifice); bientôt le bruit d'une musique militaire nous avertit que le cortége approchait. Il défila devant nous dans l'ordre suivant :

Un paysan en gala, les tambours de la milice marchant tête découverte, une statue de l'archange Raphaël tenant en main le poisson miraculeux, portée par six étudiants ; une nuée de marmots déguisés en anges, une musique militaire, la statue de la vierge de la Salud portée par des cordonniers, l'université, le chef politique, les alguazils, enfin la milice.

Faites maintenant promener ce cortége dans les ruelles de Tolède, telles que je vous les ai décrites ; n'oubliez ni les chants des prêtres, ni la sainte et suave odeur de l'encens, ni les gamins suspendus aux grilles de l'église, ni les nobles demoiselles implorant probablement du ciel la fin de leur reclusion, ni le peuple en prière, ni votre voyageur agenouillé lui aussi et prenant des notes dans son chapeau, et vous aurez là un tableau tout espagnol.

Au sortir de la cérémonie religieuse nous allâmes visiter la maison des fous, en compagnie de deux officiers du corps franc de Tolède qui s'offrirent fort obligeamment à nous y conduire. L'un d'eux était un ancien séminariste qui avait jeté le froc aux orties lorsque éclata la guerre civile. Tout en marchant ce jeune homme rempli d'instruction mêlait à ses causeries sur les récents événements de Tolède, de nombreuses citations de l'histoire ecclésiastique. Il parlait très-haut ; aussi pas un prêtre ne passait près de nous sans se retourner, étonné sans doute d'entendre tant de noms de papes et de patriarches dans la bouche d'un officier de Francos, corps entièrement composé de libéraux exaltés. Nous arrivâmes de la sorte à l'*hospital de los dementes*, grandiose établissement fondé par la munificence du cardinal archevêque de la Lorenzana. Cet hôpital renferme cinquante et quelques malheureux aliénés qu'on m'a paru traiter avec une grande humanité. Le plus intéressant parmi les hommes est un ancien colonel d'artillerie qui a perdu la raison à force de vouloir approfondir les mystères du magnétisme. Après m'avoir expliqué sa théorie, il me mena dans l'embrasure d'une fenêtre, et me conta tristement comme quoi l'inquisition, aidée par la jalouse envie des médecins de Madrid, avait obtenu de la reine qu'il fût renfermé dans cette horrible maison. Il me dit que le cuisinier de l'établissement était payé pour l'empoisonner, et que ce coquin l'essayait à peu près chaque jour, en jetant de l'arsenic dans les mets qu'on lui servait à dîner. Mais, grâce à Dieu, c'était toujours en vain, car au moyen des courants magnétiques il parvenait toujours à neutraliser l'effet du poison. Pour me convaincre du fait il me pria de l'attendre, et après une courte absence il revint apportant une moitié de poulet rôti. « Ne voyez-vous pas les traces du poison ? me dit-il..... Voilà comment le gouvernement récompense mes précieuses découvertes scientifiques et mes longs services rendus à la patrie. » Ce malheureux prononça ces mots avec l'accent de la plus profonde amertume ; ses yeux étaient hagards, et on se sentait serrer le cœur à l'entendre parler.

Les autres aliénés sont victimes : qui de l'exaltation religieuse, qui de l'étrange idée qu'ils ont de leur mérite, et, chose assez curieuse, pas un seul ne l'est de l'amour, parmi les hommes du moins. L'un se croit le premier artiste, tel autre le premier mécanicien, théologien ou poëte, et tous en général attribuent leur détention aux persécutions du gouvernement. Un pauvre diable de peintre qui, privé de ses pinceaux, s'est jeté dans la broderie, a voulu nous montrer son chef-d'œuvre. C'est un mouchoir à fond bleu à chaque coin duquel il a brodé en soie blanche, rouge et noire, l'un des éléments de l'ancienne philosophie, représentant l'eau par une petite fontaine, l'air par un soufflet de forgeron, le feu par un volcan en éruption, et la terre par une marmite; au centre figure un diable monté sur un loup qui combat un taureau sa fourche à la main.

Quant aux femmes, elles se sont échappées toutes à notre approche sauf une, gaillarde paysanne frisant les 40 ans. Elle nous accueillit d'abord par de gros éclats de rire, et disparut ensuite pour aller se cacher derrière une porte par où elle savait que nous devions passer. Au moment de notre sortie elle nous barra brusquement le passage en poussant d'horribles hurlements, les mains appuyées sur les hanches et posée sur ses jambes écartées à la manière d'un housard hongrois à qui l'on apprend le maniement du sabre. Voyant que je reculais devant elle, elle se fâcha et m'apostrophant : « Comment! grand vaurien, tu as peur de moi? » Puis elle se fit tout à coup douce et caressante, me demanda pardon de m'avoir effrayé, et finit par me prier de ne pas lui refuser un *realito* pour boire deux petits verres d'anisette, l'un à la santé de sainte Léocadie, l'autre à la mienne. Je m'empressai de satisfaire à sa demande, et nous nous sommes quittés les meilleurs amis du monde. Il est bon d'avoir des amis partout.

Tolède, ce 17 avril 1831.

Décidément je quitterai Tolède sans pouvoir en emporter un seul souvenir artistique. Figurez-vous qu'au moment où j'étais occupé à prendre la vue de la ville au delà du pont d'Alcantara, l'officier de garde est venu me prier en grâce de suspendre mon travail. Il m'a dit que j'aurais indubitablement fini par ameuter contre moi la populace, qui, aussi ombrageuse qu'ignorante, ne pouvait manquer de me soupçonner de quelque acte hostile contre sa ville natale. J'ai fermé mon album et je me suis rendu à la cathédrale, espérant que là du moins on me laisserait dessiner tout à mon aise. Hélas! j'étais à peine à l'ouvrage que le bedeau vient me frapper doucement sur l'épaule et me fait observer que c'est manquer de religion que de dessiner le jour de Pâques fleuries. J'eus beau insister, lui dire que je partais demain, lui montrer même la pièce d'argent, il n'en voulut pas démordre, et me quitta en me disant qu'il ne comprenait rien à mes regrets, d'autant plus que la vue de l'église, confiée à sa garde, se vendait chez tous les marchands d'estampes. Veuillez donc vous en prendre à cet homme intraitable de ce que je ne puis vous envoyer les croquis que je vous avais promis, et contentez-vous de mes notes.

Les ruines de l'Alcazar, celles du couvent de San Juan de los Reyes, et le merveilleux temple gothique de la cathédrale, sont en fait d'art les objets qui méritent de fixer particulièrement votre attention. L'Alcazar bâti par Charles V, à la manière d'un château fort, sur une colline qui domine la ville, fut jadis un palais magnifique. Devenu la proie des flammes pendant la guerre de la succession, la façade qui fut sauvée atteste encore la beauté de ce morceau d'architecture italienne. San Juan de los Reyes, incendié en 1809 par les bombes françaises, servit autrefois de mosquée, comme le prouve assez un minaret qui surmonte le toit de l'église. Sa façade est tapissée des chaînes que les Sarrasins destinaient aux prisonniers chrétiens, et on prétend que les rois catholiques les y exposèrent à la vue de la population tolédane, pour lui rappeler la mémorable victoire à laquelle elle devait d'avoir été délivrée du joug des infidèles. Cet ameublement de geôle s'accorde fort bien avec la destination actuelle de l'église et de la place voisine, la première ayant été convertie en une prison de criminels, et l'autre livrée aux sanglantes exécutions du bourreau. Enfin la cathédrale, le seul des anciens monuments que l'incendie et les ravages de la guerre aient épargné, fut commencée sous le roi don Flave Recaredo. Convertie en mosquée par les Arabes, elle fut rendue à l'ancien culte après leur expulsion, et achevée en dernier lieu par Ferdinand une année après la conquête de Grenade, ainsi que l'explique la toute catholique inscription suivante, placée sur l'une de ses portes : « Grenade conquise sur les Maures par les rois catholiques, et les Juifs expulsés de Castille, d'Aragon et de Sicile; ils achevèrent cette sainte église en 1493. »

La tradition populaire prétend que la Vierge daigna apparaître dans ce temple à saint Ildefonse, et on vous montre encore la dalle où elle posa le pied. On y a gravé un verset latin pour éterniser la mémoire du miracle, mais il est loin de valoir le couplet espagnol qu'il a remplacé, et qui disait :

> Cuando la Virgen del cielo
> Puso los pies en el suelo,
> En esta piedra los puso.
> De besarla haced uso
> Para mas vuestro consuelo.

« Quand la Vierge divine — Mit les pieds sur la terre, — Elle les mit sur cette pierre. — Baisez-la souvent — Pour la plus grande édification de votre âme. »

Tout autour de la nef, qui est d'une admirable beauté, règnent de nombreuses chapelles, dont la plus intéressante, à cause des souvenirs qu'elle réveille, est celle qui porte le nom de chapelle Mozarabe. Un archevêque, j'oublie son nom, voulant venger l'Évangile contre les Sarrasins qui y avaient placé l'*adoratoire* du prophète, a fait peindre, sur les murs de cette chapelle, le miracle auquel le cardinal Cisneros dut la mémorable victoire d'Oran. « La victoire penchait déjà en faveur des Espagnols, dit une vieille chronique; mais la nuit approchant, les Maures allaient leur échapper à la faveur des ténèbres, lorsque Dieu exauça la prière fervente du cardinal, et ordonna au soleil de luire sur la plage africaine deux heures de plus que ne le comportait la saison; grâce à ce miracle, les Espagnols eurent le temps d'achever la déroute des infidèles. » D'après cette tradition, le peintre espagnol a représenté sur la muraille l'astre du jour qui éclaire encore de ses rayons le champ de bataille, pendant que des ténèbres qui s'épaississent dans le lointain annoncent que le repos de la nuit a déjà commencé pour le reste du monde. La mémoire de ce miracle est encore si vivace à Tolède, que tous les ans on célèbre l'anniversaire de la bataille d'Oran, dans la chapelle Mozarabe, par un service solennel et un sermon qui prend pour texte cette victoire mémorable.

Vous plairait-il de monter sur le haut du clocher? vous y jouirez de la vue des charmantes collines de la Vierge del Valle, et vous y admirerez en outre une des cloches les plus monstrueuses qui aient jamais été fondues. Elle était si horriblement bruyante que, sur les réclamations de la ville entière, le chapitre des chanoines dut consentir à ce que sa cloche de prédilection fût non-seulement fêlée, mais même dépouillée de son formidable marteau qui, semblable à un cadavre de géant terrassé, repose maintenant sans souffle de vie auprès du bronze qu'il anima jadis.

Ce serait ici le moment de vous parler des magnifiques tableaux de l'école espagnole-italienne qui décoraient autrefois la cathédrale, et de ses précieux ornements qui valaient des trésors; mais malheureusement, tout ce qu'il y avait de beau et de riche a été transporté à Madrid en 1837, ou bien a été enfoui par les chanoines dans des caveaux dont ils défendent l'entrée à tout le monde. Je me trompe fort, ou il n'est pas un seul de ces messieurs qui ne croie que je suis un espion chargé par le gouvernement de fouiller la cathédrale. Ils me voyaient avec tant de peine prendre des notes sur mon calepin, qu'à tout moment ils me bourdonnaient à l'oreille que Mendizabal les avait dépouillés de toutes leurs richesses, et qu'il ne leur restait plus rien, absolument rien. Le bibliothécaire de la cathédrale m'a même expliqué sans détours combien ma visite l'incommodait. Comme je l'invitais, dans l'intérêt de la science, à publier le catalogue des précieux manuscrits confiés à ses soins, il m'a dit sèchement : « Dieu m'en préserve, monsieur ; nous ne sommes déjà que trop à la merci des curieux. » Et moi de rire sous cape du compliment que je m'étais attiré, et auquel je ne me sentis pas le courage de répondre, réfléchissant à la triste situation que la révolution avait faite à ces pauvres chanoines. Leurs honoraires, autrefois de douze mille francs, ont été réduits à trois mille, et les revenus de leur chef, le patriarche de Tolède, qui s'élevaient à dix-sept millions de réaux, montent aujourd'hui à peine à cent soixante mille. La ville entière s'est cruellement ressentie de ces énormes réductions, car, sauf la grande et célèbre fabrique d'armes blanches, toute l'industrie tolédane se rattachait à ce qui a rapport aux ornements d'église, comme l'existence des nombreux mendiants aux aumônes des églises et des couvents. Rien donc de plus naturel que la haine vouée par Tolède aux libéraux. Si la population n'a pas livré sa ville aux bandes du curé Jarra qui l'assiégeait en février dernier, la cause en est tout entière dans le profond égoïsme de messieurs les chanoines d'ici. Obsédés par la crainte de voir leurs maisons pillées par leurs propres partisans à défaut de maisons assez riches appartenant aux libéraux, ils n'osèrent rien entreprendre en faveur de don Carlos. Ils laissèrent ainsi au gouverneur, l'Anglais Pflinter, tout le temps nécessaire pour organiser sa petite armée et battre à plate couture le hardi curé qui, non content de tenir la ville assiégée, s'amusait chaque matin à se promener sur les rives du Tage, provoquant la garnison par mille propos dont le plus décent est celui-ci : « *Salga el Ingles y los p....s cristinos!* Sors donc de ton repaire, Anglais, avec tes gueux de christinos. » On ne sait pas encore si le gouvernement, qui déteste Pflinter, à cause des liaisons qu'il lui suppose avec les exaltés, lui accordera la grande croix de San-Fernando. En tout cas, Pflinter se propose, dit-on, d'établir par voie de *contestacion*, preuves publiques, ses droits à ladite récompense, car les statuts de cet ordre chevaleresque, institué par les Cortès de 1812, autorisent quiconque a fait certaines actions d'éclat à rendre publics, par la voie d'un ban qui est mis à l'ordre du jour de l'armée, les traits de bravoure sur lesquels il fonde ses prétentions à la plaque de San-Fernando. Les faits prouvés, si aucune autre personne ne se présente pour en disputer l'honneur, la noble récompense appartient de droit à l'auteur du ban.

Il ne me reste plus à vous dire sur Tolède qu'un mot, et il a rapport à un souvenir historique.

Vous savez la part glorieuse qui échut à cette ville dans la résistance désespérée que les communes espagnoles opposèrent à l'empereur Charles-Quint, pour la défense de leurs libertés menacées. Deux Tolédans sont les héros de cette mémorable insurrection, et aujourd'hui encore il n'est pas un habitant qui ne vous montre avec un sentiment d'orgueil mêlé de tristesse, l'endroit où s'élevaient jadis les maisons de don Juan de Padilla et de doña Maria Pacheco. Ces maisons furent rasées après les défaites des Comuneros, et sur leur emplacement on établit un poteau avec une inscription qui mérite d'autant mieux d'être rapportée, que la révolution vient de la faire disparaître, et que Robertson n'en a fait aucune mention dans son histoire de l'empereur Charles-Quint.

« Ici s'élevaient autrefois les maisons de don Juan de Pa

» dilla, et de doña Maria Pacheco, principaux auteurs
» des tumultes et trahisons qui éclatèrent dans Tolède, en
» 1521.

» Elles furent rasées par don Juan de Zumel, sur l'ordre
» formel du roi, pour punir les susdites personnes d'avoir
» tiré le glaive contre leur souverain et ensanglanté leur
» patrie, voilant leurs projets ambitieux sous les appa-
» rences du bien public et de la liberté. Oublieuse du par-
» don accordé une première fois par LL. MM. à ceux d'entre
» les habitants qui avaient trempé dans ces attentats, doña
» Maria Pacheco organisa, dans ces mêmes maisons, une
» nouvelle rébellion, et descendant dans la rue, elle osa com-
» battre contre les autorités légitimes et le drapeau royal.
» Les traîtres furent vaincus le 3 février, jour de Saint-
» Blas, 1522. — Renouvelé par la ville de Tolède, en 1824. »

Cette inscription était précédée d'un avertissement au public ainsi conçu :

« Cette note d'infamie fut enlevée par ordre du roi de
» l'endroit où elle était d'abord placée. Que personne n'ose
» y toucher sous peine d'amende et de confiscation de ses
» biens. »

Mais la révolution a tenu peu de compte de ces menaces, et, comme je vous l'ai déjà dit, elle a fait disparaître le poteau infamant.

Madrid, ce 29 avril 1834.

Je continue à me plaire beaucoup à Madrid, grâce à cette délicieuse couleur locale qu'on y rencontre à tout moment. Ce matin, par exemple, rien n'était plus curieux à voir que les troupes de gamins se ruant sur les images de saints qu'on jetait par les croisées sur le passage du Saint-Sacrement. On appelle des *aleluyas* ces bouts de papier peint ; et comme la politique a tout envahi depuis trois ans, avec les images des saints on en faisait pleuvoir d'autres qui représentaient Cordova à la bataille de Mendigorria, l'entrée d'Espartero dans Bilbao, et d'autres épisodes de la guerre actuelle. La cérémonie religieuse en question se rattache à une coutume fort ancienne, d'après laquelle les desservants des paroisses de Madrid portent la communion à domicile, à toutes les personnes que leurs infirmités empêchent de faire pâques aux églises. A cet effet, les plus grands seigneurs s'empressent d'envoyer leurs meilleures voitures et leurs gens en gala à la paroisse, et de les mettre pour toute la matinée aux ordres du curé. Les manifestations de leur respect pour les actes du culte ne se bornent pas à cela : à toute époque de l'année, s'il arrive à un gentilhomme de rencontrer sur son chemin le cortége du viatique, il cède à l'instant sa voiture au prêtre qui porte le bon Dieu, et lui se mêle pieusement à la foule des dévots. C'est à une rencontre semblable avec Ferdinand VII, qu'un curé de Madrid a dû son élévation à l'archevêché de Saragosse.

La grande nouvelle du jour est la tentative d'insurrection fuériste dans laquelle Muñagorri vient d'échouer en Navarre. Chacun se perd en conjectures sur les conséquences probables de cet événement, qui prouve au moins que les carlistes ne sont pas plus unis que les libéraux.

On dit qu'en 1834, le projet d'une insurrection semblable fut présenté par Muñagorri à Martinez de la Rosa, qui, croyant avoir affaire à un homme peu sûr et avide d'argent, le renvoya sans l'écouter. En 1835, Muñagorri vint de nouveau à Madrid, et y fut bien reçu par le comte de Toreno, qui lui fit délivrer une forte lettre de crédit sur Bayonne. De retour en Navarre, il y travaillait déjà avec beaucoup de succès pour le parti de la reine, lorsque la révolution de la Granja étant survenue, Muñagorri écrivit à ses amis de Madrid, que l'état d'anarchie dans lequel se trouvait alors plongé le parti libéral avait immensément augmenté les chances favorables à don Carlos, et qu'il se voyait forcé de renoncer à une entreprise devenue désormais impossible. En même temps il renvoya la lettre de crédit, à laquelle il n'avait pas touché. Muñagorri est un homme de loi assez connu dans sa province. Devenu en 1834 suspect aux carlistes à cause des rapports qu'on lui soupçonnait avec le général Saarsfield, Zumalacarregui le fit emprisonner, et Muñagorri, assure-t-on, n'échappa à la mort que grâce à une somme de 40 mille réaux qu'il sut offrir à propos.

Permettez que je finisse cette lettre en vous posant une question qui excite vivement ma curiosité; de qui tenez-vous que j'apprends à jouer des castagnettes et à danser le fandango? Eh bien! oui, puisque le mystère dont je m'entourais ne m'a servi de rien, je vous avouerai que faute de salles d'armes, de manéges, voire même de promenades, car nous vivons emprisonnés dans la ville, je me suis jeté à corps perdu dans la danse espagnole. Un monsieur Asinelli, ancien grotesque de Barcelone, est mon maître. A le voir on dirait un hippopotame; mais il danse avec autant de légèreté qu'un sylphe. En outre il est poète, et vous allez juger vous-même de son beau talent d'après deux couplets qu'il a exposés dans ses salles pour inviter ses élèves à lui payer leur mois par anticipation :

> Muy útil es el bailar
> Elegante y acertado,
> Pues á un jóven bien portado,
> Le da medio de agradar.
>
> Aquí se enseña á danzar
> Con finura y perfeccion :
> Pero ponga su atencion
> El discípulo ilustrado
> En que el mes adelantado
> Le ha de dar con precision.

« A tout garçon qui désire plaire rien n'est aussi utile que de savoir danser avec grâce et aplomb. — Ici on donne des leçons de bonne danse; cependant l'illustre disciple est prié de ne pas oublier qu'il doit payer exactement son mois d'avance. »

A présent, madame, continuez de rire à votre aise et à mes dépens; loin de me fâcher, je vous y invite en vous disant que je vous quitte pour me rendre tout de bon chez mon grotesque. Il demeure rue d'Alcalá, nº 37.

Madrid, ce 5 mai 1838.

En traversant, cette nuit, le carrefour de la Puerta del Sol, il m'est arrivé de donner dans un groupe de manolas qui dansaient le fandango au clair de lune. Trois d'entre elles chantaient en pinçant de la guitare, pendant que les autres, déguisées en Andaloux, en contrefaisaient avec une verve sans égale le port coquet et fanfaron. Je m'aperçus aussitôt qu'il se tramait un complot contre les miliciens de garde à la Poste; ceux-ci ne résistèrent pas longtemps à la séduction, et, oubliant la consigne militaire, ils accoururent se mêler à la danse. Une seule manola était restée sans cavalier; elle vint à moi la main sur la hanche, et me dit d'un air de reproche : *Pues no me convidais, caballero?* Vous ne m'engagez donc pas, monsieur? Pour toute réponse je lui glissai une piécette dans la main, la priant de boire un verre d'anisette à ma santé, et de me laisser observer à mon aise le curieux spectacle que la Puerta del Sol offrait en ce moment. Figurez-vous les effets d'un beau clair de lune dans les onze ruelles qui aboutissent à la place; le disque lumineux de l'horloge de l'église du *Buen Suceso*, apparaissant comme un cercle magique; cette fontaine de Mariblanca, que Cervantes a rendue fameuse dans ses nouvelles; enfin ces danses, ces chants espagnols rompant le repos de la nuit, et dites si le tableau n'était pas délicieux. Le fandango achevé, les manolas évacuèrent la place, emmenant avec elles plusieurs prisonniers. Je suivais encore des yeux la bande joyeuse qui s'éloignait en chantant, lorsque la voix du *sereno* vint m'apprendre que le matin approchait et qu'il était temps enfin de regagner la maison de doña Dolores.

Cette scène nocturne peut vous donner une idée de ce que c'est que la Puerta del Sol, par une belle nuit de printemps. Des scènes d'un autre genre s'y passent dans le courant de la journée.

A dix heures du matin, le carrefour fourmille déjà de monde, et vous voyez les militaires, les oisifs, les usuriers, les fumeurs de cigares de la Havane, les exaltés, les carlistes, chacun établi à son poste d'habitude. Les aveugles attendent au soleil, leur violon sous le bras, l'annonce d'une noce à fêter ou celle de l'arrivée d'un personnage étranger auquel ils iront souhaiter la bienvenue; la manola vous montre ses paniers d'oranges, le *calesinero* andaloux son cabriolet vide, et l'air retentit de mille voix discordantes qui crient sur tous les tons les grandes nouvelles du jour : « Relation des cruautés commises par Cabrera dans la Huerta de Valence! Entrée du général Harispo en Navarre, à la tête de 30 mille Français! Correspondance amoureuse de don Carlos avec la duchesse de Beira! Détails sur la grand'messe chantée dans la chapelle des Tuileries pour la fin de la guerre civile en Espagne! » et mille autres absurdités de ce genre.

L'heure du dîner et la sieste font évacuer la place, qui reste déserte comme un cloître jusqu'au soir. Alors l'activité reprend; le fandango s'établit à l'entrée de la rue de la Montera, et moyennant un sou, danse qui veut avec la manola. Un peu plus tard un essaim de chandelles vagabondes éclaire le carrefour, et les crieurs de recommencer de nouveau : « Oh! l'excellente eau glacée! Qui en veut des bonnes pâtes? Papier à cigarettes et amadou à l'épreuve! Nouveaux modèles de lettres amoureuses à l'usage des amants, les noms sont en blanc; tout le monde, demoiselle ou garçon, peut y mettre le sien! » Ajoutez à ce bruyant pêle-mêle, la foule des promeneurs qui reviennent du Prado, les coups de coude des beautés nocturnes, les polissons qui vous tombent entre les jambes en vous offrant la mèche à cigare, et je vous aurai en grande estime si, lancée dans cette admirable confusion, vous ne perdez pas votre chemin.

Tout ceci est bien, direz-vous, mais pourquoi le nom de Puerta del Sol à ce carrefour? Un peu de patience, mon amie, car je n'ai pas encore fini. Du temps de Charles-Quint, sur l'emplacement de l'église du *Buen Suceso*, une porte s'élevait qu'on appelait la Porte du Soleil, à cause d'une image de cet astre qui s'y trouvait peinte, et depuis lors ce nom est resté à la place, bien que la porte ait disparu. La Puerta del Sol devint célèbre en 1765 à l'occasion des tentatives faites par Charles III pour changer le costume du bas peuple de Madrid. Ce prince, ennemi mortel des jésuites qu'il accusait d'ameuter le peuple contre l'autorité royale, s'en prit jusqu'aux manteaux et aux chapeaux des Madrilègnes qui lui rappelaient le costume de cet ordre. Il avait fait placer à la Puerta del Sol, des gens chargés de couper tous les manteaux à hauteur du genou, et de faire trois cornes à tous les chapeaux des passants.

La furieuse émeute populaire du mois d'avril 1808, contre le prince de la Paix, éclata à la Puerta del Sol, et le 2 mai suivant, cette même place vit des scènes encore plus sanglantes. Prise par les habitants insurgés contre les Français, ceux-ci les en chassèrent et établirent dans l'église du Buen Suceso un conseil de guerre, qui faisait fusiller tous les habitants qu'on trouvait porteurs d'une arme quelconque. Nombre de ces malheureux furent exécutés dans le cloître de l'église, et on vous y montre encore leur pierre sépulcrale portant cette inscription : « Ici reposent les Espagnols *sacrifiés* dans cette maison et les environs, par les Français, dans la journée du 2 mai 1808. Priez pour leurs âmes. »

Pendant la période révolutionnaire de 1820 la Puerta del Sol devint le rendez-vous de tous les clubistes de la capitale. C'est au café de la Fontana de Oro que la société des Comuneros proposa la déchéance de Ferdinand VII ; c'est dans le café Lorenzini que Regato, jadis libéral exalté, alors espion de Ferdinand, prononçait les discours les plus démagogiques et préparait la ruine de la révolution en poussant à l'anarchie.

L'agitation politique disparut de la Puerta avec l'entrée des Français, pour reprendre de nouveau après la mort de Ferdinand. C'est sur ces pavés que le général Cantérac tomba blessé à mort par les soldats du lieutenant Cardero, insurgés contre l'*estatuto* de Martinez de la Rosa. Cinq ans plus tard, le lendemain de la révolution de la Granja, un Catalan y montrait au nouveau capitaine général de Madrid, l'épée et la canne du malheureux Quesada, assassiné à Ortaleza; tandis que d'autres furibonds exposaient les oreilles, clouées sur une planche, dans un mauvais cabaret de la rue de la Montera.

Telle est, jusqu'à présent, l'historique de la Puerta del Sol. L'avenir dira le reste.

Voulez-vous les couplets chantés par les manolas ?

El pañuelo de mi majo
No se lava con jabon,
Sino con un poco de agua,
Y sangre de mi corazon.

Yo á san Antonio rezo
Tres veces la semana;
Si algun santo tiene queja,
Yo rezo á quien me da gana.

San Pedro como era calvo
Los mosquitos le picaban;
Y su madre le decia:
Ponte el gorro, Pedrecillo.

El amor del miliciano
Es como un terron de azúcar;
Y la dama que lo prueba,
Hasta los dedos se chupa.

Una mujer santa y buena
Llevó un carnero á su casa,
Y le dijo á su marido:
Ve aqui tu semejanza.

Le mouchoir de mon majo — Ne se lave pas avec du savon, — Mais bien avec un peu d'eau — Et le sang de mon cœur.

Moi, je prie saint Antoine — Trois fois la semaine; — Si quelque saint s'en fâche, — Moi, je prie qui bon me semble.

Saint Pierre étant chauve, — Les cousins le piquaient; — Sur quoi sa mère lui disait : — Mets donc ton bonnet, petit Pierre.

L'amour du milicien — Est comme un pain de sucre ; — La dame qui en goûte une fois — S'en lèche jusqu'aux doigts.

Une bonne sainte femme — Amena un bouc au logis, — Et dit à son mari : — Regarde, voici ton portrait.

Madrid, ce 25 mai 1838.

Lorsqu'en 1835 toutes les provinces d'Espagne s'insurgèrent contre le ministère Toreno, Madrid fut quelque temps avant de se prononcer. On attendait avec anxiété le parti que prendrait la capitale. La cour était à la Granja, et Toreno avait fait toutes ses dispositions pour tenir tête au mouvement qu'on savait devoir éclater. Le 15, au soir, après la course de taureaux terminée, les deux compagnies de milice de service à la *plaza de Toros* battirent le rappel. Les plus exaltés des *milicianos* prirent les armes, et se réunirent au nombre de deux bataillons environ sur la *plaza Mayor*, aux cris de *Viva la libertad! vivan las juntas!* Deux régiments de la garde royale furent établis au Prado pour observer ce mouvement et le contenir. Les insurgés voyant qu'ils éveillaient peu d'échos parmi le peuple, renoncèrent à se répandre dans Madrid, s'entourèrent de barricades, et expédièrent à la Granja une députation chargée d'exposer à la régente les griefs de la nation contre le ministère Toreno. La députation fut arrêtée en chemin, et les deux régiments de la garde reçurent ordre de marcher sur la place Mayor. Les insurgés durent capituler; on leur accorda de se retirer, mais après avoir mis bas les armes.

Cependant la population carliste du faubourg de *Mara-*

villa, voyant les miliciens désarmés par le gouvernement même, pensa qu'elle n'avait rien de mieux à faire que de proclamer le *roi de son cœur*, et elle s'ameuta contre les miliciens aux cris de *Vira Cárlos!* Bon nombre de miliciens furent blessés, un fut jeté par une fenêtre, deux furent tués à coups de *navaja* (ce long couteau à deux tranchants si terrible dans des mains espagnoles). Une vieille femme, *Maria de la Trinidad*, connue dans tous les faubourgs de Madrid sous le surnom de *Tia Cotilla*, la tante Corset (*cotilla* signifie littéralement le corps de baleine qui soutient le corset), marchait en tête des furieux, brandissant un énorme *navaja*. On la vit, aidée des nommés Garcia et Sicle-Iglesias, assassiner de sa main un malheureux tambour de la milice.

Près de trois années s'écoulèrent avant que justice pût être faite de ces crimes hideux. C'est aujourd'hui qu'a eu lieu l'exécution des trois coupables, après des poursuites commencées, interrompues et reprises dans cet espace de temps.

Ce matin, je sommeillais encore, lorsque les sons aigus et prolongés d'une clochette dans la rue me décidèrent à quitter le lit et m'attirèrent à la fenêtre. Je pensais que c'était le viatique qu'on portait à quelque agonisant dans le voisinage; au lieu de cela, je vis deux hommes, dont l'un, vêtu de noir, avec un scapulaire de couleur verte en sautoir, était suivi par un autre en veste grise, tenant une clochette à la main et portant à la ceinture une boîte noire, sur laquelle étaient écrits en jaune les mots : *Paix et Charité*. J'appelai la Biscayenne qui fait le service de la maison :
« Qui sont ces deux hommes? demandai-je.

—C'est, me répondit-elle, la confrérie de la Paix et de la Charité. Ils quêtent pour l'enterrement des trois condamnés à la garotte qu'on va exécuter ce matin même. Les quarante-huit heures de chapelle sont achevées.

—Comment?

—Oui, on laisse toujours le condamné deux jours

pleins en chapelle avant l'exécution. C'est dans la chapelle de la prison qu'on le met. Je retourne vite à mon ouvrage; l'exécution est pour onze heures et demie, c'est tout au plus si j'ai le temps de finir d'ici là.

— Auriez-vous donc l'idée d'aller voir une telle chose?

— Moi, y manquer! reprit-elle avec l'accent de la surprise; moi, manquer d'assister au grand voyage de la tante *Cotilla!* Pour rien au monde je ne consentirais à garder la maison à pareille heure. C'est que voyez-vous, monsieur, c'est une maîtresse femme, et comme on en voit peu. Quand eut lieu le désarmement des miliciens en 1835, et après qu'elle et les deux autres eurent assassiné le malheureux tambour, savez-vous ce qu'elle a fait? Elle a rougi ses deux mains dans le sang du pauvre diable, et elle a couru les appliquer toutes chaudes au chevet de son lit : « De bonnes taches de sang de *negro*, disait-elle, la tante Cotilla, cela vaut à un chevet toutes les plus belles images du monde. J'espère bien mourir avec ce sang-là sous les yeux. »

On m'apporta en ce moment mon journal, le *Correo nacional*. J'y trouvai des détails sur les trois condamnés. Ils sont assez curieux pour que je les reproduise ici.

« *Alvarez Garcia*, âgé de vingt-deux ans, taille moyenne, cheveux châtains, teint clair, avec des yeux bleus, a conservé depuis son entrée en chapelle toute l'impassibilité qu'il a montrée au moment où on lui a signifié sa sentence. Couché sur un matelas, la tête appuyée sur sa main droite, il tient dans la gauche un cigare qu'il fume lentement, et promène son regard sur tout ce qui l'entoure, sans manifester la moindre émotion. Un mouchoir noué autour de sa tête avec une certaine prétention donne à sa physionomie cette expression de crânerie qui caractérise les fiers-à-bras et les bandits. Il a dîné avec appétit; et le soir il a bu quelques coups de vin avec le même plaisir. Son confesseur est assis auprès de l'autel en face de lui, et dit des prières dans l'espoir que le criminel finira par montrer quelque disposition à écouter la voix de la religion et du repentir.

Le triste aspect de cette chapelle qui n'est éclairée que par la pâle lueur des deux cierges, placés sur l'autel aux deux côtés du crucifix, la vue de ce prêtre récitant des prières en face de cet homme qui va mourir sur un échafaud, remplissent tous les visiteurs d'un sentiment de terreur involontaire.

» Dans la salle contiguë a été disposée la chapelle destinée à *Cayetano Siete-Iglesias*, âgé de 37 ans, taille moyenne, cheveux noirs, teint basané, barbe épaisse, œil noir et plein d'expression. Il inspire plus de pitié que son complice. La couleur enflammée de ses joues dénote qu'il est en proie à une fièvre violente. Il se promène dans son étroite prison avec autant de vivacité que le poids de ses fers le lui permet. Sa poitrine semble tellement oppressée que sa respiration pénible fait mal à entendre; il en sort par intervalles un soupir si profond qu'on dirait que l'âme s'échappe en même temps. Tantôt il se laisse tomber, la face sur le plancher, et éclate en gémissements terribles; puis il se relève, et adressant la parole au prêtre, accuse sa mauvaise étoile qui l'a conduit à faire une telle fin. D'autres fois, les bras croisés, la tête penchée sur sa poitrine, il reste immobile pour quelques instants; et semble une statue emblème de la douleur. Bientôt après il entre dans un accès de fureur, ses yeux sont près de sortir de leur orbite. Revenu à lui-même, il recommence à se promener, à s'adresser au prêtre, à se lamenter, à accuser son étoile.

» La troisième chapelle est occupée par *Maria de la Trinidad*, âgée de 64 ans; son corps est chétif, son visage est presque noir et tout couvert de rides, ses yeux sont gris et brillent comme des charbons ardents; une vieille robe d'une cotonnade de couleur foncée, et un mauvais fichu la couvrent à peine. Elle est accroupie sur le matelas qui lui sert de lit, et auprès d'elle un jeune prêtre lui prodigue les secours de la religion et l'exhorte au repentir. Les idées de la malheureuse sont si décousues et si désordonnées qu'elle semble avoir perdu l'usage de la raison. Elle pleure, entre en fureur, et s'apaise, prie et blasphème presqu'à la fois. De temps à autre elle paraît disposée à céder aux exhortations de son confesseur, mais à peine s'est-elle agenouillée qu'elle se relève, et enfonçant ses maigres doigts dans sa chevelure, elle s'écrie avec l'accent de la rage : « Non, jamais je ne pardonnerai à mes ennemis. »

A la lecture de ces détails, la curiosité l'emporta chez moi sur le sentiment de répulsion qui m'avait jusque-là détourné d'assister à l'horrible spectacle d'une exécution. Je m'habillai à la hâte et je partis.

Une foule immense se pressait depuis plusieurs heures à la porte de la prison et se prolongeait tout le long de la rue de Tolède, jusqu'à la place en dehors de la ville, où se font actuellement les exécutions. A tous les balcons et à toutes les fenêtres même affluence de curieux. Les grilles de la porte de Tolède disparaissaient sous les nombreux gamins qui s'y tenaient cramponnés les uns sur la tête des autres. Je fus assez heureux pour rencontrer en chemin un garde du corps de mes amis, et sous la protection de son grand plumet blanc j'avançai avec lui à travers la foule compacte. Ici c'étaient des *manolas* se racontant les détails des atrocités commises par l'héroïne du faubourg de *Maravilla*. Là des groupes de carlistes silencieux laissaient voir sur leur visage qu'ils plaignaient dans le fond de leur cœur le supplice de leurs frères politiques, *bien pensants;* tandis que des milicianos, vieux camarades du tambour assassiné, proclamaient à voix haute que la garrotte était un supplice beaucoup trop doux pour les mérites de la *Tia Cotilla*. « Si j'étais le général Quiroga, entendis-je dire à côté de moi, j'aurais forcé la commère à passer la revue de toute la milice avant d'être exécutée. — Et moi, ajouta son camarade, j'aurais voulu qu'on attachât la *Tia* à l'un des arbres du Prado, et qu'on nous la donnât à tuer à coups de flèches, comme les Maures ont traité saint Barthélemy; » sur quoi une troisième voix s'écria : « Allons donc, manolo, tu confonds saint Barthélemy avec saint Sébastien. »

Dans ce moment l'horloge de la prison sonna onze heures et demie. Il se fit un silence général, et par un mouvement simultané, toutes les têtes se tournèrent à la fois du côté de la prison dont la porte venait de s'ouvrir. Le cortége des condamnés commença à en sortir. Une escouade de miliciens à cheval ouvrait la marche; venaient ensuite trois frères de la Paix et de la Charité, que dix autres suivaient rangés processionnellement sur deux files : les trois premiers portant en sautoir le scapulaire vert, et en main une verge chargée d'emblèmes mystiques; les autres portant des torches de cire verte allumées. Ils précédaient un âne, que conduisait par la tête un des valets du bourreau, et sur lequel on avait placé à califourchon Alvarez Garcia, revêtu du costume des *meurtriers par trahison* : bonnet jaune, chemise jaune, et un large pantalon de toile à sacs. Il portait au cou les scapulaires de la *Virgen de la Soledad*, de la *Virgen del Cármen* et de la Passion. A droite et à gauche du criminel étaient deux prêtres qui l'exhortaient à avoir confiance en Dieu, et lui récitaient à haute voix des prières qu'il répétait, les yeux fixés sur une image de la *Virgen de los Dolores*, avec les marques d'une dévotion qui semblait on ne peut plus fervente. Derrière venaient deux nouvelles files de frères de la Paix et de la Charité. La marche de ce convoi du premier condamné était fermée par trois alguazils avec leurs longues baguettes blanches à la main.

Cinq minutes après parut l'escouade de miliciens à cheval, chargée d'escorter le convoi de Maria Trinidad; comme ils faisaient caracoler un peu vivement leurs montures pour faire ranger la foule, il s'éleva contre eux, particulièrement d'un groupe de milicianos à pied et en bonnet de police, des cris de l'opposition la plus violente : *muerte á las chacotillas! viva la Constitucion!* mort aux shakos! vive la constitution! L'apparition de la *Tia* apaisa le tumulte mieux que tous les discours des alguazils. *Que fea es la bruja!* Qu'elle est laide la sorcière! se disaient les manolas. La malheureuse, placée aussi à califourchon sur un âne conduit par un valet du bourreau, portait l'habit noir des sœurs de la Charité, avec un large capuchon blanc. Quatre prêtres, élevant leur crucifix de bois, l'exhortaient à pardonner à ses ennemis (ces ennemis, dans son langage, c'étaient les miliciens), tandis qu'un groupe de frères de la Paix et de la Charité, tenant en l'air leurs mains chargées de reliques et d'images, se serraient autour d'elle, et s'appliquaient à lui dérober la vue des milicianos qui la conduisaient au supplice. La curiosité de la foule était extrême, c'était à qui monterait sur les épaules de ses voisins pour mieux saisir les traits de cette affreuse femme.

Mon compagnon me fit observer que nous n'avions pas de temps à perdre si nous voulions assister au dénoûment du drame, et nous gagnâmes en toute hâte, par des détours, les dehors de la porte de Tolède. Anciennement les exécutions se faisaient sur la place de *Cebada;* et c'est là que Riégo, le libraire Missar et tant d'autres libéraux furent suppliciés; mais en 1832 Ferdinand relégua l'échafaud hors de la ville.

Au milieu d'une vaste esplanade couverte d'un peuple immense, deux compagnies du régiment de la régente et un demi-escadron de garde royale formaient les côtés d'un carré autour de l'échafaud, auquel on montait par un escalier en bois d'une douzaine de marches. Sur le plancher s'élevaient trois poteaux à chacun desquels était adapté le collier de fer ou *garrotte*, destiné à étrangler le criminel à l'aide d'un tourniquet. Au bas de chaque poteau était une sellette excessivement étroite, disposée en long, et au pied de devant de chacune une corde destinée à lier les jambes du patient.

A midi le *verdugo*, bourreau, pénétra dans le carré, déposa sa verge sur les marches de l'escalier, et après avoir inspecté les instruments du supplice descendit pour aller recevoir Garcia, dont le convoi venait d'arriver. En mettant pied à terre, Garcia demanda à se confesser. Le prêtre s'assit sur une marche de l'échafaud et reçut les dernières paroles du patient agenouillé sur le sol. Cela dura quelques minutes, après quoi le malheureux se releva ; sa physionomie portait l'empreinte d'une grande résignation. Le bourreau s'avança vers lui et lui dit en se découvrant : *Perdóname, hermano, porque Dios te perdone.* « Pardonne-moi, mon frère, pour que Dieu te pardonne; » puis il lui serra les mains dans des menottes; et tout le cortège monta sur l'échafaud. Garcia allait tellement vite qu'on eût dit qu'il avait hâte d'accomplir le cruel sacrifice d'expiation. Le bourreau le fit asseoir à califourchon sur la sellette qui lui était destinée, et lui passa la garrotte autour du cou, pendant qu'un valet s'emparait des jambes et les liait au pied de la sellette.

Le drame touchait à sa fin. Le confesseur se prit à articuler le *Credo* de manière à attirer toute l'attention du patient qui en répétait *chaque mot* avec les gémissements d'un homme qui suffoque. Arrivé à ces mots *Jésus-Christ son fils unique,* un autre prêtre lui jeta une toile blanche sur la figure. C'était pour le bourreau le signal de faire agir le tourniquet. Il le fit, le poteau trembla, et j'entendis un craquement d'os.

Lorsqu'un valet du bourreau enleva la toile de dessus la tête du patient, on put la voir tombante sur la poitrine, comme si les yeux eussent contemplé une image de la Vierge qu'on lui avait placée entre les mains ; la face était légèrement bleuâtre. Des milliers d'hommes avaient le regard attaché sur le supplicié, et moi j'en étais à me demander s'il avait réellement perdu tout souffle de vie.

En ce moment mon attention fut détournée par un singulier bruit qui se passait autour de moi ; c'était le bruit de soufflets que des hommes et des femmes du peuple distribuaient à des enfants. Mon compagnon m'apprit que, lorsqu'un père ou une mère se trouvaient assister en famille au triste spectacle d'une exécution, ils ne manquaient pas d'appliquer un bon soufflet sur la joue des enfants, afin de mieux graver dans leur jeune mémoire, par une sensation douloureuse, la leçon morale qui vient de se donner sur l'échafaud.

A l'arrivée de la femme quelques prêtres prirent soin de se grouper devant ce cadavre, de manière à lui en dérober la vue, tandis que d'autres allaient l'aider à descendre de sa monture. En approchant de l'échafaud elle passa tout auprès de moi, et je l'entendis répéter avec l'accent de la fureur son anathème contre les miliciens : « *Jamas perdonaré à mis enemigos.* Jamais je ne pardonnerai à mes ennemis. » Son confesseur employa de nouveau toute son éloquence pour lui retracer, en face du supplice qui allait atteindre son corps, les peines éternelles qui menaçaient son âme, si elle mourait dans l'impénitence finale ; ce fut à peine s'il parvint à lui arracher une sorte de rétractation. Quelques instants après on put voir son cadavre assis à côté de celui de Garcia et dans la même attitude. Sa figure avait pris une expression de rage plus hideuse que pendant sa vie.

Une sellette restait encore à remplir ; mais je me sentais pénétré d'un tel sentiment de dégoût et d'horreur, que, saisissant machinalement le bras de mon compagnon, je l'entraînai loin de cet effroyable spectacle, me reprochant vivement l'instinct de curiosité cruelle qui m'avait donné, comme à toute cette foule stupide, le triste courage de le supporter jusque-là.

Ce soir, la Biscayenne de ma mais on vient de m'apprendre que le troisième condamné, Siete-Iglesias, avant de monter à l'échafaud, avait cité ses juges à comparaître devant Dieu dans un an et un jour. Elle me dit encore qu'à la nuit tombante, la confrérie de la Paix et Charité avait enlevé les cadavres des suppliciés, les avait revêtus de l'habit de saint François et avait été les enterrer au Campo-Santo.

Cette confrérie est fort ancienne, et son but spécial est de fournir quelques consolations aux malheureux condamnés à mort, depuis l'instant où ils entrent en chapelle jusqu'à celui de leur supplice. Avant que la garrotte fût substituée au gibet pour les condamnés non nobles, s'il arrivait que la corde se rompît pendant l'exécution, et qu'un de ces frères parvînt à toucher le patient ou à jeter son manteau avant que le bourreau eût remis la main sur sa proie, le patient avait la vie sauve, et il était envoyé à perpétuité dans l'un des bagnes de la côte d'Afrique.

Une époque arriva où le cas se présentait si fréquemment que la justice ordonna une enquête sur la qualité des cordes dont on se servait, et parvint à découvrir qu'on les trempait dans des corrosifs. Il fut alors décrété que les exécutions ne se feraient plus qu'avec des cordes revêtues d'une peau d'animal, ce qui n'empêchait pas l'exécuteur de continuer à se montrer, dans certaines circonstances, sensible aux sollicitations et aux récompenses des parents ou des amis du condamné.

Quelquefois c'était la compassion infidèle d'un simple valet du bourreau, qui, allant sur les brisées de celle de son maître, se chargeait d'administrer le corrosif, et probablement au rabais. On raconte à ce sujet que, dans une occasion semblable, la corde étant venue à rompre sans que le bourreau fût dans le secret, celui-ci fut maltraité par la chute du patient et s'écria : *Caramba! jamas no me ha sucedido otra.* Diantre! jamais il ne m'est arrivé rien de pareil. — *Ni a mi tampoco!* Ni à moi non plus! répondit le pendu qui fut ainsi sauvé.

Le bourreau reçoit un traitement de 18 réaux par jour, en sus du logement, du charbon pour son chauffage et de sa provision d'eau. Le matin d'une exécution, il a le droit de mettre la main dans la rue sur autant d'ânes qu'il a de condamnés à exécuter. Le propriétaire de l'animal n'a droit qu'à une légère rétribution. En vertu d'une vieille coutume il pratiquait une marque à l'une des oreilles de ces ânes, de manière que tout le monde fût à même de reconnaître à quel usage ils avaient servi. Heureusement pour les paysans qui approvisionnent les marchés de Madrid, cet usage est aboli; car il suffisait de cette fatale marque et de ce contact du bourreau, qui, assure-t-on, jette un maléfice, pour déprécier aux yeux des acheteurs, non-seulement l'animal, mais même toute cargaison qu'il venait ensuite à porter.

Le bourreau s'habille en noir, et porte un large chapeau à ailes rabattues sur lequel est brodée une petite échelle comme insigne de sa profession. En public il lui est interdit de toucher à rien avec ses mains, il doit indiquer avec une baguette les objets dont il peut avoir besoin. Lorsqu'un militaire est livré à la justice civile, après la dégradation, qui s'opère avec la plus grande solennité, un officier dépose quarante-huit réaux sur un tambour qu'il renverse ensuite d'un coup de pied. L'exécuteur ramasse à terre le prix de ses œuvres. En Andalousie le bourreau ne jouit pas d'un traitement annuel, il reçoit dix ducats par exécution. A Grenade, tout marchand qui tient une boutique sur la place paye une contribution de deux centimes par jour, destinée à former le traitement du bourreau.

Autrefois le supplice de la garrotte était réservé seulement aux nobles. Ils allaient à l'échafaud vêtus de noir et montés sur une mule couverte d'un drap noir. L'échafaud était également tendu en noir.

Madrid, ce 12 mai 1838.

La nouvelle que le père *** est parvenu, en trompant la vigilance de la police française, à rejoindre le quartier général de don Carlos vient de jeter doña Dolores dans un accès de gaieté si folle, que je crains sérieusement qu'elle n'en perde la raison. Elle regarde désormais le triomphe du prétendant comme assuré, et promet à sa fille de lui choisir bientôt un époux parmi les plus vaillants généraux de l'armée carliste. Il est entendu que je célébrerai par un morceau lyrique de ma composition l'heureux événement, et à cette condition on m'engage au dîner de la noce. Ceci regarde la chronique de l'intérieur de ma pension ; ce qui va suivre se rapporte à une cérémonie moitié religieuse, moitié chevaleresque, à laquelle j'ai assisté dans le couvent des Bernardines. Il s'agissait de la réception d'un de mes amis dans l'ordre d'Alcantara, ordre militaire créé, comme vous savez, en 1156, par don Fernandez Barientos, dans le but de chasser les Maures du royaume de Léon

J'ai le défaut de n'être pas toujours exact aux rendez-vous qu'on me donne ; je n'arrivai à l'église qu'après le commencement de la cérémonie. Le chevalier parrain présentait en ce moment le récipiendaire don Carlos de Pinedo au chapitre qui était présidé par le duc d'Aroca. Les chevaliers étaient assis sur des fauteuils armoriés, disposés de façon à former un carré au pied du grand autel ; ils portaient tous un long manteau blanc, et une croix verte fleurdelisée sur le côté. A la gauche du président était un moine d'Alcantara ; devant eux on voyait un coussin armorié et une table supportant un cierge allumé, le livre des Évangiles, celui des constitutions de l'ordre, et la corbeille du récipiendaire qui, en attendant, était revêtu du costume des chevaliers *Maestrantes* de Valence, autre ordre de chevalerie dont il était déjà membre.

Un notaire, en habit à la française, donna lecture d'un parchemin portant que don Carlos avait fait ses preuves de noblesse, puis le passa au président qui apposa ses lèvres sur le sceau de l'ordre ; le moine en fit autant, et de plus s'en toucha la tonsure. Alors don Carlos se coucha par terre, appuyant la tête et les mains sur le coussin armorié ; un clerc tenant un flambeau s'établit à la droite du président, et celui-ci adressa les questions d'usage au récipiendaire qui lui faisait les réponses prescrites par le formulaire de l'ordre.

« Que demandez-vous ?

— La miséricorde de Dieu et celle du maître de l'ordre.

— Ami, la miséricorde que vous invoquez est certainement fort douce pour l'âme, mais bien dure pour le corps à cause des sacrifices qu'elle impose. Ainsi on vous ordonnera de jeûner quand vous aurez faim, de veiller quand vous aurez sommeil, et quand vous voudrez vous habiller, on vous refusera vos habits ; il en sera de même pour les choses qui vous seront le plus nécessaires. Par contre, on vous commandera de manger quand vous n'aurez pas faim, de dormir quand vous n'aurez pas sommeil, et vous vous verrez forcé d'exécuter aveuglément les choses dont vous aurez le moins envie. Voyez si vous vous sentez capable de remplir tout ce qu'on exigera de vous.

— Je l'espère, avec l'aide de Dieu et celle du maître de l'ordre.

— Observez, en outre, que vous devez renoncer à tous vos biens, être pauvre d'esprit, ne tenir pour vôtre, chose aucune, sans la permission du maître et le consentement de S. M. en sa qualité d'administrateur perpétuel de l'ordre ; promettre enfin d'être chaste, et, si vous vous mariez, de conserver la foi conjugale pendant toute votre vie. Promettez-vous tout cela ?

— Je le promets.

— Vous devez actuellement dire la vérité au maître sur quatre questions? Avez-vous jamais été reçu membre d'un autre ordre ? Avez-vous jamais été engagé au service de quelque seigneur ? Seriez-vous le débiteur de quelqu'un ? Seriez-vous, par malheur, atteint de quelque maladie contagieuse ou incurable, telle que la lèpre, la goutte caduque, ou de toute autre infirmité qui vous rendrait inutile à notre ordre chevaleresque ? Enfin êtes-vous hidalgo à la manière espagnole, sans aucun mélange de converti, Juif, Maure, hérétique, roturier, ni de châtié du saint-office?—Sachez-le bien, si jamais on parvenait à découvrir que vous avez menti sur l'un de ces points, vous seriez expulsé et consigné à qui vous aurait réclamé. Sous cette réserve vous allez recevoir l'habit de l'ordre.

— Je consens à le recevoir à cette condition. »

Ici le récipiendaire se releva sur ses genoux, et lorsqu'il

eut placé la main droite sur le livre des Évangiles, et la gauche sur celui des constitutions de l'ordre, que le clerc et le président lui présentèrent ouverts, le dialogue recommença de la sorte :

« Vous devez maintenant jurer à Dieu, à sainte Marie, aux Évangiles et à la croix de l'ordre, sur lesquels vous avez les mains, que vous travaillerez par tous vos moyens et efforts à l'exaltation du roi notre administrateur et à celle de notre ordre chevaleresque.

— Je le jure.

— Que Dieu vous permette de remplir votre serment pour le salut de votre âme et votre propre honneur ! »

Après quoi le récipiendaire se mit debout et en manches de chemise. Son parrain et le plus jeune des chevaliers lui ceignirent l'épée et les éperons dorés, le président dégaina le fer du profès, et après l'avoir fait agenouiller de nouveau il le frappa légèrement à la tête, puis sur les deux épaules, en lui adressant ces paroles : « Que Dieu notre Seigneur, à l'intercession de la très-sainte Marie sa mère conçue sans tache, et à celle de nos saints pères Benoît et Bernard, fasse de vous un bon et preux chevalier. » Cette phrase achevée, le moine aspergea d'eau bénite la corbeille du profès, et lorsque celui-ci eut fini sa toilette, il le serra dans ses bras à la manière espagnole en lui disant : « Que Dieu fasse de toi un nouvel homme, en justice, sainteté et vérité ! »

Tous les chevaliers lui donnèrent l'accolade fraternelle ; puis vint le tour des amis, des parents, pendant que les dames qui avaient assisté au déshabillé du profès, le regardaient avec un sourire facile à démêler même sous la mantille.

Madrid, ce 17 mai 1838.

Est-ce bien vous, madame, qui me demandez des détails sur les courses de taureaux ? Et si vous vous évanouissez à la vue de ces malheureux chevaux que je vais faire éventrer sous vos yeux, de ces pauvres chiens qui, lancés en l'air, retomberont sur les cornes du taureau ; si vous ne supportez pas enfin le spectacle du périlleux duel que je vais engager entre le toréador et son terrible adversaire ? Mais non, je suis par trop naïf ; je sais d'avance que vous ne vous évanouirez pas, car malgré votre exquise sensibilité, vous avez l'âme aussi fortement trempée qu'une Espagnole de pure race. Alors vous comprendrez peut-être qu'il y ait des femmes qui, voulant prendre un amant, jettent le mouchoir à un toréador, tant elles aiment le courage chez les hommes. Elles pourraient du reste faire un plus mauvais choix, car les toréadors ont toujours joui d'une grande célébrité de galanterie. J'ai vu souvent Montes regarder dans telle ou telle loge avant de donner son coup d'épée ; Costillares, avant lui, déclarait d'avance qu'il tuerait le taureau sous la loge de telle ou telle dame, poussant parfois la témérité jusqu'à prendre un de ses souliers dans la main gauche pendant qu'il frappait de la droite.

Quant à moi, je raffole de ces fêtes ; je me garde d'en manquer une ; j'ai acheté le *Traité de Tauromachie* de Montes, je me suis lié avec un toréador, et ma place est sur les gradins, entre le *manolo et la manola*. Les étrangers ne manquent pas de déclamer contre ce spectacle, c'est de leur part sensiblerie de philanthrope, car vous pourriez parier de les rencontrer tous chaque lundi, sur les quatre heures de l'après-midi, mêlés à la foule joyeuse et bruyante qui encombre la longue rue d'Alcalá, et aura bientôt envahi le cirque des Taureaux (*plaza de Toros*). Ces jours-là, cette rue présente un aspect charmant. Rien n'est plus curieux à voir que tous ces légers *calesinos* enlevés au galop par leurs mules encore harnachées à la mauresque, et que les Andalous guident tantôt en courant après elles, à pied, tantôt assis sur la fourche du timon.

Mais parlons des taureaux. Ils arrivent à Madrid le dimanche au soir, conduits par des bergers armés de frondes et escortés par des bœufs, leurs anciens compagnons de pâturage, qui, dans cette circonstance, remplissent auprès d'eux l'office des chiens de berger. Le troupeau est enfermé dans un enclos attenant au cirque, et le lundi, à midi, on se sert de l'entremise des bœufs pour forcer les taureaux d'entrer dans les obscures cases du *Toril*, écurie donnant sur l'arène. Les toréadors prennent alors le soin de les soumettre à l'épreuve en leur jetant un manteau écarlate au mufle; le taureau qui ne le foule pas avec rage est renvoyé comme un lâche indigne des honneurs du combat.

J'ai maintenant à vous donner la longue liste des acteurs du drame qui portent tous, je parle des hommes, d'élégants et riches costumes andalous à la manière de Figaro: Les combattants à cheval ont de plus le bas de la personne couvert de plastrons pour amortir les chutes. Les combats sont donnés sur autorisation de la reine, et la recette profite aux hôpitaux. Ce sont eux qui font la dépense. Voici la liste en question :

— Deux *picadores*, cavaliers armés d'une longue lance, bonne à piquer, non à tuer, et dont les chevaux ont les yeux bandés pour qu'ils ne s'échappent pas à la vue du taureau.

— Deux *espadas* auxquels est réservé l'honneur périlleux de tuer le taureau à coups d'épée.

— Une nombreuse troupe de *capeadores* et de *banderilleros* qui tourmentent et excitent le taureau, les premiers au moyen de manteaux de soie, les autres avec des flèches à crochet, ornées de banderoles.

— Une meute de chiens.

— Vingt-quatre chevaux en réserve dans l'écurie qui leur est destinée.

— Trois mules, pavoisées comme un vaisseau, qui enlèveront les morts.

— Un *cachetero*, espèce de bourreau, qui finit à coups de poignard l'agonie du taureau blessé à mort.

— Enfin un médecin pour panser le toréador blessé, et

un prêtre tout prêt à le réconcilier avec Dieu, pour que le malheureux ne tombe pas des cornes du taureau sur celles du diable.

La scène se passe dans l'arène de Madrid, qui est circulaire, couverte de sable très-fin. Elle se trouve séparée des gradins par une barrière en planches, à hauteur d'épaule, sur laquelle on a ménagé tout autour, à hauteur du genou, une marche excessivement étroite, pour en faciliter le saut aux toreadores. Douze mille spectateurs tiennent dans les loges et sur les gradins. Dans les loges, ce sont les nobles et les gens aisés qui suivent les modes françaises; sur les gradins, c'est un admirable pêle-mêle de *manolos*, *manolas*, vieux amateurs de tauromachie, anciens volontaires royalistes, miliciens, *serenos*, *aguadores*, enfin le vrai peuple espagnol avec ses passions qu'échauffe un soleil de trente degrés.

En attendant les émotions du combat, il abrége les moments en fumant la cigarette ou en savourant la délicieuse orange, que le paysan valencien lui lance avec une adresse étonnante du bas de la barrière du cirque.

Mais cinq heures ont sonné et une trompette s'est fait entendre devant la porte Royale; deux clairons et deux tymbales lui répondent du haut du Toril en jouant l'antique fanfare, après quoi un cortége composé de troupes et d'*alguazils* habillés à la flamande, entre et oblige les oisifs à livrer le champ clos à la phalange des toréadors. Ceux-ci arrivent étincelants d'or et d'argent, saluent de la main leur public, se découvrent sous la loge du président du tournoi, qui est le chef politique en l'absence du roi, et s'éparpillent en groupes sur la place, pendant que Sevilla, le *picador* le plus ancien, va se poser à la droite du toril. Le président jette alors de sa loge la clef de l'écurie à un alguazil qui l'apporte au gardien et se sauve ensuite de toute la vitesse de son cheval. Il n'est pas encore en lieu de sûreté, que le gardien ouvre la porte au taureau en se mettant lui-même à l'abri derrière cette porte, et le taureau mugissant s'élance dans l'arène ; une salve d'applaudissements l'y reçoit. Voyez le superbe animal, sa taille n'est pas haute, sa robe est alezan brûlé, sa croupe saillante, son jarret décharné ; ses yeux étincellent, et ses cornes bien séparées d'en bas se rejoignent presque par en haut ; la cocarde qu'on lui a fixée au cou annonce qu'il appartient au duc de Veraguas. Les cris, l'éclat du soleil, la surprise ont fait de lui une statue. Peu à peu, revenu de son étourdissement, il se tourne, et à l'aspect du *picador*, avance le mufle, vient se placer devant lui dans la pose d'un chien qui se met en arrêt.

Le *picador* recule de manière à tenir l'ennemi entre la barrière et le bout de sa lance, qu'il serre fortement sous l'aisselle, et rassemblant son cheval attend de pied ferme. Le taureau part, le choc a lieu, le taureau a plié sous la lance du *picador*, qui l'a frappé à la jonction de l'épaule et du col ; mais son mufle a disparu tout entier sous le ventre du cheval, après quoi tous deux s'échappent par la tangente, le taureau à gauche avec une blessure saignante, le cheval à droite, traînant par terre ses boyaux ensanglantés. A peine ce dernier a-t-il fait quelques pas que soudain il s'arrête ; un tremblement convulsif agite tous ses membres, le *picador* n'a que le temps de se jeter à bas de la selle, et déjà la malheureuse bête tombe affaissée, en proie aux souffrances d'une lente et cruelle agonie.

Cependant le taureau, dans sa course rapide, a surpris le second *picador* avant que celui-ci ait eu le temps de prendre position. Il le renverse sous son genêt qui, frappé au cœur, essaye en vain de se relever, et qui retombe mort sur son maître après une dernière ruade lancée au vent. C'en est fait du *picador* sans les *capeadores*; ceux-ci accourent et occupent tellement le taureau, en agitant leurs manteaux, qu'ils le forcent à lâcher son ennemi désarçonné et à tourner contre eux-mêmes sa fureur. Alors ils lui livrent leurs légers manteaux en fuyant vers la barrière et la franchissent d'un bond, pendant que l'animal qui les poursuit vient donner, contre la palissade, un terrible coup de cornes au milieu de la risée générale. Mesurant sa prouesse à la fureur du coup qu'il vient de frapper, le taureau cherche des yeux sa victime, et ne la voyant pas étendue sur le sol, il lève le mufle et aperçoit le *capeador* qui lui lance sa casquette et le persiffle du haut de son refuge. Après avoir inutilement tenté le saut de la barrière, l'animal gratte la terre et retourne en mugissant au combat. Il éventre deux autres chevaux, et reçoit lui-même quatre nouveaux coups de lance de la part des *picadores*, qui tous meurtris de leurs chutes sont forcés de céder la place aux combattants à pied. Ceux-ci s'échelonnent autour de l'animal de manière à se prêter un appui mutuel, et tantôt provoquant, tantôt éludant sa colère à l'aide de leurs légers manteaux, ils le promènent de surprise en surprise, jouant avec lui comme avec un enfant. Le pauvre taureau lance en bas, en haut, à droite, à gauche, des coups de cornes à percer non les manteaux qu'on lui jette au mufle, mais des rochers, et fait si bien qu'il finit par s'envelopper dans une de ces pièces d'étoffes. Oh! alors c'est un spectacle unique que celui de ce généreux animal, lui aussi drapé à l'espagnole et promenant sur l'assemblée entière des regards étonnés, comme pour demander raison aux spectateurs de leurs rires et de leurs insultes! Pendant ce temps le hardi *banderillero* vient se placer devant le taureau, debout sur la pointe des pieds, les mains hautes, puis au moment où l'animal fond sur lui en pleine carrière, il lui plante au cou ses banderilles en fuyant de côté, et le malheureux taureau d'exhaler sa rage et sa douleur en horribles mugissements, de gratter l'arène, et de s'agiter vainement de tous ses membres pour se débarrasser de son cruel collier. Lorsque enfin sa rage paraît avoir atteint le plus haut degré, les clairons et les tymbales sonnent sa mort. Montes, le premier des deux *espadas*, se présente sous la loge du président. Il se découvre et demande à donner son coup d'épée en prononçant la vieille formule : « *Matar lindamente al toro vida peligrando, y á la salud de Vuestra Excelencia.* Tuer proprement le taureau

sans maléfice, au péril de ma vie et en l'honneur de V. Ex. »
Montes jette en pirouettant son élégante casquette de majo,
s'arme d'une longue épée à double tranchant, prend dans
la gauche un drapeau rouge, et vient affronter le taureau.
La vue de l'incarnat produit son effet ordinaire. Le taureau
fond en désespéré sur Montes qui, non-seulement l'élude
par d'admirables voltes, mais encore conserve assez de
sang-froid pour faire flotter gracieusement son drapeau
au-dessus des cornes du terrible adversaire. Enfin, après
l'avoir bien étudié par de fausses attaques, il se pose devant
lui le pied gauche en avant, la poignée de l'épée à hauteur
de l'oreille, la pointe légèrement inclinée, et toujours présentant le drapeau. Le taureau hésite devant tant de hardiesse; Montes saisit ce moment, fait un pas rapide, et lui
plonge dans le garrot sa longue épée, qu'il abandonne dédaigneusement dans la blessure en se tournant vers le public. Qui peut dire les angoisses du pauvre animal ? Vainement il s'efforce de rejeter de la plaie le fer qui le déchire;
les *capeadores* l'entourent, et par des provocations de toutes
sortes le forcent à tourner sur lui-même pour l'étourdir.
Enfin il se traîne expirant à la porte du *toril*, où le *cachetero* l'achève en le poignardant au cervelet. Des fanfares
retentissent de nouveau, les mules arrivent et les cinq cadavres sont enlevés au galop.

Je vous prie, madame, ne bougez pas de votre place,
car la journée n'est pas finie. Loin de là, cinq autres taureaux affamés, altérés de soif, suffoqués par la chaleur,
et surtout impatients de vous amuser attendent dans les
cases du toril. Les desservants du cirque enlèvent les débris d'entrailles des chevaux, couvrent de sable les mares
de sang et le combat recommence. A sept heures et demie
quatre autres taureaux et douze chevaux, en tout seize
malheureux animaux, sont allés se reposer dans un monde
meilleur des fatigues de celui-ci. Parmi les taureaux tués,
il y en a un qui, plus heureux que ses camarades, a du
moins eu la satisfaction de voir fuir devant lui un millier

de spectateurs et de blesser un vieil amateur de tauromachie qui, par excès d'attention, ne s'est pas sauvé assez vite. Peu après il a même failli se débarrasser de Montes, à qui le pied avait glissé en cherchant à sauver un de ses confrères; mais au lieu de frapper d'un bon coup de cornes son ennemi étendu par terre, il s'est brusquement arrêté et a approché le mufle du corps de Montes qui a appliqué dessus un coup de talon si vigoureux que le taureau s'est mis à fuir à toutes jambes en bêlant comme un agneau. Mais laissons dormir en paix les morts. Un seul taureau reste désormais à tuer. C'est un petit animal sans queue, noir comme du jais, qui sort du *toril* à pas de demoiselle, et, sans trop se soucier des lazzis des gradins, va bravement s'établir au milieu de la place où jamais *picador* n'oserait l'aborder. Après mille efforts inutiles des *capeadores* pour l'en déloger, le peuple perd patience et demande à grands cris les chiens. *Perros! Perros! Perros!* Notez, madame, qu'ici le peuple commande tellement en maître, que feu Ferdinand VII ayant une fois refusé l'intervention des chiens que le peuple réclamait, la foule s'ameuta contre lui aux cris de *Fuera el rey! Aqui no manda el rey!* A la porte le roi! le roi ne commande pas ici! et Ferdinand, pour cette fois, dut subir la loi de la nation. On met donc une meute de chiens aux prises avec le taureau qui s'amuse à les lancer et à les renvoyer en l'air, à peu près comme un jongleur pourrait faire avec des oranges. Quelquefois les pauvres chiens retombent sur les cornes où ils se blessent horriblement; cependant, à force de persévérance, ils parviennent à s'attacher aux oreilles de l'ennemi, mais sans réussir pour cela à le déloger de son endroit de prédilection, *querencia*. La rage des gradins ne connaît plus de frein : les manolos lui prodiguent les épithètes les plus insultantes, lui jettent leurs chapeaux, et de tous côtés on demande que des banderoles de feu soient appliquées au poltron. On lui en attache donc à la queue, aux jarrets, au cou, sous le ventre, et pendant que les feux d'artifice éclatent, le pauvre animal mugit douloureusement, fait d'effrayantes cabrioles sans que pourtant toute la peine des *banderilleros* obtienne plus de succès, car il persiste à se tenir dans le milieu de la place. Le président, alors pressé lui aussi d'en finir avant l'arrivée de la nuit, ordonne qu'on lui donne la mort réservée aux taureaux lâches. Le *cachetero* l'attaque à cet effet par derrière avec une perche garnie d'un croissant et lui coupe le jarret. Ainsi mutilée, la victime cherche en vain l'équilibre sur ses jambes valides et finit par tomber en faisant une pirouette serrée. On la poignarde, et son âme, si les taureaux en ont une, part pour l'éternité au milieu des huées et des sifflets.

Tel est, madame, le procès-verbal de la dernière course de taureaux à laquelle j'ai assisté, et que je ne vous ai du reste reproduite qu'en partie, car l'art de la tauromachie est un vrai duel qui a ses principes et un langage technique, que des profanes comme vous ne sauraient comprendre. Contentez-vous de savoir que tout dangereux qu'est ce duel, on sait cependant que le taureau fond sur le drapeau non sur l'homme; que blessé il s'arrête; qu'une fois lancé il poursuit sa carrière; enfin, qu'il frappe sans voir l'objet.

Sevilla est le premier *picador* de nos temps, Montes la meilleure épée. J'ai vu Sevilla faire plier le taureau sous sa lance jusqu'à terre; Montes saisir l'animal aux cornes et, appuyant le pied sur sa nuque, le franchir d'un bond. Avant eux on retrouve les noms de Costillares, dont je vous ai déjà vanté la galanterie et l'adresse, et ceux de Perico Corchao, Pepe Illo et Romero. Pepe Illo mourut sur les cornes du taureau, et sa mort fut célébrée par mille chansons, et des gravures où l'on voyait le taureau étaler son sanglant trophée devant les spectateurs effrayés. A cette époque le toréador mettait un grand prix à arracher pendant le combat la cocarde du cou du taureau, et il l'offrait sur les gradins à sa manola, qui, fière de cet hommage public, la passait encore toute rougie de sang dans les nattes de ses cheveux. En ce temps le garçon du bourreau!, monté sur un âne, ouvrait la course, proclamant à haute voix dans l'arène que tout individu qui troublerait la fête serait fouetté sans miséricorde par lui, sur le dos de son grison.

Quant à l'origine de ces spectacles, tout paraît prouver qu'elle est mauresque, quoique des écrivains les fassent remonter aux Goths et même aux Romains. Les chroniqueurs arabes ont conservé les noms de Malique, Alabes et Gazul, qui se couvrirent de gloire en combattant les taureaux sur la place de Bibarambla à Grenade, et c'est à leur école que la noblesse castillane apprit ce jeu dangereux. L'époque la plus brillante de ces fêtes populaires est le règne de Charles II, sous lequel on commença à combattre le taureau à pied. Avant, le toréador combattait toujours à cheval, à moins qu'il ne fût désarçonné ou ne perdît son épée : alors l'honneur lui défendait de plus toucher à l'étrier et l'arme tombée n'était ramassée qu'après que le taureau était tué.

Charles V, pour célébrer la naissance de Philippe II, abattit un taureau d'un coup de lance. Fernando Pizarro, le conquérant du Pérou, don Diego Ramirez de Haro, le roi don Sébastien de Portugal, furent des toréadors fort renommés. Enfin, arrive le règne de Charles II, époque où les combats de taureaux furent le plus splendides, et il n'était donné qu'aux nobles d'y prendre part. Isabelle la Catholique fit de vains efforts pour mettre un terme à ces jeux sanglants; la passion de la noblesse était telle que la reine put à peine obtenir pendant quelque temps qu'on couvrirait de balles d'étoupe les cornes des taureaux. Philippe II et Charles III ne furent pas plus heureux qu'Isabelle; leurs défenses ne firent qu'augmenter le goût des Espagnols pour ces fêtes remplies d'émotions. Abolies, enfin, par les Cortès de 1820, Ferdinand, non-seulement les restaura en 1823, mais il fonda de plus, à Séville, une école de toréadors, dont il confia la direction à Romero; et tout le monde se rappelle encore à Madrid, la magnifique course royale qui fut donnée d'après ses ordres sur la *plaza Mayor* en 1831, à l'occasion de la cérémonie du serment prêté à dona Isabel sa fille. Les ducs de Frias, d'Osuna, de San-Carlos, et de l'Infantado, furent les parrains des gentilshommes qui combattirent les taureaux, et il y eut jusqu'à vingt de ces animaux tués dans cette mémorable journée.

Maintenant la révolution respectera-t-elle longtemps les combats de taureaux? J'en doute fort.

En ma qualité d'Italien je ne puis me dispenser de vous parler du malheureux essai fait au quatorzième siècle pour introduire des spectacles de ce genre à Rome. Bien que l'on prît la précaution de donner aux toréadors les chiens pour auxiliaires et non pour suppléants comme en Espagne, dix-neuf gentilshommes romains, et bien plus grand nombre d'hommes du peuple, moururent sur les cornes des taureaux dans la seule année de 1332. On crut devoir s'en tenir à ce malheureux essai.

Aranjuez, ce 1er juin 1838.

La résidence royale, ou *real sitio* d'Aranjuez, est à sept lieues de Madrid, dans une délicieuse vallée qui doit au Tage sa vie et sa beauté. L'entrée du bourg est fort pittoresque. Après avoir passé le fleuve sur un petit pont en fil de fer, on trouve à droite le palais construit par Herrera, d'après les dessins de Vignole; à gauche la longue allée de la Reyna qui mène à *la casa del Labrador*, pavillon rustique bâti par Charles IV; enfin, devant le spectateur s'ouvre la vaste place de San-Antonio avec ses interminables galeries, ses blanches fontaines et sa chapelle qui se détache sur le massif verdoyant du mont *Parnaso*. Du haut de ce mont l'œil découvre la riante vallée d'Aranjuez dans tout le luxe de sa végétation, rehaussé par la nudité complète des montagnes qui bornent l'horizon. On pénètre dans le village en passant sous un guichet qui conserva longtemps l'empreinte sanglante des mains du Prince de la Paix, lorsqu'en 1808 il faillit périr victime de la fureur populaire. Le village n'est remarquable que par la trop grande régularité de ses édifices, mais les jardins royaux le sont par leurs belles fontaines et leurs arbres gigantesques, dont le Tage entretient sans cesse la riche végétation.

Ferdinand VII passait volontiers le printemps à Aranjuez. Passionné pour les combats de taureaux autant que pour les cigares et les femmes, il fit bâtir au pied du mont *Parnaso* un cirque élégant où les plus fameux toréadors combattirent sous ses yeux. C'est dans cette résidence qu'il se laissa convaincre de l'utilité des télégraphes dont il avait longtemps douté. Voici comme on raconte l'anecdote. Un jour il fait signifier au directeur du télégraphe de Madrid, de se tenir prêt à répondre à une communication importante. Le lendemain le télégraphe d'Aranjuez disait : « *Ha parido una monja.* Une religieuse vient d'accoucher. » Le directeur répliqua aussitôt par la même voie : « *Mas estraño seria que hubiera parido un fraile.* Il serait plus étonnant que ce fût un moine qui eût accouché. » Le roi, émerveillé de la rapidité et surtout de l'originalité de la dépêche, parfaitement en harmonie avec la trivialité ordinaire de ses plaisanteries, ordonna que des lignes télégraphiques seraient établies entre Madrid, la Granja et l'Escorial.

Après la mort de Ferdinand, Aranjuez commença à déchoir ; enfin, la révolution de la Granja vint porter à sa population le coup le plus funeste. Comme elle n'avait dû sa prospérité qu'à la présence de la cour, et qu'elle attribuait tous ses malheurs aux libéraux, elle prit en horreur une liberté qui lésait si cruellement ses intérêts matériels. La misère y devint telle, que sur les trois cent cinquante paysans autrefois employés dans les jardins du *sitio*, plus de trois cents allèrent grossir les bandes du curé Merino, de Tallada et des frères Palillos, poussés autant par la faim que par l'amour du Prétendant.

On ne peut se figurer à l'étranger la triste situation de la Péninsule; Madrid lui-même ne recueille en quelque sorte que les échos confus de la guerre civile. Il faut se transporter dans les campagnes, voir de ses propres yeux les atrocités qui s'y commettent, entendre de leur bouche les plaintes des malheureuses victimes, pour se former une juste idée du caractère atroce de la lutte actuelle, sinon dans les provinces basques, où la guerre est loyale et régulière, autant que peut l'être la guerre civile, du moins dans les provinces de la Manche et du Bas-Aragon. Cette dernière province surtout se distingue par l'esprit vindicatif de sa population; on y compte par année plus de meurtres que dans le reste de l'Espagne entière.

Pauvre Espagne! vous auriez été à même de juger de ses maux si vous aviez pu assister hier soir à mon souper dans la *posada* d'Aranjuez, et entendre chacun des convives espagnols que le hasard m'avait donnés raconter ses malheurs; ils résumaient en eux toute l'histoire de l'Espagne depuis quatre ans. Voyez-les, ils sont quatre établis avec moi autour d'une table. L'un a la tête enveloppée de linges: c'est un conducteur de diligence blessé le 10 mai près de Minaya, par une bande de brigands se disant carlistes. Après avoir massacré deux des voyageurs avec les raffinements d'une cruauté inimaginable et fait prisonniers les autres, ils se disposaient à brûler vif ce pauvre conducteur dans sa propre voiture; ils l'y avaient déjà enfermé et le feu était allumé, lorsque l'arrivée des miliciens de Minaya les força de fuir. L'autre est un voiturier d'Albaicete, dévalisé hier en plein midi à une portée de fusil d'Aranjuez; et cela pour la cinquième fois depuis six mois. Les deux derniers sont un vieux sergent de la guerre de l'Indépendance, et un capitaine du 2e chevau-légers, actuellement en garnison à Aranjuez. Celui-ci a été pendant huit mois prisonnier à Cantavieja, avec les débris de la division du général Buerens à laquelle il appartenait. Écoutez le récit de sa captivité ; je vous le donne à la lettre sans en changer un seul mot, comme peignant au vif les circonstances de cette guerre. Songez que l'homme qui parle est aigri par de longues souffrances et par les haines politiques.

« Par suite de la défaite du général Buerens nous tombâmes, le 24 août 1837, entre les mains de don Carlos, près de Villar de los Navarros, au nombre de deux mille cinq cent quatre-vingt-cinq hommes, dont quatre-vingt-cinq officiers. Don Carlos nous fit à tous des offres de service qui furent repoussées par les officiers et mille de nos soldats. Les autres mille cinq cents acceptèrent, dans la crainte d'être fusillés. Mais peu après, don Carlos s'étant approché de Madrid, ils désertèrent en masse aux troupes de la reine. Les mille quatre-vingt-cinq prisonniers restants y compris nos aumôniers et le juge d'Icar, furent livrés le 26 au chef des bandes Aragonaises, et dirigés sur Muniesa. J'étais du nombre ; on nous força d'assister aux funérailles des partisans carlistes Cuiles et Manolito, puis on nous passa en revue : singulière revue que je n'oublierai de ma vie ! Après l'appel nominal on nous fit dépouiller complétement tous tant que nous étions, et je crois me voir encore tout nu avec mon seul shako de capitaine, que par un hasard singulier on me laissa sur la tête. Nous reçûmes en échange de nos habits une vieille culotte et une chemise d'une saleté révoltante, et on nous fit partir pour Moñuela, dont la population très-libérale, affrontant la colère des carlistes, nous fit l'accueil le plus cordial et nous distribua du chocolat par marmites. Arrivés le lendemain soir à Ollete, on nous renferma dans le cimetière et nous y passâmes quarante-huit heures avec une ration de chèvre crue pour toute nourriture. Le 29 notre colonne fut dirigée sur Villa Bubengo, où la junte carliste de l'endroit nous prodigua toute espèce d'insultes. Enfin, le 6 septembre nous arrivâmes à Cantavieja. Les officiers furent renfermés dans le fort, les soldats dans les maisons du faubourg, et notre ordinaire fixé indistinctement pour tout le monde à six onces de pain et autant de bouillon, qu'on remplaçait souvent par une demi-livre de pommes de terre. Les officiers s'adressant au commandant en chef demandèrent que quelques soins fussent donnés à seize de nos camarades dangereusement blessés; il ne daigna pas même nous répondre, et ces malheureux se virent réduits à se panser eux-mêmes avec l'huile des lampes. — Nous vécûmes ainsi misérablement pendant quinze jours, après quoi ne sachant comment se débarrasser de nous, on conçut ce plan de marches et contre-marches accablantes, calculées pour nous détruire en détail. On nous fit donc partir sans motif pour Villa Rubengo; mais la nuit du 1er octobre un de nos aumôniers s'étant brisé le crâne en tombant d'un escalier, on soupçonna une tentative d'évasion, et nous fûmes rappelés à Cantavieja, et de là envoyés à Fuente Clara, puis à las Parras, et à Peña Rodia où le typhus se déclara parmi nous avec tant de violence, qu'à notre arrivée à Val de Roble on comptait soixante-dix officiers atteints de l'épidémie. — On ne fit absolument rien pour nous soigner, et il y eut une grande mortalité, surtout parmi les soldats. On expédia les hommes valides au dépôt d'Arnes, et les malades furent retenus à Val de Roble pour être envoyés à Viceite, au fur et à mesure qu'ils se rétabliraient. Les soldats qui escortaient un de ces convois de convalescents, s'étant aperçus qu'un de nos officiers et le juge d'Icar avaient sur eux quelques *duros*, les assassinèrent sous les yeux de leurs camarades pour s'emparer de leur argent. Enfin, le chef carliste ordonna que tout le monde partirait pour Viceite, et que les malades feraient la route comme ils pourraient. Je faisais partie de ce convoi. Arrivés à la hauteur du port de Viceite, nous entendîmes derrière nous quelques décharges de mousqueterie. Nous crûmes d'abord à un combat d'arrière-garde, et que l'heure de notre délivrance allait arriver. Mais hélas! non. Des mots insultants de la part de nos gardiens et le bruit d'une nouvelle décharge répondirent seuls à nos demandes. Un horrible doute s'empara de nos esprits, et se changea bientôt en une affreuse certitude. On fusillait nos malades hors d'état de suivre la marche de la troupe ! A cette nouvelle un sublime élan de piété fraternelle se communiqua à toute la colonne. Officiers et soldats, pêle mêle, tous ceux qui se sentaient encore quelque vigueur, chargèrent sur leurs épaules leurs camarades prêts à défaillir, et nous marchâmes sous ce pieux fardeau pendant une grande heure, jusqu'à ce qu'ayant aperçu un chapelle solitaire, nous courûmes y placer sous la protection de la Croix, nos frères infortunés. Pour cette fois ils furent sauvés, car les carlistes n'osèrent pas provoquer la colère divine par une profanation.—Deux jours après ce tragique événement, nous arrivâmes à Viceite avec cinquante de nos camarades de moins. L'un d'entre eux reparut le troisième jour, percé de sept coups de baïonnette, mais il expira bientôt dans nos bras.

» Cependant nous étions déjà en plein hiver, et le froid était devenu tellement insupportable que nous nous mîmes à démolir la toiture de notre prison pour nous procurer du bois à brûler. Petit à petit elle se trouva si délabrée qu'elle s'écroula la nuit du 15 novembre, avec un horrible fracas, ensevelissant plusieurs prisonniers sous ses décombres. —Le lendemain le balcon sur lequel nous allions demander l'aumône aux passants, céda sous le poids, et nous complâmes d'autres victimes —Pensez ce que nous devions souffrir dans une maison sans toit, forcés de coucher sur le pavé, et réduits à l'ordinaire d'une demi-tasse de pois chiches. Chaque nuit moissonnait quelques-uns d'entre nous, et ceux qui survivaient, à force de souffrances, finissaient par perdre toute sensibilité. La plupart comptaient stoïquement le nombre probable de jours ou d'heures qui leur restaient à vivre, et à l'approche si redouté de la nuit, plus d'un camarade me serra la main en me disant : » Demain je ne serai plus ; puisses-tu me survivre assez pour embrasser ma famille ! » Mais tous ne se voyaient pas mourir avec autant de résignation. Il y en eut que le désespoir et la faim poussèrent à des excès que j'ose à peine dire. La nuit du 1ᵉʳ janvier j'étais profondément assoupi, lorsque je me réveillai en sursaut sous l'impression simultanée d'une main qui me serrait la gorge, et de la plus douloureuse déchirure sur l'épaule. Je crus un instant à un affreux cauchemar ; mais le lourd poids que je me sentais sur le corps, et cette main de fer qui ne me lâchait pas m'apprirent que c'était un furieux, qui sans doute me croyant déjà mort, venait assouvir sa faim sur moi. Surpris de la sorte, l'instinct de la vie seul put me donner assez de force pour repousser les attaques de ce furieux. — Dans les nuits des 3 et 4 plusieurs de nos agonisants moururent, et le matin on reconnaissait sur eux l'empreinte d'horribles morsures chacun tremblait pour soi. Le chef carliste instruit de ces événements ordonna de nous surveiller ; pendant la nuit du 5, neuf frénétiques furent surpris les dents sur des cadavres. — Le lendemain on les traduisit devant un conseil de guerre, et par la plus atroce ironie on les fit fusiller pour crime de lèse-humanité.

Le 15 janvier on nous fit partir pour Peña Rodia, et pendant l'étape on recommença à fusiller les malades. De Peña Rodia les soldats furent dirigés sur Vinaroz, et les officiers sur Morella, d'où on nous renvoya à Cantavieja. Nous y restâmes jusqu'au 10 mars, et nous passâmes ensuite à Jima où nous apprîmes l'héroïque conduite des habitants de Saragosse. Nous eûmes un instant la crainte que le chef carliste ne vengeât sur nous la défaite de Cabañero ; mais arriva la nouvelle d'un prochain échange de prisonniers, et nos geôliers comprirent qu'il était de leur intérêt de nous conserver la vie. Notre sort s'améliora sensiblement. Logés chez des habitants de Jima, on nous distribuait à chacun une ration entière, et nous recevions même exactement par l'entremise des curés du lieu, les effets d'habillement que les autorités de Tortosa nous envoyaient. — Nous commencions peu à peu à renaître, lorsqu'on pensa de nouveau à nous fusiller pour venger la mort de Tallada, exécuté sur le pont de Carrasco, théâtre de ses hauts faits. Heureusement, grâce à l'intercession des curés, on changea d'avis et l'on nous envoya à Gaidel, où les carlistes imposèrent une réquisition de deux cents chemises, pour punir les habitants du bon accueil qu'ils nous avaient fait. — Enfin arriva le 20 mars, jour fixé pour l'échange. Il devait s'effectuer près de Navajas, et Garcia était chargé de représenter le chef carliste. Près d'arriver à ce village nous sûmes qu'un partisan carliste l'avait envahi dans la matinée, et en faisait tranquillement le sac pour son propre compte. Garcia avait déjà vainement fait sommer plusieurs fois le partisan de se retirer, lorsqu'une colonne christino envoyée de Segorbe le força à déloger en toute hâte avec son butin. Nous pûmes alors arriver à deux heures de l'après-midi sur le terrain choisi, où la curiosité avait réuni pêle-mêle les habitants des villages carlistes et christinos des environs, autour de nos malheureux soldats qui venaient d'arriver de Vinaroz. Nous autres officiers et sous-officiers nous arrivions du côté de Segorbe. Ce fut un bien cruel moment que celui de notre réunion avec nos soldats; figurez-vous que sur mille qu'ils étaient il n'en restait plus que cent soixante-dix! Les autres avaient péri de faim, de froid, du typhus ou fusillés en route. Quant à nous autres officiers, trente-cinq seulement avaient succombé. — Enfin, au moment où l'échange allait s'effectuer, une vive altercation s'établit entre Garcia et le chef christino. Garcia ne présenta d'abord que des infirmes et des exténués, exigeant pour chacun d'eux un homme valide et robuste. La dispute s'échauffa même au point que nous crûmes un instant notre délivrance compromise. Cependant la pitié l'emporta, et le chef christino reçut ce que Garcia voulut bien lui donner. — Conduits après l'échange à Segorbe, à dos de mulets, nous y fûmes admirablement accueillis par la population, et les officiers de la garnison nous donnèrent, dans le palais de l'archevêque, un repas patriotique qu'ils voulurent servir eux-mêmes. Des congés furent distribués le même jour à tous ceux d'entre nous qui en demandèrent, et je passai ainsi à Ségovie, où j'eus la plus grande peine à me faire reconnaître de ma famille, qui m'avait cru mort depuis longtemps à Cantavieja. Deux mois de soins et de repos suffirent à peine pour me remettre en état de marcher sans le secours du bras de mes enfants ; mais grâce à Dieu me voici encore assez robuste pour continuer à défendre la cause de l'humanité contre les hordes sanguinaires du Bas-Aragon. »

Ici le capitaine se tut. Le vieux sergent qui était vis-à-vis de lui, contrarié à ce que je pense de ce qu'un Français (il me crut tel) entendît de telles horreurs commises dans son pays, prit la parole à son tour : « Les carlistes, dit-il, traitent les prisonniers libéraux aussi cruellement que Napoléon traitait en France les prisonniers espagnols... » Et il aurait continué si le capitaine ne l'avait interrompu d'un air sévère : « Qui accusera le grand Napoléon de cruauté ? Respectez sa mémoire ! »

Espérons, pour l'honneur de l'humanité, que le récit du prisonnier christino n'est pas exempt de quelque exagération.

De l'Escorial, ce 5 juin 1838.

Il se présente parfois dans cette vie telles circonstances où je défie les plus fortes têtes de ne pas croire, pour le premier moment du moins, aux apparitions. Écoutez ce qui nous arriva. Le soir, après un souper bien arrosé, nous nous promenions en vue de cette admirable montagne de granit qu'on appelle le couvent de l'Escorial, bâti par Philippe II, à la manière d'un gril immense, pour l'accomplissement d'un vœu qu'il avait fait à saint Laurent la veille de la bataille de Saint-Quentin. Malgré la lune, la nuit était sombre et la Sierra de la Guadarrama nous apparaissait noire comme de l'encre; vers Madrid rien ne brisait la monotonie de l'immense plaine aride qui se déroulait devant nos yeux. Nous nous promenions donc en causant de Philippe II, de vieilles romances et un peu de revenants, lorsque M. de M... s'avisa de dire qu'on lui avait appris sur les bords du Rhin un moyen infaillible d'évoquer le diable. En Espagne, pays si romanesque, que ne croirais-je pas? Je le priai donc si vivement de me révéler son terrible mystère, qu'il me dit être prêt à accéder à mon désir. Il prit une baguette, fit face au couvent, traça un cercle autour de lui, et prononça trois fois son propre nom : M...! M...! M...! Que vous dirai-je? Au même instant nous vîmes se détacher du sein des épaisses ténèbres un objet étrange qui avait la forme et la blancheur d'une immense tête de mort suspendue dans l'espace. Nous tournions le dos à la lune, et nous pensions du reste si peu à elle, que l'évocateur du démon lui-même resta pétrifié comme nous, sa baguette de sorcier à la main.

Après quelques moments de silence, je passai involontairement une main dans mes cheveux, en disant : « Que diable! — Ce n'est pas *lui*, mon ami, reprit D...; c'est, d'après la tradition, Philippe II qui se promène toutes les nuits à pareille heure sur les tourelles de l'Escorial. »

C'était le dôme subitement éclairé par un rayon de lune qui glissait entre deux nuages. — Mais en effet les moines nous avaient parlé de cette croyance populaire.

Les moines de l'Escorial étaient autrefois 274, et l'on ne pouvait en faire partie qu'avec le consentement du roi; il n'y en a plus maintenant que 17, qui s'habillent et vivent comme des prêtres. Ce sont la plupart des hommes fort instruits; quelques-uns sont même d'excellents musiciens, et un peintre italien, qui demeure ici, m'a dit les avoir entendus chanter admirablement les meilleurs morceaux du *Barbier de Séville*.

Quant aux magnifiques tableaux espagnols et italiens

qui se trouvaient dans ce couvent, lieu de sépulture des rois de Castille, on les a envoyés presque tous à Madrid, lors de l'entrée de Zariategui dans Ségovie, et on assure qu'on doit en faire autant de la magnifique bibliothèque du couvent, si riche en précieux manuscrits arabes. On voit dans cette bibliothèque un portrait de Philippe II, qu'un médecin espagnol, que j'y ai rencontré, m'a dit offrir une ressemblance frappante avec l'infant don Carlos, qu'il avait beaucoup connu à Madrid avant la mort du roi.

Comme il ne manque pas de bonnes descriptions des merveilles que renferme l'Escorial, je vous y renvoie, préférant vous conter une historiette arrivée dans le village d'Alapajar, sur la route de Madrid, pendant qu'on transférait ici les restes de Ferdinand VII. Le cortége funèbre était si nombreux, qu'on fut obligé d'entasser 24 grands d'Espagne dans les trois seules chambres qui fussent vacantes dans le village. Il restait à loger 72 moines, et ne sachant où les placer, on les fit camper dans l'église d'Alapajar, où était déposée la bière du roi. Plusieurs de ces moines avaient de l'argent sur eux, et les gardes du corps qui menaient le convoi le savaient. Aussitôt quatre des plus malins organisèrent un complot, achetèrent une barrique d'eau-de-vie et pénétrèrent dans l'église, ayant soin de bien fermer les portes après eux. Bref les moines se grisèrent, un jeu de pharaon s'établit sur la bière même du roi. Les gardes du corps trichèrent avec tant de succès, qu'ils dépouillèrent les moines de tout leur argent. Ce fait est historique ; je le tiens de l'un des quatre gardes du corps.

Inutile que je vous dise qu'à peu près comme partout dans les campagnes, les paysans de l'Escorial détestent cordialement les libéraux ; et la chose se conçoit. On croit généralement que le paysan espagnol est carliste par simple fanatisme religieux, et on se trompe. Qu'a-t-il gagné à la suppression des couvents? Absolument rien; il y a même beaucoup perdu. Les ordres monastiques, se recrutant presque exclusivement dans les rangs du peuple, offraient à ceux de ses enfants qui annonçaient quelque intelligence un moyen assuré de parvenir à une existence douce et considérée, souvent même à de hautes charges, sans compter qu'il en résultait pour la famille du moine une protection constante et mille soulagements à sa misère. Arrivait par exemple une grande calamité, une épidémie, une année de mauvaise récolte ou de disette, le paysan était sûr que le couvent dont il cultivait les propriétés attendrait patiemment le terme arriéré et lui fournirait le grain pour les semailles. Le peuple payait la dîme sans murmurer, tant parce qu'il la considérait comme une offrande pieuse nécessaire à l'entretien d'un culte dont les pompes magnifiques, frappant si vivement son imagination, alimentaient sa foi, que parce qu'il savait qu'une partie lui en revenait en aumônes distribuées aux portes des couvents. Aujourd'hui, après avoir entendu les christinos jeter feu et flammes contre cet impôt, il voit qu'ils continuent de le prélever sans le moindre profit pour lui.

Malgré la philanthropie tant prônée de notre siècle, on peut douter que le cultivateur retrouve maintenant chez les acheteurs de biens nationaux autant de compassion pour ses besoins, autant de bienveillance et d'affabilité. Et puis comment prétendre que ce peuple oublie son passé, ses vieilles croyances, ses coutumes, ses préjugés même, et qu'il adopte en un jour les idées de liberté étrangère qu'on veut lui imposer?

———

Madrid, ce 10 juin 1839.

Vous me proposez un problème presque insoluble, en me demandant à quand la fin de la guerre civile? L'un des membres les plus distingués de la jeune diplomatie française, à qui M. Molé adressait la même question, lui répondit par une sorte de parabole, en lui rappelant l'histoire des deux souris qui, renfermées dans une même cage, y firent si mauvais ménage qu'au bout d'un certain temps on ne retrouva plus d'elles que les deux queues.

Ce qu'il y a de vrai, c'est que les deux partis sont de force à peu près égale, et qu'il se trouve tant chez les libéraux que chez les carlistes trop de monde intéressé à la continuation de la guerre, tels qu'officiers de fortune, prêtres et moines dépossédés, fournisseurs, accapareurs, administrateurs des fortunes privées, etc., etc., pour qu'on puisse espérer de la voir finir dans un avenir prochain. Une autre cause qui contribue à sa prolongation, c'est la décadence du véritable esprit militaire auquel la guerre de l'indépendance a porté le coup le plus funeste en lui substituant celui du guerrillero qui, incapable d'aucune grande combinaison stratégique, se borne à des surprises de détails, à des combats d'avant-poste.

Après tout, cependant, la nature de cette guerre est peu comprise hors de l'Espagne, et les étrangers ne tiennent pas assez compte aux armées de la reine des difficultés immenses qu'elles ont à surmonter. Pillées par un exécrable système d'administration, sans argent, sans crédit, sans magasins, dans un pays épuisé et sans routes, ayant à lutter contre un ennemi dont toute la tactique consiste à ne jamais se laisser atteindre en rase campagne, et qui maître enfin de la crête des montagnes passe impunément d'une province dans une autre, il est aisé de comprendre combien il doit devenir difficile aux armées des christinos de frapper des coups décisifs. Avec une armée bien autrement organisée, que font de plus les Français dans l'Algérie, où ils ont à soutenir contre les Arabes une guerre assez semblable à celle que les carlistes, par la nature même des choses, sont forcés de faire aux christinos?

is mon retour de l'Escorial, on a fait ici de nombreu-

ses arrestations parmi les membres des sociétés secrètes. Les uns disent qu'il s'agit d'une conspiration ourdie en faveur de l'infant don Francisco, qu'on voudrait mettre à la tête de la régence, à la place de la reine Christine ; les autres prétendent qu'on veut enfin venger l'assassinat de Quesada Quoi qu'il en soit, je saisis cette circonstance pour vous dire quelques mots sur les sociétés secrètes de l'Espagne.

Les premiers clubs dont on ait eu connaissance dans la Péninsule, sont les loges maçoniques qui furent ouvertes par les Français, pendant la guerre de l'indépendance, dans un but de prosélytisme favorable à l'occupation. Après la restauration de 1814, les officiers qui avaient servi Napoléon, et ceux qui avaient vécu en France dans les dépôts de prisonniers, où on les avait reçus maçons pour la plupart, mécontents du peu d'avancement qu'on leur donnait, formèrent avec les affiliés des loges existantes sous le roi Joseph, le cadre de nouvelles loges que la nécessité rendit secrètes. Le grand Orient siégeait à Madrid, et avait des correspondances dans toutes les villes de l'Espagne ; ses agents les plus actifs étaient Gallardo, V. H., et le trop fameux Regato. En 1818 les meneurs ayant réussi à accréditer le bruit que le roi lui-même s'était fait maçon, chacun briguait l'honneur de le devenir, lorsqu'à la grande surprise des dupes apparut la fameuse ordonnance royale qui prescrivait les peines les plus sévères contre les maçons, et les déclarait en même temps justiciables du saint-office. V. H., arrêté l'un des premiers parvint à s'échapper, et tel fut l'effroi qui s'empara des loges, que nombre d'affiliés allèrent se dénoncer d'eux-mêmes au saint tribunal. Or, celui-ci ne pouvant, d'après ses propres statuts, poursuivre dans le cas d'aveu spontané, se trouva dans le plus grand embarras, et fit des remontrances au roi, qui ordonna de continuer les arrestations pour son propre compte. Cependant l'inquisition ne plaça dans ses cachots que les prévenus qui ne s'étaient pas dénoncés volontairement, et renvoya les autres dans des couvents où ils furent traités avec beaucoup d'humanité, leur déclarant en outre qu'ils étaient détenus par la volonté expresse du roi.

Ces poursuites ne firent que redoubler l'activité des loges dans les rangs de l'armée, et particulièrement parmi les corps qu'on concentrait dans l'île de Léon, comme destinés à faire partie de la nouvelle expédition projetée contre les colonies américaines. Ces troupes partaient si mécontentes, qu'à peine l'ordre d'embarquement arrivé de Madrid elles s'insurgèrent à la voix de leurs chefs, maçons la plupart, et de là la révolution de 1820.

Quelque temps avant ce grand événement auquel les loges avaient si puissamment contribué, quelques maçons s'étant aperçus du peu de sympathie qu'ils rencontraient parmi les classes populaires, lesquelles voyaient en eux plutôt des ennemis de la religion que des réformateurs politiques, formèrent, avec le consentement du grand Orient de Madrid, le noyau d'une nouvelle société qui fut appelée des *comuneros*. Elle fit d'autant plus fortune, qu'elle éveillait des souvenirs de liberté agréables au peuple auquel on eut soin de cacher les rapports du nouveau club avec les loges maçoniques. Bref, en peu de mois les comuneros eurent fait de tels progrès, que se croyant assez forts pour agir pour leur propre compte, ils rompirent avec les maçons, et qu'il s'en fallut même fort peu que dans mainte circonstance les affiliés des deux clubs n'en vinssent aux mains. Cette rivalité, habilement exploitée par Ferdinand VII, instruit de tout ce qui se passait dans les deux clubs par Regato, fut une des causes principales de la mauvaise issue de la révolution de 1820.

En 1822 les comuneros se fractionnèrent, et il se forma en sus des comuneros, des *vrais comuneros*, une société appelée *landaburiana* en l'honneur du capitaine Landabur, massacré par les soldats de la garde royale insurgés contre la constitution, enfin des loges de carbonari. Ces dernières restèrent bientôt désertes, tant à cause de la mauvaise réussite des révolutions d'Italie, qu'en raison du grand nombre de réfugiés de tous les pays, qui, à titre de frères, allaient continuellement y quêter des secours.

Après la restauration de 1823, Riego, traduit devant un conseil de guerre, reconnut avoir été le grand maître de la maçonnerie espagnole, et indiqua de plus la maison de la place de l'Incarnation où siégeait le grand Orient, que le gouvernement n'avait jamais pu découvrir. Riego en avait cru le propriétaire en fuite; il n'était que caché, et la police étant parvenue à trouver sa retraite, sur des indications fournies par les porteurs d'eau de la *Puerta del Sol*, surprit chez lui les listes de tous les affiliés, dont heureusement les plus compromis venaient d'émigrer à l'étranger. Ce fut vers cette époque que les patriotes de l'intérieur organisèrent les cercles des *Chaudronniers*, institués particulièrement dans le but d'entretenir des rapports suivis avec l'émigration.

Enfin en 1823 se forma la société des *Isabelinos*, composée de partisans de la jeune reine Isabelle. Ferdinand VII était mourant, et la reine Christine se trouvait déjà placée à la tête de la régence, lorsque de chauds amis, parmi lesquels tant de libéraux se trouvaient, en lui exagérant l'esprit hostile de la garde royale, parvinrent à la persuader de la nécessité pour elle d'organiser ses propres partisans, si elle voulait conserver le trône à sa fille. — Ce fut ainsi que plusieurs officiers furent éliminés de la garde, comme accusés de comploter en faveur de don Carlos, pendant que d'autres, alarmés par de faux bruits d'arrestation répandus adroitement par les libéraux, s'évadèrent et allèrent plus tard rejoindre Zumalacarregui en Navarre. Les places vacantes furent données à des individus connus pour leur libéralisme, et à des membres du club *Isabelino* auquel les gardes du corps fournirent des affiliés enthousiastes. Ce club comptait aussi de nombreux adeptes parmi le peuple, et tous les matins on pouvait voir des groupes de manolos isabelinos stationner sur la place du Palais, avec des armes cachées sous leurs manteaux.

Après la mort de Ferdinand les isabelinos continuèrent à conspirer, et on les accuse même de complicité dans les massacres de moines qui eurent lieu en 1835 à Madrid, Saragosse et Barcelone. La police trouva sur beaucoup d'affiliés qu'elle arrêta pendant ces événements sanglants, des papiers qui prouvèrent clairement qu'un certain nombre de centuries de la société avaient été mandées pour donner dans les provinces le signal de ces massacres. A Barcelone les isabelinos trouvèrent de puissants auxiliaires dans les membres de la société des Droits de l'Homme, organisée quelques mois auparavant par des agents républicains français.

En dehors de ces sociétés il en existe deux excessivement actives et puissantes; l'une, dite de Jovellano, est exclusivement recrutée parmi les modérés, et compte au nombre de ses membres presque toutes les sommités de l'ordre civil. Elle pousse, dit-on, à une transaction avec les carlistes, pour qui elle a peut-être moins de haine que contre les exaltés. L'autre société s'appelle des Enfants du Soleil (*de los Hijos del Sol*), et se compose des vieux militaires qui ont fait les guerres d'Amérique, où elle se forma peu de temps après la capitulation d'Ayacucho, conclue entre l'armée espagnole et les insurgés victorieux des nouvelles républiques du Sud. — Libérale par principe, cette société a pour maxime que ses membres doivent tâcher de se tenir toujours au pouvoir quel que soit le système du gouvernement, pour mieux influer sur les destinées du pays. Presque tous les généraux qui ont un commandement actif en font partie; Espartero en est, dit-on, le membre le plus influent.

Ségovie, ce 15 juin 1838.

Voulez-vous faire avec moi le voyage de Madrid à Ségovie? montons dans la *galera* qui part à huit heures du mafin. C'est un fourgon à douze places, où le *mayoral* trouve moyen d'entasser jusqu'à vingt voyageurs, pour leur plus grande commodité. L'attelage se compose de huit mulets. La *galera* est couverte d'une toile cirée de couleur, sur laquelle se détachent en grosses lettres noires le nom du maître et le lieu de la destination. La nôtre porte : J'appartiens à Emmanuel Garcia, voiturier de Ségovie à Madrid.

Nous avons pour *zagal* un personnage natif de la Manche. Ex-sonneur de cloches, ex-marmiton, ex-soldat, sa corpulence, ses saillies et une balle carliste dans les reins lui donnent assez de l'air de son illustre compatriote Sancho Pança, surtout du Sancho Pança qui sort désillusionné et éclopé de son orageux gouvernement. Assis près de moi sur la banquette extérieure du fourgon, l'espérance d'un bon pour-boire le rend orateur.

Le village de *Las Rozas* lui rappelle un combat livré, il y a dix mois, par Zariategui, l'enlèvement des mulets de son maître, et l'épisode du curé del Toboso, escamoté de dessus sa selle par un boulet christino, au moment où il promettait aux siens la victoire de la part de Dieu. En vue de *Torre Lodones*, il se souvient du proverbe : *quatorze habitants, quinze voleurs, en comptant le mulet du curé.* A la *venta de la Trinidad*, où je me suis trouvé seul *caballero* à partager le souper de sept *manolas*, il vanta les exploits de la fameuse *Emanuela Capadora* qui, après avoir parcouru plusieurs provinces de l'Espagne et du Portugal, traitant les voyageurs non pas de la façon dont Héloïse, mais de celle dont le chanoine Fulbert traitait Abeilard, fut arrachée à la potence par la clémence de Ferdinand VII, et termina ses aventures par épouser un meunier dont elle fait aujourd'hui le bonheur.

Le lendemain, je cheminais à pied à quelques cents pas en avant de la *galera*, lorsque tout à coup des gens armés se montrent sur la route. Leur apparition fut si brusque et leur mine avait une étrangeté si peu rassurante que prudemment je me hâtai de rejoindre mes compagnons de voyage.

On m'apprit que c'était l'escorte de Ségovie qui venait à notre rencontre pour assurer notre passage dans la Sierra de Nava Cerrada. J'ai un regret sincère d'avoir un instant confondu avec les voleurs, dont ils sont l'épouvante, ces braves gens que j'ai entendus ensuite raisonner avec un patriotisme et un bon sens admirables sur les causes des malheurs de leur pays.

Qu'on laisse ce pauvre peuple espagnol, tant décrié par qui ne le connaît pas, se dépouiller des tristes legs de son passé monacal, et on le verra se placer bien vite au niveau des nations les plus avancées.

Les approches du port de la Sierra de Nava Cerrada sont tapissés en beau jaune par les genêts dont les troupeaux de mérinos sont si avides. Ce port, difficile à franchir en hiver, a toujours joui d'une triste célébrité dans les annales du brigandage. Les voleurs, descendant de la crête de *Siete Picos*, s'embusquent sur le passage des voyageurs, et ont une retraite assurée par la crête du *Paular*, où se trouve une chartreuse qui fut jadis en grande odeur de sainteté et surtout de cuisine exquise. Sous Ferdinand VII, un nommé *Banda* obtint l'autorisation d'armer une *guerrilla*, s'engageant à détruire le brigandage. Il périt, en 1834, victime d'un courage poussé jusqu'à la témérité, sans avoir pu remplir sa promesse. La guérilla est passée au service de la ville de Ségovie.

On entre dans la Vieille Castille par la magnifique forêt de Balsain. Au delà s'étend la belle plaine de Ségovie, où paissent ces superbes troupeaux de mérinos que toute l'Europe envie à l'Espagne.

Ségovie a vu deux fois les bandes carlistes dans l'espace de neuf mois. Zariategui s'en empara de vive force au mois d'août 1837. Il réussit à contenir le mauvais vouloir de la junte de Castille, présidée par un moine furibond, le père Huerta, augustin qui ne rêvait que sang. Toutefois, il ne put empêcher que la ville n'eût à supporter deux jours de pillage. Tous les habitants durent s'y soumettre sans distinction aucune d'opinions; et cela en même temps que, par une de ces singularités qui caractérisent cette guerre, les libéraux, qui s'étaient défendus dans le fort de l'Alcazar, obtenaient d'en sortir avec armes et bagages. Les habitants carlistes, se voyant encore plus maltraités que les libéraux, jetèrent les hauts cris.

Ce fut le comte Negri qui s'y présenta la seconde fois, en avril dernier. Il s'y conduisit avec une grande modération. Il est vrai que les habitants, dans la crainte d'un nouveau pillage, étaient venus en procession lui présenter les clefs de la ville.

Pendant sa défense de 1837, les miliciens eurent la singulière idée de se retrancher sur l'aqueduc, magnifique ouvrage des Romains, qui traverse la ville et sert encore à conduire l'eau dans sa partie haute. Cet aqueduc présente une crête assez étroite pour qu'une pierre suffise à former le revêtement dans la largeur. Les naïfs miliciens bâtirent un parapet des deux côtés de cette crête, leurs connaissances militaires n'allant pas jusqu'à calculer qu'un soldat, enfermé dans cet espace resserré, n'y pourrait seulement pas faire demi-tour avec son fusil. Les carlistes eurent peu de peine à les déloger d'un poste choisi avec un tel discernement. On peut voir encore aujourd'hui des taches de sang dans les guérites.

Le peuple, qui aime le merveilleux, a donné à l'aqueduc le nom de Pont-du-Diable.

On raconte que le diable, amoureux d'une jeune fille de Ségovie, lui offrit, en échange d'une faveur, tel service qu'elle daignerait exiger. La fille répondit que le chemin qu'il lui fallait faire chaque matin pour aller puiser de l'eau à la source la fatiguait beaucoup et qu'elle serait charmée d'avoir l'eau en ville. Vite le diable de se mettre à l'œuvre dès la nuit suivante; au point du jour l'aqueduc est construit. Cependant les amoureux sont distraits; celui-ci, dans l'excès de sa précipitation avait oublié une pierre du revêtement. La fille, qui n'avait voulu que plaisanter, prétexta que l'ouvrage n'étant pas achevé le marché devait être nul; et l'Église lui donna gain de cause. Ceci est la version populaire.

Une vénérable tradition à l'usage des doctes, et reproduite par le confesseur de Ferdinand II maintient le miracle nocturne, mais remplace la bourgeoise de Ségovie par la princesse Iberia, fille d'Hercules Hispan, et le diable par un prince grec qui se trouve avoir pour rivaux les rois d'Écosse et d'Afrique. Quelques érudits espagnols ont prétendu que l'aqueduc était un ouvrage des Phéniciens. Moi qui redoute l'érudition, je préfère m'en tenir au diable. Et vous?

Ségovie, ce 16 juin 1838.

Permettez-moi de vous donner un conseil. Gardez-vous de vous arrêter jamais, papier et crayon en main, sur un point quelconque d'un pays livré à la guerre civile. J'étais occupé à prendre innocemment une vue du fort de l'Alcazar, lorsque quatre soldats accourent sur moi. Mon guide fait un mouvement pour fuir; dans son intérêt je le retins par l'oreille, ce qui lui évita certainement un coup de baïonnette. Bref, on nous arrête et on nous constitue prisonniers dans l'Alcazar. « Appartenez-vous à l'état-major de don Carlos? me demandent les soldats, ou à celui de Cabrera? » L'officier me dit gravement que je dois m'estimer heureux qu'un coup de feu ne soit pas venu interrompre mon croquis. On envoie le rapport au colonel. Comme sa seigneurie n'avait pas l'habitude de se lever de grand matin, je dus rester privé de ma liberté pendant cinq grandes heures. Les officiers cependant eurent la courtoisie de partager avec moi leur chocolat et leur tabac et de me faire les honneurs de cette ancienne résidence royale, située au centre d'un des plus beaux panoramas que l'on puisse imaginer.

Il suffit d'avoir lu Gil Blas pour savoir qu'après la mort de Ferdinand et d'Isabelle le château fut converti en prison d'état. Plus tard il reçut les corsaires barbaresques qui tombaient entre les mains de la marine espagnole ; aujourd'hui il est peuplé par les prisonniers carlistes.

Le bruit de l'arrestation d'un officier carliste avait réuni sur la place bon nombre de badauds. Mon élargissement parut les désappointer beaucoup. Ils ne m'en firent pas moins l'honneur de me suivre jusqu'à la riante prairie de la Dehesa, où, par une circonstance heureuse pour moi, les gitanos tenaient ce jour-là une foire.

C'est un spectacle curieux. La plaine était couverte de mulets, d'ânes et de chevaux. Figurez-vous le corps de chacun de ces animaux rasé jusqu'au cuir, à l'exception du ventre. C'est une précaution que l'on prend pour qu'ils aient moins à souffrir de la chaleur.

Je vous ai déjà raconté ailleurs comment on a la coquetterie de ménager à la naissance de la queue une paire de moustaches. Toutes ces pauvres bêtes avaient les pieds de devant liés par une corde à la manière arabe. Dans leur impuissance à marcher, elles prenaient un élan sur leurs pieds de derrière, puis retombaient sur leur devant, mouvement accompagné d'une ondulation des deux oreilles, qui, chez les grisons surtout, simulait à s'y méprendre les battements d'ailes d'un oiseau de proie. Au milieu de tout ce bétail se pavanaient les gitanos, étalant tout le luxe de leur brillant costume andaloux. Ils promenaient un regard scrutateur sur les paysans cuirassés en buffle, qui arrivaient chevauchant avec leurs femmes en croupe. Comment donner une idée du prodigieux instinct avec lequel le gitanos discerne sa dupe future parmi toute cette foule ! Le flair du basset est moins sûr à l'encontre du gibier.

Une fois sa victime choisie, le gitano prend un air riant pour l'aborder, il lui adresse des compliments sur sa bonne mine, et fait si bien qu'il lui arrache la confidence du but secret qui l'amène à la foire : c'est une ânesse que l'honnête paysan a promis de ramener à sa femme. Sur un signe du gitanos une bourrique est amenée par un gracieux enfant à peine vêtu : « Voyez l'admirable animal ! son lait vaut une once d'or la goutte. Quels jarrets ! quel feu dans les yeux ! C'est une ânesse faite pour porter la bannière. Je ne la donnerai pas à moins de dix douros; cependant faites votre offre; j'ai pour principe de ne m'offenser de rien.» L'acheteur examine, tire la queue de l'animal, lui ouvre les mâchoires, se consulte avec un faux frère, qui a eu soin de s'emparer de son bras pour l'assister de ses perfides lumières, et finit par dire : J'en donne trois douros. Le gitano pousse un cri de joie, et se hâte de donner l'accolade après laquelle il n'y a plus à revenir sur le marché. Le paysan pose sa bourse à terre et en tire soixante réaux. Le gitano se baisse, fait sauter les pièces une à une et mord celles dont l'apparence est suspecte. Le paysan demande en sus un licol qui lui est généreusement accordé. Mais hélas ! il n'a pas fait dix pas qu'une des oreilles de sa magnifique emplète présente une courbure insolite. Il y passe une main caressante, croyant à un mouvement nerveux ; le bout lui reste entre les doigts. Le malheureux, stupéfait, reconnaît, pièces en main, que ce bout, appartenant à une oreille morte, a été cousu en supplément sur l'oreille vivante mais défectueuse. Il conte son aventure à des gens insensibles qui rient aux éclats; les *alguaciles* accourent et partagent l'hilarité générale. Le gitano, que cette bienveillance populaire encourage, propose hypocritement à sa dupe de rétablir la symétrie en coupant à son tour l'oreille saine, et le paysan évacue la place, maudissant sa fatale ânesse et rêvant à l'orage qui l'attend chez lui.

Dans les circonstances difficiles le gitano invoque l'honneur, les saints, l'enfer, le gibet, la vertu, avec une effusion si ardente et si communicative qu'il parvient toujours à mettre les badauds de son côté. « Jure donc sur cette image de saint Antoine que le marché n'a pas eu lieu, » s'écrie-t-il en apostrophant sa victime.

« Tu pâlis, misérable ; je ne suis qu'un gitano, mais je suis plus noble que toi. » Ou bien, levant les mains au ciel, il dira d'une voix solennelle : « Grand Dieu, tu vois de là-haut comment cet homme joue son âme sur une pièce d'argent ! Malheureux, tu commences par le mensonge, tu finiras par la potence. Celui d'en haut peut seul te relever d'un marché conclu. Et il n'y a pas d'autre dieu que Dieu. Dieu seul est dieu. »

Mais la véritable source de gains pour le gitano, ce sont les trocs en nature, par lesquels il se débarrasse des animaux volés. Alors il se contente d'un cigare, voire même d'une simple accolade en sus de l'échange, afin qu'il ne soit pas dit qu'un gitano a fait un marché sans en tirer quelque chose. L'animal qu'il reçoit en échange de celui qu'il cède subit aussitôt un travestissement complet. La queue, le corps, les oreilles deviennent méconnaissables à force d'embellissements ; c'est au point que souvent on voit le primitif propriétaire se rendre acquéreur à la foire, de la bête dont il s'est défait ou qu'on lui a volée la veille.

Tout cela n'est rien encore, en comparaison de l'adresse avec laquelle le gitano sait réveiller le sentiment de vitalité dans la plus mauvaise rosse. Une bague, un fouet et une paire de formidables ciseaux, sont ses instruments ordinaires de sortilége. Mais le fouet est armé d'un clou aigu qui se dissimule à son extrémité supérieure ; mais la bague est armée d'une pointe acérée qui se dissimule sous le plat de la main. Les parties sont d'accord sur le prix ; l'acheteur ne demande plus qu'à voir courir l'animal. Le gitano pousse, avec le haut bout de son fouet, la rosse qui, sensible à l'aiguillon caché, sort des rangs agitée d'un vif frémissement. Un enfant saute en selle, et le père administre sur la croupe deux claques vigoureuses du plat de la main : l'aiguillon de la bague produit à son tour son effet. L'animal bondit comme un taureau, animé en outre par les cris de la famille entière du gitano. Le galop vient-il à se ralentir : l'enfant qui porte cachée dans le derrière de sa ceinture la paire de formidables ciseaux, se renverse jusque sur la croupe, de manière à ce que les deux pointes agissent comme derniers stimulants. C'est alors que la rosse devient admirable. La somme est livrée, et les filles du gitano accourent, sautent, chantent, et se renvoient en l'air une cruche de terre. Lorsque la cruche vient à tomber et se casse, toutes se précipitent sur les débris et la plus adroite s'en coiffe, tandis que ses compagnes se prenant par la main tournent rapidement en cercle autour d'elle.

Les gitanos sont tenus d'amener leurs étalons dans certaines localités déterminées, où les paysans conduisent leurs juments. Les surveillants de la station introduisent les juments dans une cour voisine de l'écurie des étalons. On pousse des cris sauvages accompagnés de roulements de tambours de basque, dans le but, assure-t-on, d'exciter ces animaux, et l'hymen s'accomplit en liberté.

On prétend que les gitanos d'Espagne sont aussi bien que les *zigeuner* de la Bohême, originaires de l'Inde. Leur langue est un mélange d'espagnol et de leur ancien idiome. Il n'est pas rare de rencontrer parmi eux des femmes d'une grande beauté; mais les hommes sont tous laids. Leur physionomie a quelque chose de faux et d'ignoble qui est repoussant. Leurs yeux et leurs membres sont dans une agitation incessante qui rappelle celle du reptile; ils mentent par habitude sans jamais regarder leur interlocuteur.

Ceux qui sont habitants d'une ville ont un grand mépris pour leurs frères vagabonds de la *Sierra Morena*. Chez ces derniers le concubinage est commun, cependant ils reconnaissent leurs enfants et ne les abandonnent jamais. Un mariage de gitanos est un spectacle des plus curieux. Les fêtes de la noce durent trois jours et trois nuits sans désemparer. Après la bénédiction nuptiale, les époux vont s'asseoir dans la plus belle chambre de la maison, pour recevoir la visite et les compliments des invités et des curieux, à qui on offre du vin et des beignets. A minuit ils se retirent, sans que le festin, les chansons et la danse soient un instant interrompus. Le lendemain la marraine présente à la société les preuves de la virginité de sa filleule, et Dieu sait de quelles plaisanteries chacun s'empresse de saluer la nouvelle mariée. La gaieté redouble, et à la quatrième aurore l'époux a vu partir jusqu'à son dernier maravedi, et se trouve avoir endetté jusqu'à ses petits neveux. Un gitano n'appelle jamais sa femme autrement que du nom d'*Eva*.

Le gitano tient à grand honneur d'être né catholique. Il suffit de paraître douter de sa religion pour le mettre en fureur. Il m'arriva un jour d'offrir un écu à un gitano, en le priant de m'initier aux superstitions qu'on leur attribue. « Nous sommes catholiques et non maures, » me répondit-il en colère. Et il s'éloigna brusquement, non toutefois sans avoir commencé par prendre mon écu. Le gitano redoute le contact avec un juif et fuit à son approche : il voit toujours dans chacun d'eux l'un des bourreaux de Jésus-Christ. Dans toute ville habitée par les gitanos il existe sur quelque pan de muraille une image de madone, à laquelle ils portent leur adoration de préférence. Leur catholicisme n'empêche pas que parmi leurs femmes il ne s'en trouve toujours une qui passe pour tenir le diable chez elle : cette réputation de nécromancie fait la fortune de sa boutique.

C'est seulement depuis Charles III qu'ils sont considérés comme Espagnols. Ce monarque voulant les réhabiliter aux yeux de la nation, pour qui ils étaient un objet de mépris, ordonna que dans toutes les paroisses, le premier dimanche de chaque mois, après la messe, l'alcade donnerait lecture au peuple de l'acte qui les déclare citoyens, avec le titre de *Castellanos nuevos*, Castillans nouveaux. Bien que la loi leur ouvre toutes les carrières qui n'exigent pas des preuves de pureté de sang (ainsi un gitano ne pourrait entrer dans les ordres), il n'existe pourtant pas d'exemple qu'ils aient jamais été autre chose que maquignons, forgerons, voleurs d'ânes et mulets, etc.

Ils tirent à la fois vanité et profit de leur réputation d'esprit. Sachant qu'ils ne peuvent traiter de pair avec les vieux Castillans, c'est ainsi qu'ils désignent les autres Espagnols, ils s'appliquent à se les rendre favorables à force de flatteries ingénieuses et en les amusant par l'originalité de leurs saillies. Chaque gitano parvient de la sorte à se créer, parmi les avocats et les *hidalgos*, un et souvent plusieurs protecteurs qui ne lui refusent pas leur appui dans ses démêlés avec les tribunaux.

Les gitanos ont beaucoup d'esprit de corps. A Malaga, un des leurs ayant été condamné pour cause de parricide, tous sortirent en masse de la ville pendant le temps que dura l'exécution, afin de montrer l'horreur que le criminel leur inspirait. Il convient de mentionner aussi qu'ils ont une répugnance indicible pour tout ce qui peut rappeler l'idée de la mort. Un convoi funèbre vient-il à passer devant leur maison, si midi n'a point encore sonné, la famille sortira sur le seuil de la porte et dira les prières d'usage; mais s'il est plus de midi, elle se dépêchera de fermer portes et fenêtres, et personne ne sortira avant le lendemain. La vue d'une goutte de sang arrache au gitano des cris horribles comme si on l'assassinait. Qu'au moment où il prépare son repas, une main malveillante dépose chez lui quelque chien ou quelque chat mort, il jetera sur-le-champ son dîner au fumier, dans la crainte de maléfice. Dès qu'un gitano sent commencer son agonie, il demande qu'on le transporte en plein air; car s'il arrive qu'il meure dans sa maison, sa famille devra mettre tous les meubles dans la rue avant qu'on enlève le cadavre. Enfin, la peur qu'ils ont des morts est telle, qu'un corrégidor de Cordoue, voulant débarrasser la ville des gitanos de la Sierra Morena, ordonna qu'ils seraient employés aux enterrements. « Plutôt voleurs que fossoyeurs! » fut le cri des gitanos, et ils retournèrent tous à leurs montagnes.

Ces pauvres diables eurent à souffrir sous Ferdinand VII. Une ordonnance de police interdit de se présenter aux foires à tous ceux qui ne justifieraient pas d'un domicile. Aujourd'hui on se contente de les obliger à établir leur campement hors de l'intérieur des villes. Indifférents aux passions politiques, ils ont conservé une stricte neutralité entre don Carlos et la reine. Grâce à leur pauvreté, sans doute, ils sont dans cette guerre les seuls Espagnols à voyager avec quelque sécurité, tant les bandes des partisans apportent d'impartialité scrupuleuse à dépouiller également tout le monde.

Pour en finir avec ces honnêtes gens, je recommanderai aux voyageurs de respecter les chiens noirs des vieilles gitanas. Dans un faubourg de Ségovie, j'ai vu le moment où l'on allait me coiffer d'une poêle, parce que je m'étais permis de fustiger un gros chien noir qui s'attaquait à mes jambes. « On voit bien, me disait une vieille mégère au milieu de ses imprécations et de ses menaces, que vous êtes étranger ; les Espagnols ont le sang plus léger. » C'est une idée répandue parmi le peuple que la cruauté tient à un sang trop épais.

Granja, ce 17 juin 1838.

La résidence royale de la Granja ou de Saint-Ildefonse, si vous aimez mieux, car c'est tout un, a été bâtie par Philippe V, à l'imitation du palais de Versailles. Placée aux pieds des montagnes de la Sierra de Guadarrama, qui sépare les deux Castilles, elle est pourtant si élevée au-dessus du niveau de la mer, qu'un écrivain a dit : « Qu'aucun roi de la terre ne possédait un palais qui touchât de plus près au ciel, que celui où les rois d'Espagne passaient leurs étés. » Ce compliment a fait fortune parmi les Espagnols, et ils aiment à le répéter aux voyageurs. — Le site est charmant, les jardins ravissants de beauté, les jets d'eau des fontaines qui y abondent admirables ; enfin j'ajouterai pour les personnes qui craindraient les chaleurs trop fortes, que même au cœur de l'été, le matin et le soir, il est rare qu'on n'y grelotte pas de froid. — La cour ne s'y est plus montrée depuis la révolution de 1836, et l'endroit est si peu visité, que je suis le premier voyageur qui y ait paru depuis 18 mois. Aussi je ne crois pas exagérer en vous assurant que le passage d'une hirondelle, au milieu de l'hiver, n'aurait certainement pas produit une sensation plus profonde parmi les habitants de la Granja.

J'ai pris ici à mon service un jeune paysan qui me promène dans les jardins royaux et dans les environs qui offrent des points de vue fort pittoresques. Ce garçon est un bon et loyal carliste qui, après avoir servi comme volontaire pendant deux ans sous Zariategui, fut dangereusement blessé dans un combat et fait prisonnier par les christinos. Prenant en pitié son jeune âge, ils le guérirent de sa blessure et le renvoyèrent ensuite dans ses foyers. Malgré un service aussi important, son dévouement au Prétendant est tel, qu'il se dit tout prêt à suivre encore son drapeau dès que les circonstances lui en fourniront la possibilité. — Tu es donc bien décidé à te faire tuer pour don Carlos? lui demandai-je ce matin. — Oh! caballero, je ne désire que cela, m'a-t-il répondu avec la plus grande exaltation; pour le triomphe de la cause de la religion, je me ferais brûler tout vif, s'il le fallait! Cette réponse peut vous montrer jusqu'à quel point l'idée religieuse s'allie chez le peuple à la pensée politique. Elle vous aidera à comprendre aussi pourquoi la bannière de la Vierge flotte au milieu des rangs carlistes.

Granja, ce 20 juin 1839.

Encore un épisode comique. J'allais payer le *posadero* à raison de cinq piécettes par jour, comme nous en étions convenus, lorsqu'il s'avise d'en demander huit. Je réclame contre cette prétention ridicule en riant d'un gros rire, et le bonhomme, irrité de mon refus, me présente les poings à la figure, s'efforçant par d'horribles grimaces de me contrefaire. « Vous payerez les huit piécettes. — Je ne les payerai pas. — Oui. — Non. — Comment non ! » — Ici de sa part un m..... ! Et toute la famille, qui était rassemblée dans la cuisine, de répéter le terrible cri qui sentait un peu le fumier. Dans ce moment je fumais la cigarette ; la vilaine bouche du *posadero* s'ouvrait devant moi, je cédai à la tentation d'y envoyer une énorme bouffée de tabac ; le misérable, qui se sent étouffer, recule en faisant des contorsions de possédé. Je m'en croyais quitte, lorsque sa femme déserte ses casseroles, et, les mains sur les hanches, me harangue en ces mots : « Je le savais bien que vous autres étrangers vous êtes tous faux et traîtres ; mais j'étais loin de croire que vous iriez jusque-là ! Voyez dans quel état vous avez mis don José ? Que le diable ait mon âme, si je reçois jamais chez moi un autre étranger, me payât-il d'avance une once d'or par jour ! »

Je me préparais à lui répondre comme elle le méritait lorsque la porte de la cuisine s'ouvre, et je vois entrer en costume de chasse un garde du corps que j'avais beaucoup connu cet hiver à Madrid. Instruit du sujet de la querelle, il prend fait et cause pour moi contre le *posadero* qui, ne sachant que répondre à la verte semonce de son compatriote, se tourne de nouveau de mon côté : « Si vous étiez Espagnol, je pourrais disputer avec vous ; mais en votre qualité d'étranger..... » Il ne put achever cette phrase, car le garde le poussa si rudement par les deux épaules, qu'il lui fit perdre complétement le fil de ses idées. Le garde, me prenant par le bras, m'entraîna hors de l'hôtellerie. « Ayez quelque indulgence pour cet imbécile, me dit-il quand nous fûmes dans la rue ; comme il a un fils dans la faction, il voit dans chaque étranger un ennemi de don Carlos, et croit faire acte de royalisme en essayant de le dévaliser. »

Nous fûmes ensuite nous promener au clair de lune devant la demeure royale. Peu à peu la présence de ce palais, auquel tant de récents souvenirs historiques se rattachent, amenèrent naturellement la conversation sur les derniers moments de Ferdinand VII et le fameux soufflet donné à son favori Calomarde, dans l'antichambre du roi mourant, par l'infante Carlota de Paola ; puis sur la révolution de la Granja et le sergent Garcia qui en avait été le héros. « Je ne sais, me dit le garde au sujet de ce sergent, par quelle étrange fatalité j'ai eu constamment occasion de le rencontrer. Si Garcia n'est pas mort, nous devons certainement nous retrouver encore. Je l'ai vu ici à la tête d'une insurrection victorieuse, et, à quelques mois de là, mourant de misère et traqué comme une bête fauve par les mêmes gens qui l'avaient exploité. Ceci du reste n'a rien de surprenant ; pour l'ordinaire les révolutions ne se piquent pas de reconnaissance envers leurs auteurs.

— Vous l'avez donc beaucoup connu, Garcia ?

— Le hasard me le fit rencontrer, deux mois avant la révolution de la Granja, chez une jolie veuve où les gardes du corps allaient habituellement prendre leurs repas. Nous savions que notre hôtesse avait un amant mystérieux, mais nous n'avions pu le découvrir, lorsqu'un jour, en arrivant chez elle plus tôt que de coutume, nous surprîmes dans la cuisine un beau sergent qui l'aidait aux préparatifs de notre dîner. A nos observations pourquoi il se permettait de s'absenter de sa caserne au moment de l'ordinaire de la troupe, il répondit qu'il remplissait les fonctions d'*escribano* auprès du général San Roman, et qu'il dînait tous les jours chez notre hôtesse, du consentement de ses chefs. Il nous apprit en outre qu'il s'appelait Iginio Garcia, qu'il était fils d'un honnête laboureur ; enfin, qu'il avait été persécuté en 1823 comme suspect de libéralisme. Il y avait chez cet homme des manières si polies et à la fois si militaires et décidées, que je me sentis gagné à l'instant même, et que je l'engageai à se faire servir dans notre propre salon.

Plus tard, cette rencontre fortuite fut présentée comme un chef d'accusation contre tout l'escadron des gardes du corps qui se trouvait à la Granja, et contre moi en particulier. Garcia était un homme de taille moyenne, mais svelte, teint basané, œil noir, moustache épaisse, et l'ensemble de sa physionomie fort expressif. Taciturne et pensif pour l'ordinaire, quand il lui arrivait de parler, il évitait de regarder en face son interlocuteur. Il avait beaucoup d'intelligence, mais fort peu d'instruction; il n'avait dû la place de confiance qu'il occupait auprès de San Roman qu'à sa belle écriture et à son activité extraordinaire. »

Ici le garde du corps se tut. Pressé ensuite par moi de me raconter ce qu'il savait de cette révolution, il m'invita à m'asseoir sur les bancs de la grille de Ségovie, à l'entrée de la vaste cour qui fait face au palais, et là, devant les croisées mêmes de l'appartement où la régente avait été forcée, dix-huit mois auparavant, de jurer la constitution de 1812, il satisfit à ma curiosité.

« La révolution de la Granja, me dit-il, a le même caractère que toutes les tentatives faites par les libéraux espagnols depuis la rentrée de Ferdinand VII en 1814; ce fut une révolution militaire.

» Vous savez comment les progrès menaçants des carlistes, les fautes de nos modérés et l'action des sociétés secrètes amenèrent, en juillet 1836, le soulèvement de la plupart de nos provinces. La constitution de 1812 venait d'être proclamée presque d'un bout à l'autre de la Péninsule, et la situation politique était devenue tellement grave que le ministère, à la tête duquel se trouvait Isturitz, avait la plus grande peine à se maintenir dans la capitale elle-même. La milice de Madrid, décidée à suivre le mouvement des provinces, essaya de s'insurger dans la nuit du 3 août; mais, ayant échoué devant l'intrépide énergie de Quesada, elle fut dissoute le lendemain. Désespérant de réussir dans Madrid, les exaltés tournèrent leurs vues du côté de la Granja, où était la cour. Instruits par leurs émissaires que, dans le bataillon des provinciaux et celui de la garde royale, qui en composaient la garnison, régnait un grand mécontentement à cause de la suppression récente du *réal* de haute paye, auquel, d'après le règlement, le soldat avait droit pendant le séjour de la reine, ils conçurent le projet d'exploiter ces dispositions à une révolte. La chose semblait d'autant plus facile que, depuis longtemps, ces deux bataillons comptaient dans leurs rangs de nombreux affiliés aux sociétés secrètes, surtout parmi les sous-officiers.

» Précisément vers la même époque se présenta dans les environs de la Granja, ce hardi chef carliste que nos libéraux aristocrates appelaient dédaigneusement *Basilio* tout court, lorsqu'ils savaient n'en avoir rien à redouter, mais *don Basilio* quand ils apprenaient qu'il était à leurs trousses. La terreur causée par le voisinage de ce partisan fut telle parmi les gens de cour, qu'on en vit quelques-uns montés sur des ânes, faute de meilleures montures, déserter le palais et fuir en toute hâte vers Madrid. La garde royale, qui brûlait de se mesurer avec les carlistes, fut si indignée à ce spectacle, qu'elle insulta les fuyards à leur passage par le port de *Nava Cerrada*. Il est de notoriété, et tous les témoins oculaires de la révolution de la Granja peuvent l'attester, que la lâche désertion de ces personnages, que le soldat était habitué à considérer avec respect, exerça la plus funeste influence sur le relâchement de la discipline et seconda puissamment l'action des sociétés secrètes.

» Telle était donc la disposition des esprits, lorsque dans la journée du 8 août plusieurs clubistes arrivèrent de la capitale, emportant avec eux une somme de 15,000 douros destinés aux fournitures de l'armée, et qu'un hasard, dit-on, avait fait passer entre les mains du comité-directeur de Madrid. Ces agents se répandirent aussitôt dans les casernes et les cabarets, et pendant que les uns travaillaient la troupe, les autres retenaient les officiers aux tables de jeu. Je vis moi-même dans le café des officiers, l'un de ces agents, Américain d'origine, perdre une somme de 3,000 piécettes qu'il paya en belles quadruples, avec une indifférence dont tous les assistants s'étonnèrent.

» Le lendemain 9 août, l'autorité locale adressa un rapport sur ces faits à San Roman : ce général recevait en même temps par le commandant des provinciaux, l'avis que des symptômes non équivoques de révolte se faisaient remarquer dans son bataillon. La reine elle-même eut vent de ce qui se passait, et manda San Roman. Soit qu'il voulût éviter d'effrayer sa souveraine par l'aveu d'un danger qu'il ne croyait pas imminent, soit qu'il pensât être en mesure de parer à tous les événements, il déclara répondre sur sa tête de la fidélité de la troupe. Grande fut sa surprise lorsqu'il apprit le lendemain 10 août, que les provinciaux venaient d'inaugurer la pierre de la constitution dans leur caserne, en chantant l'hymne de Riego. Il voulut sévir contre les coupables. Toutes ses dispositions étaient prises; mais le sergent Iginio Garcia, qui en sa qualité d'*escribano* avait été chargé des écritures et se trouvait en possession du secret, courut à la hâte avertir les sous-officiers des provinciaux de ce qui se tramait contre eux. Dès ce moment l'insurrection fut arrêtée pour la nuit du lendemain 11. Le secret ne fut pas tellement gardé par les conspirateurs, que le bruit du complot ne transpirât dans la matinée de ce jour jusqu'à l'oreille du ministre de Danemark, par l'entremise de son domestique qui avait un frère soldat parmi les provinciaux. Le ministre voulut de suite en instruire la reine, mais elle vivait si retirée qu'il lui fut impossible de la voir. Quant à M. de Rayneval, ambassadeur de France, et le plus intéressé parmi les membres du corps diplomatique à prévenir le mouvement, la maladie à laquelle il succomba bientôt, le retenait déjà au lit. A peine avait-il connaissance de ce qui se passait. Dans la nuit du 11 cependant un effroyable orage éclata sur la Granja, et força les insurgés à renvoyer le mouvement à la nuit suivante.

Par un hasard singulier on jouait ce soir (12 août), sur le théâtre de la Granja, une pièce qui a pour titre : *Dix heures de la nuit, ou les funestes conséquences d'une révolution.* Cette pièce, qui empruntait un grand intérêt à la situation politique du pays, et au pressentiment que chacun avait de l'approche de quelque grand événement, avait attiré au spectacle tous les officiers de la garnison ; les soldats se trouvaient ainsi entièrement livrés à l'action de leurs sous-officiers.

» Le second acte de la pièce venait à peine de commencer, lorsqu'un *salva guardia* vint avertir l'officier de service que le bataillon des provinciaux était en pleine insurrection dans sa propre caserne. En un instant la nouvelle fut connue de tous les spectateurs, et la salle entière évacuée aux cris de : Aux armes ! aux armes ! — On expédia sur-le-champ douze gardes du corps pour renforcer la garde particulière de la reine, et ordre fut donné au bataillon de la garde royale de se ranger immédiatement en bataille devant le palais. A l'intérieur tout y était dans le plus grand désordre : les courtisans se perdaient en récriminations contre l'imprévoyance de San Roman, et allaient même jusqu'à l'accuser de complicité avec les insurgés. Au milieu de tous ces gens effrayés, la reine était à peu près la seule qui n'eût rien perdu de sa présence d'esprit. L'ambassadeur d'Angleterre et le ministre de Danemark essayèrent mais en vain d'arriver jusqu'à elle. Un valet de la cour devait les introduire par une porte dérobée qui venait de s'ouvrir quelques instants avant pour la marquise de Santa Cruz, la marquise de Valverde et le grand écuyer marquis de Ceralbo, accourus en fidèles serviteurs auprès de leur souveraine ; mais lorsque ces diplomates se présentèrent devant la porte, la clef ne s'y trouva plus, et le valet ne sachant comment l'ouvrir, ils furent forcés de revenir sur leurs pas.

» Cependant l'insurrection grandissait à vue d'œil. Après avoir expulsé leurs officiers, les provinciaux étaient venus se former en bataille devant les grandes grilles de la porte de Ségovie qui étaient fermées, et en demandaient l'ouverture aux cris tumultueux de : Vive la constitution de 1812 ! A bas San Roman! Vive la garde royale! Vivent les gardes du corps! Ouvrez les grilles ou bien à la baïonnette! — Après quelques moments d'hésitation, la garde royale rompit ses rangs et abandonna ses chefs. Un simple lieutenant fut le seul qui essaya de ramener les soldats en leur faisant entendre d'amères paroles; son isolement et un coup de sabre qu'un sous-officier lui porta à la figure, l'eurent bientôt convaincu de l'inutilité de ses efforts. — Les provinciaux abattirent les grilles, envahirent la cour, fraternisant avec leurs camarades de la garde; et tous en une colonne se dirigèrent vers le palais en chantant l'hymne de Riego. Les sergents Garcia et Gomez marchaient en tête. Au passage de la colonne devant la caserne des gardes du corps, les factionnaires n'ayant pas répondu à ses saluts, les insurgés tirèrent sur eux quelques coups de fusil en poussant les cris : *Mueran los chocolateros! Mueran los pajaritos de la reina!* Mort aux buveurs de chocolat ! Mort aux petits oiseaux de la reine! — Les gardes du corps avaient vainement demandé jusqu'alors à marcher au secours du palais. Irrités enfin de la couardise de leurs chefs autant que des menaces dont ils étaient maintenant l'objet, ils s'insurgèrent à leur tour, et s'en furent, sous les ordres de deux simples caporaux-brigadiers, se ranger en bataille près de la compagnie des grenadiers de la garde, les seuls soldats qui ne se fussent pas encore prononcés en faveur de la constitution.

» Il était alors une heure du matin. Une mince grille de fer restait seule entre les insurgés et le palais, et déjà les soldats du poste fraternisaient avec eux. San Roman, après avoir fait à travers les barreaux de cette grille de vains efforts pour calmer les mutins, alla référer à la reine qu'ils voulaient à toute force être introduits chez elle. Il jeta son chapeau aux pieds de sa souveraine, et, avec l'accent d'un homme qui s'accuse,

il lui dit : « Madame, je vous avais répondu sur ma tête
» de la fidélité du soldat ; daignez ordonner qu'on me la
» coupe ; c'est le seul traitement que je mérite. » — L'antichambre royale était gardée dans ce moment par vingt
gardes du corps qui offrirent de se faire tuer avant de
livrer passage. Mais la reine les remercia de leur
dévouement désormais inutile ; et après les avoir priés,
les larmes aux yeux, de veiller sur ses filles, elle ordonna à San Roman de faire entrer les parlementaires
des insurgés. On ouvrit la grille. Le premier à se
présenter fut un tambour ; il tenait une chandelle dans
une main, une feuille de papier blanc dans l'autre, et
franchissait les marches de l'escalier quatre à quatre,
comme s'il eût craint d'être devancé par d'autres. « Que
vas-tu faire ? » lui demanda le garde de faction. —
« Faire jurer la constitution à la reine, et puis mourir
» pour la liberté en Navarro. »

» Il n'avait point achevé sa réponse, que le garde lui
avait enlevé net d'un coup de sabre la partie allumée
de son luminaire. La surprise du tambour fut telle,
qu'oubliant le but de sa visite, il rebroussa chemin,
on ne peut plus mortifié de l'étrange accident qui venait
de lui arriver. Les autres parlementaires, au nombre
de quatorze, tant caporaux que sergents, conduits par
Gomez, se présentèrent la baïonnette au bout du fusil.
Les gardes réussirent à leur faire comprendre qu'il était
peu convenable de se présenter ainsi armés chez leur
souveraine, où ils ne trouveraient aucun ennemi à
combattre, et obtinrent qu'ils déposassent leurs mousquets à la salle d'entrée. La reine les reçut debout,
les mains appuyées sur une table, et leur demanda quels
étaient leurs griefs. Bario Ayuso, ministre de grâce et
justice, était à sa droite ; la marquise de Santa Cruz,
le duc de Alagon, et plusieurs autres officiers supérieurs
à sa gauche. — Gomez prit la parole au nom de la députation, et réclama la constitution promise à l'armée

après la bataille de Mendigorria, la destitution de San Roman, le réal de gratification, et pour l'avenir le payement régulier de la solde. Ses camarades voulurent tous parler après lui, et le firent de la manière la plus confuse : qui pour demander une diminution dans le prix du sel, qui pour se plaindre de la mauvaise nourriture qu'on donnait à la troupe, tel autre enfin pour réclamer la croix qu'on lui avait promise en Navarre. Il est faux cependant qu'aucun d'eux se soit permis d'insulter la reine par aucun mot grossier.

« La régente leur répondit avec une grande sérénité d'esprit, « que personne ne désirait plus qu'elle le redressement de tous les griefs légitimes, et qu'elle se consulterait avec le ministre de la guerre pour que satisfaction leur fût donnée. Elle ajouta que si la constitution de 1812 était réputée nécessaire au bonheur de l'Espagne, elle ne s'opposerait pas à ce qu'elle fût proclamée; que cependant, avant de se décider, elle désirait attendre l'ouverture des Cortès, qui devaient se réunir la semaine suivante. » Mais Gomez ayant déclaré que la troupe voulait que la proclamation de la constitution eût lieu sans retard la nuit même, la reine, qui jugea toute résistance inutile, donna l'ordre à Bario Ayuso de rédiger l'acte en question. Cet acte fut ensuite remis à Gomez. — « Pourquoi ne le signez-vous pas, « Madame?»dit le sergent à la reine, en lui faisant observer que le papier ne portait que la signature de Bario Ayuso. — « La constitution me le défend, répondit « la reine; d'après elle les ministres seuls ont droit à la « signature. »

» Peu satisfait de cette réponse, mais ne sachant qu'objecter, Gomez sortit du palais pour aller rendre compte du résultat de sa mission à Garcia. Garcia n'avait pas voulu se séparer des soldats, craignant qu'une influence autre que la sienne ne s'emparât d'eux. En apprenant de Gomez que la reine refusait de signer la proclamation, le soupçon lui vint sur-le-champ qu'on voulait le tromper. Il communiqua ses craintes à la troupe, qui fit éclater son mécontentement par de nouveaux cris, et des coups de fusil tirés en l'air. Bref, on décida que les délégués se présenteraient de nouveau chez la reine pour réclamer impérieusement sa signature. Ceux-ci en effet, sur les trois heures du matin, envahirent un seconde fois la demeure royale, poussant rudement les gardes du corps qui voulaient les retenir, et pénétrèrent chez la régente sans se faire annoncer. Gomez dit à la reine que les soldats ne croiraient à sa bonne foi que lorsqu'ils verraient sa signature, alors elle signa l'ordonnance qui était ainsi conçue : « A titre de reine régente d'Espagne, j'ordonne et je mande que l'on proclame la constitution de 1812, jusqu'à ce que la nation représentée par les Cortès manifeste sa volonté ou adopte telle autre constitution qu'elle croira conforme à ses besoins. »

« L'ordonnance fut aussitôt apportée à Garcia. Il en donna lecture aux gardes du corps et aux grenadiers de la garde, qui jusqu'alors étaient demeurés fidèles à la reine, et après qu'ils eurent poussé les trois vivat d'usage, il les renvoya tous dans leurs casernes. Désormais assurés du succès de leur entreprise, les révoltés se débandèrent, et on ne vit plus dès lors dans les rues de la Granja que des soldats chargés de cruches de vin fourni par les émissaires des sociétés secrètes. Les musiciens en avaient même dans leurs instruments, et tous fêtaient en buvant les événements de la nuit qui se termina par le sac des magasins d'un confiseur soupçonné de carlisme.

Le lendemain la dictature de Garcia était incontestée, et l'orgueil des chefs militaires pliait devant le chevron de l'heureux sergent. Ses premiers soins furent de faire jurer la constitution à Ségovie, et d'informer les clubs de Madrid des événements de la nuit. Il établissait en même temps un cordon tout autour de la Granja pour empêcher l'évasion de la reine et de ses filles, et ordonnait aux décorateurs du théâtre de peindre à la hâte une pierre de la constitution

« Garcia avait établi son quartier général dans la caserne des gardes du corps. C'est là que les soldats faisaient le dépouillement des courriers arrivant de Madrid. Ce qui les amusait le plus était la lecture des épîtres amoureuses adressées aux *Camaristas* de la reine par leurs adorateurs absents. Ils eurent cependant la courtoisie de les remettre ensuite à celles ci. Mais s'il s'y trouvait le moindre mot de politique, aussitôt ce cri de s'élever : « Qu'elle reste pour faire pièce au procès. » Enfin la pierre de la constitution étant prête, Garcia fit défiler devant elle toute la garnison, qui la salua de ses vivat.

« Sur les cinq heures du soir, le ministre de la guerre, Mendez Vigo, à qui San Roman avait expédié la nuit précédente son aide de camp pour l'avertir du mouvement qui venait d'éclater, arriva de Madrid. Des pourparlers furent aussitôt engagés entre lui, Bario Ayuso et Garcia, qui exigea la réorganisation immédiate de la garde nationale de Madrid, le renvoi de San Roman, de Quesada, d'Isturitz et de tous ses collègues; enfin l'entrée dans le ministère de sept personnes dont les noms lui furent indiqués par un émissaire des sociétés secrètes. On consentit à tout ce que le sergent demandait, et dans la soirée même la reine signa les décrets portant les nominations de Calatrava comme président du nouveau conseil; Seoane, capitaine général de Madrid; Rodil, commandant de la garde royale; enfin l'ordonnance de la réorganisation de la milice de la capitale. Ces ordonnances ne furent rendues publiques que le lendemain 14 août, jour dont elles portaient la date.

« Ce même jour on arrêta un courrier d'ambassade arrivant de la capitale. On trouva dans la malle deux gros souliers modèles expédiés par les fournisseurs de la légion anglaise, deux boîtes de fer-blanc pleines de beurre, et plusieurs pelottes de ruban vert à broder des filets à papillons, adressées à une belle marquise; enfin des lettres. Le hasard voulut que la couleur du ruban fût justement celle des constitutionnels espagnols. Garcia en fit à l'instant un nœud à son bonnet de police. Ce fut à qui s'empresserait de l'imiter. La garnison entière, parée de rubans verts, défila dans la journée sous le balcon de la reine, qui fut saluée de plusieurs vivats. Garcia caracolait devant la troupe.

» Cependant les insurgés n'étaient pas sans inquiétude : le télégraphe leur avait appris que Quesada s'était opposé à la proclamation de la constitution à Madrid ; et dans la crainte qu'il ne vînt les attaquer à la tête des troupes placées sous ses ordres, ils avaient fait venir de Ségovie les pièces du polygone de l'académie d'artillerie.

» A la nuit tombante de cette même journée du 14, la voiture de Mendez Vigo qui partait pour Madrid avec les nouvelles ordonnances, fut arrêtée à la grille de Ségovie par un groupe de sous-officiers. L'un d'eux tenait une lettre qu'il venait d'intercepter ; il la montra furieux à l'ex-ministre à qui elle était adressée par Isturitz. En voici le contenu :

« Mon cher confrère, nous sommes fort inquiets sur
» ce qui se passe à la Granja, et depuis ton départ nous
» n'avons reçu ni dépêches télégraphiques, ni un seul des
» courriers que tu devais nous envoyer de deux en deux
» heures. Si tu ne peux contenir les anarchistes, reviens à
» Madrid et nous aviserons ensemble aux moyens de déjouer
» leurs perfides machinations. »

» Les sous-officiers accusèrent non-seulement Mendez Vigo, mais même Garcia, disant qu'il était du complot, qu'il les vendait pour avoir les épaulettes de capitaine, et qu'il fallait absolument le fusiller. Averti de ce qui se passait, Garcia accourut à la grille et voulut se justifier. Il pleura de rage et reprocha à ses camarades leur noire ingratitude ; ce fut en vain. Les soldats refusèrent de croire à ses protestations et se rendirent chez la reine, où ils exigèrent que toutes les dépêches fussent ouvertes sous leurs yeux.

» Enfin la bonne foi de Garcia étant prouvée, on fit partir Mendez Vigo avec une commission de sous-officiers qui devait le surveiller à Madrid, et s'entendre avec la milice sur les moyens les plus propres à assurer le triomphe de leur parti dans la capitale. Un garde du corps fut établi dans la calèche de Mendez Vigo, qui put entendre de ses propres oreilles la consigne donnée à son gardien : « Si S. E. cherche à s'échapper, brûlez-lui la cervelle sans trop de façon. »

» Le 15 on connut par le télégraphe la proclamation de la constitution à Madrid. Le 16 la commission partie avec Mendez Vigo était de retour, annonçant l'arrivée d'un fort détachement de cavalerie de la milice. Alors Garcia donna l'ordre du départ; mais la troupe protesta qu'elle ne quitterait la Granja qu'après l'arrivée des miliciens, et emmenant avec elle toute la famille royale; tant était grande encore la crainte qu'inspirait le nom de Quesada ! — Toute opposition au départ cessa à la réception de la nouvelle du lâche assassinat, par lequel ce malheureux général venait de périr victime de son dévouement à la reine. Pendant toute la journée du 13, Quesada avait réussi à maintenir la tranquillité dans Madrid; mais le 14, à la nouvelle des événements de la Granja, le peuple s'était ameuté de nouveau sur le carrefour de la Puerta del Sol. Sur le refus des cuirassiers de charger, Quesada s'était présenté seul devant l'émeute, affrontant les balles et dispersant les groupes par la seule puissance de son regard; mais bientôt destitué, abandonné de tous, il ne lui resta plus qu'à fuir déguisé en paysan. Reconnu à Ortaleza, il y fut massacré dans la matinée du 16, par des miliciens de Madrid qui rapportèrent ses membres sanglants dans la ville. Plus heureux, les ministres Isturitz et Galiano étaient parvenus à s'évader.

» Le 17 les troupes de la Granja entrèrent dans Madrid

par la porte de *Hierro*, ayant au milieu d'elles la reine, et à leur tête l'état-major de la garde nationale. Garcia, qui n'avait pas quitté son uniforme de sergent, caracolait à côté de Rodil. La milice accourue sur son passage se livrait aux plus bruyantes manifestations de joie, lorsqu'au moment où le troisième bataillon de la garde défilait devant le quatrième qui était de garnison à Madrid, celui-ci fit entendre les cris de vive la reine absolue! Les soldats de la Granja crurent qu'on voulait proclamer don Carlos, et cette méprise occasiona une terrible mélée entre les deux bataillons. Le quatrième bataillon ayant le dessous, battit en retraite et se réfugia dans sa caserne. Les miliciens amenèrent du canon, et l'on raconte que le sergent Gomez qui cherchait à abattre à coups de hache la porte du quartier, échappa miraculeusement à la première décharge en se couchant par terre. On le vit pénétrer ensuite par la trouée qu'avait faite le boulet, et bientôt arborer le drapeau constitutionnel sur le balcon de la caserne. Les assiégés qui se crurent perdus demandèrent à fraterniser avec leurs camarades, s'excusant sur un malentendu. Leur demande fut bien accueillie, et les deux bataillons célébrèrent dans la soirée leur réconciliation par l'échange de leurs drapeaux et des banquets mutuels. La milice était dans l'enthousiasme; dans les cafés et sur les promenades on ne voyait que miliciens bras dessus bras dessous avec les soldats des deux bataillons réconciliés. On ne parlait de tout côté que des récompenses promises à Gomez et Garcia. Ce dernier s'attribuait maintenant tout l'honneur de la révolution, et disait hautement que tout avait été préparé de longue main entre lui et M.*** Son rêve favori était l'institution d'un ordre chevaleresque qui éternisât le souvenir de sa révolution.

» Cependant l'insubordination du soldat était au comble, et le nouveau ministère ne savait comment contenir la licence des troupes de la Granja, lorsque fort heureusement pour lui, l'approche de don Basilio vint lui fournir un motif plausible de les faire sortir la plupart de Madrid. — Garcia obtint de pouvoir rester. Un soir il m'arriva de le rencontrer au café Nuevo. « Concevez-vous, me dit-il, que des poltrons qui se sont cachés au moment du danger et ont toujours conspiré contre la liberté, m'obsèdent maintenant pour que je certifie qu'ils ont pris part à la révolution ? Vous seriez étonné si je vous nommais trois personnages, jadis modérés furieux, à qui je n'ai pu refuser ce matin de tels certificats. » — Je lui parlais de ses espérances ; il me répondit : « On m'a offert 5 mille douros et le grade de capitaine ; mais que vont dire Gomez et les autres sergents, si je suis seul récompensé ! je préfère que mon avancement me vienne des Cortès. »

» Garcia vécut ainsi dans l'attente près d'un mois à Madrid ; voyant enfin combien peu était fondé son espoir dans la reconnaissance des Cortès, il attaqua un jour dans la rue M.*** et le somma, le pistolet sous la gorge, de tenir ses anciennes promesses. M.*** le fit arrêter, puis reléguer à Almaden, où il échappa par miracle et presque nu aux bandes de Gomez, le chef carliste. Elles s'emparèrent de tous ses effets d'habillement, et, en signe de triomphe, promenèrent au bout d'une perche une chemise du sergent de la Granja.

» Quant au sergent Gomez, son camarade, il avait été fait prisonnier par Zariategui, et le nouveau gouvernement, qui reniait chaque jour davantage son origine révolutionnaire, accrédita le bruit qu'il avait passé aux carlistes.

» Certes je ne croyais plus revoir Garcia de ma vie, lorsque me trouvant en congé à Valladolid, un malheureux presqu'en guenilles et la figure cachée sous une barbe de sauvage, me frappa sur l'épaule. « Ne me reconnaissez-vous donc plus ? » me dit cet homme. C'était la voix de Garcia. Fuyant d'Almaden, il était venu se réfugier chez un de ses parents près de Valladolid, et l'espoir de trouver quelques secours l'emmenait maintenant en ville. Reconnu dans la journée par quelques anciens camarades, sa présence éveilla les soupçons du gouverneur, qui, dans la crainte de nouveaux projets révolutionnaires, le fit arrêter.

« Quinze jours à peine s'étaient passés depuis cette rencontre ; envoyé à Benevente pour y remplir provisoirement les fonctions d'adjudant de la place, j'y étais arrivé de la veille ; on m'annonce un prisonnier amené de Valladolid. J'ordonne qu'on l'introduise ; jugez de ma surprise en me voyant en face de Garcia, car c'était encore lui. Le lendemain, d'après les ordres formels du capitaine général de Valladolid, on le faisait partir sous forte escorte pour Santander. Qu'est-il devenu depuis? A-t-il été déporté en Amérique, comme on l'a dit? Est-il mort comme sa révolution l'est sous les coups des modérés? Voilà ce que personne n'a pu encore m'apprendre. »

Madrid, ce 27 juin 1833.

Instruit de mon prochain départ pour l'Andalousie, don Gil Asinelli est venu ce matin me voir. Le corpulent grotesque, qui me dépasse de toute la tête, tenait à la main un paquet qu'il déposa sur mon lit, et s'étant assis il a dit : « Señor don Carlos, j'ai pour vous une estime profonde. Vous allez voyager en Andalousie, vous ne pouvez vous passer d'un costume de *majo* complet. J'ai visité plusieurs costumiers de mes amis, sans rien trouver qui fût digne de vous. Dans mon désir de vous voir bien servi, et cela sans qu'il vous en coûte trop, je me suis décidé à me défaire en votre faveur d'un fort beau costume de *majo*, que j'ai endossé moi-même sur la scène de Barcelonne. » Là-dessus il a dénoué son paquet, et a étalé devant moi les objets suivants :

Une *montera*, élégante casquette de velours, garnie de

franges de soie, ayant la forme d'une de ces galiotes que les enfants font avec du papier.

Un *moño*, grosso cocarde noire à placer sur la nuque, à la manière des *toreadores*.

Une courte veste ronde à la Figaro et une culotte, toutes deux en tricot de soie noire, richement brodées en soie de même couleur sur toutes les coutures.

Une espèce de corset mauresque en satin blanc, chargé d'étoiles en oripeau.

Enfin une écharpe de soie aux couleurs d'Espagne, jaune et rouge.

Don Gil ne m'a pas même laissé le temps de partir d'un éclat de rire, et profitant de ma surprise il a repris sa harangue : « La *montera* et le *moño* m'ont coûté 20 piécettes, je vous les donne pour 4. Remarquez que le *moño* pourra vous servir aussi à orner le manche de votre guitare.

» La veste et la culotte m'ont coûté 100 piécettes, je vous les cède pour 10.

» Le corset mauresque remplaçant le gilet qu'un confrère m'a volé, a appartenu à ma sœur, doña Rosa Figatelli de bonne mémoire, qui jouait parfois des rôles de page ; je vous l'abandonne pour rien.

» L'écharpe a ceint le flanc d'un général de la guerre de l'Indépendance avant de serrer ma taille ; elle est historique ; vous me donnerez 2 douros au lieu des 6 qu'elle m'a coûté, je vous le jure sur mon honneur. Si vous croyez ces prix exagérés, consultez vos nobles amis de l'ambassade française, je m'en rapporte entièrement à eux. »

Cela dit, don Gil a pris son chapeau avant que j'aie pu lui donner un seul mot de réponse. Me voilà donc propriétaire forcé d'un costume de *majo*, un peu long et un peu large à la vérité. Il est encore étalé sur mon lit, et je le regarde en riant dans ce moment même. Que dois-je en faire ?

Ocaña, ce 8 juillet 1835.

Enfin me voici en route pour l'Andalousie. Deux cents fourgons chargés de vivres pour l'armée du centre, cinquante *galeras* et quatre vieux carrosses occupés par des voyageurs, composent notre convoi, qui est escorté par une cinquantaine de sbirres, trois cents fantassins et un escadron de lanciers. La troupe est sous les ordres du général Lorenzo, le même qui fit fusiller Santos Ladron lorsque éclata l'insurrection navarraise. Parmi les notabilités de la caravane se trouvent les députés de l'Andalousie, qui rentrent dans leurs foyers; la veuve et la fille du malheureux général Manzanares, tué les armes à la main près de Malaga, lors de la tentative de Torrijos sur cette ville; la femme du général Palarea, qui, surprise il y a un an par don Basilio dans les plaines de la Mancha, lui échappa avec sa famille en se faisant passer pour une zélée carliste; enfin, quelques prêtres et plusieurs officiers destinés aux Philippines.

Ma place est sur le siége extérieur de la *galera* de Mauricio, mayoral valencien, qui moyennant un douro par jour se charge de ma nourriture et de mon gîte pour la nuit. Au repas de ce soir j'avais Mauricio à ma droite; en face étaient assis un autre *mayoral* et deux *zagales*; derrière eux se tenaient debout, par respect pour la hiérarchie, les sbirres de la *galera*. Sur la table il y avait un gros pain, trois larges marmites remplies: l'une de *gaspacho* (soupe composée de pain, d'huile, de vinaigre, d'eau, d'ognon, de gousses d'ail, de sel et de poivre); l'autre, de riz assaisonné à la valencienne, avec du safran; la troisième, enfin, de viande de porc et de beaux *garbanzos*, pois chiches, gros comme des noisettes, aussi dorés que du maïs; sans compter le véritable confort du muletier espagnol, un plat de magnifiques piments rouges grillés sur la braise et nageant dans l'huile. Ajoutez une bouteille à bec et un verre à l'usage de ceux d'entre nous qui ne savent pas boire à la manière catalane, c'est-à-dire en tenant la pinte haute et se laissant tomber le filet de vin dans le coin de l'œil, d'où il descend gagner la bouche, talent dans lequel j'espère exceller bientôt. Les fourchettes étaient en fer, les cuillers en bois, et pour découper les mets, chacun se servait de son couteau de voyage. Mes commensaux remplissaient d'abord l'assiette qui m'était destinée, puis ils plongeaient à qui le plus vite leurs cuillers dans les marmites. Elles ont été ensuite livrées aux sbirres, et finalement à un enfant qui les a rendues aussi polies et luisantes que la plus belle glace de Venise. Cet enfant fait son apprentissage de muletier sous Mauricio, qui, par raillerie sans doute, l'appelle *el corazero*, le cuirassier : en effet, un tel nom de guerre contraste singulièrement avec la légère toilette du pauvre garçon. Il n'a sur lui qu'une chemise qui tombe en lambeaux, et une vieille culotte aussi bariolée que l'habit d'Arlequin.

Vous n'ignorez pas, sans doute, qu'Ocaña fut pour les Français le théâtre de la mémorable victoire qui leur ouvrit les portes de l'Andalousie en 1810.

Tembléque, ce 9 juillet 1835.

Ce village est un ancien prieuré des chevaliers de Malte, ainsi que l'indique la croix de cet ordre sculptée sur les galeries de la place où se tiennent habituellement les marchés, et dans les grandes occasions les combats de taureaux.

Notre soirée a été égayée par la visite d'un vieux savetier, qui, en sa qualité de *celador*, inspecteur de police, est venu nous demander nos passeports. Il portait sur l'oreille un bonnet de peau de renard; le tablier de saint Crépin sur le devant; et dans ses mains, toutes luisantes de poix, une baguette de fusil fort rouillée, par laquelle, sans doute, en l'honneur de la guerre civile, il a jugé convenable de remplacer l'antique verge blanche, insigne de la magistrature espagnole. Appuyé sur sa baguette, il faisait semblant de lire nos passeports en promenant son long nez à la surface, puis les passait à un apprenti qui se tenait à respectueuse distance derrière lui. Celui-ci les visait, puis les remettait aux voyageurs en leur demandant quelques maravédis de pour-boire. Chacun lui a donné, à l'exception de Mauricio qui a refusé net. Là-dessus le *celador* est entré en fureur, et dirigeant contre lui sa baguette de fer, comme s'il eût voulu l'embrocher : « *Hombre* (homme), lui a-t-il dit, vous oubliez donc que tout muletier qui passe la nuit dans le village est tenu de se présenter chez l'alcalde, et que je ne me donne la peine de venir ici que pour vous éviter celle de vous rendre vous-même chez sa seigneurie ? Puisque vous comprenez si mal la reconnaissance, je vous ordonne de me suivre à la municipalité. » Mauricio allait riposter; un de ses camarades termina la dispute en mettant quelques maravédis dans la main du burlesque magistrat ; celui-ci, satisfait d'empocher son tribut, nous a quittés, non sans nous honorer de la plus drôlatique révérence.

Madrijalejos, ce 16 juillet 1835.

J'avais bien entendu parler de la misère qui désole la Mancho, mais j'étais loin de la croire aussi effrayante. Figurez-vous qu'à peine arrivés à Madrijalejos, le pavillon où l'on avait préparé notre repas a été envahi par une cinquantaine de mendiants de tout âge, de tout sexe. Plusieurs n'avaient sur eux qu'une vieille couverture de laine; d'autres étaient tout à fait nus. Le *corazero* les menaçait de son fouet sans pouvoir les contenir. Oh! si vous aviez vu l'acharnement avec lequel ces malheureux affamés se disputaient les miettes de pain qui tombaient de notre table. J'en avais pour ma part cinq à mes pieds; j'ai dû leur abandonner tout ce qui était devant moi, pour mettre fin à un spectacle aussi déchirant. Dans un coin du pavillon était une malheureuse paralytique, âgée tout au plus de quinze ans, qui dévorait convulsivement une écorce d'orange. Tous ses membres tremblaient, et la pauvre fille ne parvenait qu'après les plus pénibles efforts à élever les mains à la hauteur de la bouche. Près d'elle un vieillard, peut-être son père, vétéran à la figure meurtrie et brûlée par la poudre, étendait vers moi deux bras sans poignets, en disant d'une voix lamentable : « *Señor, por Dios que me muero de hambre !* » Ayez pitié de moi pour l'amour de Dieu; je meurs de faim ! Puis notre dîner fini, les filles de l'auberge ont rangé autour d'une gamelle remplie de soupe huit malheureuses jeunes filles qui étaient à jeun depuis vingt-quatre heures. Il fallait voir l'avidité avec laquelle chacune portait à son tour la cuiller à sa bouche, et la peine qu'elle avait à se décider à la passer à sa voisine, tout en fixant des yeux hagards sur les demoiselles charitables qui veillaient à l'ordre de ce repas déchirant ! Au milieu d'une misère aussi affreuse, comment s'étonner que la Manche soit devenue un repaire de brigands ? Avant tout l'homme a droit à ne pas mourir de faim. — Hier la garnison a fait une sortie contre une guerilla qui avait sommé Madrijalejos de lui livrer une somme de 40,000 réaux; eh bien ! sur quatre morts et deux prisonniers faits aux carlistes, les soldats de la reine n'ont pas trouvé de quoi faire une piécette.

Puerto Lapiche, ce 11 juillet 1835.

Depuis Ocaña nous parcourons un pays si aride et tellement dépouillé de toute végétation, qu'on pourrait se croire transporté au milieu des sables de l'Afrique. En vain cherchez-vous un arbre sur lequel reposer votre œil fatigué de ce spectacle de désolation; pas un brin d'herbe, pas un maigre filet d'eau ne s'offre à votre vue; seulement de distance en distance quelques champs de blé ou de seigle de l'apparence la plus chétive, ou quelques touffes d'*armago*, petit arbuste qu'on donne aux bestiaux.

Dans ces plaines immenses, limitées bien au loin par les montagnes de Cuenca et de Tolède, les objets isolés apparaissent sous des formes si gigantesques, que ce matin il nous est arrivé de prendre une troupe de moissonneuses pour une guerilla de cavaliers carlistes qui manœuvrait sur nos flancs. Les clairons ont sonné à l'instant, l'escorte s'est formée en bataille, et les lanciers se préparaient à charger, quand, l'ennemi se rapprochant de nous, on a reconnu avec surprise que c'était tout bonnement une nuée de paysannes qui venaient de quitter leurs travaux pour nous demander l'aumône. Ce fait vous aidera à comprendre l'effet à peine croyable que produit l'aspect des moulins à vent que l'on rencontre ici sur la moindre élévation de terrain. Je m'en rappelle surtout un dont les ailes paraissaient toucher à la fois au ciel et à la terre. Si l'on réfléchit que Cervantes a écrit une partie de son immortel *Don Quichotte* dans les prisons d'Argazamilla, on a lieu de croire que c'est bien la vue d'un de ces géants ailés qui lui a fourni l'idée du plus extravagant tournoi dont fassent mention les livres de la chevalerie.

Au moment où nous entrions à Puerto Lapiche, une guerilla carliste l'évacuait à bride abattue. Telle était encore la terreur des habitants, qu'il nous a été impossible d'obtenir d'eux le moindre renseignement sur les fuyards.

En janvier dernier, les carlistes s'emparèrent de vive force de ce village, autrefois florissant, et y firent tant de dégâts et de ravages, que le voyageur peut se demander si ce n'est pas un tremblement de terre qui a passé par ici. La misère y est si grande, que nous n'avons trouvé ni pain, ni vin, ni viande, ni un seul lit, pas même de la paille pour les soldats. Comme ils s'attendent à une attaque pendant la nuit, ils la passeront à veiller en chantant autour des armes en faisceaux. Voici les paroles d'une de leurs chansons; elle peint au vif l'admirable *sufrimiento* du militaire espagnol, ou en d'autres mots ce curieux mélange de résignation, de mélancolie et de bonne humeur avec lequel il sait endurer les horribles souffrances de cette guerre d'extermination.

Con arroz y bacalao
A mí quieren sustentar :
Yo me moriré de hambre !
Y viva la libertad;
Con arroz y bacalao.

Ocho meses que no me pagan,
Ni esperanza de cobrar :
Yo me moriré de hambre !
Y viva la libertad ;
Ocho meses que no me pagan.

Ah! si el comer poco da vida,
Como lo dice el refran,
Los pobres de esta campaña
Qué larga vida tendrán,
Si el comer poco da vida!

Aunque no me den la paga
Ni tampoco la racion,
He de defender á Cristina :
Muera Cárlos de Borbon !
Aunque no me den la paga !

De los bigotes de Cárlos
Hemos de hacer un pincel
Para retratar Cristina
Y la segunda Isabel,
De los bigotes de Cárlos.

Suenen las trompas guerreras,
Los clarines y timbales !
Muerte al infante don Cárlos,
A l'inquisicion y á los frailes !
Suenen las trompas guerreras !

Avec du riz et de la morue — Ils prétendent me nourrir : — Je mourrai donc de faim! — Mais vive la liberté! — Avec du riz et de la morue!

Depuis huit mois point de paye; — Je désespère de la toucher. — Je mourrai donc de faim ! — Mais vive la liberté! — Depuis huit mois point de paye!

Si la diète prolonge la vie, — Comme dit le proverbe, — Les pauvres soldats qui font cette guerre, — Quelle longue vie les attend! — Si la diète prolonge la vie.

Mais quoique sans paye et sans ration, — Je défendrai Christine. — Mort à Carlos de Bourbon! — Quoique sans paye et sans ration!

Avec les moustaches de Carlos, — Nous ferons un pinceau — Pour faire le portrait de Christine — Et de la reine Isabelle — Avec les moustaches de Carlos.

Que sonne la trompette guerrière, — Les clairons et les timbales, — Mort à l'infant don Carlos! — Mort à l'inquisition et aux moines! — Que sonne la trompette guerrière!

Manzanares, ce 11 juillet 1838.

Réveillés ce matin par le roulement des tambours, nous avons cru un instant que les carlistes venaient d'attaquer Puerto Lapiche. C'était tout bonnement le signal de notre départ pour Manzanares. En route nous avons été rejoints par le courrier de Madrid. Il nous a raconté comme quoi il n'avait dû qu'à la bonté de ses mulets d'échapper aux poursuites d'une guerilla qui, après notre sortie de Puerto Lapiche, avait envahi ce village, forçant ses malheureux habitants de leur livrer le peu d'argent que nous y avions dépensé pendant la nuit.

La journée d'aujourd'hui a été vraiment accablante : la chaleur insupportable, l'air malsain, une soif dévorante que la mauvaise qualité de l'eau nous empêchait de satisfaire, ont donné la fièvre à beaucoup de monde, et tous se sont plus ou moins trouvés indisposés. Les officiers se sont admirablement conduits. Ils cédaient leurs chevaux aux soldats malades et se chargeaient même de porter leurs sacs et leurs fusils. Tout cela n'a pas empêché plusieurs de mes camarades de conserver assez de leur gaieté espagnole pour danser ce soir la *manchega* avec les filles de l'auberge. La *manchega* est une espèce de fandango, mais bien plus vif et animé que le fandango original. Elle se compose de trois parties, et voici comment on la danse et on la chante à la fois. Les danseurs étant rangés par couples sur deux files se faisant face l'une à l'autre, les guitaristes raclent un riche arpége en *la*, qui sert de prélude au chant, puis ils fredonnent à voix basse le premier vers du couplet qu'ils se proposent de chanter : il leur arrive souvent de le répéter de la même manière pendant les quatre premières mesures de l'air. Alors silence de la voix, et trois nouvelles mesures de raclements sur les guitares. Dès que commence la quatrième, ils entonnent le couplet dont ils avaient fredonné le premier vers. Ici les castagnettes se font entendre et une danse des plus vives, curieux mélange de pas de *fandango*, de la *jota* et de bruyants *taconéos* (coups de talons redoublés), s'engage entre la dame et le cavalier de chaque couple. La danse continue ainsi pendant neuf mesures, dont la dernière marque la fin de la première partie de la *manchega*. Après quoi les guitaristes raclent un nouvel arpége, qui se prolonge jusqu'à ce que chaque couple de danseurs ait changé de place avec le couple qui lui fait face, ce que dames et cavaliers exécutent, sans jamais se toucher la main, au moyen d'une promenade remplie de gravité, qui contraste fort singulièrement avec la folle gaieté que tous déployaient l'instant d'auparavant. Lorsque tous les couples se trouvent établis à leur nouvelle place, les chants reprennent, et avec eux, pendant neuf autres mesures, les *taconéos* et les poses expressives et passionnées. Cette seconde partie achevée, les couples retournent à leur ancienne place. La troisième partie de la manchega s'accomplit comme la première, toujours au milieu des chants et des danses, mais avec cette curieuse particularité de plus : au milieu même de la neuvième et dernière mesure de l'air, chants, guitares, castagnettes, se taisent tout à coup, pendant que de leur côté les danseurs s'arrêtent dans la position, ordinairement fort gracieuse, où les a surpris la brusque interruption de la musique. Ce silence, cette immobilité générale, succédant d'une manière si imprévue à tant d'animation et de gaieté, produisent un effet dont on peut aisément se figurer le charme. L'ensemble des poses de chaque couple de danseurs est ce qu'on appelle le *bien parado;* et chacun met une étude particulière à ce que, lorsque la musique cesse, sa dernière pose soit agréable à la vue. En ce qui touche particulièrement les femmes, elles font des tours de bras si moelleux, des *taconéos* si rapides, des pas si gracieux, si variés, si serrés, elles prennent enfin des attitudes si suaves, que pour peu qu'elles soient jolies, en les voyant danser on oublie toute espèce de philosophie.

Voici les couplets chantés par les guitaristes :

> Ayer tarde fui novia,
> Hoy he invindado :
> De ayer acá he tenido
> Dos buenos ratos.
> Permita el cielo,
> Que cada dia yo tenga
> Dos ratos de estos.
>
> El cantar las manchegas
> Quiere salero,
> Y la que no lo tenga,
> Vaya al infierno.
> Viva la Mancha
> Y sus canciones,
> Con sal y gracia.

Yo quisiera morir,
Y oir mis dobles,
Para ver quien me diria :
Dios te perdone.
Vivan los ojos negros,
Y el cuerpecito
De mi muchacha.

Si oyeres las campanas
De mis exequias,
No permitas me entierren
Sin que me veas ;
Pues es muy dable
Que con tu vista puedas
Resucitarme.

Je me suis mariée hier; — Aujourd'hui me voici veuve ! — Depuis hier j'ai eu — Deux bons moments. — Daigne le ciel — M'accorder chaque jour — Deux moments pareils !

Pour chanter la *manchega*, — il faut de l'entrain ; — Et qui n'en a pas, — Qu'il aille au diable ! — Vive la Manche, et ses chansons — Pleines de sel et de grâce !

Je voudrais mourir — Et entendre mon glas funèbre, — Afin de voir qui me dirait : — Dieu te pardonne. — Vivent les yeux noirs — Et le fin corsage — De ma fillette.

Si tu entendais les cloches — De mes funérailles, — Ne permets pas que l'on m'enterre — Sans m'avoir vu, — Car il est à parier — Qu'avec un regard — Tu me ressusciteras.

———

Santa Cruz, ce 12 juillet 1838.

Quelques fourgons qui marchaient isolés ont été attaqués ce matin à peu de distance de notre convoi. L'escorte, trop faible pour résister à une surprise, a mis bas les armes. Le chef de la guerilla a invité les voyageurs à ne pas s'effrayer, les assurant qu'il ne leur ferait aucun mal, et qu'il se contenterait d'une contribution d'une once d'or par voiture. Tant de courtoisie n'a pas rassuré l'un des voyageurs, plus poltron que les autres. Il a livré au partisan tout son petit trésor, environ 100 piécettes, le suppliant de lui laisser quelque argent pour gagner Madrid. Le sensible guerillero lui en a rendu la moitié, et a disparu ensuite, en souhaitant un heureux voyage aux dévalisés. En vérité, où trouverait-on des brigands plus honnêtes!

Depuis le commencement de la guerre actuelle, les Espagnols en sont revenus à leur ancienne manière de voyager, qui est vraiment originale. Huit à dix individus s'associent et louent un fourgon pour la destination qui leur convient; chacun apporte un sac rempli de vivres, une *bota* de vin (la *bota* est une petite outre de peau de bouc goudronnée intérieurement), un matelas, des coussins, et le chariot est converti en un vaste lit, où pendant les heures du chemin on dort, on mange, on cause, on fume surtout, car il est rare que l'Espagnol quitte jamais sa cigarette. Elle est sa compagne inséparable. Un proverbe populaire dit : *A mal dar, Español, fuma tabaco*, au pis aller, Espagnol, fume. Quand on arrive le soir dans les villages, les uns envahissent le marché, les autres vont à la recherche d'un gîte chez les particuliers, et quand tout est prêt, le personnage chargé de la cuisine entre en exercice. Tous les voyageurs, les dames exceptées, sont appelés à tour de rôle à ces importantes fonctions. Enfin c'est une véritable famille improvisée, car le plus souvent elle se compose d'individus qui se rencontrent pour la première fois de leur vie.

Chaque *galera* est toujours accompagnée de plusieurs sbirres, qui suspendent leurs armes au dehors du chariot, de manière qu'elles soient vues de tous les passants. Quand les sbirres s'attendent à une attaque, ils dépouillent les fourgons de leur couverture, et, les disposant en carré, se retranchent derrière eux; les femmes, les enfants et les mulets dans le centre. C'est une véritable redoute, et la défense est faite dans toutes les formes. Ces cas sont même assez fréquents.

La Carolina, ce 12 juillet 1835.

Enfin je pourrai conter à mes enfants, si j'en ai jamais, que j'ai traversé la Sierra Morena, ainsi appelée à cause de la brune couleur de ses montagnes. Sur la grande route, magnifique ouvrage de Charles III, une croix indique la limite de la Manche. Sur le côté qui regarde cette province, on a sculpté l'image de Notre-Dame de Tolède; l'autre côté, qui fait face à l'Andalousie, porte l'image du Christ avec ces mots : « Je suis le vrai portrait de la sainte image de Dieu à Jaen. »

La route traverse une contrée des plus variées. Jusqu'au pic de *Despeña Perros*, elle est on ne peut plus alpestre et sauvage; mais au delà les affreux défilés disparaissent insensiblement, et quand le voyageur a dépassé le gracieux village de Sainte-Hélène, il n'a plus devant lui que des prairies sillonnées par de frais et clairs ruisseaux, des collines couvertes d'oliviers et de mûriers magnifiques; enfin, un pays et un ciel d'une beauté ravissante.

Avant Charles III, les habitants de la Manche ne communiquaient directement avec l'Andalousie que par un sentier presque impraticable, qui serpentait un peu à la droite du *Despeña Perros*, et aboutissait de l'autre côté de la Sierra au village de Baños, situé à une petite distance de Baylen. Il n'existait point d'autre chemin, et il fallait du courage pour en braver les dangers. Aussi les voyageurs ne se mettaient en route qu'après avoir fait leur testament, dit un dernier adieu à leurs familles et munis des secours de la religion. Alors la Sierra Morena n'était qu'un repaire de brigands et de contrebandiers; leurs misérables huttes étaient les seules habitations qu'on y rencontrât. Toutes ces riantes bourgades qui l'embellissent actuellement furent bâties du temps de Charles III, par le fameux marquis don Pablo Olavides. On sait comment, le roi lui ayant confié l'œuvre de la colonisation, cet homme éclairé fit venir d'Allemagne six mille paysans, les maria à des Espagnoles, leur distribua des terres, et leur octroya une constitution tout empreinte des idées philosophiques qu'il avait puisées pendant ses voyages en France. On raconte que la colonie comptait déjà dix ans d'existence et de prospérité, lorsque la marquise d'Olavides ayant eu à soupçonner la fidélité de son mari, et cédant à un désir de vengeance, écouta les propositions criminelles d'un moine allemand, appelé Romuald. Le marquis en eut vent et expulsa le moine. Furieux de cet outrage, Romuald dénonça le marquis au saint-office, comme coupable d'avoir nié l'infaillibilité du pape, et de s'être fait peindre tenant un amour à la main, ce qui, aux yeux de l'inquisition, équivalait à une accusation d'idolâtrie.

Par suite de cette dénonciation, e marquis fut arrêté, malgré l'opposition la plus vive de la part de Charles III, et, après deux ans de prison préventive, pendant lesquels on ignora ce qu'il était devenu, condamné à sept ans de reclusion dans un couvent de la Manche, avec l'obligation de se confesser chaque mois, et de faire en outre sa lecture habituelle du *Symbole de la foi* de Fray Luis de Léon. En entendant prononcer cet arrêt, don Pablo s'évanouit devant ses juges et tomba dangereusement malade. Le roi, qui n'avait pas cessé de le protéger en secret, intercéda en sa faveur auprès du saint-office, et parvint à lui faire accorder la permission d'aller prendre les eaux en Catalogne. Une fois dans cette province, et remis un peu en santé, le marquis profita du voisinage de la frontière pour passer en France, où il fut vainement réclamé deux fois par l'inquisition. En 1798, il obtint enfin de rentrer libre dans sa patrie. Il vécut d'abord quelque temps chez une vieille parente qu'il avait tendrement aimée pendant sa jeunesse; mais peu après, cédant aux remords qui le pressaient, il se retira de lui-même dans un couvent de l'Andalousie, où il mourut après avoir composé son *Évangile victorieux*, réfutation complète de cette philosophie des encyclopédistes pour laquelle il s'était si vivement passionné jadis.

Le dernier colon allemand est mort en 1832, à l'âge de 95 ans. De blondes chevelures et quelques mots allemands, qui se sont glissés dans le patois de la colonie, attestent encore de son origine étrangère.

———————

Baylen, ce 15 juillet 1838.

Encore du sang espagnol versé par des mains espagnoles. Aujourd'hui les miliciens de Baylen ont fusillé huit soldats navarrais, accusés d'être les instigateurs d'une conspiration carliste qui a été étouffée au moment même où elle allait éclater. Le corps auquel ils appartenaient, composé en entier d'anciens prisonniers faits au comte de Negri, près de Ségovie, devait s'insurger, délivrer une forte colonne d'autres prisonniers carlistes qui se trouvaient de passage dans la ville, et marcher ensuite avec eux sur Cordoue, pour y proclamer le Prétendant. Les malheureux Navarrais sont tombés avec un admirable sang-froid, qui a fait impression sur les christinos eux-mêmes. Avant de marcher au supplice, ces infortunés ont adressé une lettre collective à leurs familles, leur annonçant qu'ils allaient mourir pour la bonne cause, et qu'ils ne regrettaient pas leur sort, tout triste qu'il était.

Il n'y a pas encore un mois que Baylen a été envahie par les bandes d'Orejita, pendant que la population célébrait la Saint-Jean. Les miliciens n'eurent que le temps de se renfermer dans le fort. Orejita leur déclara qu'il ne les attaquerait pas, s'ils avaient la bonté de se tenir tranquilles. Il frappa ensuite sans opposition une forte contribution sur la ville, et s'en alla à la nuit tombante, invitant par raillerie les habitants à surveiller les traînards de sa guerilla.

Andujar, ce 18 juillet 1838.

Depuis hier nous ne voyageons plus que pendant la nuit, et le matin jusqu'à huit heures. Plus tard la chaleur est tellement excessive, et la réverbération du soleil tellement fatigante pour les yeux, qu'il n'y a plus moyen de tenir dans la campagne, il faut se réfugier jusqu'au soir dans le premier village que l'on rencontre. Le climat de l'Andalousie est si brûlant en été, que les habitants eux-mêmes sont forcés de recourir à des précautions infinies. Ainsi, dans les bourgades, on ferme à midi toutes les boutiques, chacun se retire chez soi, et pendant de longues heures le repos de la rue n'est plus troublé que par les cris monotones des Valenciens qui colportent l'eau glacée.

Je ne vous ai pas encore dit que je voyage maintenant sous un nom français, vu que si j'avais le malheur de tomber entre les mains de quelque guerillero, pris à coup sûr par lui pour quelque officier de la légion étrangère, il pourrait m'arriver de payer un peu cher l'honneur qui m'appartient de porter un nom polonais. Sur mon nouveau passeport, je suis porté comme un sieur Doligny, honnête vigneron de Bordeaux, que des affaires pressantes appellent à *Xérès de la Frontera*, la patrie du fameux vin. Or, comme les Espagnols sont fort mécontents de S. M. le roi des Français, dont je passe actuellement pour l'un des sujets, ils m'accablent à chaque instant d'interpellations vraiment embarrassantes. « Señor Doligny, me disent-ils à tout moment, pourquoi avez-vous laissé passer don Carlos, la duchesse de Beira, le comte d'Espagne, Moreno, le père Cyrile, Maroto, l'évêque de Léon, etc. etc. etc. etc.? Pourquoi désertez-vous le traité de la quadruple alliance? Pourquoi n'intervenez-vous pas? Pourquoi ne protestez-vous pas, comme les Anglais, contre les représailles?.... » Et mille autres questions semblables, auxquelles j'ai beau répondre : « Mais réfléchissez donc, messieurs, que je n'entre pour rien dans ces affaires, et que si l'intervention ne dépendait que de moi, avant la fin du mois vous auriez en Espagne toutes les forces françaises de terre et de mer. » N'importe, peu s'en faut qu'ils ne me rendent solidaire de la conduite du gouvernement français.

Une opinion fort répandue parmi les modérés espagnols, et la plupart de mes compagnons de voyage appartiennent à cette opinion, est celle que Louis-Philippe veut que la guerre civile continue jusqu'à la majorité de la jeune reine, qu'alors il interviendra pour la marier à l'un de ses fils.

Casablanca, ce 15 juillet 1838.

Les Valenciens de Carpio sont venus à notre rencontre avec de petits tonneaux remplis d'eau de *chufa* glacée, sorte de châtaigne, et pendant que nous dégustions avec plaisir leurs rafraîchissements, ils nous ont donné un grand concert de guitares et de mandolines, à la belle étoile. Carpio est la patrie du fameux Bernard, le fils du comte de Saldana, dont mille romances ont célébré les combats avec les chevaliers de la Table-Ronde. La renommée de ce héros est encore si grande, que lorsque les gens du pays veulent exalter le courage d'un homme, ils disent de lui : Il est plus brave que Bernard de Carpio. Voici les couplets que les Valenciens nous ont chantés :

> Un fraile me pidió un beso,
> Un lunes por la mañana;
> Y le dije : Padre mio,
> Buen principio de semana.
>
> Un fraile, una monja,
> Y una beata,
> Son tres personas distintas;
> Ninguna es santa.

Un estudiante á comer
Le convidó un peluquero;
Y le comió el taller,
Hormas, pelucas y pelo,
Y por postres á su muger.

De las alas de un mosquito
Hizo una señora un manto,
Y le sobró un pedazito
Que le sirvió el jueves santo
Para un jugon muy bonito.

Los úsares de la reina
Dicen que no beben vino,
Y con el vino que beben
Pueden andar siete molinos.

Esta noche voy de tuna,
Cristo será el marinero;
Al revolver de una esquina,
Puñaladas, y tiente perro.

» Un moine me demanda un baiser,— Un lundi de grand matin; — Mon père, lui répondis-je,— Vous commencez bien la semaine.

» Un moine, une nonne— Et une béate,— Sont trois personnes distinctes;— Pas une n'est sainte.

» Un étudiant, à dîner, — Fut invité par un perruquier. — Il lui mangea le comptoir, — Les têtes à perruques, les perruques et les moustaches, — Et pour dessert lui souffla sa femme.

» Des ailes d'une mouche — Une dame fit un manteau, — Et il en resta un petit morceau — Qui lui servit le jeudi saint — Pour un fort joli corsage.

» Les housards de la reine — Disent qu'ils ne boivent pas de vin, — Et avec le vin qu'ils boivent — On ferait marcher sept moulins.

» Cette nuit je vais en goguette : — Christ sera le marinier. — A chaque coin de rue, — Coups de poignard; — Tiens, chien! »

Cordoue, ce 16 juillet 1838.

Je viens de passer une journée vraiment délicieuse, dans la fameuse cathédrale de Cordoue. Tour à tour temple de

Janus sous les Romains, église dédiée à saint Georges sous les Goths, plus tard métamorphosé par les rois Ommiades en mosquée, rivale de celles de Damas et de la Mecque, cet édifice étonnant fut finalement rendu en 1236 au culte de la croix, par Ferdinand III. La tradition veut que les chevaliers de Saint-Georges, forcés dans cet asile après un siége de trois ans contre les Maures, aient fini misérablement leur vie, enchaînés aux colonnes de la mosquée. De là le surnom de *templo de los cautivos*, temple des esclaves, qui lui est resté depuis lors.

On entre dans la cathédrale par la cour des Orangers, cour spacieuse, dont les catholiques ont fait un cloître, où la foule dévote se promène les jours de fête après vêpres. D'après la description que nous en a laissée un chroniqueur arabe du treizième siècle, c'était autrefois « un délicieux » jardin peuplé d'orangers, de palmiers et de charmantes » fontaines, dont l'eau fraîche serpentait parmi l'herbe et » les fleurs, comme une image des délices du paradis. »

L'intérieur de la mosquée est un vaste carré long, partagé en trente et une nefs mauresques, qui vont d'orient en occident, et en dix-neuf un peu plus larges que les précédentes et qui vont du nord au midi, par huit cent cinquante colonnettes arabes et romaines, toutes admirablement travaillées. Elle ne recevait autrefois le jour que par les entrées des dix-neuf nefs du midi, qui communiquaient avec la cour des Orangers. On peut aisément se figurer l'effet magique que devait produire alors cette forêt de marbre, éclairée par les quatre mille sept cents lampes que les Arabes y allumaient pendant leurs solennités religieuses. Toutes les voûtes étaient revêtues de planches de cèdre du Liban, peintes en arabesques rouges, blanches et bleues; ces planches, qu'on ne pouvait conserver, furent enlevées et vendues à des fabricants de guitares, il y a tout au plus une soixantaine d'années.

Au centre de la partie la plus ancienne de l'édifice, est placé le *mihrab* ou lieu d'adoration des Arabes; c'est une cellule octogonale d'un travail on ne peut plus exquis ; mais à la fois si menu, qu'il échappe à toute description. Les chroniques prétendent que les Arabes y conservaient, avec l'un des originaux du Coran, un os de Mahomet, doué d'une vertu tellement miraculeuse, que dans l'opinion de tous les musulmans de la côte africaine, le pélerinage de Cordoue était censé aussi méritoire que celui de la Mecque. Quoi qu'il en soit, les catholiques, en haine du prophète, désignent encore l'ancien mihrab par le surnom trivial de *capilla del zancaron*, ce qui veut dire chapelle de l'os d'âne mort. A cet égard, la crédulité des dévots est telle, qu'elle va jusqu'à soutenir que le sultan de Constantinople paye au roi d'Espagne un tribut annuel, pour qu'il ne soit pas dit de messe dans le mihrab.

La plupart des changements opérés par les catholiques dans la mosquée, datent de 1523. C'est à cette époque que l'évêque don Alonzo Manrique, poussé par un zèle mal entendu, entreprit d'élever à peu de distance du mihrab, une chapelle dans le style moderne. Vainement la municipalité de Cordoue protesta contre l'exécution de ce projet, exposant à l'évêque comment l'érection d'un massif au centre du temple, allait détruire l'admirable effet résultant de l'ensemble de toutes les gracieuses colonnettes de la mosquée. Don Alonzo eut recours à Charles V qui, sans trop savoir ce qu'on lui demandait, lui donna gain de cause, et la fatale chapelle fut ainsi élevée. On raconte que trois ans plus tard, l'empereur s'étant rendu en Andalousie pour y célébrer son mariage avec doña Isabel de Portugal, eut occasion de voir la cathédrale de Cordoue, et éprouva un tel regret d'avoir contribué, à son insu, au dégât de l'admirable édifice, que se tournant vers le nouvel évêque, il lui dit de fort mauvaise humeur : « Si j'avais su ce qu'on voulait faire, je ne l'aurais pas permis, car vous avez détruit une chose sans pareille, pour en bâtir une comme on en voit partout. »

Telle qu'elle est cependant, la mosquée offre encore

un coup d'œil certainement unique dans le monde. Par suite des modifications faites aux voûtes, elle reçoit maintenant le jour de quantité de petits dômes, ce qui produit un effet des plus pittoresques. A l'un de ces dômes est suspendu, par une chaîne, une énorme défense d'éléphant. Le sacristain m'a soutenu que c'était le jarret du bœuf qui traîna la première pierre employée aux fondations de la mosquée.

La nuit ce palais enchanté est confié à la garde de deux chiens vigoureux qui font retentir ses voûtes de leurs longs aboiements. Quant à la ville, elle est sous la sauvegarde de l'archange Raphaël, ainsi que lui-même nous l'apprend par cette inscription sur le socle de la colonne qui soutient sa statue : *Yo te juro por Jesucristo crucificado que soy Rafael ángel, á quien Dios tiene puesto aquí por guardar esta ciudad.* Je te jure par Jésus Christ crucifié, que je suis l'ange Raphaël, placé ici par Dieu pour protéger la ville.

———

Ecija, ce 14 juillet 1835.

Ecija se dit positivement la fille du soleil. On voit sur les portes de la ville une image de cet astre, peinte à côté des armes de Castille, avec cette orgueilleuse devise : *Civitas solis vocabitur una.* On l'a traduite avec autant d'esprit que de vérité par ces mots : Ecija est la poêle à frire de l'Andalousie. En effet, il fait à Ecija une chaleur tellement insupportable, que la comparaison n'est pas du tout déplacée.

En entrant tout à l'heure chez un marchand de tabac pour y renouveler ma provision de cigarettes, ma blouse et ma casquette m'ont fait prendre, devinez un peu pour qui ? rien moins que pour l'amoureux de la troupe de comédiens qui va débuter ce soir sur le théâtre de la ville. Cependant, reconnu bientôt à ma prononciation peu andalouse pour un voyageur étranger, quelques questions que j'adressai à l'un des fumeurs, à propos des fabriques de draps jadis si florissantes à Ecija, m'ont valu de la part de mon interlocuteur cette verte apostrophe : « Les étrangers ont la mémoire un peu courte. Ils oublient qu'ils nous doivent la plupart des grandes découvertes, et que si nous n'avons pas su les exploiter, la responsabilité pèse uniquement sur les stupides gouvernements que nous avons eus. Malgré l'état de décadence où nous sommes tombés, il y a pourtant telle branche d'industrie dans laquelle les étrangers n'ont jamais pu rivaliser avec nous. Voyez par exemple les éventails de Séville et de Malaga ; les Français, les Anglais, les Italiens, les Américains, en ont-ils jamais fait de plus beaux ? C'est pourtant la chose la plus simple du monde ! La plus simple du monde ! » répétèrent en chœur tous les fumeurs. La plus simple en vérité, dis-je à mon tour ; et grâce à mon air persuadé je trouvai dans ces Andaloux tant de prévenance et de bonté pour moi, que l'un d'eux m'engagea à venir dîner chez lui. Règle générale : gardez-vous de contredire les Espagnols ; respectez ce sentiment de susceptibilité qui se développe toujours chez eux au premier abord d'un étranger, et soyez sûr que dans aucun pays vous ne recevrez d'accueil plus cordial.

Séville, ce 16 juillet 1854.

Mon pèlerinage est terminé. Depuis ce matin je me repose dans cette belle et fière Séville qui dit d'elle-même :

Quien no ha visto á Sevilla
No ha visto maravilla.

« Qui n'a pas vu Séville, n'a pas vu merveille. »

Un grand nombre de familles sont venues à plusieurs lieues de la ville à la rencontre de notre caravane, et à voir l'accueil affectueux qu'elles faisaient à leurs parents et à leurs amis qui se trouvaient parmi les voyageurs, on nous aurait pris pour des soldats revenant de la guerre.

Le courrier partant ce soir, je vous envoie les notes que j'ai jetées sur mon calepin depuis mon départ de Madrid.

Séville, ce 18 juillet 1838.

Mes fenêtres, madame, sont pour moi une véritable loge de théâtre. Elles donnent sur la place de la *Visitacion*, et pour peu que je prenne la peine de regarder, il est rare que quelque scène amusante et remplie d'originalité espagnole ne se passe sous mes yeux. Hier c'était le *pregonero*, aide du bourreau, qui, monté sur un âne, proclamait à son de trompe un nouveau et terrible ban du capitaine général, par lequel S. E. menace de mort toute personne qui serait tentée d'exploiter le mécontentement causé par la continuation de la dîme, impôt que chacun acquitte avec une répugnance extrême, depuis qu'il est dépouillé de son caractère religieux. Ce matin c'était une troupe d'étudiants qui se promenaient dans le quartier, en faisant de la musique et les plaisanteries les plus drôles du monde. Ces étudiants portaient tous des manteaux fort râpés ; six d'entre eux raclaient de la guitare avec leurs ongles, comme on fait en Espagne ; un septième jouait de la flûte, et il y en avait un qui marquait la mesure en frappant sur un triangle d'acier. En tête du groupe était un grand jeune homme coiffé d'un immense chapeau de gendarme, à la figure toute barbouillée de noir, et tenant en main un tambour de basque garni de grelots. Il chantait d'abord un couplet de la *jota*, et lorsque ses camarades avaient répété en chœur le refrain de la chanson, il faisait l'accompagnement en frappant de mille manières sur son tambour. Tantôt c'était de la main, tantôt avec le coude, telle autre fois avec les talons ou les genoux, et souvent aussi, pour varier, en allongeant un coup sur la tête des marmots et des pauvres vieilles femmes qui s'étaient approchés pour l'admirer. Mais si le drôle apercevait dans la foule quelque jolie fille, oh! alors, il fallait voir ses mille follies, ses gestes animés, et les démonstrations de la courtoisie la plus chevaleresque dont il la saluait tout en lui adressant les propos les plus galants. Une belle dame vint à déboucher d'une rue sur la place, aussitôt cet original de courir au-devant d'elle, d'étendre son manteau par terre, et de prier la jolie inconnue de lui faire l'honneur de passer dessus : *Pase usted, mi reina!* Passez par ici, ma reine! lui dit-il. La dame passa sur le manteau de l'étudiant avec un gracieux sourire.

Tandis que cette scène avait lieu au centre de la place, un autre étudiant, caissier de la compagnie, haranguait à haute voix les belles qui remplissaient les balcons, et à l'aide d'un interminable losange, fort semblable à l'instrument dont se servent les enfants pour faire manœuvrer leurs soldats de bois, il leur lançait des bouquets de fleurs. Il les invitait en même temps à lui donner le *realito* d'usage (petite pièce de cinq sols), qu'il empochait ensuite en reployant les branches de son losange.

Vous ne seriez pas femme, si vous n'éprouviez l'envie de connaître quelques-uns des couplets que chantaient ces étudiants. Je crois donc faire chose agréable en allant au-devant de votre curiosité. Voici les couplets; je commence par le refrain :

> Que te tumbo, que te tumbo, niña,
> Que te tumbo, que te tumbaré,
> Y responde la picarolaza
> Túmbame, támbame, túmbame.
>
> La capa del estudiante
> Parece un jardin de flores :
> Toda es llena de remiendas
> De diferentes colores.
>
> No sé lo que tiene, madre,
> La sotana y el manteo :
> Que viendo á un estudiante,
> Todita me zarandeo.

Madre, unos ojuelos vi
Negros, alegres y bellos;
Ay! que me muero por ellos,
Y ellos se burlan de mi.

Son los estudiantes, madre,
De muy mala condicion;
Que al mirar una buena moza,
Mas no estudian la leccion.

Corre, niña, esa cortina
Que nos impide el mirarte;
La música estudiantina
Toda viene á visitarte.

Los ángeles en el cielo
Adoran á los santos y á Dios;
Y nosotros los estudiantes
A las muchachas y al vino.

« Prends garde, fillette, — Je cours après toi, — Prends garde, fillette, je vais t'attraper. — La friponne pour réponse : — Attrape-moi, attrape-moi donc.

» Le manteau de l'étudiant — Semble un jardin fleuri : — Il est tout rempli de pièces — De différentes couleurs.

» Ma mère, je ne sais ce qu'il y a — Dans la soutane et le manteau : — Quand je vois un étudiant, — Je me sens toute agitée.

» Ma mère j'ai vu des yeux — Noirs, pétillants et beaux. — Hélas! je meurs pour eux, — Et eux se moquent de moi.

» Ma mère, les étudiants — Sont de fort mauvaises gens; — Quand ils voient une jolie fille, — Ils n'étudient plus leur leçon.

» Ouvre ce rideau, fillette, — Qui nous empêche de te voir : — Toute la musique des étudiants — Vient te faire la sérénade.

» Les Anges dans le paradis — Adorent les saints et Dieu ; — Et nous autres étudiants — Les jolies filles et le vin. »

Séville, ce 29 août 1835.

J'ai assisté hier à l'exécution d'un officier et d'un soldat pris en flagrant délit de désertion aux carlistes. Quatre autres soldats, leurs complices, devaient être de même exécutés, mais mû par des considérations d'humanité, le conseil de guerre après avoir prononcé la peine de mort contre tous, décida que l'officier et celui des cinq soldats qui serait désigné par le sort, la subiraient seuls. Les autres doivent être envoyés pour dix ans dans les bagnes de la côte d'Afrique.

La sentence ainsi modifiée, ayant été signifiée aux pauvres soldats par un lieutenant-colonel faisant fonction de fiscal, on a apporté des dés. Le geôlier a bandé les yeux à tous, et la terrible partie a commencé. Un tambour servait de table, ainsi que le prescrit la loi militaire.

D'après la convention faite entre eux, le tirage devait commencer par la gauche, et la mort attendait celui qui amènerait le plus bas numéro. Imaginez ce que ces infortunés, privés de la vue, durent éprouver de transes mortelles chaque fois qu'ils entendaient rouler les dés sur le tambour! Le hasard amena les numéros 11, 8, 7, 7, 6; et, comme il n'arrive que trop souvent dans ce monde, le numéro fatal échut au plus jeune et au moins coupable, si tant est cependant qu'il y ait crime à déserter, dans une guerre civile, une bannière qui n'est pas la sienne.

Le pauvre prédestiné, en apprenant de son défenseur la funeste nouvelle, ôta son bandeau, et passant sa main sur son front, dit tristement : « *Señor, qué infeliz que soy!* Monsieur, que je suis malheureux! » Il prit ensuite le maintien d'un martyr résigné à son sort, et depuis lors on n'entendit plus un mot de plainte sortir de sa bouche. Renfermé dans une église avec son officier, on leur a laissé vingt-quatre heures pour se réconcilier avec Dieu. Ce matin on les en a extraits pour les conduire à l'endroit de l'exécution.

Le carré était formé par les miliciens et les soldats de la garnison. Pendant que la musique joue l'hymne de Riego, le commandant de la place inspecte la troupe, et arrivé à la hauteur du drapeau, il ordonne le silence, puis prononce d'une voix forte la sommation d'usage : « *En*

nombre de la reina, pena la vida á quien dará gritos de gracia! De par la reine, peine de la vie contre qui profère des cris de grâce! » A l'instant un roulement funèbre se fait entendre; l'un des côtés du carré s'ouvre, et les deux condamnés, assistés de leurs confesseurs, y pénètrent, entourés d'une double haie de grenadiers. Le soldat est sans veste et porte un mouchoir blanc serré autour de la tête; il a les coudes liés au corps. L'officier est en grande tenue, moins le chapeau et l'épée, qui sont portés derrière lui par deux grenadiers. Un sergent-major enjoint à l'officier de s'agenouiller devant le drapeau, et lui signifie de nouveau l'arrêt du conseil de guerre. Le fiscal ordonne ensuite aux grenadiers de lui mettre son chapeau et de lui ceindre son épée. Les préliminaires remplis, un roulement de tambours annonce que la cérémonie de la dégradation va commencer. Le sergent-major se place sous le drapeau, et après avoir proclamé le ban royal, se tourne vers l'officier agenouillé et lui dit : « La pitié généreuse du roi vous concéda de vous
» couvrir devant son glorieux drapeau, croyant que par
» votre conduite vous sauriez vous rendre digne de cet
» honneur; sa justice vous en prive maintenant. » Il fait ensuite un signe à l'un des grenadiers, qui aussitôt porte la main sur le chapeau de l'officier et le jette à terre. Après quelques moments de silence le sergent-major continue : « Cette épée, que vous ne deviez tirer que contre les
» ennemis du roi, sera brisée sous vos yeux à cause de la
» noirceur de votre crime, pour l'exemple de tous et votre
» propre tourment. » Et aussitôt un autre grenadier arrache l'épée de l'officier et la lui brise sous les yeux. Le sergent-major reprend alors, en se tournant vers les grenadiers : « Dépouillez-le maintenant de cet uniforme, qui
» servit à le confondre avec les loyaux qui le portent pour
» la gloire du roi; et puisque la justice de S. M. ne peut
» permettre que le crime abominable de cet homme reste
» impuni, traînez son corps au supplice, et que Dieu ait
» pitié de son âme. »

Alors les grenadiers dépouillent l'officier de son uniforme; le tambour bat, l'officier se relève, les soldats du piquet chargés de l'exécution se rangent sur quatre de front, et tous ensemble, soldats, prêtres, condamnés, se dirigent vers la muraille qui est en face du drapeau. Quand l'officier fut arrivé au pied du mur, on le vit demander à parler une dernière fois à son confesseur, et après un court entretien, prendre enfin congé de lui en l'embrassant avec émotion. Alors un sous-officier lui banda les yeux, et quand il fut agenouillé, le prêtre commença la prière des agonisants. Elle n'était pas achevée qu'une décharge de mousqueterie se faisait entendre, et l'officier tombait sur le front.

Le pauvre soldat avait été fusillé le premier.

Séville, ce 25 août 1838.

Depuis quinze jours je me propose de vous donner une esquisse sur Séville, mais par où commencer? Femmes aussi séduisantes que dangereuses pour le repos du voyageur, architecture arabe, mœurs, traditions, une cathédrale magnifique remplie d'admirables tableaux; je vous demande si tout cela peut tenir dans les bornes d'une lettre. Certes vous ne manquerez pas de dire comme de coutume: mais allez toujours. Eh bien! allons, intraitable amie, mais à vous la responsabilité du monstrueux pêle-mêle qui en résultera.

Commençons par la complainte du malheureux sacristain de la cathédrale, déjà vieille connaissance pour moi, qui, me voyant arriver un jour dans son église, tira de sa poche un bout de cigare, en découpa quelques tranches avec son canif, les renversa dans un feuillet de papier qu'il roula entre les pouces et les index, et m'offrit avec un profond soupir la cigarette qui en résulta. Je lui demandai s'il était souffrant? « Eh! non, me dit-il, ce sont les mauvais temps où nous vivons qui me font soupirer. Si vous saviez comme mes honoraires sont réduits! Ces coquins de libéraux dévorent tout, et personne ne pense plus à Dieu ni à son Église.

— Ayez du courage, mon ami, demain c'est la fête de la reine, et une gratification extraordinaire ne peut vous manquer.

— Bah! ce n'est plus comme du temps du roi. Plus d'orchestre, plus de chantres, plus de gratifications dans les grands jours. C'en est fait de la religion, si don Carlos ne triomphe pas. Hélas! demain vous n'entendrez jouer que l'orgue.

Ce pauvre sacristain m'a toujours gardé de la reconnaissance, pour la pièce d'argent que je lui ai donnée dans cette occasion. Du reste, il n'est pas seul de son opinion; tout le bas peuple de Séville la partage. En 1824, ce peuple provoquait dans les rues les libéraux qui se montraient avec de grandes barbes et de longues chevelures en signe de ralliement, et les faisait tondre par les gitanos comme des mulets; il menaçait, en 1827, Quesada, alors capitaine général de la ville, parce qu'une fois, au lieu de se découvrir sur le passage de la procession habituelle du soir, il s'était abrité sous une porte; enfin, d'après les dires des paysans, si la population ne s'est pas insurgée en 1836 à l'approche de Gomez, c'est que ses chefs naturels, les moines, lui avaient été enlevés.

Les gitanos sont peut-être les seuls ici qui aient gagné quelque chose à la suppression des couvents, à cause du peu de bienveillance que les moines avaient pour eux. Actuellement ils règnent en maîtres dans le faubourg de Triana, ainsi appelé en l'honneur de l'empereur Trajan, qu'on prétend y être né. Rien n'était plus amusant, ces derniers jours, que de voir déborder leur bonne humeur à l'occasion de la fête de Santago, patron général de l'Espagne. Le pont de bateaux qui unit leur quartier à la ville fourmillait de lanternes, leurs rues étaient tapissées de citrons et d'oranges, et tout le faubourg nageait dans une atmosphère de fumée d'huile, qui s'élevait des mille poêles a beignets des gitanas. Je vous aurais défiée de leur échapper. Deux d'entre elles sont venues à ma rencontre avec un aimable sourire, m'ont pris les mains en me disant : « *Ah! qué buen mozo, venga usted acá!* Oh! le brave garçon, venez donc ici! » Elles m'ont entraîné devant leurs fourneaux. Je leur demandai, en goûtant de leurs beignets, s'il était vrai que toute gitana eût deux maris. Si vous aviez vu leur belle colère! Elles m'accusèrent de les prendre pour des Mauresques, et m'apostrophèrent en outre de *cirujano*, barbier-chirurgien, parce que je leur serrai le bras un peu vivement.

J'ai lu quelque part que la béate Inez Coronel, pour échapper aux poursuites amoureuses de Pierre le Cruel qui s'était introduit chez elle, s'enfuit dans la rue, et arrachant des mains d'une gitana une poêle d'huile bouillante, se la jeta à la figure. J'invoque ce fait uniquement pour vous prouver que la confection des beignets en plein air par les gitanas, date d'un temps immémorial. Celles qui n'ont pas de fourneaux, colportent la contrebande de leurs maris dans les maisons de Séville.

Un mot sur ces maisons. Elles sont basses, et souvent couronnées par des terrasses à la manière arabe. La pièce la plus remarquable est le *patio* ou cour, pavée en beaux marbres, et entourée d'une galerie formée par d'élégantes et sveltes colonnettes. On y réunit les plus beaux tableaux et les meilleurs meubles de la maison; çà et là des statues, des cages d'oiseaux, et dans le milieu une fontaine à jets d'eau continus, entourée de fleurs et d'herbes odorantes. Pendant le jour on tend sur le *patio*, une toile épaisse qui le rend impénétrable aux rayons du soleil; le soir on l'éclaire par de nombreuses lampes, la *tertulia* s'y réunit, et on s'y amuse de mille manières, au vu et au su de toute la cité, car une grille en fer sépare seule le *patio* des curieux qui abondent dans la rue.

Le *patio* et le mystérieux rez-de-chaussée qui l'entoure sont un héritage mauresque; le type de cette architecture se retrouve dans le palais de Pilate, bâti par un duc de Medina Cœli à son retour de Palestine, assure-t-on, sur le plan de celui que Pilate habitait; mais mieux encore dans le fameux *Alcazar*, palais arabe, restauré par Pierre le Cruel, et, comme on sait, théâtre de ses amours avec doña Maria Padilla. Telle est encore la popularité du roi don Pedro à Séville, qu'on le croirait mort à peine d'hier. Il y a même une rue qui porte le nom de Tête-du-Roi-don-Pedro, et l'histoire en est fort curieuse. Don Pedro avait une maîtresse qui demeurait dans la rue du *Candilejo*. Une nuit il y rencontra un individu, le provoqua en duel et le tua. Le lendemain il manda le *Vingt-Quatre* qui se trouvait pour lors en fonctions. C'était un honnête charbonnier, car don Pedro, ennemi juré des nobles, élevait le peuple. Il lui déclara qu'il le ferait pendre dans les quarante-huit heures, s'il ne découvrait pas l'assassin. Après mille recherches inutiles, le pauvre *Vingt-Quatre* se croyait déjà la corde au cou, lorsqu'une vieille femme qui demeurait dans la ruelle, le lui nomma. Cette femme avait été attirée à sa lucarne par le cliquetis des épées, et comme chacun savait, dans Séville, que les rotules du roi craquaient lorsqu'il marchait, elle avait deviné que le roi était là. Pensez à la joie du pauvre charbonnier. Il annonça avec éclat la découverte du meurtrier, et fit apporter au milieu des gardes un buste voilé chez le roi. Celui-ci ordonna qu'on découvrît le marbre, croyant que le *Vingt-Quatre* était devenu fou, et resta on ne peut plus surpris, de reconnaître son image. Il avoua cependant son crime, et permit non-seulement que son buste fût suspendu à la potence, mais même qu'il fût placé sur le théâtre du crime, ainsi que cela se pratique encore avec la tête des assassins. De là le nom que la rue a conservé. Une autre rue non moins fameuse à Séville, est celle de l'Homme-de-Pierre. La statue qui en fait l'ornement était autrefois un être vivant comme vous et moi; mais non content de mentir à son ami, je ne sais plus à propos de quoi, cet individu en appela à

Dieu, protestant qu'il consentait à être changé en un bloc de granit s'il ne disait pas la vérité, et la chose, dit-on, lui arriva sur l'heure. Je suppose que cette tradition est tout bonnement une épigramme suggérée à quelque Castillan par l'accusation de manquer de sincérité, que les Espagnols du centre adressent ordinairement à leurs confrères de l'Andalousie.

Les Andaloux sont excessivement affables et prévenants pour l'étranger, et aucun autre peuple de la terre ne les surpasse, ni en galanterie, ni par l'emphase du langage. Dans quelle langue trouver, par exemple, des phrases de menaces populaires comparables à celles-ci : Je tuerais le soleil à coups de poignard sans la crainte de laisser le monde dans l'obscurité, *Mataria el sol á puñaladas si no fuera por miedo de dejar el mundo á oscuras.* Je te jetterai si haut que tu mourras de vieillesse avant de tomber à terre, *Te arrojaré tan alto que has de morir de vejez antes de caer.*

L'ancien costume andaloux n'est plus guère porté, dans les villes, que par les gens du peuple. Il se compose d'un chapeau rond à bords retroussés et couvert de velours, ce qui rappelle le turban ; d'une veste ronde à boutons d'argent enrichie de broderies ; de guêtres en cuir ouvertes sur le mollet ; d'une culotte de velours, et d'une écharpe de soie rouge ou jaune. Quant aux Sévillanes, malgré les ravages que font les modes françaises, elles demeurent encore fidèles à leur charmant costume noir. C'est dans leurs promenades matinales au jardin de *las Delicias*, et à la nuit close sous les arbres du *Paseo del Duque*, qu'il faut aller admirer leur démarche légère et gracieuse, le jeu de la mantilla, et tout ce qu'on dit de l'éloquence de l'*abanico*, éventail. Une belle Grenadine me révéla ce langage sous la foi du serment, que je brise, au risque de grever mon âme d'un parjure, pour l'utilité de mes semblables. Elle traçait tout bonnement en l'air les lettres de l'alphabet avec son éventail, et c'était à son amant, qui demeurait en face d'elle, à la comprendre. Quelquefois elle maniait l'éventail comme un télégraphe, d'après des signes convenus qu'il serait trop long de vous donner ici, mais que chacun peut imaginer à sa fantaisie ; et la conversation, disait-elle, n'en allait que mieux.

Bien souvent on rencontre dans la rue des jeunes gens en mystérieux pourparlers devant des persiennes entr'ouvertes. Les Andaloux appellent cela *pelar la pava*, plumer la poule, et malheur à qui oserait troubler ces conversations amoureuses, autrefois si en vogue, que pendant les fameuses veillées des Saint-Pierre et Saint-Jean, les dames de la meilleure compagnie, de retour des allées de l'*Alameda*, se mettaient à leurs croisées, et il était permis à tout passant de leur conter fleurette jusqu'à l'aube. Plus d'une passion qui se termina par la bénédiction nuptiale, ou dans un couvent, avait commencé de la sorte pendant ces nuits romanesques. Malheureusement tout cela a disparu, et maintenant les dames préfèrent dessiner, chanter, danser dans les salons du *Casino*, voire même s'occuper de l'hospice des enfants trouvés, dont, par un véritable coup d'état, elles viennent de déposséder le clergé.

Vous savez sans doute que le fameux Don Juan Tenorio de Tirso de Molina, de Molière, de Mozart, de Byron, naquit à Séville ; ce que vous ignorez peut-être, c'est qu'une branche de la famille de l'illustre *burlador de Sevilla* (le trompeur de Séville) existe encore dans celle des Uloya Talavera. Son disciple le plus brillant fut un gentilhomme appelé Don Juan de Maraña. Le diable espérait sans doute mettre sa griffe sur l'âme du disciple comme il l'avait fait sur celle du maître, mais elle lui échappa, et voici comment : Don Juan, sortant d'une nuit d'orgie la tête échauffée par les fumées du vin, passait par la rue des Francos. Il lui sembla rencontrer un mort que l'on portait à l'église de Saint-Isidore. Il demanda quelles funérailles on allait célébrer ; on lui répondit : Celles de Don Juan de Maraña. Stupéfait à ce nom, il entra dans l'église et renouvela sa question. Celles de Don Juan de Maraña, lui répondit-on encore. L'office des morts commença, et lorsqu'il entendit le prêtre prier pour l'âme de Juan de Maraña, il tomba sans connaissance au pied de la bière. Il fut retrouvé le lendemain à la même place, encore évanoui. Persuadé que le ciel avait voulu par cette vision l'avertir que sa fin approchait, il quitta le monde et fonda l'hôpital de la Charité, où il mourut en odeur de sainteté, soignant les malades. Dans l'église de l'hôpital Don Juan on admire trois magnifiques tableaux de Murillo, la Multiplication des pains, le saint Jean de Dieu, et le Moïse, qui ont figuré au Louvre, sous l'empire, et furent rendus à l'Espagne après la paix de 1814. L'académie de San Fernando de Madrid retint pour les frais de voyage une autre fameuse toile de Murillo, celle de sainte Élisabeth donnant des soins aux lépreux. Quant aux places actuellement vides sur les murailles de l'église, elles étaient occupées par quatre autres toiles admirables qui furent transférées à Madrid par ordre du prince de la Paix, d'où elles passèrent dans la galerie du maréchal Soult, où elles sont encore.

Depuis la suppression des couvents, les plus beaux tableaux de l'école sévillane ont été réunis dans la cathédrale, qui se trouve ainsi convertie en un magnifique musée de peinture. On y voit les chefs-d'œuvre de Zurbaran, Herrera le jeune, Juan de Valdes, Roëlas, et pas moins de vingt et un tableaux de Murillo, parmi lesquels je ne vous citerai que celui de la délicieuse Vierge de *la Servilleta*, peinte, assure-t-on, sur la serviette dans laquelle les capucins chez qui Murillo travaillait lui envoyèrent un matin son déjeuner, et celui du saint Antoine de Padoue. Le saint est à genoux dans sa cellule, qui est plongée dans l'obscurité; il ouvre les bras pour recevoir l'enfant Jésus, qui lui apparaît au milieu d'une gloire entourée d'anges. La parole est insuffisante pour rendre l'extase du saint, l'expression d'amour et de reconnaissance qui voile sa belle figure, laquelle n'est éclairée que par un reflet de l'apparition divine. Mais que dire du Jésus et des anges qui l'entourent, sinon qu'ils semblent vraiment descendre du ciel ? Ce sont les Amours du Giordano purifiés à la flamme mystique du catholicisme ; ils nagent dans des nuages si vaporeux, si transparents, que la pensée et l'œil s'y perdent à la fois. Le chanoine espagnol qui m'accompagnait jouissait tellement de ma surprise devant cette toile magique, qu'à tout moment il me répétait : « Eh bien ! monsieur l'Italo-Polonais, votre Raphaël a-t-il jamais rien fait d'aussi beau ? » Avouez, ma belle dame, qu'il est assez curieux d'entendre un chanoine m'appeler du même nom que vous me donnez parfois.

L'édifice de la cathédrale, où tant de merveilles sont renfermées, présente tout ce que le genre gothique peut inspirer de sublime et de fantastique ; il y a telle de ses parties où la lumière du jour n'arrive jamais qu'avec la pâleur du dernier crépuscule. Les cérémonies qu'on y célébrait avant la mort de Ferdinand VII ne le cédaient qu'à celles de Rome, et jamais, au dire d'une belle et gracieuse Sévillane, Séville n'était ni plus animée ni plus amusante que pendant les jours de la semaine sainte. Parmi le grand nombre des singularités qu'on remarquait dans ces pompes religieuses, la nuit du vendredi, au moment de Ténèbres, toute l'église tombait dans l'obscurité du chaos, et des coups de fusil étaient tirés par des mains invisibles dans toutes les directions. A cette explosion imprévue, plus d'un enfant effrayé déchirait la mantille de sa mère ; on raconte même d'un brave campagnard andaloux, qu'il crut vraiment le diable déchaîné de l'enfer pour venger la mort du Christ, et, tirant son couteau, menaça de frapper quiconque l'approcherait, dans la crainte d'être compromis dans la bagarre.

De l'ancienne mosquée qui s'élevait sur l'emplacement de la cathédrale, il ne reste plus que la tour de *la Giralda*, ainsi nommée à cause d'une statue colossale de la Foi, qui en couronne le sommet et tourne au gré des vents. Cette tour servit d'observatoire au Maure Algeber, qui transporta en

Europe la science des nombres, appelée plus tard *algèbre* en son honneur. Le peuple a cette tour en grande vénération. Murillo a représenté dans un beau tableau les saintes Ruphine et Justine, patronnes de Séville, occupées à affermir le clocher moresque contre les secousses d'un tremblement de terre qui faillit renverser la ville, je ne sais plus à quelle époque.

Non loin de la tour de *la Giralda*, est la fameuse bibliothèque léguée par Christophe Colomb à Séville. On y voit les portraits de tous les archevêques de la ville; mais on y cherche en vain celui de notre grand Italien. La seule mauvaise toile qui reproduise ses traits est déposée dans le beau palais de *la Lonja* (Bourse). Au bas du tableau l'histoire de Colomb est relatée en ces termes : « Don Cristoval
» Colomb, premier amiral de l'Espagne, vice-roi et gou-
» verneur des Indes, dont il fit la découverte et la conquête,
» naquit à Gênes en 1446, de l'illustre famille de Castel
» Cucaru. Il étudia dans la célèbre université de Pavie, et
» servit dans la marine de la république de Gênes, sous les
» ordres du capitaine Colombo, son parent. Poussé par la
» violence d'une tempête sur les côtes du Portugal, il y
» épousa doña Felipa Perestelo, fille du gouverneur du
» Puerto Santo. Il vint plus tard en Espagne, et après sept
» années de négociations, les rois catholiques don Fernando
» et doña Isabel consentirent à ce qu'il découvrit son
» Nouveau-Monde. Il mit à la voile dans le port de Palos,
» près de Séville, en 1492, avec trois navires montés par
» quatre-vingt-dix hommes d'équipage. Il mourut à Valla-
» dolid le 20 mai 1506. »

Dans ce même palais de la Lonja on a réuni en 1787 les archives des Indes, qui jusqu'alors se trouvaient éparses dans plusieurs villes. Il est impossible de visiter sans en emporter un profond sentiment de tristesse, le cabinet du *Patronato*, où sont déposés tous les papiers relatifs à la conquête des Amériques, et la correspondance entière de Christophe Colomb. Contre la muraille de gauche est la statuette en plâtre de Sébastien del Cano, le hardi pilote qui suivit Colomb dans son premier voyage; au-dessous est une vieille et modeste gravure qui représente le grand navigateur; en face, sur le mur opposé, se trouve un beau portrait d'Hernan Cortès; et dans le milieu, comme une amère dérision, celui de Ferdinand VII. Quatre cartes anglaises complètent les décors de cette pièce. Telle est la décoration d'une salle, le panthéon maritime d'une nation qui a si longtemps dominé dans les deux mondes.

Ce 31 août 1836, allant à Cadix, à bord du Guadalquivir.

On a raison de dire que les contrastes font le charme de la vie. Je n'ai pas encore oublié les cinq pénibles lieues que je faisais par jour dans ma *galera*, à travers les plaines ingrates de la Manche, et voici que je me sens transporté avec la rapidité de l'éclair vers Cadix. C'est d'un côté le spectacle de la vieille indolence espagnole, de l'autre un emblême de l'infatigable activité qui dévore notre époque. L'oreille encore toute pleine du pas lent et monotone de nos mulets, avec quel sentiment d'indéfinissable plaisir je voyais tout à l'heure fuir rapidement devant moi les bords délicieux du Guadalquivir. Le lit de ce fleuve décrit une ligne tortueuse présentant à chaque instant des coudes prononcés, et par suite le paysage le plus changeant à l'œil et le plus pittoresque. Ainsi la tour moresque de *la Giralda*, qu'on laisse à droite en quittant Séville, disparaît tout à coup pour se montrer quelques instants après, plus belle et plus élancée du côté gauche. Le déplacement apparent de la colline et du couvent d'Alfarache succède à celui de *la Giralda*, et si je ne vous parle pas des autres mutations, c'est que le voile de la nuit les cache maintenant à mes regards. Après avoir adressé mes soupirs à la lune et au ciel si pur et si éclatant de l'Andalousie, je me suis souvenu de mes amis absents, et voici comment je me trouve actuellement dans la chambre de la vapeur, m'occupant de vous et prêt à vous rendre compte de l'emploi des derniers moments de mon séjour à Séville.

J'ai d'abord fait une promenade à l'ancienne Italica, d'où je suis revenu avec une fièvre dévorante, et aussi un peu persuadé qu'on accusait trop légèrement les Andaloux de paresse. L'été dure ici la moitié de l'année, et tant que le soleil est haut, les paysans sont forcés de s'abriter sous les toits de chaume qu'ils établissent dans le milieu de leurs champs, pour ne pas périr brûlés. J'ai appris d'eux que les gens du pays donnent à Italica les noms de *Sevilla la antigua, la Sevilla de los gentiles;* mais quand je leur demandai à quel événement ils attribuaient la disparition de cet ancien municipe romain, ils m'ont répondu en haussant les épaules : « *Los sabios tampoco lo saben,* les savants n'en savent pas plus que nous. » Et en cela ils ont bien raison, car la cause de la disparition d'Italica est restée jusqu'à présent un objet de mystère pour tous les antiquaires.

Dans le cirque j'ai trouvé la galerie souterraine qui règne au-dessous des gradins, encombrée de pourceaux faisant tranquillement leur sieste, et au milieu d'eux un paysan qui les surveillait l'escopette à la main; je le saluai en passant, et je me mis à grimper parmi les anciennes ruines. A peu de là, pour mieux examiner la construction des voûtes, il me prit fantaisie de passer la tête dans un trou qui était autrefois une porte cintrée mettant en communication l'arène avec la galerie, et je fus étonné d'entendre des cris semblables à ceux d'une multitude sauvage en fuite. Vous savez que rien n'exalte comme l'aspect des vieilles ruines et dans ce moment où je ne rêvais que tigres, lions et gladiateurs mourants, je vous laisse à deviner l'impression que ces cris produisirent sur moi; mais, comme vous l'aurez déjà deviné, c'était simplement le troupeau dormeur qui, réveillé par ma bruyante apparition, fuyait à toutes jambes au milieu des imprécations du gardien.

Cet événement burlesque eut cela d'heureux pour moi qu'il mit à ma disposition tout le souterrain, et facilita mes recherches sur les fondations du cirque. J'unis mes vœux à ceux de tant d'autres voyageurs pour que les fouilles ordonnées depuis si longtemps par le gouvernement, et toujours suspendues à cause du manque de fonds, soient finalement entreprises. A voir les belles statues romaines de grandeur colossale, les fragments de piédestaux et d'autres marbres déjà retrouvés à Italica, et réunis de son vivant, par M. Bruna dans une galerie voisine des bains de doña Maria Padilla, nul doute que ces fouilles ne profitent réellement aux arts et à la science.

Pour en finir sur Séville, que j'ai quittée avec tant de regret, je vous parlerai de l'ancien palais de l'Inquisition. A défaut des clefs, qui se trouvaient chez le capitaine général, un gamin s'offrit à faire sortir des gonds une porte dérobée qui sépare l'ancien couvent de la caserne des carabiniers, et j'entrai avec trois de ces militaires. Nous traversâmes une cour dans le milieu de laquelle était percée une ouverture; c'est par là, dit-on, que l'on descendait les victimes dans une chaudière qu'on chauffait petit à petit jusqu'à l'ébullition. Près de cette cour sont les salles de la question et du tribunal; leurs murailles ont été dans ces derniers temps couvertes d'inscriptions et de figures insultantes pour le saint office, ce qui prouve combien est grande la révolution qui s'accomplit chaque jour davantage dans les idées des Espagnols. Arrivés dans l'église, les carabiniers allumèrent leurs torches, et me dirent de faire comme eux; je m'assis donc sur le bord d'un trou percé dans le sol à la droite du grand autel, et m'appuyant sur les mains, je me laissai glisser dans un souterrain. Mes pieds s'arrêtèrent sur un pilier qui masquait la vue de l'intérieur; puis je me trouvai dans le centre d'une tourelle qui donnait dans une vaste galerie tapissée d'ossements humains, de lambeaux d'habits et de vieilles semelles. Un squelette couvert de guenilles, à qui des voyageurs anglais avaient enlevé son chapeau la veille, était encore debout dans un coin; mais il se disloqua par le mouvement que je fis en approchant de lui. On me dit que j'étais sous le centre de l'église, et que les caveaux formaient une croix latine. Tout le long de ces murs sont creusées des espèces d'armoires dont on vient d'enlever les battants de fer, qui jadis se fermaient, dit-on, pour toujours sur les vivants qu'on y ensevelissait. Dans les coins, mes guides me montrèrent les traces des *emparedamientos* qu'on pratiquait, suivant eux, en entourant les condamnés d'un massif de muraille fraîche, où on les laissait périr. Enfin, d'après leurs dires, la croix latine communiquait à un immense souterrain, peuplé de cadavres, qui se prolongeait bien avant sous la promenade de l'*Alameda Vieja*, et a été bouché dernièrement par ordre formel du capitaine général. L'église, qui était remarquablement belle, fut horriblement endommagée en 1825 par l'explosion de poudres qu'on y avait déposées, et c'est dans cette circonstance que sauta aussi la partie du couvent où se trouvaient placés les supplices *del Pozo*, de *la Pendola*, et du *Distilador*. Le *Pozo*, puits, se composait, assure-t-on, de plusieurs ouvertures carrées, qui, percées dans les planchers des différents étages de l'un des bâtiments du couvent, correspondaient directement les unes aux autres, de manière à simuler par leur ensemble un véritable puits; sur les côtés de chacune de ces ouvertures étaient adaptés de longs et pointus crochets en fer, prêts à recevoir le malheureux patient qui était précipité tout nu du faîte de l'édifice dans l'horrible trou. La victime commençait par s'accrocher à la première pointe d'acier; puis, entraînée par son propre poids, elle tombait sur les crochets inférieurs et ainsi d'étage en étage jusqu'à ce qu'elle arrivât expirante dans le fond de la partie souterraine du puits. La *pendola* consistait en un véritable pendule ayant à son extrémité un gros cylindre de fer, qui, au terme de chaque oscillation, venait frapper au milieu du front le patient, attaché le long de la muraille qui faisait face, dans la position d'un homme crucifié. Quant au *distilador*, c'était une douche qu'on administrait au condamné sur le crâne, après le lui avoir complétement rasé, et on la continuait, dit-on, jusqu'à ce que mort s'en suivît.

On prétend à Séville que l'explosion du magasin des poudres fut l'œuvre des libéraux. De nos jours les soldats christinos ont achevé la dégradation de l'église en décapitant dix-huit belles statues de dominicains qui la décoraient. Voici quelques inscriptions mystiques qui se sont conservées dans les chapelles de l'église, les seules que je sois parvenu à déchiffrer avec beaucoup de peine, et que je traduis sans trop savoir quelquefois dans quel esprit les dominicains les y placèrent :

Sous un soleil dont émane un torrent de lumière : *Non est qui se abscondat*, rien ne lui échappe.

Sous une balance qui penche : *Dum premor tollor*, comprimée je m'élève.

Sous une fleur sur laquelle tombe un rayon de lune : *Non inferiora secutus*, je ne m'occupe pas de choses mondaines.

Sous le croissant d'une lune : *Donec totum impleat orbem*, jusqu'à ce qu'elle remplisse le monde.

Au bas de deux globes qui se touchent sur la cime d'une montagne : *Unus non sufficit orbis*, un seul monde ne suffit pas.

Enfin au bas d'une image de la Foi ces vers de saint Thomas :

> Quod non capis, quod non vides,
> Animosa firmat fides.

« Ce que ta raison n'explique pas, — Ce que ton œil ne voit pas; — Une foi vive te le fera croire. »

Surpris de me voir prendre des notes sur tout ce que je voyais, mes guides m'en demandèrent la raison. C'est, leur dis-je, pour conserver le souvenir des objets. « *Porqué no dice usted,* » reprit l'un d'eux, « *que es para llevar á su pais la historia de nuestras infamias!* Pourquoi ne dites-vous pas plutôt que c'est pour pouvoir conter chez vous l'histoire de nos infamies! » Je lui rappelai que l'histoire de tous les pays en offrait de pareilles, et que du reste les générations présentes n'étaient pas solidaires des œuvres de leurs devancières.

Encore quelques mois, mon ami, et l'ancien couvent des dominicains sera changé par des Anglais en une fabrique de toiles peintes.

Cadix, ce 3 septembre 1838.

Hier j'ai déjeuné à bord du vaisseau amiral de l'escadre française. Quel aimable original que le capitaine! Malgré sa perruque, une jambe et une main estropiées, c'est encore le type de la vieille galanterie française, qui se perd comme tant d'autres bonnes choses. *La Bolerina*, danseuse du théâtre de Cadix, vient de lui tourner la tête par la verve qu'elle déploie en dansant la *cachucha*, et pour peu qu'elle sache s'y prendre elle en tirera tout ce qu'elle voudra. Lundi elle lui a rendu visite à bord, avec une tante et une demi-douzaine d'oncles et de cousins. Le capitaine, qui ne l'avait vue qu'à la lueur des flambeaux, ne la reconnut pas d'abord, et lui demanda quelle dame il avait l'honneur de recevoir. « Comment, monsieur le galant, répondit la danseuse avec dépit, vous ne me reconnaissez donc pas? je suis *Dolores la Bolerina.* » A ces mots, l'amoureux capitaine pousse un cri de joie, donne l'ordre aux musiciens, qui mangeaient la soupe sous le pont, de venir jouer la *cachucha*, et oblige Dolores à lui reproduire cette danse enivrante, devant laquelle il a senti son cœur lui échapper. Le plus curieux était d'entendre raconter cette scène pendant notre déjeuner, par un vieux marin anglais, avec ces détours de phrases particuliers aux seuls Anglais lorsqu'ils parlent français. Les deux capitaines se traitaient en scélérats, se montraient les portraits de leurs femmes absentes, exhumaient en soupirant les souvenirs de leurs espiègleries d'enseigne, se faisaient, en comptant sur leurs doigts, de singulières confidences, et buvaient enfin à tout moment à la santé de la Bolerina. Après le café on parla marine, et les Anglais louèrent celle des Français ; ceux-ci s'en montrèrent fort reconnaissants, et dirent qu'il y avait chez eux plus d'étiquette et moins de discipline que chez leurs voisins d'outre-mer. Ils en attribuèrent les causes d'abord à la Restauration, qui, pour faire tolérer ses aumôniers à bord des navires, relâcha les liens de la discipline ; ensuite au détestable système des remplaçants, qui ne fournissait aux équipages que des gens d'une moralité souvent douteuse, et en général de fort mauvais marins ; enfin, aux idées d'insubordination venues à la suite de la révolution de juillet. Au milieu de la conversation on annonça le canot du consul britannique. « Vite, vite, qu'on hisse le pavillon anglais ! » s'écria le capitaine, laissant là sa dissertation, « et qu'on joue le *God save!* » Cependant le pavillon de Saint-Georges ne se trouvait pas, on arrangea le pavillon toscan de manière à ce qu'il ne montrât que le rouge de sa bordure, et la réception fut des plus cordiales.

Du côté de la mer la ville de Cadix se présente si blanche, que par un beau soleil on pourrait la croire bâtie de porcelaine. Des fortifications magnifiques, le fort Saint-Louis, la *Cortadura*, qui coupe l'isthme, la *Torre Goda*, enfin une triple ligne de bastions et de fossés la rendent imprenable du côté de la terre. Les boulevards de la Marine offrent des promenades délicieuses, où les belles et sémillantes Gaditanes vont prendre le frais dans l'après-dîner, pour se réunir plus tard sur la place de San Antonio, qui se trouve alors changée en un délicieux rendez-vous nocturne.

Cadix possède de belles rues avec de nombreuses boutiques remplies de contrebande ; ses tailleurs et ses cordonniers sont fort en renom en Espagne. Les domestiques de place et les décrotteurs sont presque tous des créoles remarquables par le noir de leur peau. Dans les maisons, qui sont loin de valoir celles de Séville, le délicieux *patio* andalous est remplacé par un balcon qui donne sur la cour, tout autour du premier étage, et pour l'ordinaire si bien garni de porcelaines japonaises, et des produits de Manille, qu'on pourrait s'y croire dans un bazar chinois. Dans la ville il y a deux théâtres : la comédie espagnole et l'opéra italien sont jouées alternativement dans celui du *Principal*; celui du *Balon* donne, pendant le jour, des pièces populaires, et la danse nationale y est reproduite avec une verve à satisfaire les plus difficiles. Un autre amusement que le voyageur ne doit pas dédaigner ici, c'est d'aller entendre le soir les gitanos chanter la *Playera* dans le quartier qu'ils occupent, entre les prisons et la porte de terre. Sous le rapport historique, il est bon que vous sachiez que Cadix fut bâtie par les Tyriens, conquise par les Romains, saccagée en 1596 par les Anglais, qui, pour que rien ne manquât à son bonheur, la bombardèrent aussi en 1800. Devenue en 1810 le siège de la régence nationale, Cadix vit une escadre française se rendre prisonnière dans sa baie magnifique. En 1811, elle fut sauvée par le duc d'Albuquerque, et l'année suivante la constitution qui fut appelée de 1812 y fut débattue par les Cortès au bruit du canon français. Depuis cette époque, l'esprit *exaltado* s'y est perpétué, grâce à l'état de souffrance du commerce, privé maintenant de l'immense débouché que lui offraient les colonies d'Amérique, et réduit à des expéditions de contrebande qui ne profitent qu'aux Anglais, ou bien au cabotage sur la côte.

Pour en finir avec Cadix, pendant que les pieuses largesses des fidèles ouvrent au culte une nouvelle et magnifique cathédrale, la révolution démolit les anciens couvents afin d'en faire des établissements d'utilité publique. Celui de Saint-François d'Assise est déjà changé en une école de beaux-arts défrayée par le commerce ; un Hercule gigantesque a remplacé la statue du saint, qui décorait autrefois l'entrée du couvent, et la place voisine a reçu dans un second baptême le nom de *Mina*.

Isla de Leon, ce 3 septembre 1838.

J'ai fait la commande de vins de Xérès à G., qui m'a promis de vous l'envoyer sans aucun mélange d'eau-de-vie, tel enfin qu'il sortirait de la grappe aux prochaines vendanges.

Persuadé que G. devait se fâcher en s'entendant poser comme condition *sine quâ non* du contrat l'absence complète d'eau-de-vie dans le vin, vous ne sauriez vous figurer à quels détours et quels artifices de langage j'ai cru devoir recourir pour arriver à lui exprimer votre volonté. Je craignais qu'il ne me soupçonnât l'intention de lui reprocher tout de bon d'altérer ses vins. Or, grande a été ma surprise lorsqu'il m'a répondu, en riant à mes dépens comme aux vôtres, qu'il voyait bien que nous ne comprenions rien au vin de Xérès, et qu'à moins que l'acheteur ne s'y opposât formellement, on mettait toujours de l'alcool dans tous les vins de la Péninsule sans exception; sans cette précaution il n'y en aurait pas un qui résistât à la longue. Il m'a dit de plus qu'on en mettait même dans celui si doux de Malaga, quoiqu'en moindre quantité, et qu'enfin ce qui constituait le plus ou moins de bonté des vins d'Oporto, dépendait uniquement de la qualité des eaux-de-vie qu'on employait dans leur fabrication.

A mon retour de Xérès, j'ai visité l'arsenal de la Caraca, ayant pour guide un vieux marin qui, malgré ses services et son patriotisme, mourra pourtant sous l'épaulette de simple lieutenant. Pendant que nous parcourions ce magnifique établissement jadis si plein de vie, ce bon Espagnol m'a dit douloureusement : « Ah! si Charles III pouvait sortir la tête de son tombeau et voir ce que nous avons fait de sa marine, il ne regretterait pas d'être mort. J'étais aspirant en 1792, quand notre escadre comptait quatre-vingt-deux vaisseaux et frégates; alors six mille ouvriers travaillaient dans cet arsenal, où l'on en compte aujourd'hui à peine quarante, occupés avec les forçats à démolir les toitures qui s'écroulent. La guerre de l'Indépendance, la perte des colonies, et le mauvais génie de Ferdinand VII, nous ont réduits à un tel état, que lorsqu'on m'ordonne de montrer l'établissement aux étrangers, je préférerais aller m'ensevelir dans la cale d'un vaisseau. » — Près de la Caraca, on m'a montré quelques pans de murs et un moulin, uniques débris du fameux fort du Trocadero, que les royalistes firent sauter en 1823 en haine des libéraux. Non loin de là est le village de San Carlos, où sont actuellement détenus trois mille prisonniers carlistes. On embarque pour la Havane ceux qui demandent à servir dans les colonies, et les autres sont employés à des travaux publics dans les environs de l'île de Léon, riante bourgade que les Cortès de 1812 érigèrent en ville sous le patronage de San Fernando, en l'honneur de leur roi alors prisonnier des Français. Cette ville possède un excellent observatoire astronomique, qui s'entretient par la vente des almanachs dont il a le monopole en Espagne. Toute la contrée environnante est couverte de riches salines, ou bien peuplée de nopales, arbrisseaux précieux pour la culture de la cochenille, que le manque d'argent empêche seul aujourd'hui de cultiver en grand.

Demain je pars pour Lisbonne; je vous recommande à Cadix la pension de la Biscayenne.

Lisbonne, ce 13 septembre 1835.

Il est neuf heures du soir. Le canon de l'amiral anglais donne le signal de la retraite à ses matelots, et de tous les vaisseaux de guerre en rade on répond par des coups de fusil. Que le Tage est beau dans ce moment ! Illuminé par les rayons de la lune la plus pure, on le dirait une plaine argentée qui tremble à sa surface sous le souffle de la brise. Çà et là d'agiles nacelles, semblables aux gondoles de Venise, passent à voiles enflées au milieu des navires à l'ancre, et l'œil prend plaisir à les suivre dans leur course vagabonde, jusqu'à ce qu'elles disparaissent dans l'ombre. A votre droite est un point plus noir que les autres : c'est la tour moresque de Belem, prison d'état où furent détenus, avant leur supplice, le duc d'Aveiro et la belle marquise de Tavora, faussement accusés d'avoir attenté, avec les jésuites, à la vie de Joseph Ier ; plus loin les flammes incertaines des phares du Bugio et de Saint-Julien éclairent l'entrée du fleuve, protégée par ces forts ; enfin, en face de vous, sont les collines d'Almada, qui cachent les champs de la Piedade où se donna, le 14 juillet 1833, la bataille qui livra Lisbonne au duc de Terceira.

Si jamais votre heureuse étoile vous amène dans ce beau pays, venez quelquefois rêver pendant la nuit sur l'esplanade du *Caés so dré*, et seul, avec le spectacle de la nature sous les yeux, vous y passerez des heures délicieuses. Seulement, ne demandez rien qui rappelle les souvenirs de l'horrible tremblement de terre de 1755, vous n'en trouverez de traces nulle part. Une nouvelle ville, incomparablement plus belle, s'est élevée sur les ruines de l'ancienne, grâce au génie du marquis de Pombal. Quand arriva ce grand désastre, l'or regorgeait chez les marchands brésiliens, et l'habile ministre de Joseph Ier parvint à les attirer à Lisbonne, en leur offrant des titres de noblesse portugaise, à la condition qu'ils viendraient s'établir dans la métropole, et bâtiraient sur ses ruines. C'est ainsi qu'est surgie comme par enchantement la ville nouvelle. Imaginez quarante-trois mille maisons disposées en amphithéâtre sur le versant méridional de sept collines riantes qui bordent le Tage sur une longueur de plus de six milles depuis Belem jusqu'à Xabregas ; de belles places, des édifices publics admirables, un aqueduc digne des Romains, ouvrage d'Emmanuel de Maya, enfin les délicieuses terrasses de San Pedro d'Alcantara ; telle est aujourd'hui Lisbonne. Autrefois elle était cernée d'un mur où l'on comptait soixante-dix-sept tours qui s'écroulèrent toutes en 1755 ; elle est maintenant défendue par les fameuses lignes de Torres Vedras contre lesquelles échouèrent tous les efforts de Masséna, et par les redoutes du plateau d'Ourique construites par D. Pedro en 1836.

Vue en détail, Lisbonne a l'air triste, tant à cause de l'excessive uniformité de ses maisons toutes construites sur le même modèle que par le peu de mouvement de sa population. De ses anciens monuments il ne lui reste que l'immense couvent de Sainte-Marie de Belem, mélange curieux d'architecture gothico-mauresque, bâti par le roi Emmanuel sur la plage d'où Vasco de Gama partit à la découverte du cap de Bonne-Espérance ; ce couvent fut, en 1835, changé par l'impératrice du Brésil en une vaste maison d'asile et une école de tous les métiers pour mille orphelins. Ceux des vieux quartiers qui résistèrent aux secousses du tremblement sont inhabitables pendant l'été. On jette par les fenêtres toute espèce d'ordures sans d'autres soins que de crier *agua vai!* et le pauvre piéton, pour échapper à la rosée fétide, n'a d'autres ressources que de gravir à pas de course, et le mouchoir sous le nez, les montées les plus pénibles. En revanche, la ville basse est propre, bien éclairée et surtout bien pavée.

La vie confortable est aussi chère à Lisbonne qu'à Londres, la cuisine fort grasse et lourde, mais les fruits confits excellents. Les distances sont immenses ; les cabriolets, traînés par deux mules que conduit un postillon, sont fort coûteux et très-incommodes ; Nicolas Tolentino, le Béranger du Portugal, a dit dans un sonnet qu'on s'y ressent encore du fameux tremblement de terre. Depuis peu seulement on a établi des omnibus qui partent de la place du *Poleirinho*, où se faisaient anciennement les exécutions, et se rendent, les uns à Belem, les autres au charmant village de Benfica.

Le bas peuple est fort humain, et ne présente aucune analogie avec celui de Madrid. Les hommes sont fort polis envers les étrangers, et pour peu que la mise de la personne qui leur adresse une question annonce un rang supérieur au leur, ils ôtent leur chapeau en lui répondant. Les femmes sont également fort douces, mais en général peu belles ; elles placent dans leurs cheveux nattés un énorme peigne en écaille, ne quittent jamais le *mantelet,* et nouent un mouchoir sous le menton. En masse la couleur locale est nulle chez le bas peuple. Le long séjour des armées anglaises pendant la guerre continentale, et les rapports intimes qui de tout temps ont existé entre les deux pays, lui ont enlevé presque toute son ancienne originalité. Quand le duc de Wellington organisa l'armée portugaise, il la façonna tellement à l'anglaise, que même aujourd'hui, si l'on pouvait confondre les figures basanées des petits neveux des Maures avec celles des blonds descendants des Saxons, on serait tenté de croire que ceux-ci tiennent encore garnison en Portugal. La suppression des serviettes dans les auberges, l'usage du thé devenu général dans toutes les classes de la population, la tranche de pain transparente, enfin la disparition de l'ancien costume national que le bon marché des draps anglais a tué pour les hommes, sont, à ce qu'on assure, d'autres traces de l'occupation britannique. Vous ne rencontrerez jamais à pied dans la rue une dame de la haute société ; elles ne sortent pas même pour aller à l'église, la plupart des maisons possédant une chapelle.

Les nobles vivent les trois quarts de l'année dans leurs *quintas,* délicieuses maisons de campagne situées dans les environs de Lisbonne. Le comte de Farrobo est parmi eux celui qui fait le mieux les honneurs de l'hospitalité portugaise. Amateur passionné des beaux-arts, le comte les protège en Mécène ; plus d'un peintre, plus d'un sculpteur portugais doit à ses largesses d'être devenu artiste distingué en allant étudier les ouvrages des grands maîtres à Rome. Sa maison est tenue sur un pied fort original : il exige que tous ses valets sachent jouer d'un instrument ou qu'ils apprennent sous sa direction ; lui-même fait sa partie dans leurs concerts, qui sont vraiment remarquables. Il entretient dans les jardins de sa *quinta*, qui est tout à fait princière, une riche ménagerie d'animaux féroces; pendant l'automne, l'élite de la société de Lisbonne vient jouer le drame ou la comédie sur le joli théâtre qu'il a fait construire près de sa délicieuse retraite.

La cour habite le palais *Das Necessitades*, où siégèrent les Cortès de 1821. Parmi les résidences royales, celle d'Ajuda est la plus remarquable, d'abord à cause de son étendue, et aussi à cause de ses innombrables portraits de Jean VI, qui, en sa qualité de roi, étant le seul à ignorer sa laideur, se plut à faire peindre sa difforme personne dans toutes les poses imaginables.

La reine passe les étés à Cintra, délicieux village en vue de la mer, placé à égale distance de Lisbonne et de ce fameux couvent de Mafra qui est l'Escorial du Portugal. Il est si vaste, qu'en 1811 dix mille Anglais y campèrent, dit-on, tout à fait à l'aise. Cintra s'annonce de fort loin au voyageur par la vue de deux tourelles qu'on serait tenté de prendre pour deux de ces *atalayas*, tours de vigie, dont les Arabes peuplèrent les côtes de la Péninsule. Ces tourelles sont tout bonnement les tuyaux des cheminées de la cuisine royale ; à ce titre, et en raison de leur énormité, elles pourraient figurer avec honneur dans les usines des Cyclopes. A Mafra il y a un magnifique carillon de 104 cloches à entendre ; elles jouent des valses, des contredanses, des menuets, enfin tout un répertoire musical. Le mécanisme qui met en mouvement les cloches ressemble à celui des orgues de Barbarie. Il y a de plus un clavier de quatre octaves pour les morceaux de fantaisie. L'organiste joue en frappant à coups de poing sur les touches qui répondent aux notes aiguës, et par d'énergiques coups de talon sur les pédales des basses. La majestueuse harmonie de ces sons parle à l'âme ; seulement il ne faut pas avoir sous les yeux le pauvre organiste luttant comme un possédé avec les touches et les pédales de son instrument. Entre autres raretés qu'offre ce couvent, il y a une bibliothèque magnifique et d'immenses cuisines où le marbre se trouve prodigué dans leurs moindres parties. Ces cuisines sont en nombre égal à celui des plats qu'on servait à dîner aux trois cents moines qui l'habitaient autrefois. Faites en dos d'âne, les promenades de Mafra et de Cintra sont on ne peut plus agréables et amusantes, surtout si l'on choisit un jour où il fait du vent; alors on est accompagné par les cris plaintifs des mille moulins à vent qui peuplent toute cette contrée charmante, et pour peu qu'on aime à rêver, on a le champ libre devant soi.

En voyage, et même dans l'intérieur des villes, les étrangers ont droit de porter des armes pour leur défense. De plus, leurs maisons sont respectées comme propriétés étrangères, et la police ne peut y pénétrer qu'en présence de leurs consuls respectifs. En cas de procès, un juge conservateur veille au maintien de leurs priviléges. Parmi ceux accordés aux Anglais vers la fin du dernier siècle, on compte celui d'avoir un cimetière particulier, à condition cependant de placer au lieu des mots *cimetière protestant*, qu'ils voulaient écrire sur la porte d'entrée, cette autre inscription qu'on y lit encore : « Hôpital de la factorerie anglaise »; sans doute pour qu'il ne fût pas dit qu'il y avait à Lisbonne un cimetière d'hérétiques. On voit dans ce cimetière, qui est le plus beau de Lisbonne, le tombeau du célèbre poëte Fielding avec cette touchante épitaphe : « *Luget Britannia gremio non dari fovere natum*. L'Angleterre s'afflige de voir son enfant hors de son sein. » Quant à la population indigène, elle conserva jusqu'après l'expulsion de don Miguel l'habitude d'ensevelir ses morts dans les églises; et lorsque don Pedro ordonna qu'à l'avenir les inhumations auraient lieu dans le *Campo santo* qu'il ouvrit près de la *quinta dos Prazeres* (d'où lui vint le nom étrange de *Cimetière des plaisirs*), de vives réclamations arrivèrent de toutes parts. Dans le nombre on en cite une fort originale, adressée par la famille d'une vieille dame très-noble morte en odeur de sainteté. On s'y plaignait surtout des esclandres et du tapage nocturne que les chiens et les chats se permettaient dans la nouvelle demeure des défunts. Don Pedro, en prince philosophe, comprit qu'une dame aussi respectable ne pouvait être condamnée à passer les longues nuits des temps à venir en aussi mauvaise compagnie et fit droit à la requête.

Il existe à Lisbonne trois clubs : l'*asemblea Lisbonense*, où les femmes sont admises, et dont tous les membres sont chartistes ; l'*asemblea extrangera*, composée presqu'en totalité d'Anglais ; enfin le *club Lisbonense*, formé par don Pedro dans le but de contre-balancer l'influence du club anglais.

Je vous épargne la longue liste des établissements scientifiques ou de bienfaisance de la ville, car, faute d'argent, ils n'existent la plupart que de nom, et je termine ma lettre en vous disant que lorsqu'on compare l'immensité de Lisbonne aux proportions exiguës auxquelles se trouve maintenant réduite la monarchie portugaise, cette capitale produit à l'observateur l'effet d'une tête de géant sur le corps d'un enfant. On conçoit Lisbonne avec le vaste empire des Portugais dans les Indes, quand ils formaient la première puissance maritime de l'Europe ; on la concevrait encore à merveille si la destinée en avait fait la métropole de toute la péninsule Ibérique ; mais déjà dépouillée du Brésil, et peut-être à la veille de perdre ses colonies en Afrique si la suppression de la traite est accordée aux exigences de l'Angleterre, cette cité est aujourd'hui trop vaste de moitié.

Lisbonne, ce 14 septembre 1839.

Rien ne saurait vous donner une idée de la verve emphatique qui préside à la rédaction des affiches de spectacle, et

des flatteries dont elles fourmillent à l'adresse du bon public lisbonnais. Ce matin, par exemple, l'affiche du théâtre du Salitre, annonçant la représentation de *Philippe Maurel*, s'adressait « à la plus magnanime et la plus éclairée na-
» tion de la terre », les susdits mots écrits en énormes capitales en tête de la pancarte. Toutefois cela est peu de chose, et les affiches du Salitre ne peuvent entrer en comparaison avec celles bien autrement sémillantes du cirque de Sainte-Anne, mauvais amphithéâtre en bois où se donnent les courses de taureaux. Vous en jugerez vous-même par le passage suivant de son annonce de dimanche, que je traduis mot à mot : « Aujourd'hui dimanche, 6 septembre 1838,
» il sera donné dans le cirque si bien bâti et délicieux de
» Sainte-Anne un étonnant et agréable combat de treize
» féroces et énormes taureaux, auquel est convié le respec-
» table public de cette métropole célèbre. Jaloux de ré-
» pondre en tout point à l'attente de cette magnanime et
» généreuse nation portugaise, si prodigue d'encourage-
» ments envers nos spectacles, les entrepreneurs s'em-
» pressent de porter à sa connaissance qu'ils n'ont épargné
» ni peines ni dépenses pour se procurer les susdits tau-
» reaux; ils appartiennent à un fort riche laboureur de Riba
» Tejo, lequel, possédant dans ses troupeaux des animaux
» très-braves et corpulents, a promis de les envoyer au
» cirque pour qu'ils figurassent dans le combat qui va être
» livré cet après-dîner. » Suivait l'éloge du sang-froid et de la surprenante agilité des toréadors appelés à combattre ces taureaux, puis huit couplets lyriques peignant au vif la rage des animaux, leurs terribles coups de cornes, et les mille chances du combat; enfin venait la description du merveilleux feu d'artifice qui devait couronner un si brillant spectacle. Pauvre ami! vous auriez été fort désappointé si sur la foi de cette pompeuse affiche il vous fût arrivé de vous rendre au cirque de Sainte-Anne, persuadé que vous alliez y retrouver les émotions qu'on éprouve aux *corridas* de Madrid. Les courses portugaises ne sont qu'un jeu d'en-

fant en comparaison des courses espagnoles. Ici les cornes du taureau sont rembourrées, on l'excite avec les manteaux de soie et des *banderillas*; mais jamais le toréador portugais n'engage un combat à mort avec son ennemi, qui sort toujours assez bien portant du combat. Le *picador* est affublé en ancien marquis, la tête coiffée d'un chapeau à trois cornes orné d'un immense plumet noir. Soigneux de ne jamais présenter que la croupe de son excellent coursier aux cornes du taureau, il se contente de voltiger prudemment autour de lui, et lorsque l'animal s'élance à sa poursuite, il pique des deux, et pointe un coup de lance en arrière comme un cosaque en retraite. Cette lance, excessivement fragile, vole en éclats au moment même où elle touche l'animal, qui du reste n'a pour riposter que ses cornes *emboladas*, mouchetées.

Aux chiens on substitue des Galiciens, porteurs d'eau, revêtus d'une culotte de peau de daim, à fond rembourré comme un plastron de maître d'armes. Ce sont des hommes d'une force musculaire prodigieuse, et si massifs qu'on les dirait taillés d'une seule pièce. Tant que les toréadors folâtrent avec le taureau, les Galiciens se tiennent immobiles sous la loge royale. Prend-il envie à l'animal de les honorer d'une visite, ils croisent bravement la petite fourche à pointes émoussées dont ils sont armés, et à laquelle ils doivent leur glorieux surnom d'*homens furcados*, hommes fourchus, et le repoussent en commun; puis lorsque le *picador* et les hommes à manteaux vident l'arène, ils jettent leur arme, et marchent en masse compacte à la rencontre du taureau. Le plus hardi épie le moment où l'animal baisse le mufle et s'introduit entre le vide de ses cornes en lui jetant les deux bras au cou. Deux autres Galiciens s'accrochent aux cornes, et en manière de plaisanterie lui mordent parfois les oreilles comme s'ils étaient des chiens. Il y en a toujours un qui essaie de lui sauter à cheval sur la croupe; mais il est rare qu'il parvienne à se maintenir en selle. Malgré sa lourde charge, le taureau n'en poursuit pas moins sa promenade majestueuse, en portant souvent jusqu'à trois *homens furcados* attachés à son cou et à ses cornes. Cependant les autres Galiciens s'emparent de la queue de l'animal, et, le tirant à eux de toute la force de leurs muscles, ils tâchent de diminuer le danger de la chute qui attend inévitablement leurs camarades enlevés, car le taureau parvient toujours à s'en débarrasser, et à les jeter souvent à plusieurs pas de distance. Toute l'habileté des vaillants Galiciens consiste à se laisser tomber avec grâce et aplomb sur leur séant que protége efficacement la culotte rembourrée. Ceux qui ne tombent pas d'après les bonnes règles risquent de se fouler les pieds ou les poignets au milieu de la risée générale. Plus le pauvre diable se fera de mal, plus grande et expansive sera la gaieté de l'assemblée. L'homme fourchu, loin de se fâcher, voit au contraire dans le fou rire de son public un encouragement à recommencer ses espiégleries avec le taureau.

Quelquefois on remplace les Galiciens par des nègres des possessions portugaises en Afrique. Ils ont la tête couronnée d'immenses plumets, et portent le costume des guerriers indiens. Ils passent de plus leurs jambes dans des monstres en carton (*cavallinhos de pasta*), tels que gros serpents, lions, crocodiles, éléphants, et renouvellent en caracolant autour de l'animal épouvanté les prodiges des hommes fourchus. Cette manière de combattre le taureau est fort en usage dans les colonies, auxquelles la métropole l'a empruntée.

A propos de spectacles, on vient de mettre tout récemment en scène sur le théâtre de San Carlos Robert le Diable, transformé en Robert du Diable, *Roberto do Diavo*. Peu habitués au style sévère de la musique allemande, moins encore à voir des religieuses surgir de leurs tombeaux au milieu des feux follets, et danser comme des bayadères, les spectateurs du *paradis* m'ont paru tout à fait désorientés; ils ont salué par une risée générale la procession des moines, et il n'a pas fallu moins que la disparition infernale de Robert, et la vue du peuple de Palerme en prières dans son antique cathédrale, pour rétablir le sérieux. Le théâtre de San Carlos est magnifique, et vient d'être fraîchement décoré sur le modèle de celui de la *Scala* de Milan. Sur la scène, comme dans le parterre et les loges, tout s'y passe à l'italienne, moins le bruit des conversations particulières. La direction en appartient au comte de Farrobo.

La comédie espagnole était jouée, il y a encore peu d'années, à Lisbonne, sur le théâtre du Salitre; mais, pour cause d'antipathie nationale, les Portugais ont proscrit ce dernier souvenir de la domination espagnole, et donnent la préférence à des pièces traduites du français ou de l'anglais. Cette aversion est telle, que si l'on veut déplaire à un Portugais, on n'a qu'à lui dire que sa langue est un patois du castillan, ainsi que le prétendent les Espagnols.

Passons des spectacles à la politique. Une réaction fort hostile à l'Angleterre s'opère en Portugal. Vous savez comment la charte octroyée par don Pedro aux Portugais en 1826 rallia autour de sa fortune tous les libéraux, quand ce prince vint débarquer à Oporto en 1832. Après la victoire ils se fractionnèrent. Les grands propriétaires et une partie de la noblesse, satisfaits de la part que la charte leur faisait, formèrent le parti chartiste, ou modéré, qui fut appelé aussi parti des ducs, parce que les ducs de Palmella et de Terceira en étaient les chefs; parti dévoué, autant par intérêt que par reconnaissance, à l'Angleterre, sans laquelle don Pedro n'aurait probablement jamais réussi. Les autres libéraux mécontents se rangèrent sous la bannière de l'opposition, qui avait à sa tête, dans le pays comme dans la chambre des députés, MM. Emanuel Pasos et Lionel. Les principaux reproches adressés par l'opposition aux chartistes étaient d'exploiter le pays dans de simples vues de parti, et d'en faire un vassal de l'Angleterre. Ces reproches valurent plus tard aux chartistes les odieux surnoms de *devoristas*, dévorants, et de *chamorros*, non barbus (mot d'origine basque), par lequel on désignait du temps de

Jean Ier les partisans de la domination espagnole en Portugal.

Le parti chartiste resta au pouvoir jusqu'en 1836. Son administration fut déplorable. Il gaspilla les biens du clergé sans aucun profit pour les finances de l'État, donna de plus en plus tête baissée dans le ruineux système des emprunts, ne sut rien élever à la place des vieilles institutions sur lesquelles on avait fait table rase, et s'attira enfin par son ineptie tant de haines et d'animadversion, que les *exaltados* qui aspiraient à le remplacer purent le renverser sans coup férir. On sait que la révolution du 9 septembre 1836 ne coûta la vie qu'au cheval du colonel Taborda. Elle réjouit tout le monde à Lisbonne, surtout les chevriers des environs, à qui le parti des ducs avait interdit de venir vendre leur lait en ville.

Jalouse de l'extension du commerce de la Grande-Bretagne, la France dut naturellement voir de bon œil un événement qui, en renversant les chartistes, frappait au cœur les intérêts de sa rivale. Un des premiers actes de l'avénement des septembristes au pouvoir fut la publication d'un nouveau tarif des douanes, qui frappait indistinctement d'un droit de 15 pour cent les produits de toutes les nations étrangères. Auparavant, l'Angleterre seule payait 15 pour cent, et tous les autres pays 30; de plus, il suffisait que la cargaison arrivât sous pavillon britannique avec une déclaration de la valeur des marchandises, visée par les consuls portugais dans les ports anglais. Or, comme ces déclarations étaient ordinairement bien au-dessous de la valeur réelle, et que d'ailleurs la douane portugaise n'avait que le droit d'acheter les marchandises à 10 pour cent en sus de l'estimation, il en résultait à tout moment des pertes énormes pour le trésor. On comprendra donc aisément pourquoi, dans l'espoir de rétablir les relations commerciales sur l'ancien pied, l'Angleterre désire et favorise autant qu'elle le peut le retour des chartistes. La France, quoi qu'elle fasse, ne pourra jamais lui disputer le terrain, car son commerce avec le Portugal est à peu près nul. Le Portugal achète les draps, les indiennes et colonnades dont il a besoin aux Anglais, les articles de quincaillerie aux Allemands, les livres étrangers à la contrefaçon belge, les laines aux Espagnols, les blés aux contrebandiers grecs, et envoie ses vins et ses fruits en Angleterre et aux Amériques. Il ne reste donc à la France que l'article des *modes*, et l'influence de sa propagande démocratique qu'elle favorise ici uniquement parce que l'Angleterre l'y combat. Actuellement les chartistes se sont ralliés par nécessité à la charte de 1838, comme les modérés espagnols à celle de 1837, et s'efforcent de l'opposer comme une barrière aux envahissements des démocrates. Quant aux miguélistes, en majorité dans les campagnes, mais désarmés et sans chefs, leur cause est perdue si don Carlos ne triomphe pas en Espagne.

Doña Maria est généralement aimée, et on vante ses qualités personnelles. Quant au prince son mari, on trouve en général qu'il est trop modeste, qu'il ne porte pas assez l'uniforme militaire et ses ordres; on le croit enfin grand réformateur, parce qu'il a défendu à ses domestiques allemands de porter la croix du Christ, que le ministère leur donna à tous à l'occasion de son mariage avec la reine. Cela ne doit pas surprendre, car de tout temps les rois de Portugal ont décoré leurs valets, et en ont fait parfois des comtes et des barons. Il arriva un jour à don Pedro de donner un soufflet à un de ses valets qui ne put se maîtriser, et en réponse montra le poing; Don Pedro lui tourna le dos, et le lendemain le nomma chevalier du Christ. Cet homme est en ce moment à la cour d'Athènes, attendant peut-être une autre décoration au même prix.

Oporto, ce 18 septembre 1838.

Embarqué sur *le Tagus*, magnifique paquebot à vapeur anglais, j'ai cru un instant que les autorités allaient nous retenir à Lisbonne, et que je serais ainsi forcé de renvoyer à la semaine prochaine mon départ pour Oporto. Furieux des obstacles qu'on mettait à la sortie de son navire, le capitaine se promenait à grands pas sur le pont, et semblable à Ajax provoquant la colère des dieux, il montrait les poings à Lisbonne en s'écriant : « *God damn !* Ces misérables Africains oseraient-ils retenir une frégate comme la mienne ! » Enfin la police arriva. Elle se livra à une investigation rigoureuse des personnes qui se trouvaient à bord, pendant que les douaniers fouillaient sans miséricorde tous les effets embarqués. La double enquête n'ayant produit par bonheur aucun résultat, il nous a été permis de lâcher la vapeur. On m'a assuré que toutes ces tracasseries, qui se sont renouvelées encore à notre arrivée à Oporto, sont l'œuvre de la malveillance des autorités portugaises contre les Anglais, qu'elles accusent à la fois de pousser à une contre-révolution chartiste, et d'exploiter, dans de simples vues de contrebande, le privilége accordé depuis peu de temps à leurs paquebots à vapeur, d'être considérés comme navires de guerre dans tous les ports du royaume.

L'entrée de la barre d'Oporto offre un admirable coup-d'œil ; le Doûro paraît se perdre à chaque instant dans les sinuosités des riantes collinettes qui le bordent des deux côtés, et la ville se montre dans le fond du tableau sur une hauteur, ordinairement voilée de vapeurs transparentes.

Par la construction de ses maisons, Oporto rappelle les villes de Flandre ; les rues sont si montueuses, que pour peu que les voitures soient lourdes on est obligé d'atteler des bœufs ; les boutiques regorgent de quincaillerie allemande ; les marchands d'estampes, ainsi que les vitriers, sont Italiens; les perruquiers et les marchands de modes sont des Français; les porteurs d'eau, des Galiciens espagnols; les tonneliers sont les seuls ouvriers portugais. Tout ce que j'ai vu ailleurs, en fait de jolies femmes, le cède en beauté et en grâce aux paysannes d'Oporto. Un costume fort pittoresque, curieux mélange des costumes populaires d'autres contrées, rehausse encore le charme de leur personne : elles portent une jupe excessivement courte de drap écarlate, à l'instar des belles habitantes de la Forêt-Noire, et laissent tomber comme elles les tresses de leurs cheveux, ornées de rubans rouges; chaussent des souliers à pointes relevées comme les babouches des Turcs; se coiffent avec un chapeau si large qu'on pourrait croire qu'elles l'ont escamoté à quelque révérend père Jésuite; et enfin suspendent à leur cou une petite main en ébène, qui rappelle les amulettes napolitaines.

Ce matin j'étais occupé à flâner dans la ville, les sons de l'orgue m'ont attiré dans l'église *dos Clerigos*. On y chantait une grand'messe solennelle devant une foule de fidèles agenouillés sur la pierre, priant dans un grand recueillement, se frappant la poitrine et baisant parfois la terre. L'orgue jouait un air mélancolique et les enfants de chœur mêlaient leur voix harmonieuse aux chants des prêtres. Après l'office un rideau tendu devant l'autel, et où étaient peintes les âmes du purgatoire, disparut tiré par une main invisible, laissant à découvert un crucifix entouré d'innombrables cierges. A l'instant toutes les femmes de se frapper la joue droite; j'en demandai l'explication à une bonne vieille paysanne, près de laquelle je me trouvais agenouillé; sa réponse vous fera sourire : elle me dit naïvement que c'était en signe de repentir pour la part que les femmes avaient eue dans le péché originel.

Minuit sonne en ce moment aux horloges des églises, et au tintement des sonneries des clochers se mêle de toutes parts le bruit des chants patriotiques par lesquels les exaltés fêtent le résultat des élections des nouveaux députés. La victoire leur est restée, grâce aux volées de coups de canne dont ils accueillaient chaque électeur modéré qui se présentait à la porte des églises où se tenaient les colléges électoraux. Les pauvres modérés, bien qu'en majorité, mais plus poltrons que leurs adversaires, se sont barricadés dans leurs maisons, où ils maudissent la constitution de 1838, qui fait un électeur de chaque soldat. Je crois impossible que la nuit se passe sans quelque acte sanglant de vengeance. Déjà cet après-dîner une terrible rencontre a eu lieu dans la rue entre un fantassin et un lancier. Ces deux hommes d'opinions différentes discutaient entre eux les mérites des candidats pour lesquels ils avaient voté, lorsque le fantassin s'étant avisé d'appeler son camarade *chamorro*, celui-ci lui riposta par un violent coup de poing en le traitant de *migiado*, mot dont je vous dirai tout à l'heure le sens; bref, on dégaîna de part et d'autre, et un combat s'engagea, où le fantassin eut la main gauche enlevée par un coup de sabre du lancier, qui presqu'en même temps tombait raide mort, avec la baïonnette de son adversaire dans le ventre; jugez d'après cela de l'acharnement des partis. Les chartistes d'Oporto appellent, par dérision, *migiados*, mouilleurs, leurs ennemis politiques, prétendant qu'un de leurs principaux chefs conserva bien avant dans sa jeunesse l'habitude enfantine de mouiller les draps de son lit.

Oporto, ce 19 septembre 1838.

De retour à la nuit close d'une charmante promenade dans les environs d'Oporto, j'allais rentrer à l'hôtel de l'*Aguia de Ouro*, lorsqu'en passant dans une rue, je me trouvai enveloppé par une foule de personnes qui, la tête découverte, et des torches allumées en main, suivaient en psalmodiant un cabriolet. Où va tout ce monde? demandai-je à mon guide. — A l'église pour y enterrer un mort, me dit-il; si vous le voulez, nous pouvons assister à la céré-

monie. J'acceptai cette offre, et nous nous mîmes tous deux
à la queue du cortége. Quelques minutes après on s'arrêta
devant *Nuesa-Senhora da Misericordia* ; des laquais en livrée attendaient au dehors l'arrivée du cabriolet, ils en descendirent une bière qui fut ouverte par le sacristain en présence de trois prêtres en chasuble ; elle contenait le corps d'une jeune fille, habillée en ange, une couronne de roses blanches sur la tête et de petites ailes aux épaules. A l'instant même, des enfants revêtus de blanches tuniques transportèrent la bière ainsi découverte dans l'église, et quand ils l'eurent déposée sous un dais magnifique placé au-devant du grand autel, les chants funèbres commencèrent. Les offices terminés, ces mêmes enfants transportèrent la bière dans le cloître, le fossoyeur les y attendait dans une fosse qu'il venait de creuser. Un vieillard en habit de deuil ferma alors la bière, et après en avoir remis la clef à une dame qui avait l'air profondément affligé, il fit signe aux enfants de la passer au fossoyeur, lequel se mit aussitôt à l'œuvre. La fosse n'était pas encore entièrement comblée lorsqu'une paysanne se présenta, réclamant la sépulture pour le plus jeune de ses enfants qu'elle venait de perdre, et dont elle portait elle-même, sur sa tête, la dépouille mortelle dans une corbeille garnie de fleurs. On fit droit à la demande de la pauvre mère, qui, ne se sentant pas le courage d'assister à l'enterrement de son fils, s'échappa aussitôt en se cachant le visage dans son tablier. Tout dans ces funérailles était si pieux et a parlé si tristement à mon âme, que je me sens trop ému pour rien vous dire, en ce moment, des charmants environs d'Oporto.

Oporto, ce 20 septembre 1838.

J'ai peu vu de contrées plus riantes et plus pittoresques que celle où est assise la ville d'Oporto. Du côté du couchant, c'est la vue de l'interminable plaine liquide de l'Océan portugais; vers le levant, c'est la perspective d'un immense et magnifique amphithéâtre borné à l'extrême horizon par les silhouettes fantastiques et azurées des hautes *Sierras* qui séparent l'*Entre-Douro-et-Minho* de la province de *Tras-os-Montes*. En deçà de ces montagnes, superposées les unes aux autres à la manière des gradins d'un cirque, on aperçoit autour de la ville une suite de réseaux de vertes et charmantes petites collines au milieu desquelles va se perdre en serpentant le capricieux Douro, après avoir arrosé de ses ondes fraîches la délicieuse vallée qui reçoit de lui son nom.

Avant le siége de 1832, les abords d'Oporto étaient tous admirablement boisés; mais à cette époque les habitants, pour empêcher que les miguélistes ne s'y embusquassent, abattirent presque tous les arbres.

Vous n'avez pas sans doute oublié la bravoure et la constance avec laquelle don Pedro défendit, pendant les treize mois que dura le siége, ces fameuses lignes d'Oporto, qui, malgré leur force réelle, sont loin de valoir la muraille de la Chine; car elles se composent tout bonnement de quelques amas de pierres disposées en parapet, de manière à lier entre eux quelques points forts par nature autour du plateau de la ville. La position élevée d'Oporto en fait toute la force, et la rend extrêmement difficile à réduire pour toute armée qui voudrait en entreprendre le siége. Cependant les miguélistes crurent ne pouvoir y tenir et l'évacuèrent en toute hâte au premier bruit du débarquement opéré par don Pedro sur la côte de Mindello. Ils cernèrent plus tard Oporto, mais à une distance tellement respectueuse que don Pedro eut plus de temps qu'il ne lui en fallait pour se fortifier sur toutes les hauteurs environnantes, dont il leur aurait été pourtant si facile de s'emparer aux premiers moments de l'investissement. Lorsqu'ils entreprirent par la suite de l'en chasser, ils furent reçus comme ils auraient dû le prévoir. La ville était néanmoins si rigoureusement cernée que don Pedro ne pouvait communiquer avec l'escadre de Napier que par la plage de San-Juan-da-Foz ; et cela même avec de telles difficultés que pour protéger le débarquement de quelques canots de vivres, dont la place commençait à manquer, les troupes du fort de San-Juan-da-Foz qui protège l'entrée de la barre, devaient livrer chaque nuit des combats acharnés aux miguelistes. Nul doute que la place n'eût fini par se rendre si elle n'eût été défendue en personne par un prince qui avait une couronne à revendiquer pour sa fille, en même temps qu'un affront à venger contre un frère abhorré.

On sait toute la part brillante que prirent les auxiliaires étrangers à la défense d'Oporto. Les Français, conduits par Saint-Léger de Bemposta se distinguèrent dans tous les combats, mais particulièrement à celui livré à la Prelada, où le colonel Duvergier eut un bras emporté ; ce furent eux en outre qui apprirent aux pédristes à charger l'ennemi à la baïonnette. Les Écossais, les Irlandais, les Anglais eurent leur part de gloire au combat de Sordelo, et dans la défense des églises de Bonfin et de Nosa-Senhora-da-Luz, près de laquelle le colonel Cutter eut la tête emportée. Le général Solignac soutint sa renommée à la tête des volontaires Portugais, commandés par leur brillant colonel Pacheco, sur les hauteurs de Coelo deux fois reprises à l'arme blanche sur les miguelistes. Les Belges et les émigrés italiens se distinguèrent surtout à la Quinta de Venzeller. C'est là que Borso de Carminati étant parvenu à repousser victorieusement les attaques de la cavalerie migueliste, décida du succès de la journée du 29 septembre. On raconte que, pénétré de la reconnaissance qu'il devait à ce brave général italien, don Pedro alla le trouver dans la soirée, et, après l'avoir embrassé, suspendit lui-même à sa poitrine la croix de commandeur de *Torre e espada*.

Quant aux miguelistes, l'histoire dira leur courage bouillant et désordonné, et un fait peut-être unique dans l'histoire des siéges : ils s'emparèrent des fameuses caves de la compagnie d'Oporto et ne touchèrent pas à une goutte de ces vins délicieux. Ni vous ni moi, mon ami, n'aurions été, peut-être, capables d'un tel acte de sobriété.

Lisbonne, ce 23 septembre 1838.

Anglais, français, portugais, tous les navires de guerre en rade sont pavoisés en signe de fête, et lancent d'effrayantes bordées pour célébrer la naissance du comte de Paris. Cette fumée, ces éclairs, ces détonations partant à la fois de tant de navires, me paraissent devoir reproduire assez bien un combat naval.

Le seul événement qui fasse ici le sujet de toutes les conversations est la mort de Remechido pris les armes à la main et fusillé dans les Algarves. Son vrai nom était José Joaquin de Sousa, et le surnom de Remechido (remuant) lui vint de ce qu'étant séminariste dans sa jeunesse, il remua en effet ciel et terre afin d'obtenir d'un oncle chanoine, qui lui tenait lieu de père, la permission de jeter le froc aux orties pour épouser une fort jolie fille des Algarves dont il s'était épris, et il y parvint.

La mort de ce partisan indomptable sera funeste à la cause miguéliste.

J'attends l'arrivée du premier paquebot anglais pour me rendre à Gibraltar.

Gibraltar, ce 28 septembre 1838.

Nous avons mouillé devant Gibraltar, hier soir, presque au moment où le canon des forts donnait le signal de la fermeture des portes de la ville, et les seuls passagers qui aient obtenu de pouvoir débarquer, ont été quelques officiers anglais arrivant comme nous de Lisbonne. Tous les autres voyageurs ont dû coucher à bord et attendre, ce matin, l'arrivée de certains messieurs soigneusement habillés de noir, que nous aurions pu prendre pour les conseillers de quelque *real audiencia* espagnole, tant leur maintien était grave et sérieux, si l'on ne nous eût appris que c'étaient les membres de la nombreuse famille des *licitadores* de Gibraltar qui venaient nous offrir leurs bons offices. Comme il n'est permis à aucun étranger de pénétrer dans la ville que sous la caution d'un habitant, ces messieurs exploitent cette mesure de police et passent leur vie à répondre devant les autorités de presque tous les voyageurs qui touchent à Gibraltar. Ils vous abordent cérémonieusement, et après quelques mots échangés offrent de vous présenter à la police, de vous faire délivrer une carte de séjour (qu'il faut renouveler de quinzaine en quinzaine), et de se constituer enfin garants de votre bonne conduite pendant le temps que vous resterez dans la ville, le tout moyennant une gratification d'un douro. S'il arrive que par distraction, ou toute autre cause, le voyageur quitte Gibraltar sans remettre à la porte de la mer sa carte de séjour, son *licitador* est passible d'une amende de deux cents douros, sans compter qu'il est personnellement responsable de tout ce que l'individu dont il est caution a pu commettre de contraire aux lois dans la ville. Nous allions débarquer, le comte M*** et moi, sous la protection de deux de ces importants personnages, lorsque mon ami reçut une visite qui nous égaya beaucoup. Le visiteur était un monsieur Galiano, ancien corsaire génois, actuellement consul grec à Gibraltar, qui, averti de l'arrivée de M. ***, venait honorer en lui le fils du ministre du roi Othon à la cour de Madrid. Après lui avoir fait ses offres de services, le consul tira de sa poche son foulard, l'arbora au bout de sa canne, et se prit à l'agiter, en poussant de vrais hurlements de corsaire dans la direction d'un brick grec, qui était en rade. Déjà il avait envoyé ordre au capitaine de hisser son pavillon en l'honneur de M. **, mais la besogne n'allant pas aussi vite qu'il le désirait, l'énergique et impatient vieillard la hâtait maintenant de tous ses moyens. « *Eccola! eccola! la vedete!* La voilà! la voilà! la voyez-vous?» s'écria-t-il enfin, avec un enthousiasme rare dans un homme qui compte plus de 70 ans; en effet, on venait de hisser enfin la bienheureuse croix grecque. Content d'avoir été si bien obéi, M. Galiano mit ensuite à notre disposition son canot, nous invitant, de plus, fort courtoisement à accepter chez lui un bon déjeuner, auquel nous fîmes honneur après nous être mis bien en règle avec les autorités de la ville. Celle-ci, vue du côté de la mer, n'offre rien que de triste, malgré la couleur riante de ses maisons peintes extérieurement à la manière italienne. Elle est jetée comme une lisière sur la pente occidentale du rocher de Gibraltar, en face d'Algésiras, et on se sent comme opprimé au premier aspect de ce pic gigantesque et décharné, percé de bouches meurtrières dans toutes ses parties, et dont la base est une immense batterie construite au niveau de la mer. Ce sentiment de tristesse augmente encore dans l'intérieur de la ville; à chaque pas c'est une sentinelle l'arme au bras qui vous défend de vous arrêter sur les trottoirs; et, à l'exception des marins et des soldats, vous ne voyez autour de vous qu'un ramassis de juifs de tous les pays du monde, qui vous toisent avec l'œil de la cupidité, et paraissent se demander s'ils n'auront pas quelque gain à faire sur vous.

Nous étions encore chez M. Galiano, lorsqu'un bruit de fanfares militaires m'attira à la croisée; c'était la garde montante qui, musique en tête, se rendait au palais du gouverneur. Vous savez toute ma partialité pour les Anglais; eh bien! ces habits rouges, dont la vue m'était si agréable en Angleterre, produisirent alors sur moi la même impression pénible que tout bon Espagnol doit ressentir chaque fois qu'il met le pied dans Gibraltar. J'oublie, si vous voulez, la surprise de Gibraltar en 1704, légitimée plus tard par le traité d'Utrecht, et je ne considère que le Gibraltar de nos jours devenu depuis 1809 le grand foyer de la contrebande anglaise en Espagne. Il faut les voir ces hardis et aventureux contrebandiers andalous, choyés, considérés presque par les autorités, caracoler fièrement dans les rues de Gibraltar; en vérité, on pourrait les prendre pour les seigneurs de la ville; et malheur aux douaniers espagnols, si, oubliant que Gibraltar n'appartient plus à leur pays, ils osaient, dans la chaleur de leurs poursuites, dépasser la ligne du *Campo Neutro*, qui trace sur l'isthme la limite du territoire espagnol, ou bien pousser leurs bateaux jusque dans les eaux anglaises. Il arriva, il y a quelques années, à une embarcation de la douane d'Algésiras de poursuivre dans ces eaux une felouque de contrebandier à laquelle elle donnait vainement la chasse depuis plus d'une semaine. Sans sommation préalable le canon anglais fit feu sur la barque de la douane, et un homme de l'équipage fut tué par la décharge. Néanmoins la felouque du contrebandier fut prise et emmenée par les douaniers à Algésiras, où sa cargaison fut vendue. Une année entière s'était écoulée depuis cet événement, lorsque le contrebandier ayant adroitement trouvé le moyen d'attirer dans Gibraltar l'officier de la douane qui l'avait capturé, le dénonça comme coupable envers lui d'un acte de piraterie. L'officier fut arrêté et traduit devant les tribunaux, qui le condamnèrent à payer à titre de dommages et intérêts une somme de trois mille douros au contrebandier. Certes, les Anglais étaient dans leur droit dans toute cette affaire; aussi je ne vous l'ai citée que dans l'intention de prouver jusqu'à quel point la présence des Anglais à Gibraltar favorise cette contrebande fatale, qui est l'une des causes principales, sinon la première, de la profonde immoralité qu'on reproche à la population de la côte andalouse.

Voici quelques détails sur la régularité d'organisation qui préside à ce commerce illicite grâce à la connivence d'une foule d'employés peu fidèles. S'agit-il pour le contrebandier d'introduire en fraude une cargaison de blé étranger, il se présente à la douane de Séville, et au moyen d'un pot de vin de deux ou trois piécettes par fanégue de blé qu'il compte débarquer, il réussit toujours à se faire délivrer un certificat d'embarquement de blé espagnol pour Malaga, ou tout autre point de la côte qu'il désigne. Muni de ce certificat, il se rend à Gibraltar avec son navire à vide, achète autant de fanègues de blé d'Odessa qu'il est censé en avoir à son bord de blé espagnol, le charge, et met ensuite à la voile pour Malaga. Si la douane de cette ville s'oppose au débarquement de la cargaison, alléguant la qualité du blé, le contrebandier montre imperturbablement le certificat qu'on lui a délivré à Séville. La fraude aura beau être patente pour tout le monde, la douane de Malaga n'en sera pas moins forcée de lâcher prise, afin d'éviter un procès interminable avec celle de Séville, qui, à la première occasion, ne manquerait pas de prendre sa revanche. Lorsque le prix du blé atteint quatre-vingts réaux par fanègue, la loi autorise l'introduction des blés étrangers dans les provinces de Malaga, Séville, Grenade et Cadix ; mais il n'est pas d'exemple qu'elle ait jamais reçu d'application, les contrebandiers ayant toujours pris l'initiative.

La contrebande des tabacs et des cotonnades a ses courtiers avoués que l'on appelle *corredores de contrabando*. Ce sont en général des hommes esclaves de leur parole et d'une bravoure à l'épreuve, tantôt en paix, tantôt en guerre avec le *resguardo*, nom par lequel on désigne les soldats de la douane. Le *corredor* va à Gibraltar faire ses achats, et se présente ensuite avec sa barque sur le point de la côte où il a déjà mandé les contrebandiers. Ceux-ci, à la vue des signaux convenus, sortent des repaires où ils se tenaient cachés, chargent à la hâte leurs mulets, et les conduisent ensuite à la *paradà*, lieu fixé d'avance pour la halte générale. Toutes ces opérations s'exécutent ordinairement pendant les nuits sombres, et presque toujours sous les yeux des douaniers, qui, de crainte que le *corredor* ne les trompe, viennent vérifier sur les lieux s'il respecte le contrat passé avec eux. Au moment du débarquement les ballots sont vraiment énormes. Comme d'après une vieille coutume le *seguro* (droit de passe payé par le *corredor* au *resguardo*), et le fret de la barque se payent tous deux en raison du nombre de colis à débarquer quel qu'en soit le volume, le *corredor* est intéressé à faire des ballots d'une grosseur extraordinaire; le plus souvent chaque ballot, qui, à la rigueur, ne devrait contenir que la moitié de la charge d'un mulet, la renferme tout entière; un seul mulet en porte cependant deux, sans compter que si le danger est pressant, on voit fréquemment de ces pauvres animaux gravir les montagnes les plus escarpées avec des charges bien autrement considérables. Ce n'est qu'après l'arrivée du convoi à la *parada* que les contrebandiers régularisent les charges de route de leurs mulets.

Ordinairement le *corredor* paye pour chaque ballot embarqué une once de *seguro* aux douaniers, et huit douros de fret au patron de la barque. Celui-ci est obligé de se présenter devant la plage pendant trois nuits consécutives. Si pendant ce laps de temps le débarquement ne peut s'effectuer, pour des causes indépendantes de la bonne volonté des contrebandiers, il ne reçoit que la moitié du fret, et alors il retourne à Gibraltar, où il attend que le *corredor* veuille essayer d'une nouvelle expédition. Souvent le *corredor* tente le débarquement à ses risques et périls, *à guerra y jarara*, style de contrebandier. Alors il surprend les détachements de la douane, engage un combat à outrance, et ses mulets passent pendant la fusillade. L'homme le plus courageux de la bande charge le premier son mulet, et ses camarades lui accordent le périlleux honneur de marcher à la tête de la colonne.

Un fait dont on m'a garanti l'authenticité, vous prouvera la part immense que les employés de la douane ont dans la contrebande qui se fait sur les côtes de l'Andalousie, et leur insigne mauvaise foi envers les pauvres contrebandiers. Lorsque arriva le dernier mouvement insurrectionnel de Malaga, une des principales maison de commerce de cette ville fit offrir une somme de huit mille douros aux chefs du *resguardo*, à la condition qu'il lui permettrait de débarquer à main sauvée, près de Laurin, une forte quantité de marchandises anglaises. L'offre ayant été agréée, la somme fut religieusement comptée aux chefs du *resguardo*. De leur côté ceux-ci ordonnèrent de grands mouvements à leurs soldats sur des points de la côte inutiles à garder, et grâce à tant de complaisance, le débarquement de la cargaison put s'effectuer sans le moindre obstacle. Le lendemain un convoi de quatre cents mulets, qui pliaient sous le poids de leurs charges, apportaient à Laurin les ballots débarqués Il s'agissait maintenant d'introduire la marchandise dans Malaga sans compromettre la douane. En homme rempli de délicatesse, le négociant distribua la contrebande dans des caisses à raisins secs, et se présenta lui-même à la tête de son convoi aux portes de la ville. Mais, ô cruelle surprise ses innombrables caisses y sont toutes prises par la douane, qui prétexta que le *seguro* ne valait que pour le débarquement sur la côte, mais pas le moins du monde pour l'entrée de la cargaison dans Malaga. La malheureuse victime du vol eut beau réclamer, toute sa marchandise fut confisquée.

On raconte qu'en 1826 Ferdinand, sentant combien il était important pour le trésor d'en finir avec la contrebande scandaleuse qui se faisait en Andalousie, résolut de la détruire à tout prix. Convaincu, cependant, qu'il lui serait à peu près impossible d'atteindre ce but s'il s'en reposait sur ses employés, il passa un contrat avec un monsieur Riera, auquel, pour prix de l'œuvre, le monarque espagnol céda une part dans les produits de la vente des tabacs de la régie, outre la propriété absolue de toutes les prises qu'il parviendrait à faire sur les contrebandiers. Là-dessus M. Riera arma vingt quatre felouques, fit une pension de cinq mille francs à deux faux émigrés chargés de surveiller les patriotes réfugiés dans Gibraltar, et se mit à croiser avec tant de bonheur devant les côtes, que les malheureux contrebandiers étaient réduits à attendre un coup de vent favorable pour se jeter sur la plage entre Mervella et Estepona. Mais bientôt les *corredores* s'étant arrangés avec les capitaines des felouques, M. Riera se vit forcé d'intéresser ses subalternes dans les prises, pour qu'ils cessassent enfin de faire cause commune avec les contrebandiers. Ceux-ci s'adressèrent alors aux patrons génois établis dans Gibraltar, lesquels se faisaient délivrer des feuilles de route pour Gênes, et venaient ensuite relâcher à Malaga. La douane avait beau établir des factionnaires à bord de ses navires, comme les patrons n'étaient pas obligés de limiter la durée de leur séjour, il s'ensuivait que le *corredor* avait tout le temps de corrompre les gardes chargés de le surveiller, ou pour le moins de préparer un débarquement imprévu au moment du départ du navire. Jugez, d'après ces tristes détails, des immenses difficultés qu'aura à vaincre le gouvernement espagnol avant de parvenir à l'extirpation de ce fléau, qui rencontre maintenant de si puissants auxiliaires dans le désordre administratif inséparable de toute guerre civile, et dans l'état de dénûment complet où gémissent tant de malheureux employés, dont la solde est si arriérée faute d'argent. Figurez-vous que la plupart des mouvements insurrectionnels de Malaga n'ont été au fond que d'ignobles opérations de contrebande. Quatre à cinq maisons, dont les noms sont connus de tout le monde ici, profitaient des moments de trouble pour introduire d'énormes cargaisons de marchandises étrangères dans la ville; le lendemain tout rentrait dans l'ordre habituel, et il n'y avait rien de changé, sinon la fortune de quelques misérables spéculateurs, tandis que la révolution de la veille restait comme un fait inexplicable aux yeux de l'étranger.

Enfin l'ignorance de l'administration est telle que, par le fait, elle se constitue complice des contrebandiers. Ainsi, dans toute la Catalogne et les îles Baléares, où l'on ne fume que du tabac du Brésil, il paraîtrait naturel qu'elle avisât aux moyens d'en fournir elle-même les nombreux consommateurs. Il n'en est rien cependant; la régie n'en débite pas une seule feuille, et le marché reste tout à fait libre à la fraude. L'énormité des droits encourage encore ce commerce illicite ; car bien que la régie achète de première main, elle persiste à vendre trois sous les mêmes cigares que les fabriques clandestines livrent aux fumeurs au prix de sept centimes.

———

Gibraltar, ce 29 septembre 1839.

J'ai passé toute ma journée à grimper sur les escarpements de ce rocher où l'Angleterre dépense huit millions par an, et entretient une garnison permanente de six mille soldats. Six cent soixante-neuf canons braqués dans des batteries construites au niveau de la mer, ou dans des galeries admirablement creusées dans les entrailles du mont, le défendent vers l'Océan et vers l'Espagne, à laquelle il ne tient que par une étroite langue de terre appelée *Campo-Neutro*, Champ-Neutro, que les guérites des douaniers espagnols traversent dans toute sa largeur.

Vu de la Méditerranée, ce rocher se présente sous la forme d'un immense cône tronqué, isolé au milieu des eaux. Sur sa cime (habitée depuis des siècles par les singes, qui continuent à protester à coups de pierre contre la domination anglaise, comme ils protestèrent probablement jadis contre celle des Maures et des Espagnols), on a autour de soi un des plus beaux panoramas de la terre. Figurez-vous deux mers immenses, la chaîne de l'Atlas et cinq royaumes dans deux parties du monde : Séville, Grenade, Maroc, Fez et la Barbarie.

J'avais pour guide dans cette excursion si propre à exalter l'imagination du voyageur, le marin le plus réputé de Gibraltar, l'arbitre de toutes les disputes entre matelots des différents pays, enfin ce même M. Galiano dont je vous ai parlé hier. Il m'a tant amusé avec le récit de son histoire, que je vais tâcher de me la rappeler.

Né dans un village de la rivière de Gênes en 1750, un oncle abbé l'appela de bonne heure à Rome, et voulant en faire un prêtre, le mit à l'étude du latin. Un jour l'abbé se prit de querelle avec le neveu, l'accusant de n'avoir pas été à l'école; à quoi celui-ci répondit affirmativement, ce qui était faux. « Eh bien! reprit l'oncle soupçonneux, allons à Sainte-Marie en Cosmedine; tu vas mettre la main dans la bouche de la Vérité. » D'après une tradition qui était la terreur de tous les jeunes écoliers romains, cette bouche, creusée au centre d'un disque de marbre qui représente grossièrement une face humaine, emportait net la main des menteurs; or, comme le petit Galiano se sentait un mensonge sur la conscience, il céda à un premier mouvement de peur et déclina le défi. Le lendemain cependant il alla tout seul rôder autour de la terrible bouche. Les préjugés de l'éducation qu'il avait reçue le portaient à croire à la tradition; mais la curiosité, et son esprit naturel qui lui conseillait le doute, l'eurent bientôt emporté, et il se décida à risquer un essai. Il commença donc par introduire dans l'ouverture de la pierre le petit doigt de sa main gauche, qu'il retira presque aussitôt pour l'y replacer, en déployant un second doigt. Voyant que la bouche ne donnait pas même signe de mouvement, il s'enhardit et y enfonça la main tout entière, en fermant toutefois involontairement les yeux. Quand il les rouvrit, il fut on ne peut plus surpris de retrouver sa main intacte, et le cœur lui sourit de suite à l'idée qu'il pourrait désormais mentir impunément à son cher oncle. Aussi, au premier démêlé qu'il eut avec lui, demanda-t-il avec jactance qu'on allât à Sainte-Marie, et après s'être soumis à l'épreuve, se prit-il à rire au nez de l'abbé, et à lui conter l'essai qu'il avait déjà fait. L'abbé fut tellement révolté de cet acte abominable, qu'il le renvoya à Gênes d'où il s'échappa l'année suivante, fuyant le châtiment qu'on allait lui infliger pour avoir jeté un encrier à la tête de son nouveau précepteur, et en s'engageant en qualité de mousse à bord d'un navire. Devenu matelot il conquit le cœur de la fille de son capitaine, l'épousa, se fit corsaire, tomba entre les mains des Barbaresques, fut leur prisonnier pendant deux ans, et n'échappa du bagne de Tunis que pour être renfermé dans les cachots du saint-office à Valence, comme compromis dans le meurtre d'un moine. Bien qu'innocent il feignit d'être muet, pour éviter de se nuire davantage par aucune réponse. Relâché après une courte détention, il alla s'établir à Gibraltar. De là il faisait de fréquentes excursions à Tanger. Un jour il fit la rencontre, dans un jardin de cette ville, d'une Moresque qui l'apostropha de chien de chrétien, et lui cracha à la figure parce qu'il portait une calotte grecque. Galiano riposta par un vigoureux soufflet; les voisins accoururent et les traînèrent tous deux devant le bey, malgré les réclamations des consuls de Suède et d'Angleterre qui aimaient beaucoup notre Génois. Sur son aveu du fait du soufflet, le bey lui dit : « Chrétien, ignores-tu que d'après la loi du prophète tu vas perdre la main qui a osé frapper cette musulmane? — Eh bien! coupe ma main, reprit énergiquement Galiano, en la présentant au sabre du janissaire, mais ordonne aussi qu'on coupe la tête de cette femme qui m'a craché à la figure. » Le bey resta interdit devant tant de fermeté, et renvoya Galiano sans aucun châtiment.

Cela se passait en 1795. Ce fut dans cette même année, que de retour à Gibraltar il y reçut la visite du duc d'Orléans, qui était à la recherche d'un homme hardi pour entreprendre de sauver madame Adélaïde, sa sœur, alors réfugiée en Catalogne où elle n'était plus en sûreté, et de l'amener à Malte. Galiano accepta les offres du prince, enleva la princesse de *Tourorellia de Mougri*, s'embarqua avec elle et la déposa saine et sauve à Malte, après avoir échappé miraculeusement à un corsaire français, qui le força de se réfugier dans le port de Cagliari.

« Je dois dire à l'éloge de cette excellente famille d'Orléans, me disait Galiano, que jamais elle n'a oublié le service que je lui ai rendu dans cette circonstance mémorable. Des affaires de commerce m'ayant amené à Paris en 1828, je n'eus qu'à me faire annoncer au Palais-Royal pour être introduit à l'instant chez LL. AA., qui me firent l'accueil le plus cordial. Elles parurent assez surprises de me trouver fort vieilli; de mon côté, bien que je me gardasse d'exprimer mon opinion, je trouvais que le temps n'avait pas marché pour elles moins que pour moi. Le duc me dit qu'absorbé par les affaires, il ne pourrait me recevoir que de temps à autre. Il mit cependant à ma disposition un officier de sa maison, qui m'hébergea et me voitura dans un excellent coupé pendant toute la durée de mon séjour à Paris. Le duc m'envoyait en outre fort régulièrement des billets pour la chambre des députés, dont les débats m'égayaient beaucoup. Un jour qu'au sortir d'une séance fort orageuse j'étais venu lui faire ma cour, il me demanda ce que je pensais des députés. « De grands bavards, Altesse, lui dis-je, et surtout des révolutionnaires fort dangereux ». Il sourit, mais sans répondre un mot, ce qui me surprit d'autant plus, qu'alors j'étais loin de prévoir tout ce qui arriva deux ans plus tard.

» Tout récemment le duc de Nemours, qui est tout le portrait vivant de son père tel qu'il était quand je le vis ici en 1795, a voulu me voir lors de son passage par Gibraltar, et m'a apporté de plus les compliments de toute son auguste famille.

» Enfin, pour vous donner une idée de la bienveillance extrême qu'on a pour moi aux Tuileries, sachez qu'il n'y a pas deux mois, M. V***, le chef des cuisines royales, avec lequel je me suis lié d'amitié pendant mon séjour à Paris, m'a écrit une lettre fort amicale, dans laquelle, en même temps qu'il me donnait une forte commande de vin de Xérès première qualité, pour le service de la cour, il me faisait savoir qu'un fameux horloger de la capitale ayant fait hommage à S. A. R. Madame Adélaïde d'une pendule représentant son auguste frère qui saigne un postillon tombé de cheval sur la route de Versailles, on s'était démandé au château à qui l'on pourrait faire un aussi beau présent ; que lui, M. V***, avait eu l'heureuse idée de prononcer mon nom, et que son avis ayant été agréé, il était chargé par l'auguste princesse de me l'envoyer. Du reste vous l'avez déjà vue chez moi cette magnifique pendule ; elle fait l'honneur de ma maison dont elle est aussi le meuble le plus précieux. De mon côté, je me promets d'exécuter la commission de ce digne chef des cuisines royales, de manière à ce que l'on n'ait jamais bu à la table des Tuileries de vin d'Espagne plus exquis. »

Je finirai cette petite biographie de M. Galiano par un détail historique qui ne manque pas d'une certaine importance. En 1823, les progrès de l'armée française en Andalousie ayant forcé Torrijos à se réfugier à Gibraltar, le gouverneur anglais proposa à Galiano de diriger un débarquement que les constitutionnels espagnols se proposaient de tenter contre les Français. Torrijos devait commander l'attaque, et Galiano avait ordre de l'appuyer avec le canon des grosses barques de transport que les Anglais avaient armées. L'entreprise reçut un commencement d'exécution, et pour que personne n'eût vent de ce qui se tramait à Gibraltar, Galiano, par ordre du gouverneur, fut descendu des murailles de la ville à l'aide d'une corde. Le débarquement fut manqué, mais pour des causes indépendantes des Anglais et de M. Galiano.

Malaga, ce 1 octobre 1839.

Mire usted cuánto es hermosa mi tierra! Voyez combien est belle ma terre natale! me disait ce matin un artilleur de faction sur le haut du château moresque de Gibralfaro; et il me montrait en même temps la mer, le ciel éclatant, les pics de la *Sierra del Caronado*, et cette multitude de charmantes collines qui, couvertes de vignes coupées à deux pieds du sol, produisent à l'œil l'effet d'une étoffe de soie de couleurs changeantes, ne laissant apercevoir parfois que le rouge de la terre, et parfois le vert des pampres. Nous parlâmes ensuite de ce qui se passait dans le fort, et le factionnaire continua en ces termes : « On nous emploie ici à la garde de quelques malheureux prisonniers exaltés, car bien qu'on dise que nous avons la liberté, cependant je vous assure que le despotisme pèse encore plus que sous Ferdinand. Nos gouvernants détestent encore plus les patriotes que les carlistes, et sans une heureuse inspiration qui m'a conduit à changer mon uniforme de garde national contre celui d'artilleur, j'aurais certainement été déporté sur les côtes d'Afrique comme tant d'autres de mes amis. Vous autres étrangers, vous ne devez rien comprendre à ce qui se passe chez nous ; *no saben ustedes que las bayonetas son leales, pero las espadas traidoras,* vous ne savez pas qu'ici les baïonnettes sont loyales, mais les épées traîtresses. »

L'arrivée du piquet de garde qui venait relever le factionnaire, interrompit cette conversation au moment où elle me promettait le plus d'intérêt. Sortant alors du château je fus me perdre dans les collines environnantes, ce qui ne manquait pas d'imprudence, car elles sont infestées à tel point de voleurs, que beaucoup de propriétaires s'abstiennent de visiter leurs terres, dans la crainte d'être enlevés. Le capitaine général ne peut rien contre un état de choses aussi déplorable, d'abord parce que c'est l'état habituel de la province, puis parce qu'il n'a pas assez de troupes pour contenir à la fois les exaltés, les contrebandiers, les *rateros*, voleurs domestiques, et les brigands qui dominent en maîtres sur les routes de Malaga, Grenade et Séville. Ne confondez pas cependant, je vous prie, les *rateros* qui sont de la vraie canaille avec les brigands. A part la bosse de la rapine, ceux-ci sont de fort honnêtes gens, galants envers les belles, et ne tuent des hommes qu'en cas de résistance. Tour à tour voleurs et sbirres, le voyageur qui ne consent pas à les payer comme escorte, risque de les rencontrer en route l'escopette en joue, avec des prétentions bien autrement considérables. Ordinairement les gens riches et les voituriers passent un contrat avec eux, et moyennant un tribut pareil à celui que les états européens payaient autrefois aux régences barbaresques, ils obtiennent de voyager en toute sécurité, car les brigands respectent les traités, et ne permettent pas qu'on touche un cheveu à la personne de leurs protégés. Le fait suivant vous donnera une idée de leur loyauté. Il y a près d'un mois, quelques voyageurs anglais louèrent ici une voiture pour Grenade, et craignant d'être dévalisés en route, ils prièrent le *mayoral* de leur procurer une escorte. Celui-ci leur amena quatre sbirres; mais ils avaient des mines si terribles, et leurs prétentions étaient si exagérées, que les Anglais les congédièrent ainsi que le *mayoral*, et partirent par la diligence de Serrano, voiturier qui va régulièrement à Grenade deux fois par semaine. A mi-chemin, la diligence fut attaquée à la grande surprise de Serrano, qui protesta, alléguant la foi des traités. Le chef de la bande déclara alors fort respectueusement qu'il n'en voulait qu'à certains Anglais qui, après être entrés en marché avec des gens de sa troupe pour une escorte jusqu'à Grenade, leur avait fait faux bond. Serrano répondit que « dans tout pays chrétien le pavillon couvrait la marchandise, et qu'il suffisait que ces Anglais voyageassent dans sa voiture pour qu'ils dussent être à l'abri de toute violence. » Eh bien! madame, cette argumentation fut admise sans réplique; et les brigands aimèrent mieux laisser échapper leurs chers Anglais, que de manquer à la foi jurée.

En voilà assez pour aujourd'hui sur les brigands, et parlons de Malaga. Vos diplomates ne vous ont peut-être pas appris que Ferdinand le Catholique, après la conquête de Malaga, fit présent à cette ville d'une madone dont il se faisait toujours suivre à la guerre, et à laquelle il se croyait redevable de toutes ses victoires sur les Mores. Cette madone est connue sous le nom de la Vierge de la Victoire, et jouit d'une grande vénération à trente milles à la ronde de Malaga à cause des nombreux miracles qu'on lui attribue. Aussi l'affluence était immense cette après-dînée à l'occasion de la célébration de sa fête. Tous les balcons et les croisées étaient élégamment pavoisés, et la procession circulait dans les rues entre deux immenses files de chaises, toutes occupées par de belles dames. Le capitaine général marchait en tête du cortége, portant la bannière de la Vierge, et après la milice, les prêtres et les corporations, venait un char avec la statue miraculeuse. Deux petits enfants embrassaient de leurs tendres mains les colonnes de ce temple roulant; l'un était aveugle, l'autre estropié, et leurs parents les avaient placés là sous les yeux de la Vierge, dans l'espoir qu'elle fît un miracle de plus, au profit de ces innocentes créatures, sur lesquelles tous les regards se dirigeaient avec intérêt. La procession se prolongeait encore à la nuit close; et l'effet de tous ces costumes, de toutes ces belles femmes vues à la lueur des torches, était vraiment magique. Pour moi, je ne connais rien de plus original qu'une ville espagnole un jour de solennité religieuse. Toutes les classes sont confondues, la gaieté est peinte sur tous les visages; on passe en revue toutes les belles de la ville, et, avec des manières courtoises, on peut se risquer à leur adresser la parole, même sans les connaître. Comme vous pensez bien, les dames recherchent avidement ces solennités, car elles savent que la moitié de la fête est pour elles. Les garçons, heureux de voir la *querida* (l'objet de leur amour) rôdent autour de la chaise qu'elle occupe, lui envoyant, mêlée à leurs soupirs, la fumée de leurs cigarettes; puis c'est partout le peuple avec ses costumes pittoresques, la guitare, les castagnettes, le fandango, et la romance chantée par le pauvre aveugle, héritier de l'ancien troubadour. La procession rentrée, la foule a envahi le théâtre où des amateurs ont joué et dansé jusqu'à minuit en l'honneur de la Vierge de la Victoire.

Venta de los Dornacos, ce 1ᵉʳ septembre 1838.

Nous sommes quatre dans une chambrette. On nous a servi à souper, puis on a jeté deux matelas par terre, et on nous a dit : « Messieurs, partagez-les entre vous. » Mes camarades ronflent déjà comme des bassons ; je sens que je les imiterai bientôt.

Partis de fort bon matin avec la voiture de Serrano, nous allions atteindre le sommet de la côte de la Reyna, quand les sbirres auxquels est confiée la garde de la montagne, arrivèrent à notre rencontre. En voyant les pistolets et les coutelas qui leur garnissaient la ceinture, nous crûmes que c'étaient les voleurs ; mais c'était encore trop tôt. Ils nous servirent à déjeuner dans le *ventorillo*, hospice, et à notre départ ils nous demandèrent une gratification, que chacun leur donna avec empressement. Remis en route, nous n'étions qu'à une lieue du Colmenar, lorsque quatre hommes armés jusqu'aux dents se montrèrent sur une hauteur et sommèrent Serrano de venir. Le *mayoral* sauta à l'instant de sa banquette, et disparut avec eux, nous laissant sur le chemin, en proie à une vive agitation. Nous avions avec nous trois dames ; la plus jeune, Biscaïenne fort jolie, saisit à l'instant son chapelet et se mit à dire assez d'*ave* pour mettre en fuite une guerilla, non de brigands, mais de démons. La plus âgée se donnait déjà pour morte et attendait le moment de s'évanouir. Enfin la troisième, veuve fort galante frisant les trente-cinq ans, s'agitait sur son banc, fort impatiente de voir enfin ces brigands dont on lui avait tant vanté la galanterie. Quant aux hommes, ils étaient tous descendus de voiture et faisaient glisser leurs écus dans leurs bottes. Pour moi, j'attendais les assaillants, armé d'un rouleau de vingt douros. Cependant les voleurs ne se montraient pas, notre *mayoral* non plus, et même les plus poltrons d'entre nous perdaient patience. Qui sait ? nous allions peut-être faire quelque trait héroïque, lorsque Serrano apparut sur le rocher, un peu plus pâle que d'habitude, et après avoir regagné la banquette, poussa ses huit mulets au grand trot, au milieu de la surprise générale. Or, que s'était-il passé dans cette mystérieuse entrevue ? Rien moins que la présentation de Serrano au brigand Curro Romer, par son ami le brigand *La Liebre*, qui va profiter de l'*indulto*, amnistie, et quitte sa bande. Curro avait dit à Serrano qu'il était charmé de faire la connaissance d'un aussi brave homme que lui, et qu'ayant entendu ébruiter que certains maraudeurs se proposaient de l'attaquer près du Colmenar, il s'y était rendu avec sa bande pour protéger, contre toute violence, l'ami de son ami. « J'étais en train d'exprimer ma reconnaissance à cet excellent brigand, me disait gravement Serrano, lorsque l'un des voleurs est venu nous conter que nos dames se mouraient de peur. Alors Curró me serra la main et me dit : Toñito, allez vite tranquilliser ces belles, et souhaitez-leur un bon voyage de ma part. »

Ici le mayoral se tut, mais en glissant le pouce contre l'index, il me fit comprendre qu'il avait dû payer son tribut de vasselage au nouveau roi de la Sierra.

Dans ce moment nous arrivions au village du Colmenar, qui est l'une des plus méchantes populations de l'Andalousie. Des groupes s'y entretenaient de la mort du *muchacho* (garçon) d'Alfarnate qui, après avoir tué quatre individus, dont une femme, en moins de 48 heures, s'était enfui dans la Sierra voisine. L'alcalde et les parents des victimes s'étaient mis à sa poursuite et l'avaient rejoint la veille dans la soirée. L'alcalde lui cria aussitôt de se rendre, mais le *muchacho* répondit par un coup d'escopette qui cribla le chapeau de sa seigneurie ; alors les gens de sa suite firent une décharge générale, et le *muchacho* tomba percé de balles. Nous ne faisions que d'apprendre cette aventure, lorsque Serrano nous cria : « *Cuidado que llega el muerto !* Attention, voilà le mort qui arrive ! » Effectivement, c'était le corps expéditionnaire de retour avec sa victime. Huit soldats escortaient un âne chargé d'un cadavre plié comme un sac, tête, pieds et mains flottant vers terre. Suivaient l'alcalde et son *escribano*, secrétaire, montés sur le dos de la même mule ; et ceci était fort curieux à voir, car l'*escribano*, pour ne pas glisser le long de la queue de l'animal, était obligé de serrer son supérieur dans ses bras, au risque de lui couper la respiration. Enfin à respectueuse distance chevauchaient sur deux autres mules quatre parents des assassinés. Dans quelques minutes tout le village eut entouré les nouveaux arrivés. Serrano, après avoir changé d'attelage, fouetta ses mulets.

J'ai traduit tout à l'heure le mot d'*indulto* par amnistie, ce qui n'est pas très-exact. L'*indulto* est un véritable contrat que le brigand fait avec la justice. Celle-ci lui garantit l'oubli du passé, et lui, promet à son tour de vivre à l'avenir en honnête homme. Le voleur qui a demandé l'*indulto* prépare sa paix avec la justice et la société, en s'abstenant de nouveaux crimes, et tant que dure la négociation, il joue le rôle de converti. Naguère, c'était un vrai tigre ; on le dirait métamorphosé en une timide jeune fille, qui n'aurait pas le courage de plumer un oiseau. Enfin, l'*indulto* arrive, et le gracié, s'il n'a pas dissipé tout le fruit de ses rapines, va finir tranquillement ses jours au milieu des siens. S'il est dans le dénûment, il se met aux gages de la police, et devient le plus cruel ennemi de ses anciens camarades, qui tôt ou tard se vengent du traître.

Je vous quitte un instant pour aller vérifier la cause du tapage d'enfer qu'on fait à la porte de la *posada*.

— Me voici de retour. C'était l'alcalde d'Alfarnate qui, suivi de ses paysans, voulait entrer de vive force dans l'auberge pour savoir quelle espèce d'hôtes Mariana, la *posadera*, avait chez elle. Celle-ci ne voulait pas ouvrir, et criait à l'alcalde, derrière la serrure de la porte : « *Señores, son ustedes ladrones, ó facciosos ?* Messieurs, êtes-vous des voleurs ou bien des factieux ? » Enfin, on s'est reconnu, et tout est rentré dans l'ordre.

Je m'arrête, ne sachant pas encore ce qui nous arrivera demain. Mais jusqu'ici, n'ai-je pas lieu de me croire au temps de Gil Blas.

———

Venta Nueva, ce 19 septembre 1838.

Parti de Malaga sans domestiques, j'en ai maintenant trois à mes ordres. L'un est un galérien libéré qui vient d'expier dans le bagne de Malaga un coup de couteau donné à un ami dans un moment de colère, et qui retourne à Valence faire la consolation de sa famille. Les autres sont deux garçons tailleurs de treize à quatorze ans, qui, mourant d'envie de savoir comment la mer est faite, se sont enfuis de l'atelier paternel, avec cinq *piécettes* pour tout argent dans la poche. Ils retournent actuellement à Grenade, l'un, fort content de la plaine liquide, l'autre, l'ayant trouvée trop vaste et surtout trop salée; ils avisent ensemble aux moyens d'éluder le lourd accueil que leur prépare sans doute la tendresse des parents. Ces singuliers pages montent et descendent les sacs des voyageurs, pendant les haltes de la diligence, qu'ils suivent à pied, chose fort aisée, attendu qu'elle ne va ordinairement qu'au pas. Le soir, assis sur les marches de l'escalier de la *posada*, ils partagent nos repas, faisant certainement meilleure chère que chez eux. Cette manière de voyager est fort commune parmi les gens du peuple en Espagne, et il n'est pas de *galera* qui ne remorque à sa suite quelques pauvres diables, *que van corriendo tierras*, qui s'en vont, courant le monde, poussés par un esprit romanesque, ou traqués par la faim ou la justice.

La route de Malaga à Grenade, rendue praticable aux voitures seulement depuis quelques années, est déjà si dégradée qu'aucun mayoral n'oserait s'y aventurer la nuit. Elle traverse un pays qui offre des beautés pour tous les goûts. Qui aime la nature riante y trouvera des paysages délicieux, sur les bords du Jenil, qu'on rencontre près de Loja, ancienne ville mauresque, fort réputée pour la beauté de ses femmes, remarquablement belles en effet, si je dois en juger d'après celles que le bruyant passage de notre voiture attira aux croisées. Qui préfère l'agreste et le sauvage se plaira dans les gorges du port d'Alfarnate, toutes semées de croix, attestant les nombreux assassinats qui s'y sont commis.

Chemin faisant, Serrano nous contait avec un sentiment d'admiration mélancolique, l'histoire des plus fameux brigands qu'il avait connus ; entre autres celle de José Maria, à qui l'extravagance anglaise fournit un disciple de bonne maison, et celle du malheureux Curro Lopez, le filleul de la duchesse d'Alba, qui privé du puissant appui de sa noble marraine, défunte pendant qu'on instruisait son procès dans les cachots de Cadix, fut étranglé sans pitié. Mais tout n'est pas mort avec lui, et chaque muletier sait par cœur la chanson que Lopez composa la veille de son exécution. C'est la confession de ses hauts faits, dont il a voulu léguer le souvenir à la postérité. Serrano nous l'a chantée sur la guitare, et je regrette de ne me rappeler que les couplets suivants :

« Sur les bords du Palomones — Naquit un cordonnier ; — Il s'appelle Curro Lopez, — Celui qui n'eut jamais peur de personne.

» J'ai vingt-cinq meurtres sur la conscience, — Sans compter celui que j'ai démangeaison de commettre ; — Mon dernier assassiné — Fut un moine de Saint-François.

» J'ai vingt-cinq meurtres sur la conscience, — Sans compter celui que je lègue à un ami pour me venger ; — L'avant-dernier assassiné fut un milicien de Xérès. »

Suivent de la sorte tous ses exploits, chaque couplet exprimant constamment le même regret, avec l'aveu d'un nouveau crime, et la chanson finit par celui-ci :

« Hélas ! ma marraine est morte, — La petite duchesse d'Alba ; — Oh ! si elle n'était pas morte, — On ne m'ôterait pas la vie ! »

En dédommagement des couplets qui manquent, écoutez un dialogue qui les vaut bien. Il a été provoqué, par ma présence, entre un milicien *exaltado*, que j'ai rencontré ce matin près de Loja, et un de mes trois domestiques, le galérien.

Le milicien s'adressant à moi : « Caballero, je vous con-
» seille de ne pas vous aventurer tout seul sur les grands
» chemins, car à votre air de bourse bien garnie, vous ren-
» contrerez trop de monde qui serait tenté de vous faire un
» mauvais compliment. Quant à cet homme qui vous suit,
» c'est autre chose ; ses habits qui tombent en lambeaux le
» mettent à l'abri d'un pareil danger. »

Le galérien : « C'est vrai que je n'ai pas un maravédis sur
» moi, bien que mon père soit un riche particulier de Va-
» lence ; cependant j'ai un passe-port fort en règle, et je ne
» crains ni les voleurs ni les alguazils. »

Le milicien : « Qui veut donc de votre passe-port ? Voici
» bientôt vingt ans que je me promène en Espagne, sans
» avoir jamais eu sur moi d'autres papiers que les vieux
» parchemins de noblesse de mes aïeux. »

Que diront maintenant les radicaux français des prétentions héraldiques de leurs confrères de par delà les Pyrénées ?

Grenade, ce 20 septembre 1838.

Je voudrais pouvoir me rappeler quelques-unes de ces divines octaves par lesquelles le Tasse peint les douces couleurs de l'aube et le réveil de la nature au matin, pour les mettre en tête de ma lettre ; car les vers et la langue harmonieuse de ce poëte pourraient seuls vous dire ce que c'est qu'un jour naissant derrière la crête magnifique de la *Sierra Nevada*. Jamais je n'ai vu du vert d'émeraude, de l'azur de cobalt, du rouge de rubis aussi purs aussi transparents ; et je doute que l'imagination de l'artiste puisse

jamais rêver des couleurs qui aient à la fois plus de suavité et d'éclat. Il ne manque à ce spectacle que les danses de quelques séduisantes houris, pour que le voyageur puisse se croire transporté dans le paradis de Mahomet. Au moment où nous assistions à ce ravissant spectacle, nous étions à six lieues de Grenade, que nous ne pouvions que deviner sans la distinguer au pied de la Sierra d'Elvira, grâce aux vapeurs soulevées par le soleil naissant. Nous avions en face la Sierra Nevada, ainsi appelée à cause des neiges éternelles qui en blanchissent les cimes, et à notre gauche la Sierra de Parapanda, dont un ancien proverbe, connu de tous les laboureurs, dit : « *Cuando Parapanda tiene montera, agua en tierra,* quand Parapanda met son chapeau, pluie dans la vallée. » Deux lieues plus loin nous entrions dans la délicieuse plaine de la Vega, qui commence au village de Lacha. A celui-ci succèdent les riantes bourgades de Paz, Tijuela, Romilla, Chanchina et Santa Fé, parmi lesquelles se trouve comme enlacé le beau domaine du Soto-de-Roma, dont Ferdinand VII fit présent au duc de Wellington en récompense de ses services pendant la guerre de l'indépendance.

Après trois nouvelles heures de voyage, la diligence s'étant arrêtée devant la Cázeria-de-Harro, maison de campagne appartenant à l'un de mes compagnons de voyage; celui-ci, sans me connaître même de nom, mû simplement par ce sentiment d'hospitalité envers les étrangers, qui en Andalousie est encore plus prononcé que partout ailleurs en Espagne, me pria avec tant d'instance d'accepter un dîner de vendange dans sa famille, que je ne pus refuser, et je me séparai de Serrano. Je fus comblé de politesses de tout genre chez mon hôte. Après dîner j'allai errer à travers les champs où l'on faisait la vendange. Les demoiselles de la maison y prenaient part, elles eurent plus d'une fois à admirer mes jugements sur les différentes qualités de raisin, dont elles m'invitaient à goûter à tout moment. Enfin plus tard on attelait deux vigoureux mulets à une *tartana*, et avant l'arrivée de la nuit je faisais mon entrée dans Grenade, au milieu de cette charmante famille.

Avant de vous souhaiter le bon soir, deux mots sur la Vega de Grenade. Les propriétés y sont excessivement partagées, et sa richesse, proverbiale depuis des siècles en Espagne, lui vient principalement des abondants cours d'eau qui la sillonnent en tout sens. Chose remarquable! tout ce qui se rapporte à la répartition de ces eaux pour l'irrigation du sol, est encore de nos jours ce qu'il était du temps des Mores. Aujourd'hui, comme il y a quatre cents ans, l'arrosage a lieu pendant la nuit, et est réglé à six lieues à la ronde de Grenade par les sons de la cloche de la tour *de la Vela* (de la Veille). Avertis par les tintements nocturnes de cette cloche, des heures pendant lesquelles le bénéfice de l'eau leur appartient, les laboureurs arrosent leurs champs au moyen de saignées faites aux lits du Genil, du Dilar, de l'Almonachil, des Aguas Blancas, du Reiro et du Darro. L'eau fournie par ces courants est une propriété publique, et chaque cultivateur en profite à son tour de rôle pendant le nombre d'heures reconnu nécessaire à l'arrosage de son bien. Aucun cependant ne peut vendre à d'autres ses heures d'irrigation. Il n'existe d'exception de cette nature qu'en faveur des descendants de certaines familles auxquelles, en récompense de la part prise par elles dans la conquête de Grenade, les rois catholiques octroyèrent en propriété la jouissance perpétuelle d'un certain nombre d'heures d'arrosage. Les héritiers de ces familles sont seuls à pouvoir trafiquer de leur droit, et ce privilége leur vaut d'énormes profits pendant les années de sécheresse. Quant aux autres cultivateurs, s'il arrive par exemple que l'un d'entre eux refuse pour un motif quelconque ses heures d'irrigation, ses voisins ont le droit d'en profiter pour eux mêmes, sans lui devoir aucune rétribution. Il en est de même entre communes limitrophes.

Les écluses, qui servent à la répartition des eaux entre les différentes communes, occupent encore les mêmes emplacements qu'elles occupaient avant l'expulsion des Mores; c'est tout au plus si la position des rigoles qui traversent les propriétés particulières a varié depuis lors. On désigne les écluses par le mot de *bocacazes*, emprunté aux Arabes, et le bicz de chaque *bocacaz* a une ouverture proportionnelle à l'importance territoriale de chaque commune.

Tous les procès auxquels donne lieu l'arrosage, sont portés devant un tribunal particulier le *juzgado de aguas*, composé d'un seul juge dont l'élection appartient à la municipalité de Grenade. Ses arrêts sont sans appel pour ce qui regarde le contentieux; mais lorsqu'il s'agit de modifications à apporter aux anciens usages, ou de quelques dispositions réglementaires à prendre pour suppléer au silence de la loi, ses décisions n'ont force de loi qu'après avoir obtenu la sanction de la juridiction civile. Enfin il y a dans chaque commune, comme du temps des Mores, un inspecteur appelé *acequiero*, irrigateur, qui surveille le bon emploi des eaux de la commune, et exerce à la fois les fonctions de juge conciliateur entre les parties plaidantes, dans les différends de peu d'importance. L'*acequiero* est renouvelé tous les ans, et est élu à la majorité des voix par les laboureurs de sa commune, réunis en assemblée générale, dans les premiers jours du mois de mars. L'*acequiero* sortant doit compte à ses commettants de tous les actes de sa gestion, et reçoit de chaque laboureur, comme rémunération, une légère rétribution en argent, proportionnelle à l'étendue de la propriété de chacun d'eux.

Je finirai ma digression sur la Vega, par vous dire que le cultivateur qui s'est le plus distingué de nos temps est don Blas del Pinar. Mort depuis deux ans seulement il a laissé un fils qui compte lui aussi parmi les meilleurs agronomes de la Vega, où on l'appelle généralement *el hijo de oro*, l'enfant d'or. Voici l'origine de ce surnom : dans son enfance il était d'une constitution faible et toujours maladive; son père, après avoir consulté sans profit les oracles de la médecine, s'adressa à la sainte Vierge, et lui promit de consacrer à l'érection d'une chapelle en son honneur une quantité d'or égale au poids de son fils, si elle voulait bien lui accorder sa guérison. La sainte Vierge envoya la santé à l'enfant, et don Blaz accomplit son vœu. La chapelle qu'il fit bâtir jouit de la plus grande vénération dans toute l'étendue de la Vega.

Grenade, ce 23 septembre 1834.

Je passe la journée entière en courses délicieuses, et c'est un miracle que je trouve de temps à autre quelques moments à vous donner. Le matin je me lève avec le soleil, et, un livre sous le bras, je grimpe sur le charmant plateau de *la Silla del Moro*, qui a vue sur Grenade et la Vega. On appelle ce plateau *la Silla del Moro*, la chaise du More, d'après la tradition qui veut que Boabdil allât souvent s'y asseoir et regarder, en fumant sa pipe, les combats acharnés que les catholiques livraient aux siens pendant le fameux siége qui lui coûta sa couronne. Là-haut je croise moi aussi les jambes à l'orientale, j'allume la cigarette, et, en lisant les *Aventures de doña Isabel de Solis*, je cherche à me transporter de la pensée dans l'époque romanesque des Mores andaloux. Plus tard je rends visite aux gitanos qui habitent les grottes sauvages creusées dans les flancs du mont Saint-Michel. Enfin le soir, après le spectacle, je vais dans les rues passer en revue les madones éclairées par des lampes votives; j'épie les balcons aux pieds desquels les jeunes amoureux content mystérieusement fleurette à leurs *queridas*; ou bien j'accompagne la sérénade qui par ses mélodies plaintives arrache les belles au sommeil, et paraît forcer les persiennes à s'ouvrir sur son passage. Il y a un couplet de la Rondeña, c'est le fandango andaloux, que toutes les dames savent ici par cœur, et qui vous dira à lui seul tout ce que Grenade a conservé de vieilles mœurs espagnoles :

La dama que está dormida,
Y la guitarra lo llama,
No quiero mucho á su amante
Si lo prefiero la cama.

« La dame qui, au milieu du sommeil, — Se sent appeler à la croisée par la guitare, — N'aime pas beaucoup son amant, — Si elle ne saute à l'instant à bas de son lit. »

Ordinairement c'est par ce couplet délicieux que les galants commencent leurs sérénades, qui sont fort communes ici, tout individu y sachant se servir d'une guitare. A propos de sérénade, je vous dirai encore que rien n'est plus curieux que de voir, à l'aube qui succède à un jour de fête, le *majo* à moitié ivre regagner en chancelant son gîte, sans que son inséparable instrument se trouve jamais compromis à travers les nombreux accidents de sa marche incertaine et tortueuse.

Mais ce que j'aime particulièrement à Grenade, c'est l'amabilité, exempte de toute affectation, des femmes. Elles sont gaies, naturelles, d'un abord facile, et d'une grâce qui les fait paraître belles, lorsque le plus souvent elles ne sont que jolies. Habituellement elles m'appellent *Carlito*, petit Charles; que cela ne vous fasse pas partir d'un éclat de rire, car les dames ont ici l'habitude de ne désigner les hommes que par leur nom de baptême. Aussi la société de Grenade est-elle peuplée d'innombrables légions de *Carlitos, Pepitos, Luisitos, Manolitos, Frasquitos*, etc., etc. De leur côté les hommes en usent de même envers les femmes, et il faut un tact bien exquis pour comprendre à la volée quelle est la *Concha*, la *Dolores*, la *Carmenita*, la *Ramona*, la *Nieve*, etc., etc., à laquelle il est fait allusion. Malgré le ton d'intimité qui résulte naturellement entre les deux sexes de cet aimable laisser-aller, n'allez pas conclure que les dames manquent ici de réserve. Les jeunes personnes surtout ont, il est vrai, les mots d'*amor*, de *corazon* (cœur et amour) toujours à la bouche, mais elles savent aussi rappeler à l'ordre le galant trop hardi, et, le cas échéant, évoquer l'ombre du prêtre toujours prêt à bénir la noce. De leur côté les hommes entourent les belles de mille égards, et nulle part je n'ai vu *obsequiar una señorita*, courtiser une demoiselle, avec des manières qui rappellent mieux l'hommage chevaleresque rendu autrefois à la beauté. C'est un mélange tout à fait édifiant de tendresse, de respect, de poésie, de sentiment. La mère s'occupe à peler des glands, qui en Espagne sont meilleurs que les marrons. Elle fait soigneusement les têtes de *frailes*, moines, c'est-à-dire qu'avec les ongles et les dents, elle enlève la pellicule de la partie supérieure et l'arrondit de manière à former une petite tête ronde et blanche, et puis elle croque, tout en laissant le champ libre au jeune homme, qui débite en attendant mille douces folies à la fille. S'il lui a parlé trois fois, toute la ville dira que *la muchacha es su novia*, que la demoiselle est sa fiancée, et qu'il est lui *su novio*, son fiancé. Les mots sacramentels de *novio* et *novia* me causaient d'abord un tel effroi, que je n'adressais la parole qu'aux femmes mariées, redoutant de me compromettre si je causais avec les demoiselles; mais par la suite je me suis aperçu qu'ils étaient aussi légèrement jetés que reçus, et j'ai ri de ma crainte, qui rappelait un peu trop cette gracieuse pièce italienne de *Polichinelle persécuté par les ombres*.

Plus que partout ailleurs les dames de Grenade sont restées fidèles à l'ancien costume noir espagnol. Quelquefois on en rencontre d'habillées aux couleurs de tel ou tel couvent, avec un cœur d'argent percé de sept flèches, ou tout autre emblème de la Vierge agrafé sur la manche ou sur le côté: c'est le signe d'un vœu fait à la Vierge, dans l'espoir d'obtenir d'elle la guérison d'un malade, le retour d'une personne chérie, ou l'accomplissement de tout autre événement vivement désiré. Une jeune dame, à laquelle je demandai pourquoi elle portait une toilette pareille, me répondit : « J'avais une sœur que j'aimais beaucoup. Pendant une longue maladie, à laquelle elle succomba, je fis un vœu, à la Vierge du

Rosaire, de porter ses couleurs pendant deux ans si elle voulait m'accorder la vie de ma sœur. Mon vœu ne l'a pas sauvée, cependant je ne porterai pas moins cet habit et cette croix jusqu'au terme de deux ans, de peur que quelque autre malheur n'arrive à ma famille. » Chez les femmes, l'exclamation la plus commune est celle d'*Ave Maria purissima*: elle leur sert à exprimer la surprise, la douleur, les joies de l'amour; le paysan la dit aussi pour vous saluer sur votre passage, ou vous avertir qu'il entre chez vous, la renouvelant jusqu'à ce que vous lui disiez d'avancer; le mendiant l'emploie pour vous demander l'aumône; enfin elle est partout écrite en toutes lettres ou en initiales sur les portes des maisons.

Si vous venez jamais à Grenade, allez souvent faire la causette au parloir du couvent des Dames Nobles. Vous y trouverez des causeuses fort aimables et spirituelles, de qui vous recevrez des gâteaux, et quels gâteaux! Hier elles m'ont mis dans un grand embarras, en me questionnant sur les Dames du Sacré-Cœur de Paris, et sur je ne sais quelle madone miraculeuse dont celles-ci leur ont expédié la lithographie. Par bonheur, je me suis rappelé au moment même que les Dames du Sacré-Cœur excellaient dans la fabrication de l'eau de Cologne; car vraiment je ne savais que répondre à leurs questions. Ces religieuses sont fort attachées à leur noblesse, et quand on leur adresse la parole, il faut toujours les qualifier de *doña*. Savez-vous ce que m'a répondu l'abbesse, parce qu'une fois je l'ai appelée ma mère? « *Hijo, estamos aquí para no serlo!* Fils, nous sommes ici pour ne pas l'être! » Et elle me ramena de la sorte au respect du blason. Soit dit en passant, ces appellatifs de *hijo* et *hija*, fils et fille, sont si communs en Espagne, que les demoiselles s'en servent en parlant à leurs pères et mères, aïeux, bisaïeux, voire même à leurs amants. Quant à la situation de ces pauvres religieuses, elle fait vraiment pitié, car non-seulement on leur a confisqué leurs dots, mais même la modeste pension que l'état leur a fixée ne leur est payée que fort irrégulièrement. Cependant il n'est pas d'exemple qu'aucune d'entre elles ait abandonné son couvent, bien qu'une loi rendue depuis peu permette de rentrer dans le sein de leurs familles à toutes les religieuses qui le désirent.

Grenade possède un fort joli théâtre, où l'on joue souvent l'opéra italien. Bellini est le compositeur de prédilection, et ses suaves mélodies ont envahi jusqu'à la *tertulia*, où je ne voudrais retrouver que la chanson espagnole; car c'est elle qu'il faut entendre de la bouche des séduisantes Andalouses. Le rhythme des airs espagnols et la forme de leurs poésies, sont cependant fort difficiles à comprendre pour un étranger. Pour mon compte ce n'est que depuis que je me mêle au vrai peuple, que j'ai réussi à sentir tout ce qu'il y avait de charme caché dans le solennel et bouillant fandango, la franche gaieté de la jota, et la phrase tantôt triste, tantôt folâtre de la grande famille de la chanson espagnole. La part que celle-ci joue dans la vie du peuple, est telle que vous ne sauriez vous la figurer. L'enfant du peuple lit peu en Espagne, et écrit moins encore; c'est par la chanson que son cœur s'ouvre à l'amour, à la jalousie, à la vengeance, et un jour, devenu adulte, c'est en fredonnant les vieux couplets de son enfance, qu'il exprimera ses passions dans les veillées du village. J'ai assisté plusieurs fois à ces réunions si remplies d'originalité, où chaque individu révèle son âme par le choix de ses couplets souvent improvisés : l'un tient la guitare, les autres chantent chacun à leur tour. Un garçon aime une fille; il lui dit son amour en chantant, et bientôt un couplet de la belle viendra lui apprendre si sa flamme est partagée. Si la présence d'un rival est odieuse, le jaloux lui lancera un couplet provoquant, et si l'adversaire relève le gant, soyez sûr que tôt ou tard on en viendra aux mains. Malheur à celui qui oserait faire de l'esprit aux dépens des autres dans ces réunions! L'amour en Espagne n'est pas une affaire de pure galanterie comme dans d'autres pays plus civilisés et moins poétiques; il y est toujours sérieux, passionné et trop souvent dramatique. Enfin, l'enfant du peuple s'identifie tellement avec la chanson, que plus tard vous le voyez, tantôt muletier suivre en fredonnant ses animaux intelligents; tantôt vendeur d'eau, seul au milieu d'une plaine aride, chanter morne et distrait comme à la poursuite d'une pensée intime. Jusqu'aux cuisinières qui, lors de leurs querelles, se disent de maison à maison leurs griefs dans d'élégants couplets, tout empreints de leur noble et utile métier, et desquels s'échappe toujours un délicieux parfum de *asado* et de *olla podrida*. La chanson est souvent bonne et toujours gracieuse, originale, romanesque. Elle s'applique ordinairement à reproduire les types si variés de la vieille société espagnole, et en fait en même temps la satire la plus spirituelle. C'est l'étudiant toujours galant et enjoué sous sa soutane qui tombe en lambeaux, et s'occupant de tout hors de ses livres; c'est la vie dramatique et brillante du *toreador*; le moine sensuel, le *sereno* complaisant, le hardi contrebandier, les bravades du *majo* et les jalousies de la *maja*. Mais à propos, il faut que je vous dise une fois pour toutes ce que c'est que le *majo* andaloux. Le *majo* est un homme du peuple, fort galant, élégant dans sa mise, gracieux danseur, bon chanteur avec la guitare, un vrai matamor fanfaron, toujours prêt à imposer sa volonté le couteau à la main, ainsi que le dit le couplet de la chanson qui porte son nom :

> Si se me sube el pelo,
> Y yo saco mi cuchillo,
> Con catorce puñaladas,
> Compondré el asuntillo.

« Si ma moustache se redresse, — Et que je tire mon couteau, — En quatorze coups — J'arrangerai l'affaire. »

Le *majo* se présente dans la *posada*, à l'entrée de la salle où l'on fait de la musique, drapé dans son manteau, le chapeau sur l'oreille, la cigarette reléguée dans un coin de la bouche, et lorsqu'il est sûr d'avoir attiré tous les regards, il avance et dit d'un ton aigre-doux au guitariste : « *Venga acá esa guitarra !* Passez-moi votre guitare ! » Si le musicien se croit aussi bon majo que son insolent interrupteur, il lui cassera la guitare sur la tête, sauf ensuite à se battre avec lui au couteau ; sinon il lui sourira avec une finesse tout andalouse, lui offrira son instrument en le priant de se faire entendre, et le comblera d'éloges à tout propos.

Quand le majo donne sa sérénade à sa maja, c'est sa belle, il ne tolère pas dans la rue d'autre musique que la sienne. Si la partie adverse refuse d'obéir à son ordre, alors les instruments volent en éclats ; des deux parts on roule le manteau autour du bras gauche, et on se bat au couteau jusqu'à ce que l'un des deux tombe.

Quant à la maja, elle offre beaucoup de rapports avec la manola de Madrid, qu'elle surpasse cependant en grâce et en verve spirituelle. Elle a du cœur, est toute fière de la réputation de crânerie de son majo, qu'elle n'abandonne jamais au moment du danger. La chanson met dans sa bouche un couplet qui la définit parfaitement :

> Yo tengo un cierto majito,
> Que todo es planta y corage ;
> Y llegando la ocasion,
> Ya no *tememos* á nadie.

« J'ai un certain petit majo, — Qui est tout nerf et tout courage ; — Et, dans l'occasion, — Du diable si nous craignons personne ! »

La chanson populaire est si intimement liée à la danse en Espagne, que vous me permettrez de vous dire également quelques mots sur celle-ci. Aucun autre peuple n'en a eu un plus grand nombre. Malheureusement l'origine de la *folia*, du *cumbe*, de la *gallarda*, de la *chacona*, de la *zácara*, du *canario*, se perd dans la nuit des temps, et non-seulement elles ne sont plus dansées par personne, mais je doute même qu'il se trouve quelqu'un capable de nous dire en quoi elles consistaient. Quant au *fandango*, on sait qu'il faisait fureur au XIV⁰ siècle. Ce n'est cependant qu'en 1740 qu'il fut soumis, ainsi que la *manchega*, à des principes et des règles fixes, par don Pedro de la Rosa, gentilhomme ruiné que le mauvais état de ses affaires avait forcé à se jeter sur le théâtre. Vingt ans plus tard, don Sébastien Zerego inventait une nouvelle danse; il la dansait si légèrement qu'on avait peine à saisir le moment où ses pieds touchaient la terre. Aussi les habitants de la Manche se prirent-ils à dire que don Sébastien *volaba*, volait, et il ne fut plus appelé que du surnom de *volero*, ou *bolero*, l'homme volant, nom qui resta à la danse elle-même. Par extension tous les danseurs furent ensuite appelés *boleros*, et les danseuses *boleras* ou *bolerinas*. A la même époque, en Andalousie, on dansait la *tirana*, le *polo*, le *zorongo*, le *cachirulo*. Les guitaristes chantaient des couplets de quatre vers à finales assonnantes, les danseurs suivaient les phrases de ces différents airs en remuant le corps tantôt à droite, tantôt à gauche, et de plus agitant leurs mouchoirs ou leurs chapeaux devant leurs dames, qui, de leur côté, balançaient gracieusement leurs tabliers, à la manière des danses des anciennes Gaditanes. Par la suite, l'abus de ces gestes devint tel que toutes ces danses finirent par être bannies de toute réunion tant soit peu décente. Les airs charmants sur lesquels on les exécutait restèrent cependant, et le fameux compositeur espagnol, don Vicente Martin, les introduisit avec un immense succès dans les opéras qu'il fit jouer sur les théâtres de Saint-Pétersbourg, de Vienne et de Naples.

Je finis ma lettre en vous proposant un problème que je n'ai pu encore résoudre : expliquer pourquoi les Espagnols, dont l'organisation est si musicale et les chants si originaux, n'ont pas fondé une école à eux, aussi distincte de l'allemande et de l'italienne que leurs airs populaires diffèrent des *cantilene* d'Italie et du ranz des vaches des Suisses.

Grenade, ce 14 octobre 1831.

Portez-moi envie, madame : j'ai passé vingt-quatre heures délicieuses au milieu d'une soirée charmante, dans l'Alhambra de Grenade. La comtesse de S*** présidait le *campo*, réunion champêtre dont faisaient partie les plus belles dames et les hommes les plus aimables de la ville. Chants, danses, comédies, jeux d'enfants, il n'est pas d'amusantes folies auxquelles on ne se soit livré pendant toute une journée et toute une nuit. On se perdait dans les salons de ce palais merveilleux, on s'en disait les souvenirs romanesques, et, dans le comble de leur exaltation, plusieurs d'entre nous ont cru voir le sultan Boabdil se promener au clair de lune au milieu de ses odalisques. Enfin, ce matin, nous avons salué l'aurore sur le minaret du *Tocador de la Reina*. Ah! je souhaite à tous mes amis de voir un jour naissant derrière la crête de la Sierra Nevada. Le ciel n'est plus qu'un immense et brillant iris d'indéfinissable beauté, la montagne une scie d'acier bruni; au loin s'étend la riante et fertile plaine de la Véga, et il y a dans l'ensemble de cet admirable tableau de quoi faire le désespoir de tous les peintres et poëtes passés, présents et futurs. Mais que vous dirai-je du palais de l'Alhambra? On rapporte d'un Marocain qui vint visiter Grenade pendant le dernier siècle, qu'il tomba dans un accès de mélancolie à la vue de la cour des Lions. On lui en demanda la cause, et il répondit : « Je pense à Grenade. » Pressé de s'expliquer, il ajouta que dans son pays, lorsqu'on voyait un Maure profondément absorbé, on disait de lui qu'il pensait à Grenade. Et vous aussi, madame, si à mon retour d'Espagne vous me voyez devenir tout à coup rêveur, vous pourrez dire de moi comme on dirait à Maroc : « Le pauvre garçon pense à Grenade; » et vous aurez raison, car tout ce qu'un voyageur peut souhaiter d'agréable, je l'ai trouvé dans ce paradis terrestre.

La tradition de la conquête de Grenade par les rois catholiques est encore pleine de vie et de force dans l'esprit de la population. Tous les dimanches, à trois heures de l'après-midi, le bourdon de la cathédrale et la cloche de la fameuse tour de *la Vela* sont mis en branle pour célébrer le moment où (il y a de cela trois siècles et demi) le cardinal Mendoza arbora sa bannière sur les tours de l'Alhambra. Le comte de Tendilla déployait en même temps la bannière de Castille, don Gutierres de Cardenas, celle de Saint-Jacques, et les rois d'armes ayant crié : « *Granada, Granada por los inclitos reyes católicos don Fernando y doña Isabel!* Grenade, Grenade pour les illustres rois catholiques don Fernando et doña Isabelle! » toute l'armée s'agenouilla dans les sables du Jenil, entonnant le *Te Deum* de la victoire. L'anniversaire de ce grand événement, qui décida peut-être de l'avenir de l'Espagne, tombe le 2 janvier, et tous les ans on le fête avec les manifestations d'une joie toute catholique. Le peuple en masse va tenir son *campo* dans l'Alhambra qui, ce jour-là, est ouvert à tout le monde, et le soir il se presse dans le théâtre de la ville, où l'on joue une pièce héroïque dans laquelle tous les épisodes de la conquête se trouvent fidèlement reproduits. On voit Fernando del Pulgar planter la bannière de la Vierge sur le minaret d'une mosquée, et Jarce, espèce de Goliath more, courir après l'insolent Espagnol qui lui échappe miraculeusement. Jarce tord sa moustache en blasphémant contre le Christ, puis fait de la sainte bannière un nœud à la queue de son cheval, et se pavane dans le parterre, défiant toute l'armée catholique, qui est campée sur la scène, de venir l'enlever de l'endroit où il l'a placée. Alors le jeune Garcilaso de la Vega se présente en David, relève le gant près du trou du souffleur, et les deux champions sortent à la fois, Garcilaso par les coulisses, au milieu des *vivat* des siens, Jarce par la porte du parterre, poursuivi par les huées et les railleries des spectateurs. On entend dans le lointain un cliquetis d'armes, et au bout de quelques minutes Garcilaso reparaît portant d'une main la tête du géant more, et de l'autre la glorieuse bannière. L'enthousiasme du parterre fait explosion, et au milieu de toute cette allégresse vous vous croiriez au moment même de la prise de la ville, et non pas à l'anniversaire.

Pendant toute cette journée et les deux suivantes, la cloche de la tour de *la Vela* sonne sans désemparer, et jeunes ou vieilles, toutes les paysannes à marier de *la Vega* font queue devant la tour, convaincues que toute femme qui donne un coup de marteau à la cloche approchera du sacrement dans l'année. Une autre croyance qui n'est pas moins enracinée est celle aux trésors cachés par les Mores dans les murailles de l'Alhambra. On prétend que la garde en est confiée à un taureau indomptable qui fend des montagnes d'un coup de corne, et à deux chevaux sauvages, appelés l'un *le Décapité*, parce qu'il n'a pas de tête, l'autre le *Velu*, à cause de son long poil. Notez bien que je ne vous fais pas là des contes de voyageur, car, sans remonter plus haut qu'à l'an 1784, il existait encore à Grenade un vieux gentilhomme qui assurait avoir frappé de son sabre *le Décapité*, lequel continua sa ronde comme si de rien n'était. *Le Velu* fut rencontré vers la même époque par un vieux sergent-major, auquel il demanda si par hasard il n'allait pas à la découverte de quelque trésor. « Bah! dit le sergent, je me moque bien des trésors. — Dans ce cas, mon ami, répondit *le Velu*, je suis ton humble serviteur; » puis il regagna paisiblement l'Alhambra. Quant au taureau, personne ne l'a encore vu; on sait cependant qu'il se promène la nuit entre le palais et le cimetière de la ville, et ne sera dompté que lorsqu'une vierge du nom de Marie, assistée de deux autres Marie également demoiselles, et tenant par la main droite un garçon qui s'appellera Juan, aura le courage de poser entre les cornes du redoutable animal la paume de son autre main. Alors le taureau deviendra doux comme un agneau, le sol s'ouvrira aux pieds de la vierge, et le trésor de *la Escaramuza* sera enfin trouvé.

D'autre part, le père Echeveria, dans un ouvrage qu'il a intitulé : *Promenades dans Grenade*, a fort spirituellement rapporté les apparitions dont trois ecclésiastiques lui avaient assuré sur l'honneur avoir été témoins, pendant leur séjour dans l'Alhambra. L'un d'eux révéla au savant orientaliste comment, pendant qu'il dormait par une belle nuit d'été sur un matelas dans la salle des Abencerrages, il fut éveillé par un bruit de voix humaines. Ayant bien ouvert les yeux, il vit entrer une procession de Franciscains qui entourèrent sa couchette en psalmodiant, et lorsqu'ils eurent fini leurs chants, ils se dépouillèrent tout nus, lui firent de profondes révérences à l'envers, et disparurent enfin en faisant l'un après l'autre le saut périlleux le long de son matelas.

Toutes ces choses prodigieuses, madame, ainsi que l'apparition des Abencerrages, qui viennent à minuit sangloter autour de la fontaine des Lions et demander vengeance à Dieu contre Boabdil, et tant d'autres choses extraordinaires que je passe sous silence parce qu'elles sont moins prouvées, le peuple les attribue à la magie des Mores.

Malaga, ce 29 octobre 1838.

Il m'en a bien coûté de m'arracher aux délices de Grenade. J'étais de si mauvaise humeur en partant, qu'aux portes de la ville, m'étant pris de querelle avec la rosse que je montais, nous sommes tombés tous deux à la renverse, elle dans un ruisseau, moi entre les jambes des mulets de Serrano, qui ont eu l'humanité de ne me faire aucun mal. Cette mésaventure me porta cependant bonheur, car, vu le mauvais état de ma monture, Serrano m'invita à prendre place dans la voiture, où je trouvai deux officiers, une vieille dame et une jeune sœur de la Charité. Celle-ci avait un air tout à fait angélique, et ses manières annonçaient une éducation des plus soignées. Moitié sentiment, moitié désir de plaire, je me fis un devoir de prendre sa défense dans la guerre de propos équivoques que les militaires lui faisaient, et je parvins à leur faire sentir combien cette guerre était peu généreuse. Le lendemain, les officiers s'étant arrêtés à Loja, où ils tenaient garnison, je me trouvai seul avec ces dames. La jeune sœur m'inspirait un vif intérêt, et convaincu d'avoir devant moi l'héroïne d'un roman, je mourais d'envie de la connaître. Elle m'avait su gré de ma conduite de la veille, et me témoignait assez de confiance pour qu'il s'établît entre nous suffisamment de cette douce familiarité espagnole qui mène si vite à l'intimité. Profitant d'un moment où la vieille dame sommeillait, je lui demandai la cause de la profonde tristesse dans laquelle je la voyais constamment plongée. A cette question elle leva sur moi des yeux si beaux, si mélancoliques, que je me sentis plus de courage encore pour redoubler mes instances. Je parvins peu à peu à lui arracher le secret de son infortune.

« Je suis née à Valence, me dit-elle, et je suis fille d'un ancien colonel de la guerre de l'Indépendance. Je n'avais que quinze ans lorsque je conçus une vive affection pour un de mes cousins, qui bientôt m'aima et demanda ma main à mon père. Celui-ci trouva que mon fiancé était encore trop jeune, et exprima le désir que notre mariage fût renvoyé à deux ans de distance. C'était en 1833, au moment de la mort de Ferdinand VII. Tout le monde pressentait déjà comme inévitable l'explosion de la guerre civile, et mon cousin fut envoyé à Valladolid pour y régler en toute hâte les affaires de sa famille. Je le vis partir avec peine, mais pourtant sans crainte, car il devait être bientôt de retour; d'ailleurs je mesurais son attachement pour moi à celui que j'avais pour lui; il ne me venait pas à l'idée qu'il pût jamais m'oublier. Cependant son absence se prolongeait, ses lettres devenaient de plus en plus rares, et je commençai à entrevoir un refroidissement. Dans le doute j'écrivis à une amie que j'avais à Valladolid ; j'appris d'elle qu'il y faisait des folies pour une jeune personne de la ville Cette nouvelle m'affligea au point que je tombai dangereusement malade. Remplie d'un profond dégoût pour le monde, aussitôt que j'entrai en convalescence, je déclarai à mon père que j'étais résolue de me faire sœur de la Charité. Il combattit ce projet, protestant que ma frêle santé ne pourrait supporter une vie aussi rude et contraire aux habitudes de mon enfance ; et me trouvant inébranlable, il me demanda du moins d'y réfléchir encore pendant trois mois. Au bout de ce temps, voyant que je persistais dans la même volonté, il n'y mit plus aucun obstacle. Je vous tairai tout ce que j'eus à souffrir avant de pouvoir m'habituer aux peines de mon nouvel état. J'en fus malade pendant longtemps, sans que ma constance en fût ébranlée. Une année s'était à peine écoulée depuis mon entrée dans l'ordre, lorsqu'un hasard me fit connaître que mon cousin, ayant été trahi par sa nouvelle fiancée, avait écrit à mon père une lettre pleine de repentir, et qu'en apprenant ce que j'étais devenue, ses remords lui avaient fait perdre la raison. Je restai sans plus entendre parler de lui, et comme les amies que j'avais conservées dans le monde mettaient le plus grand soin à éluder les questions que je leur adressais à son sujet, je crus qu'il était mort et je priai pour son âme.

« Je passai deux années entières dans cette croyance. Un jour, la confrérie de Valence ayant besoin d'envoyer à Madrid une sœur pour y conférer avec le vicaire général au sujet de quelques affaires de l'ordre, on jeta les yeux sur moi, et on me fit partir avec ma vieille tante, que vous voyez ici : elle avait offert à la mère abbesse de m'accompagner pendant ce voyage. Le lendemain de mon arrivée à Madrid, je me rendis au couvent où demeurait le vicaire. Je sonne : un frère de la Charité vient m'ouvrir la grille. Je le prie de me conduire chez le père Vincent ; mais le son de ma voix et mon aspect produisent sur ce religieux un effet dont je suis étonnée ; il se trouble et demeure comme interdit. Je lève alors les yeux sur son visage, et sous le froc du frère de la Charité je reconnais, qui?.... mon cousin Pablo, que j'avais cru mort. Je ne sais comment j'ai pu retrouver en moi assez de force pour soutenir un coup aussi violent et aussi imprévu. Bien que sur le point de défaillir, je fis un effort immense, et refoulant dans mon cœur tous les sentiments que la vue de cet infortuné y avait réveillés, je parvins à dire : « Frère, le père Vincent ? » Il ne put faire usage de la parole, et levant la main, il m'indiqua une cellule dans laquelle je courus me précipiter. »

Ici la sœur de la Charité se tut et essuya une grosse larme qui roulait dans ses beaux yeux. J'en fis autant de mon côté, car j'étais tout à fait ému. Après quelques moments de silence, je lui demandai si elle n'avait plus revu Pablo. « Non, me répondit-elle; si Dieu a pitié de nous, nous ne nous rencontrerons plus dans cette vie. »

Le réveil de la vieille dame mit un terme à notre conversation. Elle fut tellement surprise de me voir les yeux humides, qu'elle me demanda en riant ce que j'avais. « Oh! rien, madame, lui dis-je, c'est un fort rhume de cerveau. »

Ce matin ces dames sont parties pour Valence à bord du *Balear*.

Malaga, ce 22 octobre 1838.

Persuadé que ce n'est pas dans les auberges que le voyageur peut étudier les mœurs d'un pays, je suis venu me loger dans *la casa de pupilos* (maison de jeunes pensionnaires), tenue par doña Mariquita, une dame honnête qui gagne sa vie en brodant des croix de San Fernando et des collets d'uniformes d'officier. Pour la modique somme de cinq francs par jour, j'occupe deux jolies pièces au premier étage de sa maisonnette, et j'ai mon couvert aux trois repas qui composent l'ordinaire de la pension. En supposant donc que je doive un jour me ruiner, ce ne sera certes pas à Malaga. Les autres *pupilos* appartiennent à toutes les professions, savoir : un jeune abbé, un officier de dragons, deux virtuoses, dont l'un est le ténor, l'autre la basse-taille de l'opéra italien; enfin un médecin et un *procurador*, espèce d'avoué.

Le soir on se réunit dans la boutique de doña Mariquita, et l'on passe agréablement le temps à chanter et danser tour à tour le fandango. Vient le souper, après quoi on se lance dans la politique. Or, comme mes camarades sont des gens fort sensés, leurs conversations ne manquent jamais d'intérêt. Hier, par exemple, l'abbé et les deux chanteurs débattant les causes de la déplorable situation où se trouve plongé leur pays, les ont résumées ainsi :

Paresse; insouciance qui approche du fatalisme.

Impuissance où depuis un temps immémorial se trouve le gouvernement de Madrid de se faire obéir, non-seulement des municipalités, mais même de ses propres subordonnés, et surtout des capitaines-généraux des différentes provinces, qu'on pourrait assimiler à autant de petits pachas indépendants.

Contrebande scandaleuse qui tue l'industrie du pays.

Dilapidation des deniers de l'État de la part des employés, lesquels étant en général mal rétribués, cherchent à se refaire aux dépens du trésor.

Manque d'encouragements et de récompenses nationales; déni de justice, dont les pauvres diables sont les victimes à tout moment, et par contre, impunité presque assurée aux puissants qui violent la loi.

Mauvais système de législation, composé d'un assemblage de lois rendues à toutes les époques de la monarchie, et qui sont souvent en contradiction les unes avec les autres.

Vieilles rivalités des provinces de la monarchie entre elles.

Puissance à peu près égale des deux partis, carliste et christino, dont le premier domine presque exclusivement dans les campagnes, et le second dans les villes.

Provenance étrangère du libéralisme, auquel les masses ne comprennent encore rien.

Rivalités existant entre la France et l'Angleterre, qui, impuissantes chacune à exercer une influence exclusive en Espagne, se la disputent, en soutenant l'une les modérés, l'autre les exaltés.

Enfin, l'intérêt qu'ont naturellement les puissances du nord à empêcher le triomphe du principe constitutionnel en Espagne.

De toutes ces remarques, mes camarades ont déduit comme une conséquence inévitable, qu'on pourra également proclamer en Espagne don Carlos, la constitution de 1812, voire même la république, ou faire revivre le *despotismo ilustrado* de Zea Bermudez, ou bien l'*estatuto* de Martinez de la Rosa, sans que la situation de leur pays s'améliore pour cela ; enfin, que tant que la grande famille espagnole ne sera pas délivrée des legs funestes qu'elle tient de trois siècles d'obscurantisme et de détestable administration, il n'y aura pour elle ni paix, ni trêve ; elle ne pourra aspirer à reprendre en Europe la place glorieuse qu'elle y occupa jadis.

Le tableau que je viens de tracer d'après les dires de mes camarades, est triste sans doute ; peut-être est-il chargé dans beaucoup de ses parties, car il en est, je pense, des sociétés souffrantes comme de ces malheureux qui, désespérant de trouver un soulagement à leurs maux, paraissent se complaire à les exagérer. Aussi, loin de désespérer de la régénération espagnole, je crois que tout lent qu'on veuille le supposer, ce travail ne s'en fera pas moins d'une manière immanquable. Vous partagerez sans doute mon avis, en voyant combien peu d'illusion se font les Espagnols sur les plaies de leur état social. Quand un mal est connu, disent les médecins, il est bien près d'être guéri ; puisse-t-il en être de même pour cette noble et généreuse nation espagnole !

Malaga, ce 25 octobre 1838.

J'ai enfin rencontré un type du patriote de la guerre de l'Indépendance, après lequel je courais en vain depuis mon entrée en Espagne. L'individu s'appelle señor don Paco, est âgé de soixante-quinze ans, et gagne une vie honorable en donnant des leçons de piano et de chant aux demoiselles de Malaga. A la fois libéral et fervent catholique, comme la plupart des hommes impliqués dans les mouvements de cette époque remarquable, tout dans ce vif et respectable vieillard porte l'empreinte d'une droiture qui ne s'est jamais démentie. La bonté de son cœur sort par tous les pores de sa brusque enveloppe, et il gronde toujours un peu quand on s'approche de lui. Si vous voulez faire sortir des gonds ce bourru bienfaisant, parlez-lui de Napoléon. Alors le señor don Paco se redresse sur ses soixante-quinze ans, secoue sa blanche crinière, et il faut l'entendre : le nom de l'empereur ne sort plus de sa bouche que transformé en *Napoladron*, Joseph devient le *gran pillo*, grand coquin, Murat l'antéchrist, car il en a pour tout le monde. Cependant, malgré sa haine contre l'invasion, il plaint, dit-il, le sort des Italiens et des Polonais, que l'ambition du grand brigand (c'est toujours Napoléon) a envoyés mourir en Espagne pour une cause qui n'était pas celle de leur pays.

A l'annonce de l'insurrection du 2 mai 1808, le señor don Paco appela son fils âgé de quinze ans à peine, et lui dit, en lui présentant un mousquet : « Enfant, pars pour l'armée, et tant qu'il restera un seul Français en Espagne, ne songe point à revenir au toit paternel, car je t'y recevrai à coups de fusil. » L'animadversion du señor don Paco était encore plus grande contre les *afrancesados* que contre les Français eux-mêmes. Pendant une maladie qui manqua de lui enlever sa fille, on le vit se refuser à consulter le meilleur médecin de Malaga, par cela seul qu'il était favorable à l'étranger. Il brûla le calendrier en y voyant figurer un saint Napoléon; et maintenant que le grand homme n'est plus, il poursuit encore cette grande ombre d'une haine tellement implacable, qu'il se refuse à croire que Dieu ait pu lui pardonner ses *crimes* innombrables. « Par tous les diables de l'enfer, me disait-il un jour, si je savais que Dieu l'eût reçu dans le paradis, je me ferais More aussitôt; *luego me haria Moro.* » C'est tout ce qu'un Espagnol saurait dire de plus fort.

Le señor don Paco composa dans le temps plusieurs chansons remplies d'un persiflage amer contre la France, et son plus grand plaisir était de les faire chanter par les demoiselles ses élèves, dans les sociétés fréquentées par les Français, qui pardonnaient cependant au compositeur ses couplets séditieux, grâce aux excellentes qualités de son cœur. Dans le recueil qu'il a bien voulu m'envoyer, j'en ai trouvé une ayant pour titre : « Chanson ironiquement complimenteuse, composée, musique et paroles, par don Paco, premier violon de la cathédrale de Malaga, pendant l'occupation de ces maudits Français, devant lesquels elle fut chantée par plusieurs belles demoiselles en 1811. » Le refrain de la chanson dit : « Aimables Français, venez par milliers éclairer l'Espagne et la rendre heureuse. »

Mais depuis lors les idées ont bien changé en Espagne, et les tirades de l'honnête premier violon ne provoquent plus ici qu'un sourire qu'on cache à peine par respect pour ses cheveux blancs. On idolâtre, au contraire, la mémoire du grand homme, son portrait se rencontre souvent dans la grange du paysan, à côté des images de madones; et lorsqu'un Espagnol parle des malheurs qui accablent sa malheureuse patrie, il est rare qu'il achève sa complainte patriotique autrement que par ces mots : « *Oh si España tuviera su Napoleon!* Oh! si l'Espagne avait son Napoléon! » Telle est la puissance du génie, qu'elle est parvenue à dégager la mémoire de Napoléon des souvenirs amers que réveille chez tous les Espagnols la guerre de l'Indépendance. Cela peut vous montrer combien est grande la révolution qui s'est opérée chez les Espagnols dans leur manière d'envisager l'époque de 1808. Les Espagnols citent avec un juste orgueil les prodiges de la défense nationale, mais ils déplorent en même temps la nécessité de cette guerre si fatale à leur pays. Je me trouvais à Madrid pendant l'anniversaire de l'insurrection du 2 mai, et je fus surpris d'entendre des personnes sérieuses s'élever contre la célébration annuelle d'une fête qui ne servait plus, disaient-elles, qu'à entretenir des sentiments hostiles envers la France, laquelle n'était plus l'ennemie de l'Espagne.

Maintenant que les passions sont amorties, il est curieux d'examiner les sentiments de cette énergique génération de 1808, dont il ne reste que quelques rares représentants, tels que don Paco. Ce n'est plus guère que dans la chanson dont vous connaissez toute l'influence en Espagne, que ces sentiments se retrouvent. D'amoureuse et chevaleresque qu'elle était, elle devint tout à coup politique en 1808. Les poëtes les plus distingués s'en emparèrent, et leurs compositions furent chantées sur les théâtres espagnols avec autant d'enthousiasme que l'avait été en 1793 la Marseillaise sur ceux de France. Ariaza, officier de marine, l'abbé Gallego et l'historien Quintana sont les poëtes classiques de cette époque. La *Prophétie du Pyrénéen*, l'Ode sur le 2 mai 1808, et le Chant patriotique sur la bataille de Trafalgar, leur ont acquis une grande célébrité.

Le peuple eut lui aussi ses poëtes, dont les couplets remplis d'originalité espagnole étaient chantés sur les airs du fandango et de la jota qui jusqu'alors n'avaient respiré que l'amour. Dans une de ces chansons, ce sont les demoiselles de Cadix qui vont à la rencontre du général Ballesteros après la bataille de Baylen, et lui disent :

> General Ballesteros,
> Por Dios te pido
> Que de tus oficiales
> Nos des marido.

« Général Ballesteros, — Pour Dieu, je t'en supplie, — Donne-nous tes officiers — Pour maris. »

Puis apparaît le général Carrera, et le poëte anime les patriotes en leur disant :

> El general Carrera
> Tiene un caballo,
> Para sacar de Francia
> Al rey Fernando.

« Le général Carrera — Tient un cheval tout prêt — Pour enlever de France — Le roi Ferdinand.

Les chansons qui causèrent aux Français le plus de dépit étaient le *Bon-Bon*, le *Cucurucu* et la *Marica*, toutes remplies des propos les plus insolents contre eux.

Les couplets suivants que j'en extrais au hasard peuvent vous en donner une idée.

> Váyanse los Franceses
> Muy noramala,
> Que nunca será suya
> La fiel España.

> Quien quiere ser amigo
> De *Napoladron*,
> Que le lleve memorias
> De lord Wellington.

> Con las bombas
> Que tiran los fanfarones,
> Se hacen las Gaditanas
> Tirabuzones.

El rey de España está preso,
Que lo engañó Bonaparte;
Y le tienen de librar
Los Españoles constantes.

A un cuarto van los pimientos,
Y á dos cuartos los tomates,
Para freir la asadura
Del ladron de Bonaparte.

« Que les Français — Aillent tous au diable ! — Jamais elle ne sera à eux — La fidèle Espagne.

» Qui veut être l'ami — De *Napoladron* — N'a qu'à lui porter les compliments — De lord Wellington.

» Avec les éclats des bombes — De ces fanfarons, — Nos Gaditanes se font — Des fers à papillotes.

» Le roi d'Espagne est prisonnier, — Bonaparte l'a trompé; — La constance des Espagnols — Parviendra à le délivrer.

» A un sou les piments — Et à deux sous les tomates, — Pour en faire une friture avec les membres — Du brigand Bonaparte. »

Il y a loin de ces couplets au cri actuel d'admiration plaintive :

Oh, si España tuviera su Napoleon!

Malaga, ce 27 octobre 1838.

On a commis cette nuit un horrible assassinat sur la personne de don José, jeune homme appartenant à l'une des meilleures familles de Malaga. Au moment où, accompagné d'un sereno, il sortait de la maison d'un de ses amis, un sicaire aposté a jeté son manteau sur la tête du sereno, puis se précipitant sur don José, lui a enfoncé un couteau dans le ventre. Don José est tombé noyé dans son sang et a expiré à l'instant. Bien que le sereno, dès qu'il fut parvenu à se débarrasser du manteau, se fût mis à la poursuite de l'assassin, celui-ci aurait indubitablement échappé s'il n'avait rencontré dans sa fuite une patrouille de miliciens qui l'ont arrêté. Traîné devant le capitaine-général, les mains encore rouges du sang de sa victime, il a dit s'appeler Rosas, et déclaré avoir reçu, pour prix du crime qu'il venait de commettre, huit onces d'or de l'avocat don Juan ". Là-dessus la police s'est immédiatement rendue chez cet avocat, qu'elle a trouvé tranquillement couché dans son lit. Confronté aussitôt avec Rosas, don Juan a d'abord soutenu avec une grande assurance ne savoir seulement pas quel était cet homme qui l'accusait : mais lorsque, amené plus tard en présence du cadavre de don José, le juge d'instruction réclama de lui, comme une preuve de son innocence, que, saisissant la main de l'assassiné, il prononçât ces terribles mots de justification : « Que mon âme soit damnée si j'ai une part quelconque dans la mort ! » don Juan s'est troublé et n'a pu remplir ce qu'on exigeait de lui qu'en donnant les marques de la plus vive agitation.

Il paraît qu'il existe un troisième complice, et d'après d'autres dépositions faites par Rosas, ce ne serait rien moins que la femme de l'assassiné. On prétend qu'éprise de don Juan, elle espérait parvenir à l'épouser en aidant au meurtre de son premier mari. Vu cependant l'état de grossesse avancée où elle se trouve, il n'est guère vraisemblable qu'elle soit traduite devant le conseil de guerre qui va être saisi de ce procès ; la ville de Malaga étant soumise à l'état de siège, la justice militaire absorbe ici toutes les attributions de la juridiction criminelle civile.

Ce matin le sicaire et don Juan ont été amenés sur le lieu du crime, au milieu d'un grand appareil militaire, pendant que le juge instructeur procédait à l'enquête judiciaire. Rosas, l'homme à la figure la plus sinistre et effrontée que j'aie jamais vue, avait les mains emprisonnées dans deux petites boîtes en bois, afin qu'il ne pût effacer les traces de sang dont elles étaient couvertes au moment de son arrestation, et une corde les maintenait liées en croix à la hauteur du cou. Quant à don Juan, dans l'assurance de son maintien, on lisait plutôt l'air d'un homme qui se croit certain de l'impunité que d'un véritable innocent.

La ville tout entière est en émoi par suite de cette affaire qui intéresse deux familles également puissantes, l'une à cause de sa grande fortune, l'autre parce qu'elle appartient au barreau qui peut ici tout ce qu'il ose. Aura-t-on l'audace d'exécuter un avocat? Voilà ce que chacun se demande; il y a même un fort pari d'ouvert à ce sujet, dans ma pension, entre le *procurador* et l'officier de dragons. Ce dernier, qui ne peut sentir les avocats, dit non seulement qu'il le croit, mais qu'il l'espère; l'autre, par esprit de corps, soutient que jamais on n'ira jusque-là; il prétend que, dans le cas d'une condamnation capitale, le capitaine-général, craignant pour soi-même, ne permettra pas que l'arrêt s'accomplisse, et s'empressera de solliciter de la reine une commutation de peine.

On a dit ce matin que le père de don José s'est présenté au capitaine-général, réclamant vengeance contre les meurtriers de son fils. Il a été congédié avec l'assurance que la justice suivrait son cours. Dans le but de prévenir soit une évasion des coupables, soit une tentative de séduction auprès des juges, le capitaine-général a fait enfermer Rosas et don Juan dans un appartement de son propre palais, et ordonné en outre que les six capitaines appelés à siéger dans le conseil de guerre ne fussent désignés par le sort qu'une heure avant sa réunion dans le couvent de Saint-Philippe.

Les débats militaires étant publics en Espagne, j'assisterai à ceux qui vont avoir lieu, et je vous en rendrai compte.

Malaga, ce 1er novembre 1838.

Une foule immense encombrait, la nuit dernière, l'ancien couvent de Saint-Philippe et ses abords. Comme l'autorité craignait que les exaltés ne profitassent de ce rassemblement extraordinaire pour tenter quelque mouvement, toute la troupe était sous les armes, et à la lettre tenait le couvent assiégé.

A dix heures les accusés et leurs défenseurs ont été introduits dans la salle. Rosas marchait le premier, portant à droite et à gauche avec une effronterie incroyable son regard de Bédouin. Venait après lui don Juan; il a vingt-neuf ans, une blonde moustache couvre sa lèvre, et sa physionomie n'exprime rien de cruel; sa mise est fort recherchée. Le président fait donner lecture de l'acte d'accusation, duquel il résulte que Rosas, après s'être reconnu coupable de l'assassinat commis sur la personne de don José, a rétracté ses premiers aveux, déclarant que le seul et véritable meurtrier était don Juan; que celui-ci n'oppose que de faibles dénégations aux accusations formelles de son complice; enfin, que bien qu'il semble que ce n'est pas don Juan qui a porté matériellement le coup, il est cependant prouvé qu'il a payé l'assassin, et assisté en outre de sa personne à l'exécution du crime.

Cette lecture achevée, le président frappe sur la table avec sa canne. La haie des soldats qui entoure le conseil se rompt aussitôt, et quatre hommes apportent dans le carré une bière ouverte qu'ils déposent aux pieds des accusés. C'est le cadavre de l'assassiné, nu jusqu'à la ceinture; il a la tête renversée, et ses traits disparaissent sous les longues mèches d'une noire chevelure en désordre; sa poitrine n'est qu'une croûte de sang. Sur les jambes sont placés un manteau, un coutelas tout noir de sang, et une lanterne brisée. Le président, sans donner aux prévenus le temps de se remettre de l'émotion que cette apparition inattendue a dû produire sur eux, prend la parole : « Accusés, voici le cadavre de votre victime; c'est devant lui et devant Dieu qui vous écoute, que vous allez détruire, vous, Rosas, l'accusation d'avoir été le meurtrier de don José; vous, don Juan, celle d'avoir soudoyé l'assassin. »

Rosas se met à l'instant même en devoir de répondre, et,

se tournant vers don Juan d'une voix grave et solennelle, il l'apostrophe en ces termes : « Scélérat ! regarde à tes pieds la victime, la reconnais-tu ? Hélas ! que ne peut-elle parler ! on verrait qui de nous deux est le véritable assassin. »

Don Juan, troublé : « Plût à Dieu qu'elle parlât !... »

Rosas, l'interrompant : « Misérable ! tu ne pourrais seulement pas supporter le son de la voix de don José, toi qui, après l'avoir assassiné, veux encore traîner au supplice l'homme généreux qui s'était dévoué pour te sauver. Ose nier que dimanche soir tu n'es pas venu me chercher pour que je t'accompagnasse pendant que tu attendais don José à sa sortie de la maison où tu l'avais vu entrer ! Nie que, aussitôt après l'avoir frappé, tu m'as remis le couteau pour que j'empêchasse le sereno de te poursuivre ! Nie tes longs et inutiles efforts pour m'amener de gré ou de force à me charger moi-même de l'assassinat de don José ! Réduit à la plus affreuse misère, le besoin d'argent me faisait te promettre d'exécuter tout ce que tu exigerais de moi ; mais l'argent reçu, je disparaissais aussitôt, et à moins que la faim ne me poussât de nouveau vers toi, tu n'entendais plus de mes nouvelles. »

Don Juan : « Quel homme ! quel homme ! quel tissu de mensonges ! »

Rosas : « Écoute, misérable ! car je n'ai pas fini. Te rappelles-tu le jour où tu me fis dire par la domestique de la femme de don José, que tu courtisais, d'aller te voir dans ton bureau ? Je t'y trouvai assis près de ta maîtresse, les mains dans les siennes, et projetant un horrible mariage. Elle me dit : « Rosas, je suis enceinte de quatre mois, et je suis perdue si tu ne me débarrasses pas de mon mari, qui va arriver de Madrid. Il faut absolument que tu le tues ; nous sommes très-riches, nous te donnerons vingt mille réaux, et tu seras heureux pour le reste de tes jours. » Tu ajoutas : « Rosas, ma famille est très-puissante à Malaga, et, moi-même, je m'attends à être élu bientôt alcalde de la ville. Tu auras un bon emploi, et, quoi qu'il arrive, je parviendrai toujours par mon influence à te tirer d'un mauvais pas. Nie tout ceci, infâme! Monsieur le président, je demande qu'on fasse visiter par les médecins la femme de don José, l'on verra si je dis la vérité ! »

La physionomie sinistre du sicaire et son arrogance incroyable, la confusion toujours croissante de son lâche complice, cette bière ouverte où gisait le cadavre de leur victime, le recueillement de la nuit, l'imposante sévérité du conseil; tout enfin contribuait à l'effet de cette scène dramatique. Vainement à plusieurs reprises don Juan fut invité par le président à fournir ses moyens de défense contre les accusations de son complice. Sous le poids de tant de preuves accablantes il l'essaya une fois, et ne parvint qu'à balbutier quelques insignifiantes protestations d'innocence. Son défenseur voulut parler pour lui, mais le président lui coupa la parole par cette sortie terrible : « Monsieur l'avocat, vous plaiderez plus tard, les défenseurs ne répondent ici à la place des accusés que lorsque ceux-ci n'ont pas de langue. »

Après les plaidoyers des avocats et les répliques du capitaine accusateur, le président invita les membres du conseil à entrer en délibération, leur signifiant qu'ils eussent chacun à donner leur vote par écrit. La culpabilité des deux prévenus ne pouvait être mise en doute par personne; il était évident que don Juan était le complice de Rosas, et que celui-ci, désespérant de se sauver, voulait du moins mourir en se vengeant de l'homme qui, après lui avoir promis l'impunité et la fortune, l'envoyait maintenant au supplice. Aussi, après une courte délibération, le conseil se sépara en prononçant à l'unanimité la peine de mort contre les deux accusés, qui furent aussitôt renfermés dans l'église du couvent, où des confesseurs leur furent donnés.

Le défenseur de don Juan a vainement cherché dans la matinée à infirmer la sentence, s'appuyant sur ce que le conseil ayant jugé sans entendre préalablement la messe du Saint-Esprit, ainsi que le veut la loi militaire, l'arrêt se trouvait par cela seul frappé d'illégalité ; au nom du capitaine-général, il lui a été répondu que ce moyen d'opposition aurait dû être présenté avant la séparation du conseil, et non après. Alors la famille de don Juan a fait offrir une somme de dix mille douros pour équiper l'armée de réserve qui s'organise en Andalousie, pourvu que la peine de leur parent fût commuée. Le capitaine-général a fait chasser l'homme qui s'était chargé de la proposition auprès de lui, en lui disant qu'elle offensait à la fois l'armée de la reine et le capitaine-général.

L'exécution a eu lieu à quatre heures de l'après-midi, sur une large esplanade située hors de la porte de Grenade, et devant un immense concours de population. Quelques moments avant l'heure fixée, une longue procession de frères de la Paix et Charité apporta sur les lieux le cercueil de don José, et le déposa à terre dans l'intervalle qui séparait les deux sellettes destinées aux assassins. Le cercueil était découvert comme pendant la nuit du jugement, et le cadavre était aussi visible pour tout le monde. Les condamnés arrivèrent peu après, escortés par le bourreau, proclamant au peuple leur crime horrible, et la mort par laquelle ils allaient l'expier. On les fit asseoir sur les deux sellettes, et là, le cadavre de leur victime sous les yeux, on les a fusillés.

Rosas n'a pas démenti un instant l'imperturbable sang-froid qu'il avait montré dès le premier moment, et est tombé en disant à son complice : « Ce qui me pèse le plus, c'est de mourir à côté d'un lâche comme toi! » Quant à don Juan, il était tout à fait hors de lui-même, et interrompait sans cesse son confesseur qui l'exhortait au repentir; en lui disant d'une voix étouffée : « C'est assez, mon père, c'est assez; qu'on me fusille enfin! »

Si vous me demandez maintenant quel était le sentiment dominant dans la foule du bas peuple présente à l'exécution, je vous dirai que chez les uns c'était une compassion pour le sort de don Juan, dont on oubliait le récent crime atroce pour ne vanter que son attachement envers sa famille et quelques traits de charité envers les pauvres; chez les autres, le sentiment le plus prononcé était une honteuse préoccupation de l'effet désastreux que la décharge de la mousqueterie allait nécessairement produire, non dans le corps de don Juan, mais dans le superbe manteau qu'il avait sur ses épaules. Ce sentiment était si peu déguisé, que j'ai entendu moi-même un muletier dire à un de ses camarades : « *Mira, Manolito, qué capa tan buena lleva don Juan! Qué lástima!* Regarde, Emmanuel, le magnifique manteau de don Juan! Quel dommage! »

Il me reste à vous dire un fort singulier incident qui vous prouvera jusqu'où peut aller l'esprit de corps. Les frères de la Paix et Charité avaient déjà déposé dans leurs bières respectives les cadavres de Rosas et de don Juan, plus les deux petites assiettes où ils avaient eu le soin de recueillir la terre imbibée du sang perdu par les suppliciés en tombant de leurs sellettes après la décharge, lorsqu'un homme portant un troisième cercueil sur ses épaules se présenta à l'adjudant de la place, et lui déclara qu'il venait réclamer le cadavre de don Juan de la part de sa famille; il lui annonça en même temps qu'il précédait de peu une députation des avocats de la ville, désireux d'accompagner leur malheureux confrère jusqu'au cimetière. En effet ceux-ci arrivèrent, et ayant obtenu la remise du cadavre, ils le suivirent au *Campo Santo*.

A propos des légistes de Malaga, on raconte que Ferdinand VII, qui les abhorrait, dit à un habitant de cette ville auquel il donnait audience : « *Hombre, has nacido en buen país; mata al rey y huye á Málaga!* Homme, tu es né dans un bon pays; tue le roi et fuis à Malaga : tu es sauvé! »

Malaga, ce 2 novembre 1833.

Je me suis rendu ce soir, à la nuit tombante, au *Campo Santo* de Malaga, pour assister à la célébration de la fête des Trépassés. Pauvres et riches, toutes les familles ont ici l'habitude d'allumer des cierges devant la tombe de leurs morts; elles-mêmes s'y rendent avec leurs amis, et viennent apporter leur tribut de prières et de larmes à la mémoire de ceux qui ne sont plus. Les *hidalgos* reposent dans des niches pratiquées dans le mur même du cimetière, et fermées par une pierre funéraire qui porte une épitaphe et un numéro. Les pauvres diables gisent, comme partout, dans le pré du cimetière, sous la protection d'une croix.

Un ancien usage veut que pendant les trois premiers jours qui suivent la mort d'une personne, les parents et les intimes se réunissent chez la famille du défunt, et ne la quittent que pendant les heures du repos. On ne laisse pénétrer qu'un faible jour dans la chambre où est assemblée la famille; et les chefs, retirés dans un coin, reçoivent les compliments de condoléance qu'on leur adresse. Le premier jour on n'apprête pas les repas dans la maison; c'est un ami qui les apporte du dehors. Dans quelques villages de l'intérieur où les vieilles mœurs se sont conservées pures, toutes les femmes de la famille veillent en habit de deuil pendant quarante-huit heures auprès du mort. Les hommes demandent l'hospitalité à la maison voisine, fût-ce chez d'implacables ennemis; elle ne leur est jamais refusée. Le jeûne et la veille sont de rigueur pendant deux jours, et l'on prend tout au plus du chocolat. Le troisième jour, les amis convient la famille à un repas en l'honneur du trépassé. Tout instrument musical doit rester muet pendant trois mois dans la maison. — On voit souvent dans les églises des femmes agenouillées sur un tapis noir où brûlent de nombreuses chandelles votives de cire jaune : ces bonnes femmes prient pour le repos de leurs morts.

Malaga, ce 5 novembre 1835.

Hier, de fort bon matin, les aveugles sont venus me rappeler par une espèce de sérénade que c'était la Saint-Charles, la fête de mon glorieux patron. Ils chantaient en s'accompagnant sur le violon, la guitare et le tambour de basque :

> Los músicos decimos
> Con alegría :
> Tenga el señor don Carlos
> Su feliz dia.
> Libre de daños
> Que la tenga feliz
> Por muchos años.

« Nous autres, les musiciens, — Souhaitons gaiement sa fête au señor don Carlos. — Pendant de longues années, — Nous lui souhaitons ce jour exempt de tout danger. »

Mes camarades de pension sont venus ensuite me féliciter à leur tour, et pour leur témoigner toute ma déférence aux mœurs espagnoles, et satisfaire en même temps à ma propre curiosité, je leur ai offert pour le soir un bal de gitanos. Le procurador, homme d'une grande prévenance, s'est aussitôt offert à me trouver les gitanos, et ceux-ci, qui ont continuellement des démêlés avec la justice, ont accepté comme une bonne fortune l'invitation de l'homme du barreau.

A neuf heures du soir, tout le monde étant réuni dans la boutique de doña Mariquita, en ma qualité de patron de la fête j'ai donné le bras aux deux gitanas les plus belles, et tous les invités m'ont suivi dans la salle du bal qu'éclairait somptueusement une vieille lampe à trois becs, retenue au plafond par un bout de ficelle. Les gitanos, au nombre de huit, trois hommes et cinq femmes, prirent place dans le fond de la salle. Parmi les femmes se distinguait Rita par l'expression de sa physionomie moresque et la richesse d'une taille voluptueuse libre de tout lien. Une boucle de cheveux noirs ornée d'une rose tombait de sa tempe gauche, et sa courte robe d'indienne laissait à découvert un pied mignon emprisonné dans un escarpin de cuir blanc, à rendre jalouses toutes les beautés parisiennes, voire même les beautés chinoises. Près de Rita était assise la grosse Joana, sa mère, deux fois plus noire qu'elle, et toute couverte de chaînes et de chaînettes de bons et fins métaux. Elle passe parmi les gitanas de Malaga pour avoir emprisonné le diable chez elle, et cette croyance a fait la fortune du fourneau de marrons qu'elle tient sur la place de la Constitution. Pepe, le danseur le plus en renom de Malaga, où il vit en faisant de fausses clefs, et en tenant un cabaret, portait un pantalon blanc, une écharpe rouge, une chemise à immense jabot, et suspendu à l'oreille gauche un anneau avec une petite main faisant les cornes, qui m'a rappelé la *jattatura* napolitaine. Rita s'empara de la guitare, et l'élégant abbé, don Pedro, ouvrit le bal en dansant un fandango avec Dolores, jeune ouvrière brodeuse qui travaille chez doña Mariquita. Les pirouettes de mon abbé ne vous scandaliseront pas, car vous savez sans doute que les prêtres ne sont pas exclus du droit des gens dans les bals espagnols.

A l'arrivée du ténor et de la basse-taille, qui sortaient de l'Opéra où ils avaient chanté *Sémiramis*, les chants et les danses des gitanos commencèrent. L'un d'eux accompagnait en raclant la guitare les couplets de la *Playera*, chanson dont raffolent les habitants de la plage, qu'hommes et femmes chantaient alternativement en marquant la mesure avec un claquement de mains d'un effet fort curieux; c'est ce qu'on appelle *palmoteo*. De temps à autre un gitano dansait avec sa gitana. Imaginez le couple dansant. Pepe et Rita sont placés vis-à-vis l'un de l'autre, le bras gauche sur la hanche, le pied droit en arrière, et attendent la fin du couplet. Tout à coup l'aigre bruit des castagnettes domine le *palmoteo* et le son de la guitare; c'est Pepe et Rita qui dansent à la fois, reproduisant les mêmes mouvements de bras, de pieds et de tête. Ceci est la promenade ou première partie de la *Playera*; puis, lorsque Pepe s'élance vers Rita, elle le fuit en l'agaçant, et lorsque Rita s'avance, Pepe lui échappe à son tour. Vient un moment où les gitanos reprennent leurs chants et y mêlent des exclamations qui paraissent enivrer les danseurs, et, chose étrange, réagissent sur les chanteurs et les spectateurs eux-mêmes. « *Ola jaleo! Eche usted azúcar! Ande usted salada! Vira ese cuerpo! Muerte! Alma, alma! Ole! ole! ola!* » Exclamations toutes pleines de verve et d'animation en espagnol, et qu'on ne pourrait traduire que fort imparfaitement en français. Tous les spectateurs entraînés répètent ces paroles; la voix forte de Joana domine toutes les autres. Les mouvements de Rita sont ceux d'une bacchante, tandis que son visage est celui de la Pythonisse. L'éclair jaillit de ses yeux noirs qui poursuivent le dieu invisible dont elle subit l'influence; chacun de ses membres frémit et palpite d'une vie nouvelle. Le gitano voltige autour d'elle animé d'une fureur semblable; enfin trouvez-moi des mots pour vous dire les accidents de cette pantomime remplie de passions, de grâce, de volupté. Tout le monde applaudit à Pepe et à Rita qui, puisant de nouvelles forces dans de nombreux bols de punch et d'anisette, dansèrent plusieurs fois dans la nuit.

Après le souper une jeune veuve chanta avec beaucoup de charme les gracieuses chansons du *Tripili-tripala*, de la *Panadera* et du *Contrabandista*. Nous entendîmes ensuite un gitano, boucher de son métier, dont le père est d'un embonpoint si imposant qu'on l'appelle la lune pleine de Malaga. Malgré un rare talent sur la guitare, et malgré sa belle voix, il était détestable à entendre à cause de son horrible prononciation. Il faisait précéder chaque voyelle par un *v*, si bien que les mots de la chanson sortaient de sa bouche aussi défigurés que ridicules. Rien ne pourrait vous donner une idée de la vanité de ce gitano. Me sachant étranger, il trouvait plaisant d'interrompre sans cesse les couplets pour m'offrir la guitare et m'inviter à me faire entendre à mon tour : « *Ahora cantará usted!* Maintenant c'est à vous à chanter! » Lorsqu'il prenait le fausset il roidissait et agitait ses jambes comme un possédé, et invitait ses voisins par de véritables coups de pied à lui payer un tribut d'admiration.

La danse durait encore, lorsque, entendant sonner six heures du matin à l'horloge de la cathédrale, doña Mariquita, qui était fort pressée d'ouvrir sa boutique, nous pria de mettre un terme à la fête. On se préparait donc à se séparer dans la meilleure intelligence; mais la jalousie, cette atroce jalousie sans laquelle il est dit qu'aucune réunion d'hommes et de femmes n'est possible en Andalousie, vint faire un terrible éclat. Ici don Pedro rentre en scène. Le ténor s'était permis de jeter en riant une mantille sur les blanches épaules de Dolores; l'abbé, qui avait dansé toute la nuit avec elle, vit dans cet acte d'innocente galanterie je ne sais quel empiétement sur ses droits, et se précipitant sur le ténor, il lui dit avec un incroyable ressentiment : « Je ne suis le jouet de personne, et corbleu! señor ténor, vous me rendrez raison l'épée à la main de ce que vous venez d'oser. » Le ténor lui répondit qu'il était fou; don Pedro redoubla ses invectives. Par malheur, grâce à ses insaisissables aspirations andalouses et à la suppression des finales, je ne pus presque rien saisir de l'éloquente philippique de don Pedro. La maîtresse de la maison intervint, et jeta sur Dolores la responsabilité de l'esclandre; Dolores fondit en larmes, et dit en sanglotant qu'elle était trop honnête fille pour entretenir des liaisons avec don Pedro, condamné au célibat par le pape.

Deux heures plus tard, un paysan s'arrêtait avec deux mulets devant la boutique. C'était un messager que le curé du village de C*** avait expédié à don Pedro pour le prier de se rendre en toute hâte chez lui, où sa présence était réclamée. Don Pedro est parti après avoir fait sa paix avec le ténor, et ses adieux à Dolores, qui a pleuré une seconde fois. Quel drôle d'abbé que don Pedro! Ancien camarade de Cabrera dans le séminaire de Grenade, libéral exalté avec tous les préjugés du prêtre espagnol, il me disait un jour que si la reine voulait lui permettre de troquer sa future paroisse contre les épaulettes de capitaine, il serait enchanté de l'échange.

Malaga, ce 8 novembre 1839.

On jouait ce soir *les Puritains* au théâtre de la ville. On en était au magnifique duo des basses, lorsqu'on a soudainement entendu frapper deux vigoureux coups de marteau dans la loge de l'alcalde; en même temps un portier a crié dans la salle : « *Su Majestad !* Sa Majesté ! » A ces mots, acteurs et spectateurs, tout le monde s'est découvert et s'est agenouillé simultanément, pendant que l'orchestre, interrompant les délicieuses mélodies de la partition, s'est mis à jouer une marche d'honneur. Je demandai l'explication de tout ceci; une dame m'a répondu qu'il s'agissait de rendre hommage au viatique qu'on portait à un mourant, et qui allait passer devant le théâtre. Quelques moments après, tout rentrait dans l'ordre primitif, et les harmonieux chants de Bellini reprenaient de nouveau leur cours au milieu de l'enthousiasme général.

Maintenant j'ai à vous rendre compte d'une visite faite, avec mes camarades, au bagne de la ville, qui sert de dépôt à ceux de Melilla, Alhucemas, Ceuta et Peñon, entretenus, comme on sait, par l'Espagne sur les côtes d'Afrique. Nous avons été parfaitement reçus par le commandant de la prison, qui nous a confiés à un petit personnage vêtu de noir, fort doux, fort complimenteur, fort blême, ne parlant jamais qu'à voix basse, et dont il était impossible de saisir le regard, d'abord parce qu'il ne le dirigeait jamais vers son interlocuteur, ensuite parce qu'il avait les yeux d'un gris si clair, qu'il fallait de véritables efforts pour distinguer la teinte de la prunelle du blanc de la cornée. Tout en nous promenant dans les chambrées, ce curieux individu, allant au-devant des questions que nous nous préparions à lui adresser sur sa position dans le bagne, nous dit : que bien que sa conduite eût toujours été celle d'un parfait honnête homme, les tribunaux, sur la foi d'apparences trompeuses, l'avaient condamné, comme faussaire, à vingt ans de galères ; que cependant, fier de son innocence, il supportait son triste sort avec une résignation toute chrétienne ; enfin, que grâce à ses connaissances administratives on lui avait confié une place importante dans la prison. Après, et à la suite de quelques mots échangés avec moi, il me fit la remarque que ma prononciation n'était pas du tout celle d'un Espagnol, et qu'à la manière surtout dont je prononçais le c et la jota, je devais être à coup sûr Italien, partant presque son compatriote ; car, bien que ses père et mère à lui fussent de bons Castillans, il n'en avait pas moins reçu le jour dans la ville éternelle, où il avait été séminariste, avant que sa malheureuse étoile l'eût conduit à finir si tristement en Espagne.

Le bagne de Malaga renferme en ce moment douze cents forçats, condamnés la plupart pour vol à main armée, ou bien pour blessures faites au milieu de rixes de cabaret, mais fort peu de grands criminels. Presque toutes les célébrités locales, ainsi que les individus les plus redoutables par leur hardiesse ou leur force physique, ont été dernièrement embarqués pour Ceuta, en même temps que le dépôt des malheureux prisonniers carlistes, que l'autorité avait brutalement enfermés dans le bagne.

Les détenus s'habillent comme ils veulent, ou pour mieux dire comme ils peuvent, car la caisse de l'établissement se trouve dans un tel état de détresse, que vu l'impossibilité de leur fournir aucun effet d'habillement, l'administration se voit forcée de leur laisser liberté entière en fait de toilette. Une couverture de laine, ou bien une natte de paille, tel est le lit sur lequel ces malheureux se reposent de leurs travaux, à toutes les époques de l'année. Leur nourriture se compose d'un bouillon de haricots et d'une livre et demie de pain le matin, et le soir d'un second bouillon, sans qu'on leur donne jamais ni vin, ni viande. Un atelier est organisé dans la prison pour les cordonniers et les fabricants de souliers de corde; les hommes qui consentent à y travailler reçoivent de l'administration un sou par jour sur le produit de la vente de leur ouvrage, sont dispensés de porter la chaîne, et obtiennent en outre remise des heures de travaux forcés. Les peines infligées pour fait d'insubordination consistent en une chaîne d'un poids double de l'ordinaire, l'emprisonnement solitaire et le jeûne. La bastonnade a été supprimée après la mort de Ferdinand; on l'infligeait jadis au patient, après l'avoir fait coucher sur une grosse pièce de canon, que l'on conserve en guise d'épouvantail dans la cour du bagne. Pour mieux s'assurer des prisonniers dangereux, on les enchaîne deux à deux; j'en ai vu cependant jusqu'à quatre attachés à la même chaîne. Quant aux malades, on les envoie dans l'hôpital de la ville, la prison n'ayant pas d'infirmerie à elle.

Le comité de surveillance se compose d'un inspecteur, qui est le chef de Malaga; d'un secrétaire de *rematados* (condamnés); d'un adjudant; enfin d'un commandant-gouverneur, qui réside dans la prison. Les détails d'administration intérieure sont confiés à un premier *cabalaz* ou surveillant en chef, choisi parmi les galériens les plus capables et les moins immoraux, qui se trouve avoir sous ses ordres un certain nombre de *cabalaces* inférieurs, galériens eux-mêmes. Le surveillant en chef sort et rentre librement la nuit comme le jour; mais les subordonnés ne peuvent quitter le bagne que pendant les heures de travail et avec leurs brigades respectives. Tous ces subalternes sont censés exercer gratuitement leurs fonctions; mais on ferme assez complaisamment les yeux sur les petits profits qu'ils peuvent tirer de leur tolérance, en certains cas, vis-à-vis de leurs camarades. On rapporte à ce sujet des choses si étonnantes, qu'à les admettre comme exactes, le galérien de Malaga, surtout s'il a quelque argent, est le moins malheureux de tous ses confrères des bagnes européens : sa vie ne manque même pas d'agréments et de distractions. Ainsi, par exemple, au mépris du réglement qui prescrit que le galérien ne puisse jamais sortir que la chaîne au pied, il obtient, moyennant quelques *cuartos* de pourboire à son *cabalax*, non-seulement de se défaire de sa chaîne, mais de pouvoir quitter momentanément sa brigade, sous promesse toutefois de la rejoindre avant qu'elle rentre le soir au bagne; et chose vraiment remarquable, on n'a presque pas d'exemples qu'un galérien ait forfait à la parole donnée à un *cabalax*. Que si ensuite le galérien est assez en fonds pour renoncer à son ordinaire en faveur de ses camarades, et faire une petite pension mensuelle de 20 à 30 réaux aux *cabalaces*, ceux-ci le dispensent non-seulement de porter la chaîne et de prendre part aux travaux forcés, mais lui accordent, de plus, d'aller se promener par la ville comme un bon bourgeois. C'est grâce à ces abus qu'il est souvent arrivé aux escouades de la douane d'arrêter pêle-mêle, avec des contrebandiers surpris en flagrant délit de fraude, des galériens dont on fut étonné de ne pas trouver l'absence consignée dans les contrôles du guichet de la prison ; c'est ainsi encore que d'autres fois la justice a trouvé des galériens complices de crimes où ils n'auraient jamais pu tremper sans la coupable connivence des employés subalternes de la prison.

Il n'y a pas encore longtemps qu'on permettait aux particuliers d'extraire du bagne des hommes pour les employer dans leurs fabriques à des travaux manuels; mais il en résultait de si graves préjudices pour les honnêtes et véritables ouvriers, qu'on a dû mettre un terme à de pareilles concessions. Maintenant les galériens ne sont plus guère employés qu'aux travaux publics de la ville ou aux réparations des grandes routes de la province. Dans ce dernier cas, les brigades partent, sous bonne escorte, pour leur destination, et les commandants ont droit de loger leurs forçats pour la nuit dans celles des maisons voisines du lieu qui leur paraissent les plus propres à prévenir toute tentative d'évasion. On se plaint que cette mesure, évidemment prise dans un but de sûreté publique, devient au contraire une source d'abus scandaleux, exploitée comme elle l'est par les chefs de brigades trop mal rétribués pour ne pas céder à l'appât d'un gain qui, tout illicite qu'il est, n'en est pas moins à l'abri de toute investigation de la justice. Ordinairement ils commencent par désigner les habitations des plus riches particuliers ; ceux-ci, moyennant quelque argent donné en secret, s'empressent de se débarrasser de la pénible corvée de loger des hôtes aussi incommodes, corvée qui, de la sorte, finit par retomber tout entière à la charge des pauvres paysans. Et malheur, assure-t-on, au propriétaire qui se refuserait à payer le tribut exigé tacitement de lui ; il verrait immanquablement ses meilleures plantations endommagées par les galériens ameutés sous main par le chef de la brigade lui-même, et c'est en vain qu'il protesterait contre les dégâts dont il aurait été victime.

Après la triste narration de ces abus, mes camarades m'ont dit que le gouvernement s'occupait activement de les réprimer, et que la réforme générale des prisons s'effectuerait avant peu.

Pour ma part, je n'ai jamais tant regretté qu'aujourd'hui de n'être pas plus fort sur le dessin ; car il y avait parmi les habitants du bagne bon nombre de figures d'une telle expression, qu'on eût formé la collection la plus curieuse de portraits de criminels. L'un, surtout, aurait mérité les honneurs du portrait : sa mâle et énergique beauté m'engagea à demander son nom à notre guide. « Eh ! mon Dieu, me répondit-il en secouant la tête, c'est Pepo, le *baratero* le plus terrible de la prison, celui qui fournit les jeux de cartes aux forçats ; car, en dépit de *nos* efforts pour extirper du bagne cette maudite passion du jeu, nous n'avons jamais pu y parvenir. On a beau fouiller partout, le *baratero* trouve toujours le moyen de cacher les jeux de cartes. Confiant dans sa force physique, ce drôle ne permet à aucun prisonnier de jouer avec d'autres cartes que les siennes, à moins de consentir à lui payer le prix de la séance. Si les joueurs refusent d'obtempérer à la sommation que le *baratero* leur fait faire par ses affidés, alors il se présente lui-même, jette au vent les cartes dont ils se servent, les remplace par les siennes et enfonçant en même temps son couteau dans la table, il somme les récalcitrants d'opter entre le tribut du *barato* ou un duel au couteau ; de pareils combats arrivent même assez souvent dans le bagne, vu que *nos* efforts pour ôter aux prisonniers leurs couteaux n'ont pas été plus heureux que ceux tentés pour leur enlever leur jeux de cartes.

Je finis ma lettre par vous dire que c'est seulement depuis peu de temps et grâce aux efforts d'Espartero et d'Oraa que le *barato* a disparu de l'armée. Malgré les dix ans de fers que la loi prononce contre tout *baratero* militaire, et sans remonter plus haut qu'au règne de Ferdinand VII, chaque régiment comptait plusieurs soldats qui imposaient le barato à leurs camarades, sous la menace d'un duel à coups de baïonnette. La marine royale n'en était pas davantage exempte. Voici un fait arrivé à l'amiral Valdès. L'amiral se rendait à la Havane à bord d'une frégate. Décidé à empêcher les matelots de jouer, dès qu'on fut sorti de la baie de Cadix il ordonna une perquisition générale à la suite de laquelle tous les jeux de cartes trouvés à bord furent jetés à la mer. Le lendemain on vint rapporter à Valdès que les matelots jouaient dans l'entrepont : là-dessus nouvelles saisies de cartes jetées à l'eau comme les premières, ce qui n'empêcha pas le jeu de reprendre dans la journée même. Alors Valdès consulta les officiers. Ceux-ci lui dirent que l'on ne parviendrait pas à découvrir l'endroit où un fameux *baratero* qui se trouvait à bord cachait son magasin de jeux de cartes, et que les matelots joueraient toujours ; que d'ailleurs ce *baratero* inspirait une terreur si grande à tout l'équipage qu'à coup sûr pas un homme ne consentirait à trahir son secret ; sur quoi Valdès manda son *baratero* en personne. C'était un gaillard haut de six pieds, velu comme une chèvre, un vrai *majo* andaloux. Après quelques mots échangés avec lui, Valdès comprit de suite à qui il avait affaire et lui ordonna de s'asseoir. Il fit en même temps appeler le barbier du navire et lui dit : « Savonnez-moi cet homme. » A ces mots le barbier pâlit et le *baratero* fit un bond sur sa chaise. Mais il n'y avait pas à badiner avec Valdès ; le barbier le savait aussi bien que le *baratero* qui tout en frémissant de rage et faisant plus de grimaces que n'en a jamais fait don Bartolo rasé par Figaro dans le second acte du *Barbier de Séville*, dut cependant se laisser exécuter. Dépouillé de ses énormes favoris, le *baratero* perdit tout son empire sur l'équipage, et l'on n'entendit plus parler de jeu à bord de la frégate.

Voyez à quoi tient parfois la terreur que certains hommes inspirent à leurs semblables ?

Malaga, ce 12 novembre 1834.

Si les progrès des carlistes continuent, la position des étrangers, des Français surtout, ne sera plus tenable en Espagne. Soyez pourtant sans crainte à mon égard, car je fais ici exception à la règle. Hier soir le lieutenant de dragons et le *procurador* sont entrés chez moi un peu pris d'anisette. Après m'avoir régalé de quelques couplets de la *tragala*, ils m'ont donné lecture du paragraphe du discours de la couronne, qui dénonce aux Cortès la manière déloyale dont se fait la police sur la frontière française. Ensuite ils se sont pris à déclamer si furieusement contre l'intrigue étrangère en faveur du carlisme, que l'abbé don Pedro, qui de retour de C** dormait dans une pièce voisine, en a été réveillé. Nous le vîmes paraître majestueusement drapé dans un drap de lit, et s'adressant à moi, tout en cherchant à garder son sérieux : « Gare à vous, señor don Carlos, me dit-il, je viens de recevoir la nouvelle officielle du massacre de tous les étrangers à Madrid.

— Bien fait! s'écria le *procurador*, cela leur apprendra à souffler la discorde civile chez nous!

— *Vita España y muera Europa!* ajouta le lieutenant.

— Quoi! mes amis, leur dis-je, partant d'un éclat de rire, n'y aura-t-il de grâce pour personne, pas même pour moi? » A ces mots, le lieutenant eut presque envie de se fâcher, et me demanda, avec toute la gravité qu'il pouvait conserver au milieu des vapeurs de l'anisette, si je pouvais le croire capable d'un tel manque de convenance. Puis il s'assit près de mon lit, et me dit avec un gros soupir : « Et pourtant l'ingrate patrie me condamne à mourir de faim! Mon régiment est dans l'Aragon, et tout en menaçant de me casser si je ne vais pas le rejoindre, on me refuse les moyens nécessaires à ce voyage. Croiriez-vous que depuis six mois je ne touche pas de solde? »

On a fait ce matin, à l'insu du lieutenant, une collecte dans notre pension, pour payer son passage jusqu'à Valence. Ce sera probablement avec lui qu'il me faudra partir, à moins que le *Phénicien* n'arrive de Cadix ces jours-ci.

Carthagène, ce 17 novembre 1835.

En quittant Malaga tous mes camarades ont voulu m'accompagner à bord. Le *procurador* m'a même forcé d'accepter sa guitare, disant qu'elle me rappellerait dans mes vieux jours les folies de la pension de Malaga; l'abbé m'a embrassé, et de plus m'a donné sa bénédiction pour me préserver du naufrage, a-t-il dit. Pendant que notre bateau fuyait, j'ai entrepris d'esquisser la vue du port, et je ne sais comment j'ai pu y parvenir tant je quittais Malaga à regret; je sais seulement que je précipitais les coups de crayon avec cette anxiété qu'on éprouve au moment de se séparer à tout jamais d'un objet qui nous est cher. Hélas! oui, je te quitte, et peut-être pour toujours, chère Andalousie, terre hospitalière et romanesque où l'amour se respire avec l'air, où la paix de l'âme est mise à tout moment en danger, par les yeux noirs et le séduisant abandon de tes belles habitantes... Mais trêve à d'inutiles regrets ; j'oublie que je suis à bord du *Phénicien*, et que le cœur du voyageur doit être froid comme une glace, et comme elle ne réfléchir que l'image des objet présents. Les personnages les plus intéressants que nous ayons à bord, sont deux Mores de Fez, dont les barbes magnifiques attirent l'attention de quelques dames embarquées. Après eux vient un officier allemand, qui a quitté le Portugal dans la plus grande détresse, et arrivait en Espagne avec l'espoir d'y trouver du service. Ce pauvre diable voulait débarquer à Malaga, mais le capitaine général ayant cru reconnaître en lui un agent des sociétés secrètes l'en a empêché, et ce malheureux officier, renvoyé de port de mer en port de mer, ne pourra probablement toucher terre qu'en France. Pour revenir aux deux Africains, ayant appris du capitaine qu'ils baragouinaient un peu l'espagnol, j'eus bientôt engagé la conversation avec eux, et avant l'arrivée de la nuit ils avaient enrichi mon calepin de toutes les lettres de leur alphabet, voire même d'une trentaine de mots arabes les plus nécessaires à la vie usuelle. Maintenant je vais vous dire une chose qui vous prouvera combien les hommes sont simples, et combien il est inutile de les faire tant étudier pendant leur enfance, vu l'extrême facilité avec laquelle ils oublient. J'avais prié mes Arabes de tracer aussi leurs chiffres numériques, dans la persuasion que j'allais les trouver pour le moins aussi énigmatiques que les lettres de leur alphabet. Croiriez-vous bien que j'eus la naïveté de demeurer stupéfait en voyant qu'ils se servaient des mêmes signes que nous autres Européens. Il ne fallut pas moins que le cri de surprise des autres voyageurs (car je me méfie toujours de l'admiration chez les autres), pour me rappeler à moi-même. Revenu alors de mon sot étonnement, je me tournai vers mes voisins : « Mais, messieurs, dis-je, il paraît que tous tant que nous sommes ici nous oublions que les chiffres dont nous nous servons s'appellent chiffres arabes, précisément parce que c'est à ces messieurs, qui ont introduit en Europe leur système de numération, que nous les avons empruntés. » Vous l'imagineriez-vous? toute simple qu'elle était, cette remarque produisit cependant un tel effet sur la docte assemblée, que si l'on ne m'a pas pris pour un savant de la Sorbonne, ou pour quelque grand académicien florentin, je me trompe fort.

J'avais espéré que le *Phénicien*, suivant son habitude, relâcherait à Almeria; mais le capitaine voulant rattraper le temps que lui avaient fait perdre ses démêlés avec la douane de Cadix, à propos de quelques ballots de contrebande qu'il voulait débarquer sans payer de prime aux douaniers, a passé devant Almeria sans s'y arrêter. Au point du jour nous doublions le cap de Gata, à onze heures le cap Teñosa, et à midi le timonier signalait enfin *la Islota*, îlot qui masque complétement l'entrée du port de Carthagène. Ce port est tellement sûr, que le matelot peut y chanter à l'abri des plus mauvais temps la chanson du pays :

> Cartagena de Levante,
> Puerto de mar venturoso,
> Descanso de los navíos,
> Y de la gente reposo.

« Carthagène du Levant, — Heureux port de mer, — Lieu d'abri pour les navires, — Et de repos pour les marins. »

Du temps de la guerre de l'Indépendance, une escadre française essaya vainement de forcer l'entrée de ce port, protégé par de formidables batteries établies au niveau de la mer, et par le canon des forts du Castillo, de las Galeras et du Fuerte, qui s'élèvent sur des hauteurs à droite et à gauche de *la Islota*. On n'aperçoit le port qu'en y entrant. Alors on a devant soi une magnifique perspective, bien que triste à la longue, car le bassin, tout entouré de hautes montagnes, ressemble littéralement à un entonnoir produit par l'explosion d'une mine, et la ville y paraît ensevelie avec sa longue ligne de maisons, symétriquement disposées sur un magnifique boulevard qui sert lui-même à sa défense.

Carthagène n'offre rien de remarquable, si ce n'est un superbe arsenal qui depuis que l'Espagne a perdu ses colonies d'Amérique est encore plus désert que celui de la Caraca dont il était le rival.

Les habitants sont fiers du nom de leur cité, et se croient les légitimes descendants des anciens Carthaginois. Au riz qu'on vous sert à dîner, au changement des costumes chez les paysans, à leurs manières moins prévenantes que celles des Andaloux, on s'aperçoit qu'on est déjà dans le royaume de Valence.

A bord du *Phénicien*, devant Valence, ce 18 novembre 1838.

Le jour commence à poindre ; nous venons de jeter l'ancre dans le port de Valence, port si mal abrité, que lorsque la mer est mauvaise les vapeurs sont forcés de passer outre sans pouvoir même déposer la malle du courrier. En attendant l'arrivée de la santé, je vais vous parler d'Alicante où nous avons fait une halte de douze heures.

Alicante est une ville très-propre, bien bâtie et d'un aspect fort riant. On pourrait la comparer à un jardin comme Carthagène à un cloître. Il y a dans Alicante une belle galerie de tableaux, de belles rues, des vins exquis et des promenades délicieuses. Elle est étendue le long du rivage et dominée par un haut rocher semblable à une corne de taureau, sur lequel s'élève un château redoutable dédié à sainte Barbe. Quelques heures avant la visite que j'ai faite à ce fort, on y avait fusillé, à titre de représailles, quatorze prisonniers carlistes. Un vieux sergent, témoin de l'exécution, m'a dit que ces malheureux, avant de mourir, avaient voulu remercier la garnison pour les traitements humains qu'ils en avaient reçus pendant leur captivité.

L'édifice le plus remarquable d'Alicante est l'église des saints Nicolas et Perez, les patrons de la ville, toute bâtie en beau granit. Par la sévérité du style et la grandeur de ses proportions, elle rappelle un peu l'Escorial. En visitant le cloître, il m'arriva de demander au bedeau, qu'un groupe de paysans écoutaient parler avec déférence, quelle était l'image miraculeuse devant laquelle brûlaient une multitude de lampes dans l'église. « C'est, me dit-il, une reproduction fidèle du saint suaire d'Alicante, qui est conservé dans le couvent des religieuses de Santa-Clara, situé à quelques lieues de la ville. » En même temps il sortit de dessous sa veste un scapulaire où était représenté le saint suaire et me le montra. Les paysans qui l'entouraient en firent autant, et chacun s'empressa de mettre sous mes yeux son scapulaire, pendant que le bedeau m'expliquait comment l'abbesse du couvent et *son excellence* la municipalité d'Alicante avaient chacune une clef du sanctuaire de Santa-Clara, et comme quoi le jour de la fête du saint suaire, qui tombe neuf jours après Pâques, la municipalité, la garnison et le chapitre entier d'Alicante allaient processionnellement prendre la toile miraculeuse au couvent des religieuses, et l'apportaient en triomphe dans la cathédrale de la ville au bruit des salves des forts et des carillons des églises. « Dans quel pays êtes-vous donc né, caballero, me demanda-t-il en terminant, vous qui portez tant d'intérêt à notre église?

— *In Italia, signor sacristano.* »

A ce mot d'*Italia* tous les paysans sourirent d'intelligence; ils voulaient dire sans doute: « Grâce à Dieu, celui-ci du moins est un des nôtres, un bon et loyal carliste comme nous. »

« Vous êtes né en Italie, reprend le bedeau, à Rome peut-être bien? Oh! l'heureux mortel que vous êtes de posséder le pape chez vous! Combien de fois lui avez-vous baisé le pied dans votre vie ? »

Je me disposais à satisfaire la curiosité du brave homme, mais j'en fus empêché par les importunités d'un compagnon de voyage qui me tirait par le pan de l'habit et me soufflait à l'oreille « *Pues, hombre, los compañeros comerán toda la comida;* mais, homme, si nous tardons, nos camarades mangeront tout le dîner. » Le bedeau lut sans doute sur ma physionomie tout le regret avec lequel je me séparais de lui, car il m'annonça, en me serrant la main, que nous nous reverrions le soir avant mon départ. Effectivement, au moment où j'allais me rembarquer, je le rencontrai sur la promenade du môle, avec un gros paquet d'images du saint suaire, qu'il me força d'accepter pour que je le distribuasse à mes amis en Italie. Il y en a de quoi tapisser toute une maison; cependant je n'ai pu obtenir de son désintéressement qu'il acceptât l'argent que je lui offrais à titre de dédommagement. Mais voici la santé qui arrive ; si je ne me rends pas de suite sur le pont, on me prendra pour un pestiféré. Adieu donc.

Valence, ce 28 novembre 1838.

J'avais espéré recevoir ici de vos nouvelles, mais les quatre derniers courriers de Madrid étant tombés entre les mains des guerillas carlistes, nul doute que vos lettres n'aient été brûlées avec les dépêches du gouvernement.

Valence offre un bien triste séjour dans ce moment. A chaque instant rappels de tambours, passage de malheureux paysans enlevés à leurs champs par les battues des christinos, afin de les soustraire aux presses des bandes aragonaises, ou bien l'annonce de quelque nouvelle cruauté commise par elles dans les campagnes de la Huerta. Des placards contenant les manifestes de la junte de représailles tapissent les rues, et la misère est telle qu'on ne peut faire un pas sans être assailli de malheureux enfants qui vous supplient de leur acheter quelques billets de loterie, dernière ressource de leurs familles réduites à l'indigence. Et pour que rien ne vienne faire distraction au milieu de tant de tristesse, toutes les portes de la ville, excepté celle de la mer, sont fermées par mesure de sûreté générale. Les journaux ont dû vous apprendre la mort du malheureux général Mendez Vigo, qui se couvrit de gloire dans la délivrance de Bilbao assiégée par Zumalacarregui. Un homme du peuple l'a tué d'un coup de pistolet, au moment où suivi d'un seul aide de camp il tenait tête à l'émeute, qui demandait avec des cris de rage à venger sur les prisonniers carlistes détenus dans la ville, le massacre des sergents du régiment de cavalerie *del rey*, de la division Pardiñas, surprise par les bandes aragonaises à Maella. Voilà encore une horrible histoire. Après le combat, m'a-t-on raconté ici, le chef carliste fit sortir des rangs de la division prisonnière les sergents, et quand ils furent dépouillés tout nus, il ordonna qu'on les formât en groupes et qu'on sonnât la charge. Alors les cavaliers carlistes fondirent sur eux et les massacrèrent à coups de lance. Pardiñas, qui avait été grièvement blessé pendant la mêlée, invoqua vainement pour lui et ses soldats les droits des prisonniers de guerre : « *Tiene usted razon*, vous avez raison, » lui répondit le chef carliste, et il le fit fusiller immédiatement, obligeant ensuite les débris de la malheureuse division à défiler devant le cadavre de leur ancien général. A cette nouvelle l'émeute répondit par le meurtre de Mendez Vigo, et la municipalité de Valence organisa un terrible comité de représailles contre les carlistes. Il se compose de six anciens émigrés, et d'un chanoine qu'on a forcé de s'associer à cette mission de sang, pour mieux influer sur l'esprit des populations. Jugez de la terreur des habitants suspects à la junte ; il y en a de fort compromis, qui pour parvenir à sortir de la ville, ont payé au poids de l'or une place à côté de la bière d'un mort, dans la voiture destinée aux enterrements.

Minuit, ce 29 novembre. — Toute la ville est illuminée. Les dames remplissent les balcons, et les militaires veillent l'arme au bras sur les remparts et dans les rues. Ce sont les bandes aragonaises qui approchent de Valence. Elles traînent à leur suite deux cents prisonniers qu'elles promettent de fusiller sous les murs de la ville. On leur a fait savoir qu'on exécuterait par représailles tout le dépôt des prisonniers carlistes, et qu'on ne s'arrêterait pas là. On a cru un instant que Cabrera était à leur tête, et grande a été la joie de la population, en apprenant qu'il se trouvait en Catalogne pour y renouveler son approvisionnement de poudres et surtout de plomb. Quel homme que Cabrera! Lorsqu'en 1835 les commissaires anglais lui présentèrent le traité de lord Elliot, pour que la vie des prisonniers fût désormais respectée, traité déjà accepté par Zumalacarregui, il y apposa sa signature avec cette restriction : « Je n'exclus du traité que deux personnes : *Moi et le général Noguera*, qui *a fait fusiller ma mère octogénaire.* » La réponse est belle, et elle le serait davantage si Cabrera, en effet, ne fût jamais sorti de la limite qu'il avait déclaré s'imposer. Cabrera ne reconnaît pour carlistes que ceux qui payent de leur bourse et de leur personne. Il est impitoyable envers les gardes nationaux qui tombent en son pouvoir, parce qu'ils représentent à ses yeux la révolution incarnée. Il met tout à feu et à sang, pour amener de guerre lasse les populations à un soulèvement en faveur de don Carlos. Il est contraire aux échanges de prisonniers, parce que les hommes qu'on lui rend propagent dans ses rangs des sentiments favorables à une réconciliation, dont lui ne peut vouloir. Enfin, Cabrera est de ceux qui prétendent que le peuple en Espagne mesure la force d'après les coups qu'elle frappe, non d'après les victimes qu'elle épargne. De leur côté, les soldats christinos ne disent-ils pas en d'autres termes la même chose, quand ils reprochent amèrement à leur gouvernement sa modération envers les carlistes, et réclament les représailles comme l'unique moyen de conserver l'armée?

30 novembre. — Borso est entré hier soir dans Valence à la tête de trois mille hommes, et va se mettre immédiatement à la poursuite des bandes carlistes qui rôdent autour de la ville, prêtes à tenter un coup de main. Lopez doit le suivre avec la milice, à laquelle les étudiants et les choristes de l'Opéra ont obtenu de s'adjoindre ; c'est Lopez qui a généralisé dans la cavalerie espagnole l'usage de la lance. Fils d'un ancien chef colombien mort en se battant contre les Espagnols, Murillo en fit son enfant adoptif.

On raconte deux faits tout récents des guerillas aragonaises, qui peignent au vif leur froide cruauté, et leur impartialité à rançonner amis et ennemis. Un curé demandait grâce pour un malheureux milicien surpris par un guerillero. Voyant ses efforts inutiles, il lui fit observer que les christinos ne manqueraient pas de venger sa mort sur les nombreux carlistes de sa paroisse et peut-être même sur sa personne ; sur quoi le guerillero a eu la précaution d'envoyer fusiller le milicien dans la paroisse voisine. Le second exploit s'est exercé contre l'alcalde d'un village de la Huerta, connu pour son carlisme. On l'a contraint de racheter sa vie au poids de l'or, l'accusant d'avoir mis la cloche de l'église en branle, pour donner l'alarme aux autorités de Valence. Le pauvre alcalde a eu beau jurer aux carlistes que c'était au contraire pour fêter leur bienvenue ; il n'a pu conserver sa tête qu'en livrant 500 douros.

2 décembre. — Borso a rejoint, dans la nuit d'hier, près de Chelve, l'avant-garde des carlistes. Au moyen d'une charge de cavalerie exécutée au clair de lune, il a défait leurs carrés et leur a tué deux cents hommes. Un égal nombre a mis bas les armes demandant quartier, et l'a obtenu. Pendant que Borso continuait sa poursuite nocturne, les paysans des environs ont envahi le champ de bataille, et y ont travaillé si ferme, que le lendemain on ne voyait que des cadavres tout nus et des chevaux dépouillés de leur peau.

3 *décembre.* — La milice vient de rentrer, amenant avec elle les prisonniers faits au combat de Chelve. C'était un spectacle à faire impression que de voir le milicien conduisant d'une main son jeune fils, qui était venu à sa rencontre, et portait maintenant sur sa frêle épaule le fusil de son père, et de l'autre main agitant le berret blanc de quelque carliste tué. Toute la ville était sur le passage de la colonne. Les femmes saluaient leurs pères, leurs maris, leurs frères. Sur tous les visages c'était de la joie, mais c'était une joie contenue où se mêlait une arrière-pensée sombre; chacun semblait sentir que le sang versé était du sang espagnol.

14 *décembre.* — Le *Diario de Valence* publie les pièces de la correspondance entamée, après l'affaire de Maella, par le général en chef de l'armée du centre avec le lieutenant de don Carlos, dans le Bas-Aragon, à l'effet d'obtenir de lui la cessation des massacres des prisonniers. Le chef carliste répond, sous la date du 3 novembre, que la guerre actuelle est une guerre à mort, et que loin de consentir à ce qu'on lui demande, il prévient qu'à l'avenir il ne fera plus de quartier à personne. En conséquence de cette notification atroce, la junte des représailles enjoint à tous les alcaldes de la province, aussitôt qu'ils auraient connaissance de l'assassinat d'un christino, dans l'étendue de leur commune, de faire à l'instant fusiller sans pitié le plus proche parent de l'assassin, et à défaut de parent, un suspect de carlisme à désigner par le sort. La première victime de cet ordre cruel a été un vieillard de quatre-vingts ans, connu dans son village, où il avait exercé les fonctions d'alcalde, pour son attachement au parti christino. Un de ses neveux, officier dans les rangs carlistes, ayant fait fusiller un milicien, c'est sur ce vieillard, le plus proche parent de l'officier, qu'est tombé l'atroce représaille. De son côté, le général en chef de l'armée christine, refusant de reconnaître

le quartier accordé, a sommé Borso de faire fusiller par sa troupe les prisonniers par lui faits dans le combat de Chelve. Mais Borso ayant protesté qu'il était prêt à donner sa démission plutôt que de se souiller du sang de ces malheureux, on ne sait pas encore par qui l'exécution se fera. Parmi ces infortunés se trouve un jeune officier français, dont la grâce a été instamment demandée, par le consul de France, au général christino, qui lui a répondu avec humeur, qu'il était au moins étrange de voir les représentants de la France intercéder sans cesse en faveur des ennemis de la reine, tandis que jamais ils ne s'interposaient pour empêcher les massacres des prisonniers christinos. Le consul a fait observer que la France n'avait point d'agent auprès de don Carlos, et s'est retiré sans connaître le sort réservé à son malheureux compatriote.

17 *décembre.* — L'affreuse boucherie a eu lieu. Sur les refus persévérants de Borso, le général en chef a pris sur lui-même le soin de l'exécution. Après quatre jours de mortelle attente, et une tentative d'évasion qui a malheureusement échoué, soixante-huit prisonniers, qui avaient reçu quartier, ont été impitoyablement fusillés sur les glacis de Murviedro. Le commissaire anglais a vainement intercédé pour eux. Les blessés et les malades, qui avaient été déposés dans les hôpitaux de Valence, ont seuls été épargnés. Telle est la guerre civile dans cette partie de l'Espagne !

Jativa, ce 19 décembre 1838.

Enfin on respire à Valence. Les bandes aragonaises ont battu en retraite dans les montagnes du Maestrazgo. Pour peu qu'elles eussent tenu dans la Huerta, elles m'auraient forcé de dire adieu à Valence sans voir ses délicieux environs autrement qu'à travers la longue vue établie sur la tour du Micalete.

Jativa est une charmante petite ville placée au pied de

la Solana, haute montagne sur laquelle les Jativanos bâtissent en ce moment une redoutable forteresse, pour se mettre à l'abri des attaques des carlistes. Chaque famille un peu aisée veut avoir sa baraque dans cette forteresse, et Jativa, qui compte à peine trois mille habitants, s'est volontairement imposé une somme de cent cinquante mille piécettes pour cette construction. Ce fait à lui seul vous prouvera la terreur qu'inspirent aux populations les bandes aragonaises, et combien doit leur sembler encore éloignée la fin de la guerre civile.

Que vous dirai-je maintenant de la beauté des campagnes de la Huerta, presque entièrement couvertes d'oliviers, de mûriers magnifiques et admirablement cultivées en rizières partout où le terrain le permet? Comment vous peindre l'effet pittoresque des touffes épaisses des palmiers de Courcagente, et de toutes les délicieuses forêts d'orangers qui environnent Alcira? Il faut l'avoir parcourue, cette seconde terre promise, pour se figurer combien elle est, d'un bout à l'autre, riante et fertile. Toute description serait trop au-dessous du sujet, et d'ailleurs, eussé-je envie de l'entreprendre, je sens trop que mon français ne pourrait y suffire. Contentez-vous d'apprendre, si vous ne le savez déjà, que trente-deux oranges des plus belles se payent un franc à Alcira, et qu'elles ne sont jamais plus exquises que lorsqu'on les mange, à peine cueillies, à l'ombre même de l'arbre qui les a produites; que la récolte de ces fruits se fait dans les mois de décembre et de janvier, en les coupant à la tige; qu'on soumet ensuite à l'épreuve de l'anneau, comme cela se pratique pour les boulets, toutes les oranges destinées à l'étranger, et qu'après avoir mis ensemble toutes celles du même calibre, on les encaisse, bien enveloppées dans du papier.

Tout ce qui concerne le système d'irrigation des rizières, leur culture, la juridiction et la distribution des eaux, continue à se régler dans la Huerta d'après les traditions laissées par les Mores. Comme de leur temps, un tribunal, composé de sept syndics, à chacun desquels est confiée la surveillance d'un des sept canaux de la Turia, administre verbalement et gratuitement la justice en plein air, devant le portail de la cathédrale. Si un laboureur enlève à ses voisins ses heures d'irrigation, ou commet à son préjudice quelque dégât qu'il soit urgent de réparer, le plaignant requiert le syndic de son canal, qui accourt sur les lieux, prend connaissance de l'attentat, le répare comme il peut, et cite les intéressés à paraître, pour le premier jeudi, devant le tribunal de *los acequieros,* des irrigateurs. Là, les deux parties exposent leurs griefs et plaident sans être assistées d'aucun conseil. On interroge les témoins, et l'arrêt est rendu séance tenante, sans qu'il y ait un seul mot d'écrit, et sans l'intervention d'aucune autorité étrangère au tribunal. Dans les cas douteux seulement, le jugement est renvoyé au jeudi suivant; ce sursis est employé à une enquête plus approfondie des faits. Enfin, pour mieux garantir l'impartialité du tribunal, le législateur arabe a ordonné que le syndic dans la juridiction duquel a été commis le dégât, ne pourrait siéger au tribunal pendant le jugement de la cause par lui instruite. Les syndics sont des laboureurs élus tous les ans par leurs égaux; et tel est le respect dont le suffrage populaire les entoure, qu'après les séances du tribunal, on voit juges et condamnés retourner paisiblement ensemble à leurs villages, sans que l'on puisse citer un seul exemple de vengeance. Et cependant on les dit si méchants, ces paysans valenciens, qu'un homme d'esprit, en parlant de la Huerta, l'appelle le paradis habité par les diables, *el paraiso habitado por los demonios.*

Plus que partout ailleurs, en Espagne, le costume des paysans de la Huerta a conservé les traces de son origine moresque. Il se compose d'un large caleçon blanc, plissé, qui tombe jusqu'au genou, de sandales de corde, d'une écharpe de soie, d'une chemise à jabot, d'une *manta,* couverture de laine bariolée, dans laquelle ils s'enroulent de la manière la plus pittoresque ; enfin, d'un mouchoir serré autour de la tête, qu'ils rasent complétement à la manière des Orientaux. Ce sont en général des hommes à l'œil si farouche et au teint si noir, qu'on les prendrait aisément pour autant de Bédouins arrivés à peine d'hier du littoral africain. Par un contraste, dont je livre l'appréciation aux physiologistes, leurs femmes sont si douces et si blondes, que sans la *pinteta*, haut peigne d'argent doré qu'elles portent coquettement dans leurs cheveux, on les dirait de véritables Allemandes. La grâce et la beauté de ces femmes ont passé en proverbe en Espagne ; rien n'égale la vivacité charmante qu'elles déploient en chantant et dansant tour à tour la *verbena*, espèce de fandango, qui emprunte son nom à cette suave petite plante odorante de la verveine (*verbena*), que les anciens employaient dans leurs cérémonies religieuses et leurs conjurations magiques. Les paysannes de la Huerta croient en sa vertu. Une petite branche de *verbena* cueillie avec une foi vive pendant la veillée de Saint-Jean mène droit au mariage la fillette qui se désole de ne pas trouver qui l'épouse. Voici deux couplets de la *verbena* :

¿ Qué espera la niña, con tanto afan ?
Veladla esta noche, ya me lo dirán.
Pues pide marido ? pues que no lo ven,
El morir doncella, ya no le sta ben, ay !

Ay ! niña, niña, la verde verbena
De la noche de San Juan,
Ay ! buscadla, buscadla buena ;
Que á fin de año ya, me lo dirán.

Qu'attend la fillette — Avec tant d'anxiété ? — Observez-la cette nuit, — Vous me le direz. — Elle demande un mari. — Ne le voyez-vous pas ? — Mourir demoiselle, — Ça ne lui va pas, hélas !

Ah ! fillette, fillette, la verte verveine — De la nuit de Saint-Jean, — Choisis-la, choisis-la bonne. — A la fin de l'année, on m'en dira des nouvelles.

Toute la chanson est remplie de ces *ay!* espagnols qui, dans la bouche des Valenciennes et des Andalouses, expriment si gracieusement le regret, la satisfaction, la crainte, l'espoir. Ces *ay!* sont souvent en dehors de la mesure poétique. L'Espagnol a un tel besoin d'expansion, qu'il ne peut pas toujours se tenir dans les justes limites du vers; il lui faut de temps en temps un pied de plus.

Voilà, mon ami, tout ce que je sais sur la Huerta. Rentrons dans Valence.

Tout le monde sait que Valence a été le berceau de l'imprimerie espagnole, aussi bien que celui de l'utile corporation des *serenos*, devenus l'effroi des voleurs et les protecteurs naturels des pauvres jeunes gens poursuivis par l'insomnie amoureuse. Mais un fait moins connu, c'est qu'un More, descendant du sultan Boabdil, arrivé récemment de Tanger, y vend des dattes exquises sur la place si curieuse de San Francisco, où on l'appelle du nom de *Mados*, le même qu'adoptèrent ceux des alliés de Boabdil qui embrassèrent le christianisme après la conquête de Grenade. Remarquablement embellie par le malheureux général Elio, que les constitutionnels pendirent en 1823, Valence n'a conservé de moresque que ses étroites et tortueuses ruelles. Elle s'appelle encore *Valencia del Cid*, en l'honneur du héros qui la conquit une première fois sur les Mores. Chaque siècle elle célèbre l'anniversaire de l'entrée dans ses murs du roi don Jaime d'Aragon, par qui, après quatre mois de siège, elle fut, le 19 octobre 1238, à tout jamais délivrée de la présence des infidèles. En cette circonstance, la municipalité frappe une médaille. Autrichienne pendant la guerre de la Succession, on y retrouve encore de vieilles familles qui vous montrent, avec un mélange de respect et de mystère, les portraits de l'archiduc dont leurs aïeux suivirent la fortune. Valence a donné à l'Espagne une école de peinture rivale de celles de Madrid et de Séville : Joan de Joanes, Riballa, Espinosa, Ribera, en sont les grands maîtres, et leurs chefs-d'œuvre embellissent la cathédrale, la galerie du marquis de Drafol, celle du couvent des Carmes formée avec les tableaux des anciens couvents, le palais des anciennes cortès d'Aragon; enfin l'académie des beaux-arts, fondée par Charles III, où j'ai vu se presser une jeunesse remplie d'avenir.

L'industrie de soieries, qui fut si longtemps une source d'inépuisables richesses pour cette ville, n'est plus que l'ombre de ce qu'elle fut. Du temps de Charles III, elle comptait encore cinq mille métiers, et ce nombre augmenta considérablement à l'époque de la terreur, à cause du dépérissement de la fabrication lyonnaise; aujourd'hui, à peine évalue-t-on le nombre de ces métiers à quinze cents, qui tissent annuellement cent cinquante mille *baras* de velours, satins, brocarts et autres soieries. La cochenille n'a été nulle part cultivée avec plus de succès qu'à Valence. Le jardin d'acclimatation de M. Ronda est le plus prospère de l'Espagne, et probablement de l'Europe.

Les Valenciens, à qui l'on reproche d'être les plus légers et les plus volages des Espagnols, n'en sont pas moins des gens fort aimables, et surtout de grands guitaristes et d'infatigables danseurs. La vivacité de leur caractère déborde en toute occasion, mais particulièrement le jour de la Saint-Martin. Ce jour se célèbre par une immense partie de chasse en bateau sur le lac de l'Albufera, à laquelle prennent part tous les citadins et les paysans propriétaires d'une escopette. Avant que la guerre ne vînt mettre toute l'Espagne en deuil, on a souvent compté dans ces réunions plus de huit mille chasseurs; cette année ils étaient pour le moins deux mille, non compris les femmes et les nombreux marmots. La partie de chasse achevée, les bandes joyeuses dînent sur les bords du lac, puis jettent leurs marmites en l'air, et les plus habiles tireurs s'amusent à les cribler à coups de fusil. C'est de tous côtés un feu roulant de mousqueterie, et la confusion est si grande, qu'on doit vraiment s'étonner du fort petit nombre d'accidents qui en résultent. Inutile de vous dire que les plus bruyants acteurs dans cette fête sont des étudiants. Sans dépouiller ces espiègles de leurs inséparables guitares, supposez-les armés de fusils, rappelez-vous les tours plaisants des étudiants de Séville, et vous pourrez aisément vous figurer les drôleries que j'ai vu faire aux écoliers de l'université de Valence.

Et à propos de cette université, je ne puis me dispenser de vous dire que je me trouve n'être rien moins que le premier étranger qui, sans immatriculation dans ses registres, ait osé pénétrer dans les salles des cours pendant les heures où la science y est prêchée. Et ce n'est pas peu de chose! Supposons-nous, en effet, transportés aux beaux temps du roman espagnol, quand la vieille civilisation si admirablement peinte par Cervantes n'avait pas encore ressenti le contre-coup funeste de nos modernes et prosaïques idées, pénétrer dans une salle d'université espagnole eût été une entreprise tout aussi téméraire que celle de s'introduire dans le harem d'un pacha. Une salve de huées et de coups de sifflet aurait inévitablement accueilli à son entrée l'indiscret visiteur, et lui aurait appris que les salles des cours étaient inviolables pour tout homme qui n'avait pas l'honneur de porter chapeau à trois cornes, soutane et manteau, le tout bien râpé et bien déchiré. Mais actuellement, dépouillés par ordonnance royale de leur ancien costume, les étudiants ont bien perdu de leur vieil esprit de corps; la tolérance dont ils ont fait preuve à mon égard l'atteste suffisamment. Il est vrai toutefois que, par mesure de prudence, j'ai dû me faire présenter d'abord au régent, qui m'a annoncé aux professeurs, par qui enfin ma visite a été notifiée aux élèves. Grâce à ces préliminaires, et au soin que j'avais pris d'éviter toute recherche dans ma mise, ainsi que me l'avait conseillé un étudiant de mes amis, tout s'est passé à merveille, et j'ai eu le plaisir d'entendre d'excellentes conférences sur le droit romain faites par des jeunes gens fort instruits.

Observé de près, l'étudiant espagnol, malgré la suppression de sa soutane et les nombreuses modifications faites par les christinos au code universitaire, ne diffère pas sensiblement de ce qu'il était du temps de Gil Blas, de joyeuse mémoire. Les pauvres diables auxquels est resté le surnom de *sopistas*, soupiers, bien qu'il n'y ait plus de moines qui leur fassent de distribution quotidienne de soupe aux portes des couvents, s'engagent à soigner les effets de leurs camarades plus riches, obtenant en revanche une place à leur table, et de plus quelque argent pour l'achat des livres, sans que pour cela la fraternité qui doit exister entre camarades en souffre le moins du monde : Mécènes et protégés, tous se tutoient et se traitent sur le pied de l'égalité la plus absolue. Arrive l'époque des vacances, et alors les *sopistas* et les amateurs de vie aventureuse s'arment de guitares, de flageolets et de tambours de basques, et vont par petites troupes faire en vagabonds la tournée de la province, ce qui, en style d'étudiants, s'appelle *correr la tuna*. Les statuts de la *tuna* s'opposent à ce qu'aucun de ses membres ait de l'argent sur soi, et c'est au pays qu'ils amusent par leurs chants et leurs folies à les héberger. Ils se présentent chez le curé, l'alcalde, l'apothicaire, le barbier du village, qui s'empressent de leur offrir leur table et un gîte pendant la nuit. Personne ne peut toucher à l'argent recueilli pendant ces promenades musicales; il est religieusement conservé par un caissier, et sert plus tard à payer les frais de l'immatriculation universitaire, et les diplômes des étudiants les plus nécessiteux.

Ce 21 décembre 1838, à bord du *Balear*, allant à Tarragone.

Causant histoire espagnole avec un vieil afrancezado et un carliste, qui, fuyant les représailles, émigre de Valence, je leur demandai s'ils considéraient l'expulsion des Mores comme un événement heureux ou funeste pour leur pays. Le carliste, ardent catholique, s'étonna qu'on pût lui adresser une pareille question.

Peu soucieux du salut de son âme, l'afrancezado a fait bon marché du catholicisme ; il a soutenu qu'en expulsant les Arabes, les Espagnols avaient détruit une civilisation plus avancée que la leur, pour n'hériter que des haines, des jalousies, et surtout des habitudes de dilapidation administrative des Mores. « Oh ! à cet égard, nous les valons bien. Dans des fouilles exécutées à Séville, près de la porte de la Carne, on a trouvé une inscription d'un More qui, s'adressant aux générations futures, les invite à rire en leur racontant comment il avait réussi pendant trente années à prélever impunément un droit de péage entièrement illégal sur tous les animaux chargés qui passaient sous cette porte. Que d'inscriptions analogues à celles-ci ne rencontrerait-on pas un jour en Espagne, si nos employés voulaient imiter la sincérité du gabeleur arabe! »

Dans la soirée, je me suis entretenu avec un Andaloux sur la position des étrangers résidant en Espagne. Ils sont dispensés du service militaire et de toute contribution de guerre ; la police ne peut s'introduire dans leur domicile qu'avec le concours du consul de leur nation respective ; ils ne sont pas justiciables des tribunaux ordinaires. Si l'étranger commet un crime, il est jugé par le capitaine général, d'après la loi espagnole, sur une instruction faite par un assesseur nommé par le Gouvernement. L'accusé nomme un défenseur par l'entremise de son consul. S'il est condamné, son ambassadeur transmet son appel à Madrid, devant le ministre d'*estado* (affaires étrangères), qui en réfère au ministre de *la gobernacion* (intérieur), à moins cependant qu'il ne s'agisse d'offense contre la religion : alors c'est le ministre de grâce et justice qui prononce en dernier ressort. Aucun étranger ne peut devenir commerçant sans l'autorisation de la municipalité. Aux négociants anglais seuls est accordé le privilége de tenir leurs livres dans leur propre langue ; ils peuvent même se refuser à les montrer à l'autorité judiciaire, sauf cependant la partie qui a rapport à l'acte incriminé.

Quant aux impôts, les étrangers sont assimilés aux Espagnols. Tous les ans, les employés exigent du propriétaire une déclaration jurée de son revenu. S'il y a tromperie, on le punit par une amende de cinq fois le montant de la contribution. Cet Andaloux m'a dit qu'en 1837, sur un revenu de 51,000 réaux (vous savez que 4 réaux font 1 fr. 5 centimes), il avait payé 5,000 réaux de dîme (au gouvernement), 400 réaux en paille et ustensiles (à l'armée), 98 réaux en prémices à son curé, 480 réaux pour les champs labourés et les granges, enfin 47 réaux pour la libre vente des fruits. En tout : 6,025 réaux. La taxe pour l'éclairage des rues varie selon le prix de l'huile.

Tarragone, ce 23 décembre 1838.

Sur la réputation dont jouit ici mon *posadero* d'être une forte tête politique, je l'avais prié ce matin de vouloir bien me prêter ses journaux. Il me les refusa d'abord, prétextant qu'il n'en avait pas du tout; mais quelques instants après il parut dans ma chambre, et me demanda s'il pouvait se fier à moi. — Certainement. — Eh bien! lisez, me dit-il en tirant de dessous sa large écharpe écarlate et jetant sur la table plusieurs numéros du *Restaurador Catalan*, journal carliste qui s'imprime à Berga; mais soyez discret, car il y va de ma tête. Il sortit ensuite, m'annonçant que, pour plus de sûreté, il allait m'enfermer chez moi. N'ayant fait aucune opposition à une démarche qui annonçait une confiance non illimitée, je me suis trouvé son prisonnier jusqu'à l'heure du repas.

Tarragone fut fortifiée par les Scipions pendant les guerres puniques. A une lieue de la ville on voit les débris de tombeaux, qu'on suppose être ceux des Scipions, dans une tour encore appelée *Torre de los Scipiones*; deux statues d'esclaves pleurant la mort de leurs maîtres sont assez bien conservées. Le fameux cirque, bâti sur le modèle du cirque Maxime de Rome, se trouvait sur la partie haute

de la ville, non loin de l'endroit où venait aboutir un aqueduc romain rival de celui de Ségovie. Du temps où la Catalogne était indépendante, Tarragone vit souvent les Cortès de la principauté réunies dans ses murs; plus de cent conciles y furent également tenus sous la présidence de l'archevêque prince de Tarragone. Son meilleur monument est la cathédrale, superbe église gothique, où reposent les restes mortels de don *Juan* d'Aragon. Le cloître mérite toute l'attention des voyageurs, à cause des bas-reliefs du fameux temple d'Auguste qui s'y trouvent réunis. J'y ai trouvé aussi une inscription sépulcrale qui ne peut manquer de plaire à un aussi bon Milanais que vous : « Ici repose
» François Plaza, de Milan, capitaine de cavalerie. Ce fut
» l'homme le plus grand de son temps, car sa taille dépas-
» sait douze palmes espagnoles. Par ses exploits il prouva
» que *la taille de son âme* n'était pas moindre que celle de
» son corps. Mort en 1641, à l'âge de vingt-quatre ans.
» Priez pour l'âme de Plaza. »

Je n'ai pas voulu m'éloigner de cette pierre sans y avoir gravé un autre nom italien, celui de Bianchini, l'héroïque grenadier auquel Suchet dut la prise de Tarragone (1), défendue pendant trois mois avec une opiniâtreté

---

(1) La mort de Bianchini est certes l'épisode le plus intéressant du terrible siége de Tarragone. Voici dans quels termes l'a raconté un témoin oculaire, le colonel Vacani, dans sa belle *Histoire des campagnes des Italiens en Espagne :* « La nuit de la prise du fort Olivo par les troupes italiennes agrégées au corps d'armée de Suchet, le grenadier Bianchini, natif de Bologne, après s'être distingué par plusieurs traits de bravoure, fit à lui seul prisonniers quatre officiers et cinq soldats espagnols. Présenté avec eux par le général Palombini à Suchet, celui-ci lui demanda quelle récompense il désirait : « l'honneur de monter
» le premier à l'assaut de Tarragone, » lui répondit le grenadier italien; et Suchet le lui promit.

» Le 28 juin, l'artillerie assiégeante ayant ouvert une brèche dans la partie droite de la courtine comprise entre les bastions

digne d'une meilleure fortune, par le général Contreras. Après l'assaut, qui fut suivi de deux jours de pillage et de massacres, la ville n'offrait qu'un monceau de ruines et de cadavres. Trois mille soldats et deux mille habitants, plus

de Saint-Paul et de Saint-Jean, il fut décidé par le général en chef qu'on procéderait à l'assaut le jour même, deux heures avant la nuit, sans faire aucune sommation préalable à la place, l'expérience des siéges antérieurs ayant prouvé que, loin d'amener les garnisons espagnoles à capituler, de pareilles sommations n'avaient eu pour résultat que de redoubler l'acharnement de la défense. L'ordre fut à peine connu de l'armée que les dragons italiens, par l'entremise de leur brillant colonel Schiasetti, s'offrirent pour frayer le chemin de la brèche; mais une demande si généreuse ne fut pas agréée par Suchet, qui, se rappelant la promesse par lui faite à Bianchini, manda ce brave et le chargea de monter à l'assaut à la tête de trente grenadiers français. Quatre coups de mortier tirés simultanément devaient lui donner le signal du départ.

» A l'instant où l'explosion se fait entendre, Bianchini, que son blanc uniforme rend visible à tous par le contraste qu'il offre avec les uniformes bleus des Français, franchit le parapet de la dernière tranchée, et parcourant à la tête de son petit détachement les 80 toises de chemin découvert qui la séparaient de la brèche, atteint rapidement le pied de celle-ci. Pendant ce court laps de temps, on vit les Espagnols, qu'on avait vainement espéré surprendre, couronner avec tant de prestesse le haut de la trouée que nous crûmes tous le succès de l'assaut inévitablement compromis. Prévenu, mais non découragé, Bianchini ne s'élance pas moins le premier de tous dans la gorge du terrible défilé, au mépris de la grêle de balles et de pierres qui pleuvent déjà de tous côtés sur lui. Les trente Français le suivent à quelques pas de distance. Cependant les Espagnols ajustent si bien leurs coups, manœuvrent en outre d'une manière si terrible avec leurs longues piques, qu'ils parviennent à faire perdre l'équilibre aux assaillants, lesquels après d'incroyables et inutiles efforts pour se tenir debout sur le sol mouvant de la brèche, finissent par se laisser glisser en arrière, et se réfugient en tiraillant derrière la face gauche du bastion de Saint-Paul. Un seul du tiers de la population, y avaient été passés au fil de l'épée. Attristé à la vue de tant de désolation, Suchet se fit présenter Contreras, et lui reprocha en termes amers « d'avoir voulu la ruine de Tarragone, en dépassant dans la

---

d'entre eux résiste encore ; c'est Bianchini, sur lequel sont maintenant fixés tous les yeux de l'armée. Blessé en sept différents endroits, il ne persiste pas moins à vouloir avancer, lorsque le pied lui ayant manqué dans un éboulement, il tombe lui aussi. Alors la brèche apparut vide. Persuadée que Bianchini était tué, l'armée crut l'entreprise manquée ; Suchet lui-même le pensait et se désolait entrevoyant la nécessité de lever un siége qui avait déjà tant coûté de sang et de sacrifices. Tout à coup le général Rogniat, qui se trouvait à côté de lui sur une haute tour du faubourg de Tarragone, pousse un cri de joie, car il a vu de ses propres yeux Bianchini se relever de sa chute. Bientôt nous le vîmes tous, la baïonnette en avant, pénétrer aussi rapide que l'éclair au milieu des piques ennemies, ramenant après lui ses camarades de nouveau enhardis. Refoulés, battus sur la brèche, les Espagnols descendent précipitamment la pente du terre-plein de la courtine pour se réfugier dans les épaulements intérieurs. Par malheur le brave Italien, tout couvert de son propre sang, s'acharne de si près à leur poursuite qu'il se trouve mêlé avec eux à travers l'inextricable labyrinthe de la défense, montrant aux Français le chemin qui devait les mener à une victoire complète. Ce fut alors qu'il reçut à la poitrine une nouvelle et profonde blessure : celle-ci fut mortelle. Malgré les soins que lui prodiguèrent ses camarades éplorés, il expira quelques moments après avec le calme du héros. »

Que de nobles soldats de cette brillante armée du royaume d'Italie ont mordu la poussière en combattant à côté des Français dans la fatale guerre de l'indépendance ! L'histoire dira la part glorieuse qui échut à nos braves dans la prise et la défense successive des places de Barcelone, Figueras, Rosas, Girone, Hostalrich, Tortose, Tarragone, Sagonte, Valence, Saragosse, Lérida, Peniscola, enfin dans les combats livrés en Navarre, en Castille, en Biscaye et dans l'Aragon. Quand les divisions italiennes entrèrent en Espagne, elles comptaient 30,183 combattants ; il ne fut donné qu'à 8,958 d'entre eux de revoir le sol de l'Italie.

défense de la place tous les usages de la guerre. » Jamais plus bel éloge ne fut adressé au gouverneur d'une place assiégée.

———

Ce 21 janvier 1839, à bord du *Phénicien*, allant à Barcelone.

Nous avons à bord une charmante jeune fille dont l'infortune et les larmes ont fait pleurer plus d'un passager et plus d'un matelot. Le capitaine du paquebot surtout, qui paraît un fort galant homme, en est très-affecté, parce qu'il se trouve être en partie la cause des malheurs de cette innocente créature. Voici comment :

Ce matin, une vieille Catalane surnommée l'Amazone de Tarragone, à cause de la part qu'elle prit dans la défense de la ville contre les Français en 1811, s'était à peine embarquée avec une demoiselle qui paraissait la suivre à contrecœur, lorsqu'un officier de la garnison vint demander au capitaine si deux dames, dont il donna les signalements, n'avaient pas pris passage à son bord. Celui-ci, qui venait de s'éveiller à l'instant même, répondit qu'à sa connaissance aucun passager n'avait encore paru. Satisfait de la réponse du capitaine, qu'il connaissait personnellement, l'officier se retira.

Une heure plus tard, on lâchait la vapeur, et les deux dames, qui jusqu'alors s'étaient tenues cachées dans une cabine, se montrèrent sur le pont. Mais à peine la plus jeune eut-elle aperçu Tarragone qui fuyait loin de nous, qu'elle tomba dans un tel accès de désespoir, qu'on crut un instant qu'elle allait se jeter à la mer. Effrayé de ce spectacle, le capitaine voulut connaître la cause d'une si grande douleur : on apprit ainsi, de quelques passagers tarragonais, que la méchante amazone, pour empêcher que sa fille (c'était cette pauvre enfant) n'épousât un officier de cavalerie fort brave de sa personne, mais sans fortune, l'emmenait à Barcelone pour l'y enfermer dans un couvent. Si elle avait apporté tant de mystère à son embarquement, c'est que sans doute il était venu à sa connaissance que l'officier se proposait de réclamer devant l'alcalde contre le refus fait par elle de la main de sa fille. Jugez de la douloureuse surprise du capitaine en apprenant ces nouvelles. Il se rappela la réponse par lui donnée à l'officier de cavalerie, et, cédant aux remords qui l'opprimaient, il s'approcha de la jeune fille qu'on avait étendue sur un sofa, et lui exprima tout le chagrin qu'il éprouvait de n'avoir pas su qu'elle était à bord du navire lorsque son fiancé était venu demander après elle. Il a eu le courage de lui dire tout cela en présence de sa mère, personne hideuse qu'on pourrait prendre pour un Calmouk habillé en femme. Oh ! qu'elle doit être méchante la vieille amazone, à en juger rien que par les mots impertinents dont elle a repoussé quelques dragées que l'un des voyageurs lui présentait afin de pouvoir en offrir aussi à sa fille : « *Cara..!* a-t-elle dit, *no queremos dulces*; sacr...! » nous n'aimons pas les dragées. » Or, chez une Espagnole, voyez-vous, un refus pareil dénote une âme des plus perverses.

A propos des poursuites juridiques que l'officier allait intenter contre l'amazone, vous me permettrez de vous rappeler que les lois espagnoles sur le mariage sont si libérales, qu'elles mériteraient d'être adoptées partout. Quand un garçon est épris d'une jeune fille qui consent à l'épouser, s'il arrive que les parents de celle-ci s'opposent à son mariage, alors le fiancé est autorisé à solliciter de l'alcalde que sa fiancée soit enlevée du toit paternel, et déposée chez une famille respectable (*casa de respeto*), en attendant que les tribunaux lui concèdent la permission de l'épouser. Cette permission est toujours accordée malgré l'opposition des parents, pourvu que le fiancé fasse ses preuves *sangre limpia*, de pureté de sang, sans mélange de juif, more ou hérétique, et prouve, en outre, qu'il est en état de pourvoir par son travail à l'existence de sa future famille.

Voici une autre curieuse disposition de la loi espagnole:

Même après la bénédiction nuptiale, pourvu que le mariage n'ait pas encore été consommé, sur la demande de l'un des deux époux, il lui est accordé un sursis de deux mois avant de se considérer indissolublement uni à son consort. Le temps de réflexion écoulé, si l'opposant déclare vouloir rompre ses engagements, il en est le maître, mais à une condition : celle de se faire moine ou prêtre, s'il est homme ; religieuse, s'il est femme.

Je mentionnerai encore une coutume particulière à certains villages de l'Andalousie. Quand une fille d'une famille pauvre se marie, toutes les femmes de la bourgade viennent la visiter. Elle est assise au milieu de la chambre, et chacune, en passant devant elle, dépose sur son tablier une pièce d'argent. Si quelqu'un manquait de le faire, il s'exposerait au courroux implacable de la famille. Les offrandes forment la dot de la mariée.

On me dit que nous sommes en vue de Barcelone : je vais peut-être essuyer quelques tribulations en débarquant dans cette ville, car la police n'y accorde de permis de séjour qu'à ceux des voyageurs étrangers qui peuvent présenter la garantie de deux propriétaires barcelonais, consentant à répondre de leur conduite pendant le temps de leur résidence en Catalogne. Il y a un mois c'était encore pire : on ne pouvait débarquer qu'après le dépôt préalable, entre les mains de l'autorité, d'une somme de 2,500 francs, et cette somme n'était rendue au dépositaire qu'au moment de son départ. C'est par de telles mesures que le capitaine général espère parvenir à fermer la Catalogne, tant aux agents des sociétés républicaines de la Provence, qui cherchent à pousser les Catalans à une révolution radicale, qu'aux légitimistes français, qui affluent à Berga, quartier général du comte d'Espagne.

La Catalogne se trouve dans une position tellement exceptionnelle, que longtemps encore elle sera une source d'embarras pour le gouvernement de Madrid. Elle est la seule province vraiment industrielle de la monarchie, et qui ait un commerce à elle ; dans les autres provinces, le commerce ne vit presque que de la contrebande. Dans la crainte de ne pouvoir soutenir la concurrence des produits anglais et français, elle fera de grands efforts pour empêcher un traité de commerce avec ces pays. Elle est intraitable sur ce point, et plus d'une fois elle a déjà fait retentir à l'oreille de ses gouvernants la menace d'une séparation.

Barcelone, ce 26 décembre 1838.

Pour me conformer aux instructions de Feliz, le factotum de l'auberge des Quatre-Nations, auquel sa prodigieuse activité a valu le magnifique surnom de *ministre des Quatre-Nations*, j'ai passé avec lui la nuit dernière, moitié dans les salons du lycée musical, moitié dans la cathédrale. Au lycée, c'était une société d'amateurs qui ont joué un mystère ayant pour titre : *los Pastorcillos*, les Bergers de Bethléem, pièce toute de circonstance, mélangée de chant et de déclamation, par laquelle on a l'habitude de fêter en Espagne la naissance du Sauveur. A la vérité, le titre de saynète irait mieux à cette pièce, tant les bergers de Bethléem se permettent de farces bouffonnes et peu en rapport avec le sérieux convenable à un sujet religieux. Après s'être grisés de leur mieux en chemin, ces pâtres arrivent chez la Vierge, et lui adressent en présence de saint Joseph les propos les plus galants sur sa beauté. Ils poussent la plaisanterie jusqu'à rire des vagissements que pousse l'enfant Jésus dans son berceau, et essayent de les contrefaire de leurs aigres voix. Le second acte débute par une rencontre entre l'archange Gabriel et Satan, qui, averti des dangers qui menacent son influence sur la terre, arrive tout frais de l'enfer en quête de nouvelles. Gabriel tire l'épée, et commande au démon de s'humilier devant le Christ qui vient de naître ; le démon essaye de résister, mais, se sentant le plus faible, il finit par se coucher à plat-ventre en faisant d'horribles grimaces. Alors Gabriel lui met un pied sur le cou, et après l'avoir vertement semoncé, rentre dans la coulisse, annonçant qu'il retourne au paradis. Satan se relève à moitié étouffé, et paraît fort étonné d'en être quitte à si bon marché; il s'en frotte les mains de joie, et dit au parterre : « Non, jamais je ne l'ai échappé si belle; je ne croyais pas en être quitte à si bon marché. » Il frappe ensuite du pied et s'enfonce dans un trou, au milieu des flammes. La scène change, et l'on assiste à un sabbat de diables dans la région de la nuit éternelle. Satan arrive, annonce à sa famille la naissance du Messie, et se fait apporter une grande chaudière remplie d'eau du Styx; il y jette de la graisse de serpent, des yeux de basilic, du fiel d'aspic, et prépare un magique consommé qui, versé sur la terre doit, selon lui, empêcher la rédemption du genre humain. Dans les deux actes suivants, sont retracés les principaux événements de l'enfance de Jésus, et la pièce finit par l'apothéose de la Vierge, qui monte au ciel au milieu d'un chœur, que les demoiselles du lycée déguisées en anges ont parfaitement chanté. Le tout s'est passé aux grands applaudissements du public, qui ensuite a évacué la salle fort satisfait de la représentation qu'on lui avait donnée gratis.

Feliz m'a conduit ensuite dans la cathédrale, pour m'y faire assister à la *misa del gallo*, messe du coq, ainsi appelée parce qu'on la dit à l'heure où les coqs annoncent l'arrivée du matin, le jour de Noël. Remplie d'un peuple agenouillé qui mariait sa voix aux mélodies de l'orgue et aux chants des prêtres, éclairée par d'innombrables cierges dont la lumière allait se perdre dans la profondeur des bas-côtés de la nef; l'église, d'un style d'architecture gothico-moresque, offrait un admirable spectacle, bien propre à me dédommager de la nuit blanche que Feliz m'a fait passer. Curieux de connaître ce qui dans toute cette pompe produisait sur lui le plus d'impression, je lui demandai de me l'indiquer. Il me montra un objet que je n'avais pas encore remarqué : une monstrueuse tête de More, affreusement grimaçante et coiffée d'un turban, qui décorait, en manière de trophée, le bas de la balustrade de l'orgue, et qui, par le reflet d'un rayon de lumière dirigé d'en haut sur elle, produisait réellement, au milieu des ténèbres amassées tout autour, l'effet le plus étrange.

On retrouve de pareilles têtes de Mores dans la plupart des églises de la Catalogne. Elles ont pour objet de rappeler au peuple le souvenir, pour lui toujours si agréable, de l'expulsion des Infidèles.

Le lycée et la cathédrale ne sont pas les seuls endroits de la ville où Feliz m'ait conduit. J'ai visité sous ses auspices :
1° les ruines du Paular, ancien palais des Templiers, et les débris d'un ancien temple romain qui couronnait jadis la partie haute de la cité ;

2° Une académie de beaux-arts, magnifiquement entretenue par le commerce, et où chaque élève a un bec de gaz devant son pupitre ;

3° L'école d'enseignement mutuel, organisée récemment dans la citadelle au profit des jeunes galériens, dont on espère faire d'honnêtes gens, ainsi que l'explique le distique suivant, écrit en lettres capitales sur la porte de l'école :

> Triunfa aquí la virtud del negro vicio,
> La juventud salvando dal suplicio.

« La vertu triomphe ici du vice impie, — En arrachant la jeunesse à la potence. »

4° Le bal de la *Patacada*, dirigé par un *maestro de cerimonias*, vêtu de noir, coiffé d'un grand chapeau à cornes, la main appuyée sur une haute canne à pomme d'argent entourée de rubans aux couleurs d'Espagne. Ce bal s'appelle de la *Patacada*, parceque, lors de son institution par le général Lancaster, dames et cavaliers y dansaient en marquant la mesure par des *claquements de mains*, et non avec des castagnettes comme dans le reste de l'Espagne.

5° Enfin le beau palais de la *Real Audiencia*, où se conserve la curieuse collection des portraits de tous les comtes de

Barcelone, à partir d'Ataulfo, premier roi Goth jusqu'à Ferdinand VII, qui est le trente et unième de la série. Même du vivant de Ferdinand, les mots de *XXXI^{mo} conde de Barcelona*, étaient écrits au bas de son portrait, et ce roi ne s'effrayait pas plus de cette réminiscence de l'ancienne indépendance de la Catalogne, qu'il ne s'effrayait lorsqu'en parcourant les dépêches de la municipalité de Saragosse, il lui arrivait d'y lire en tête le fameux *sinon non*, que les Cortès aragonaises disaient à leurs rois au moment de la prestation du serment. En bon politique le roi pensait sans doute, que tant que la Catalogne et l'Aragon rêveraient innocemment de leurs anciens priviléges, elles oublieraient de tenter rien de sérieux contre son autorité absolue.

La reconnaissance veut que je finisse en vous faisant le portrait de Feliz. Feliz est maigre, petit, vif, un peu brusque, infatigable, ingénieux, et sauf la taille, c'est le vrai type du Catalan en chair et en os, et en costume dans sa pureté primitive. Il porte une veste ronde en velours bleu, un gilet rouge, haut à peine de quelques doigts, un pantalon qui va s'élargissant par le bas, et se termine en deux cloches; enfin, un immense bonnet écarlate, qui lui flotte sur le dos comme une queue. Feliz est l'ami des contrebandiers, des douaniers, des *micaletes*, des marchandes de modes, des ouvreuses de loges. Se montre-t-il sous les belles allées de la Rambla, aussitôt on n'entend bourdonner autour de lui que des *à Dios Feliz, Feliz à Dios*. C'est un heureux mortel.

Barcelone, ce 30 décembre 1838.

Depuis quelques jours Barcelone est envahie par des hordes de dindons que des paysans armés de gaules promènent au son du fifre et du tambour, et tout le monde les fête sur leur passage. On m'a dit que la cérémonie se renouvelle tous les ans à l'arrivée des fêtes de Noël, époque néfaste pour cette race malheureuse, car il n'est pas de modeste famille catalane, qui ne se régale d'un dindon à cette époque.

Une autre coutume, dont l'origine se perd également dans la nuit des temps, veut qu'aux spectacles qu'on joue sur les théâtres le jour des saints Innocents, acteurs et orchestre rivalisent à qui mieux mieux, pour surprendre leur public par toute espèce de plaisanteries. Ordinairement les actrices se déguisent en hommes, et les acteurs en femmes, choisissant de préférence les costumes les plus burlesques, et les plus en opposition avec leurs rôles. C'est à travers un de ces travestissements comiques, que j'ai vu représenter ici Lucie de Lammermoor. Ah! si Donizetti avait pu entendre de quelle façon on l'écorchait! Figurez-vous que l'orchestre, au milieu des morceaux les plus pathétiques, changeait brusquement de mesure et de ton, et jouait tantôt une valse, tantôt un fandango, tantôt une cavatine du Barbier de Séville. Pour que la folie fût plus complète, le public exigeait des acteurs, qu'ils conservassent un sang-froid imperturbable, et que mêlant aux chants la danse, ils courussent après toutes les capricieuses divagations du premier violon, qui, de temps à autre, par de fausses notes, s'amusait à arracher des cris de désespoir aux assistants. Le spectacle s'est terminé par la gracieuse *sainete* de la *Tahonera*. La *Tahonera*, en français meunière, est une belle fille dont le cœur insensible à la flamme qu'elle a inspirée à Pepito le garçon du moulin, languit cependant pour le sacristain d'un village voisin. La meunière aime si tendrement son sacristain qu'elle est toute prête à l'épouser; mais le meunier son père, trouvant que le fiancé est trop pauvre, s'oppose à cette union. Poussé à bout, le pauvre sacristain s'introduit furtivement un beau soir dans le moulin, pendant l'absence du meunier, et met tout en œuvre pour décider sa belle à se laisser enlever. Celle-ci résiste d'abord, puis finit par céder. Les deux amants se disposent à prendre la clef des champs, lorsque par malheur, Pepito

qui sommeillait dans une pièce voisine s'éveille au bruit
de leurs imprudentes causeries. Pepito s'habille à la hâte,
barricade la porte de la maison sur les deux amants, et va
avertir le meunier qui accourt à toutes jambes. Le sacristain a le temps à peine de se blottir dans un four, où tout
est prêt pour la cuisson du pain du lendemain. Le meunier
fouille en vain dans les endroits les plus reculés du moulin;
furieux alors contre Pepito qu'il accuse d'avoir calomnié
sa fille, il se dispose à le rosser d'importance, lorsque le
garçon croit entendre quelque chose remuer dans le four.
La jalousie lui fait deviner à l'instant que c'est bien là que
se cache son introuvable rival, et il fait part tout bas de sa
découverte au meunier. « A merveille, apporte du feu,
nous allons cuire le pain. » La pauvre meunière qui a
assisté toute tremblante à cette scène, essaye mille ruses
pour retarder la fatale cuisson. Mais ses peines sont
perdues. Pendant qu'elle retient son père, Pepito met
le feu au four, et le sacristain qui se sent rôtir, s'élance de
sa cachette en hurlant comme un chien auquel on aurait
coupé la queue. Alors la belle meunière fond en larmes,
embrasse les genoux de son père et lui demande grâce. Le
sacristain en fait autant de son côté; le meunier attendri,
accorde le consentement qu'il avait jusqu'alors refusé avec
tant d'obstination. Ivres de joie et d'amour, les deux fiancés
se relèvent, s'embrassent, puis chantent en dansant la
gracieuse chanson du *tripili-trapala*, dont voici quelques
couplets : à commencer par le refrain.

> Que á la tripili, tripili, trapala,
> La tirana se canta, se baila;
> Anda, chiquita, vuelve con gracia,
> Que me robaste el alma.
>
> El que fuere majo y pobre,
> No tiene que dar zelos,
> Que harto favor se le hace
> En quererle pelo á pelo.

Las muchachas destos tiempos
Son como las avellanas,
Que para encontrar una buena
Hay dos mil vanas.

Nadie se fie en tener
Una sarten por el mango,
Que aquel que mas la asegura
Lleva mayor sartenazo.

« A la tripili, tripili, trapala, — On la chante, on la danse cette *tirana* — Allons fillette tourne-toi avec grâce ; — Tu m'as volé mon cœur.

» Le garçon qui est *majo* et pauvre — N'a pas le droit d'être jaloux, — C'est lui faire assez de faveur — Que de l'aimer ric à ric.

» Les fillettes d'aujourd'hui sont comme les noisettes : — Pour en trouver une de bonne — Il faut en casser deux mille. »

» Que personne ne se fie — A tenir une poêle par le manche. — Celui qui croit la mieux tenir, — Est celui qui se brûle le mieux. »

Ces couplets se chantent cette même nuit sur tous les théâtres espagnols. Il est entendu que toutes ces plaisanteries, ainsi que les niches que les voisins se font entre eux, et les attrapes que dans certaines localités les mauvais plaisants préparent aux badauds en leur jetant dans les rues des sous et des clefs rougies au feu, ou bien en barrant à nuit close les rues avec des cordes et de grosses pierres, sont faites en l'honneur des saints Innocents.

Barcelone, ce 10 janvier 1839.

Barcelone est une jolie ville qui n'a nullement l'air espagnole. A son aspect on la dirait plutôt une cité italienne, et cette ressemblance s'explique par les rapports commerciaux que de tout temps elle a entretenus avec les ports de l'Italie. Ses environs sont on ne peut plus délicieux, et tous peuplés de belles maisonnettes de campagnes qu'on appelle *torres*. La ville est dominée par le fameux château de *Mont-Jouich* (*Mons Jovis*), qui fut pendant si longtemps le théâtre des cruautés commises par le comte d'Espagne, lorsqu'il était capitaine général de la Catalogne. Ici on tremble encore rien qu'à entendre prononcer le nom de ce méchant homme. Sur un simple soupçon, les habitants étaient écroués dans le fort des *Atarazanas*, dont le canon enfile les belles promenades de la Rambla et des boulevards du port, et de là, traduits au Mont-Jouich, d'où les prisonniers, qui ne pouvaient se racheter au poids de l'or, sortaient rarement vivants. Le comte avait prescrit qu'à dix heures du soir tout habitant devait être rentré chez soi ; souvent, déguisé en sbire et entouré de ses sicaires, il allait lui-même faire la police nocturne dans les maisons, ou bien opérer les arrestations des suspects. Il força l'homme du peuple à renoncer à son inséparable manteau, de crainte qu'il ne s'en servît pour y cacher des armes. Enfin, tout agent de police était autorisé à exiger du passant l'exhibition de sa carte de sûreté, plus celle d'un chapelet, dont chaque individu devait être toujours porteur. Les idées les plus extravagantes lui passaient par le cerveau, et rien n'était capable de l'arrêter dans leur exécution. C'est ainsi qu'en 1829, voulant célébrer à sa façon le mariage du roi son maître avec Christine de Bourbon, il fit, un beau matin, armer de pioches et de sapes tout le dépôt des forçats, et, à leur tête, commença le percement d'une rue à travers un massif de maisons, démolissant toutes celles qui se trouvaient sur son passage. Il baptisa la rue du nom de *San-Fernando*. Les propriétaires n'avaient pas reçu le moindre avis préalable ; ils dormaient encore tranquillement dans leurs lits ; ce fut à peine s'ils eurent le temps de s'habiller et de se sauver avec leurs meubles les plus précieux. Dieu seul sait où se serait arrêtée la terrible ligne droite du pacha espagnol, s'il n'avait rencontré en son chemin le couvent des religieuses de la *Enseñanza*. Il causa aux pauvres filles une telle peur, que cette peur est depuis lors passée en proverbe à Barcelone.

Aujourd'hui, malgré la guerre civile qui gronde aux portes de la ville, la sécurité est si complète que nous avons un carnaval des plus gais. A part les fêtes du magnifique salon de la *Lonja*, deux ou trois fois par semaine je prends un masque et un domino, et je m'en vais, avec quelques jeunes élégants, faire le tour des bals chez les particuliers. Cette manière si agréable de fureter chez les particuliers est fort à la mode ici. Ordinairement c'est un ami de la maison qui nous sert d'introducteur, mais souvent aussi ce sont les soubrettes qui nous annoncent. « *Hay unas máscaras que están esperando.* — Il y a des masques qui demandent à entrer, » disent-elles d'après l'usage reçu ; et leurs maîtres viennent nous recevoir et nous fêtent comme de vieilles connaissances de la famille, tant est grand le respect qu'on a ici pour les masques. Les piquantes intrigues qui résultent de cette charmante facilité de mœurs sont faciles à concevoir.

Iles Baléares, Palma, ce 25 janvier 1839.

Les charmes de la vie contemplative si douce sous le ciel de Palma, et mes courses pédestres dans les environs de cette ville, ne m'ont pas permis de vous donner signe de vie depuis mon départ de Barcelone. Je vais réparer mes torts.

Vous connaissez mon humeur sociable. Débarqué à Palma, je fis la sottise d'accorder un refuge dans ma chambre, la seule qui restât disponible dans l'hôtel du *Vapor*, lorsque je m'y étais présenté, à un négociant catalan, qui avait fait la traversée avec moi. Pendant le dîner, il me conta que son voyage avait pour but d'obtenir le séquestre des biens d'un petit marchand son débiteur, menacé de faillite. Je lui souhaitai bonne chance dans ses poursuites, et le lendemain, après l'avoir installé chez moi, comme s'il se fût agi d'une vieille connaissance, je partis pour Valdemosa et Soller. Cette course pédestre dura trois jours. Le dimanche soir j'étais de retour à Palma, mais tellement fatigué que je m'endormis aussitôt, sans même songer à demander à mon Catalan ce que signifiaient des objets nombreux, des paquets et caisses qu'il avait entassés dans mon petit appartement. Le lendemain de grand matin je suis réveillé par un charivari diabolique ; j'ouvre les yeux, et devinez ? ce n'était rien moins que la vente à l'enchère du fonds de boutique de son débiteur, que le Catalan avait imaginé de faire exécuter chez moi. Le parquet était jonché de *pucheros*, parapluies de toile cirée, rouleaux d'étoffes, etc., et le crieur de la *real audiencia* de Palma annonçait les adjudications en soufflant dans la plus discordante des trompettes. L'indignation me transporte au point que, saisissant le premier objet qui tombe sous ma main, je le lance à la tête du crieur. Celui-ci esquive le coup comme par miracle, et le projectile va terminer sa parabole contre la muraille où il se brise en mille éclats.

Pensez à la confusion qui s'en suivit. Il me fallut entrer en explication avec le crieur public, et lui apprendre la cause de ma colère, à laquelle, lui qui me croyait l'associé du Catalan, n'avait d'abord rien compris. Bref, tout en me disputant, je parvins à m'habiller, et alors, ayant fait appeler le posadero, je payai mon écot, et je fus chercher un domicile plus tranquille, à l'auberge des *Trois-Pigeons*, d'où je vous écris.

Je m'aperçois un peu tard que j'ai commencé ma lettre par où j'aurais dû la finir. J'ai fait la traversée de Barcelone à Palma en dix-huit heures, à bord d'un fort mauvais vapeur espagnol, *le Mallorquin*. Deux jours après son arrivée, ce bateau repart pour Barcelone, où il amène rarement des voyageurs, mais en revanche un nombre immense de porcs, vu que le porc Mallorquin jouit d'une grande réputation en Catalogne. Naguère l'exportation du porc était absolument défendue à Mallorque, dans la crainte que l'unique espèce de viande dont se nourrissent généralement les habitants vînt à manquer. Mais des essais récents ayant prouvé aux économistes de l'île que l'exportation, loin de nuire à la multiplication de cette espèce précieuse, la favorisait au contraire étonnamment, toutes les entraves ont été supprimées, et maintenant chacun peut exporter librement autant de porcs qu'il lui plaît. Grâce à cette sage mesure, le bateau à vapeur fait de fort bonnes affaires; cependant, gardez-vous de retourner à Barcelone à bord de ce bateau, vous risqueriez indubitablement de perdre un temps infini dans la traversée, car, au plus petit souffle de vent, craignant de se voir ses noirs émigrants enlever par les lames de la mer, le vapeur se hâterait de rentrer dans la baie de Palma : cela lui est arrivé deux fois dans le cours de cette semaine.

La baie de Palma est un vaste bassin qui offre à la vue la plus agréable des marines. La ville occupe le fond, entourée d'un cercle de riantes collines, sur l'une desquelles, un peu à droite de Palma, s'élève le fameux château moresque de Belveder, où l'illustre Jovellanos, persécuté par le prince de la Paix, vécut prisonnier pendant six ans. C'est aussi là que Ferdinand VII fit fusiller, en 1817, l'infortuné général Lascy, pour le punir d'avoir le premier arboré en Espagne le drapeau constitutionnel. Enfin, la crête des montagnes de Soller et de Lluch qui se dessinent dans le lointain, complètent le charmant panorama de la baie.

Quant à la ville, ses étroites ruelles et l'architecture de ses vieilles maisons, déposent assez de son origine moresque, sans qu'il soit besoin d'en exhumer les preuves des livres poudreux de l'histoire de l'époque. Les meilleurs monuments sont cependant tous postérieurs à l'expulsion des Arabes. De ce nombre est le magnifique palais gothique de la Bourse, où se traitaient de grandes affaires commerciales dans les temps prospères de Mallorque, et qui ne sert plus qu'aux bals masqués; telle est encore la belle cathédrale où repo-

sent les cendres de don Jaime, roi d'Aragon. Décorée comme elle l'est dans ce moment, cette église est extrêmement intéressante à visiter. Figurez-vous une vaste église gothique, dont le sol est tapissé de *jarrich*, espèce de foin aromatique, et des voûtes de laquelle tombe un nombre infini de fils, ayant à leur bout des hosties découpées en étoiles, les unes blanches, les autres coloriés en vert ; enfin, représentez-vous suspendu devant le maître-autel, un lustre colossal, ou pour mieux dire, une énorme souricière en fer couverte de bougies, et embellie d'une queue composée de sept larges hosties rouges, qui semblent faire cortége à une huitième toute blanche et petite. Je ne doute pas qu'à ma place vous n'eussiez deviné tout seul et d'emblée, le sens mystique de tous ces objets ; mais il ne pouvait en être ainsi de moi. Saisi d'une naïve stupeur, et ne sachant à qui m'adresser pour obtenir une explication bien au-dessus de toutes mes doctes réminiscences, j'avisai un vieux Palmesan qui s'était endormi sur son livre de prières, et l'éveillant, je le priai de vouloir venir à mon secours. L'aimable homme se prêta à ma demande de beaucoup meilleure grâce que je n'aurais pu raisonnablement l'espérer, d'un Espagnol troublé dans sa sieste. Il me conduisit en face du lustre, et me dit :
« Señor caballero, les sept hosties rouges sont le symbole des sept semaines pleines du carnaval, et la petite hostie blanche celui de la demi-semaine qui termine cette époque profane de l'année. Le lustre qu'elles décorent, fut trouvé, lors de la conquête de l'île par don Jaime d'Aragon, dans une synagogue du faubourg de la Calatrava. C'est sans doute cette circonstance qui a accrédité une tradition populaire, d'après laquelle ce même lustre a figuré jadis à Jérusalem, dans le fameux temple de Salomon.

— Mille remercîments, monsieur, et que signifient s'il vous plaît ce foin dont l'église est jonchée, et toutes ces innombrables étoiles de papier blanc et vert, suspendues sur nos têtes?

— Ce n'est pas du papier, ce sont des *barquillos*, espèce

de crêpes fort bonnes à manger; d'après une coutume immémorial dans l'île, on les suspend aux voûtes de l'église la veille de Noël, et on les y laisse jusqu'au 2 février. Enfin, le *jarrich* qui tapisse l'église, sert à rappeler à tous les fidèles, aux grands de la terre surtout, l'humble lieu où l'enfant divin a voulu naître. Maintenant, monsieur le voyageur, puisque vous portez tant d'intérêt aux choses de notre île, vous n'oublierez pas, je l'espère, en sortant de l'église, de passer au musée de peinture, qu'on vient de former avec les tableaux des anciens couvents. Vous y verrez le portrait du plus grand héros qu'ait produit Mallorque, le grand Annibal.

— J'avais toujours cru Annibal Carthaginois.

— C'est une erreur de votre part, monsieur le voyageur. Tout le monde sait qu'Annibal est né dans *la isleta Conejera*, l'îlot des Lapins, attenant à Mallorque; il est donc Mallorquin, et nous en sommes tout fiers. »

Quelques mots maintenant sur la société mallorquine, et tout d'abord sur les Palmesannes. Elles sont plutôt jolies que belles, mais charmantes et d'une verve très-piquante sous le masque, et parlent habituellement le mallorquin, disgracieux patois, qui diffère de l'espagnol autant que le portugais. Avant l'invasion des modes françaises, elles portaient les tresses tombantes sous le *rebosillo*, voile garni de blondes, et souvent de riches broderies en or et en argent, qui ne laissent à découvert que le visage, et emprisonnent gracieusement le sein et les épaules. Au lieu de la mantille andalouse, elles se servaient du *mantell*, espèce de robe noire qu'on renverse sur la tête, comme le capuchon des moines. Mais actuellement, grâce au chapeau français, le *rebosillo* et le *mantell* se sont réfugiés dans les bals masqués, et le gracieux costume mallorquin n'est plus porté que par les paysannes, avec cette grâce simple qui ne se trouve qu'aux champs.

Dans la société Mallorquine on ne se considère nullement Espagnol mais bien Mallorquin, et toujours Mallorquin. L'antipathie des vieux Mallorquins contre leurs frères du continent est encore si vivace, qu'il n'est pas rare de rencontrer, surtout dans les anciennes familles, des gens qui se glorifient, non-seulement de n'avoir jamais visité l'Espagne, mais de n'y avoir jamais écrit une lettre à qui que ce soit. A la manière des nobles Génois, tous les nobles Mallorquins, quels que soient leur âge et leur sexe, se tutoient. Quand ils veulent exprimer qu'une personne est bien née, ils disent d'elle : « *Es tan noble como las nueve casas*, — elle est aussi noble que les neuf maisons. » C'est ainsi qu'on désigne ici la descendance des neuf gentilshommes aragonais qui combattirent avec le roi don Jaime contre les Maures, s'emparèrent de Mallorque et s'y établirent. Ces neuf familles forment un monde à part, même parmi la noblesse de l'île : elles vivent entre elles et singent les manières des maisons souveraines; elles ont dédaigné jusqu'à présent de contracter aucune alliance en dehors de leur petit cercle. C'est ainsi qu'on a vu, en 1828, une de ces nobles familles, refuser de s'allier à un marquis espagnol, tout capitaine général de l'île qu'il était ; c'est ainsi que dans ce moment même la famille L*** refuse une de ses demoiselles au comte de T***, bien qu'il soit noble Mallorquin. Cependant, comme le parti est magnifique, et vu d'ailleurs que les maris deviennent une espèce de plus en plus rare, grâce à la guerre civile, la famille L*** a proposé au marquis d'enlever la demoiselle, lui promettant de le reconnaître plus tard pour gendre. Le marquis a riposté fièrement que son écusson valait celui du meilleur hidalgo des Baléares, et qu'il n'escamoterait pas sa femme. Les choses en sont là, et l'île entière attend avec une vive impatience la solution de cette grande affaire.

Quant au peuple des campagnes, il est doux, humain, laborieux, hospitalier. Je ne sais nul pays où l'on puisse trouver plus de bonté, si ce n'est en Toscane. Il ignore la *cuchillada*, coup de couteau, vide ses querelles à coups de poing, tricote des bas ou chante pendant ses loisirs, et vénère saint Antoine à l'égal de Dieu et de la Vierge. Par son costume il rappelle les Palicares de la Grèce; par ses amours, les bergers du Tasse et de Virgile. Lorsqu'une jeune fille plaît à un paysan mallorquin, il sollicite des parents la permission de fréquenter leur maison. S'il trouve sa bien-aimée en conversation avec un rival, il se retire ou se tient à l'écart, attendant avec une résignation édifiante qu'on veuille bien l'écouter à son tour. En public, le fiancé ne parle jamais à sa future qu'à distance respectueuse. Dans les veillées du village, il lui exprime sa passion en lui jetant de la poudre de verre sur les cheveux, et la belle est toute fière de cet hommage public rendu à ses charmes. La jeune fille a la liberté absolue du choix parmi ses prétendants, qui se résignent à l'arrêt prononcé par elle, sans que la jalousie si frénétique sur le sol brûlé de l'Andalousie arme jamais leur main. Enfin, telle est la douceur des mœurs de ces paisibles insulaires, que voici bientôt deux ans d'écoulés sans que la *real audiencia* de Palma ait eu à prononcer sur un seul cas d'assassinat.

Enfin, mon ami, il ne me reste plus qu'à vous parler de mes excursions à Valdemosa et à Soller. A Valdemosa vit retiré, dans une cellule de l'ancienne Chartreuse, le plus fameux romancier de notre époque, G. Sand. Le jour de mon arrivée on célébrait dans ce village la fête de saint Antoine, patron de Mallorque. Un prêtre était établi sous le perron de la maison commune, et aspergeait d'eau bénite la longue procession de porcs et de mulets qui défilait devant une statue du saint. Des paysans masqués en l'honneur du carnaval conduisaient ces animaux, et au moment de la bénédiction, ils déposaient leur offrande à l'image du saint, sur un plat d'argent que tenait un jeune clerc. La pieuse aspersion achevée, les paysans allumèrent des falots en signe de réjouissance, et se réunirent ensuite dans le cabaret du village pour y danser le fandango mallorquin. J'étais porteur d'un paquet de lettres et de journaux pour G. Sand; je quittai ces braves gens, empressé de remplir ma commission auprès de l'intéressante ermite, qui me reçut avec cette courtoisie et cette charmante simplicité de manières que vous lui connaissez, et voulut en outre me retenir à dîner, pour me payer, dit-elle, le port de ses lettres.

Le soir j'étais de retour dans le cabaret où l'on dansait encore. Au nombre des spectateurs se trouvaient l'alcalde et le curé de l'endroit, qui étaient déjà instruits de ma visite au solitaire de la Chartreuse. Vous ne sauriez vous figurer combien ces braves gens étaient froissés de ce que G. Sand n'avait pas daigné assister à la cérémonie du matin. Le curé surtout, qui avait administré l'eau bénite, en était vraiment mortifié. « *Por cierto*, me dit-il, *que esta señora francesa tiene que ser una muger muy particular.* — Pour le coup cette dame française doit être une femme d'un genre tout à fait à part ! Figurez-vous qu'elle ne parle à âme qui vive, ne sort jamais de la Chartreuse, et ne se montre jamais à l'église, pas même les dimanches, accumulant ainsi sur son âme, Dieu sait combien de péchés mortels. Je tiens en outre de l'apothicaire qui demeure aussi dans la Chartreuse, que la señora fabrique des cigarettes comme personne, prend du café à tout moment, dort pendant le jour, et ne fait qu'écrire et fumer pendant la nuit. De grâce, mon cher monsieur, vous qui la connaissez, dites-nous ce qu'elle est venue faire ici dans le cœur de l'hiver? »

La sortie du curé de Valdemosa peut vous donner une idée de l'impression qu'a produite dans Mallorque l'arrivée de G. Sand. Je ne crois pas exagérer en disant que depuis la tentative d'insurrection carliste faite en 1835 par le sonneur de cloches de la ville de Manacor, et qui coûta la tête au pauvre diable, il n'est aucun autre événement qui ait produit une telle sensation. Les journaux venaient à peine d'annoncer le départ pour l'Espagne de G. Sand, que l'on connaissait déjà ici par une traduction de son admirable *Indiana*, lorsque les dames de Palma purent remarquer le long des allées de la promenade du *Born*, une gracieuse étrangère qui se promenait, donnant le bras au consul de France. Sa mise tout espagnole, sa figure méridionale, et la cigarette qu'elle savourait délicieusement, la firent prendre pour une Américaine du Sud, et on chuchotait sur son passage : « *Por cierto es una Mejicana !* Pour le coup c'est une Mexicaine ! » Pensez à la surprise générale, lorsqu'on sut que c'était la *Francesa romántica*, comme l'appelaient déjà les liseuses de romans. On s'attendait à lui voir la mise du dernier numéro du *Courrier des Dames*, et on fut fort désappointé de ne trouver en elle, qu'une belle et fière Espagnole de plus.

Je n'ai rien à vous dire de nouveau sur la vallée de Soller. Comme du temps où vous avez visité cette île fortunée, Soller jouit d'un printemps éternel, et est encore toute cultivée en orangers. On m'a assuré qu'elle expédie annuellement en France, pour plus de cent mille écus d'oranges. Mettez ces oranges à un franc le cent, et vous aurez de quoi en couvrir toute l'étendue de la république de Saint-Marin.

Palma, ce 20 février 1839.

Me voici de retour de ma grande course dans l'intérieur de Mallorque. Je rapporte de ce charmant pèlerinage une grande habileté dans l'art difficile de *torrar el tocino*, griller le lard, et ce qui vaut mieux encore, un sentiment toujours plus profond de bienveillance envers les habitants hospitaliers de cette île. Comme il n'y a d'auberges nulle part dans les villages, le voyageur, à moins qu'il ne préfère passer ses nuits à la belle étoile, doit de toute nécessité aller demander un gîte chez les habitants. Ceux-ci se font un vrai plaisir de le recevoir, de lui céder le meilleur lit de la maison, et de lui donner un coin au foyer de la cuisine, pour qu'il travaille lui-même aux apprêts de son repas. Le lendemain l'hôte remercie le voyageur d'avoir choisi sa porte pour y frapper, et pour l'ordinaire il refuse d'accepter la moindre indemnité en argent.

Ce fut le 27 janvier que je quittai Palma avec Pepe, le compagnon habituel de mes excursions, et un vigoureux mulet, baptisé du nom de *Roch*. Nous vîmes Inca, grosse bourgade placée au centre de Mallorque, et le soir nous fûmes coucher à Caymani, chez une bonne paysanne, vieille connaissance de Pepe.

Le 28 nous prîmes le chemin de la montagne, qui mène à l'abbaye de *Lluch Major*, où nous arrivâmes trempés jusqu'à la moelle des os, grâce à un maudit orage, dont les invocations de Pepe à saint Antoine ne parvinrent pas à nous préserver. Nous fûmes reçus très-cordialement à l'abbaye. A la suite de la suppression des couvents, celui-ci a été sécularisé; mais je le trouvai encore habité par six religieux, qui au lieu de la robe de Saint-François, portaient l'habit de prêtre. Par un de ces hasards qui se sont reproduits souvent en Espagne sous Ferdinand VII, le prieur se trouvait être un ancien militaire de la guerre de l'Indépendance. Compromis dans la révolution de 1820, il était parvenu à échapper en se réfugiant sous le froc, à la réaction qui suivit l'entrée des Français en Espagne.

Prévenu de notre arrivée, il fit allumer un grand feu dans la cuisine, pour que j'y pusse sécher mes habits, et, alléguant le mauvais temps, il poussa ensuite l'obligeance jusqu'à me prier de passer la journée entière dans l'abbaye. J'acceptai avec reconnaissance. Le soir après le souper, qu'il voulut faire servir dans sa cellule, la conversation s'étant engagée sur la situation politique de l'Espagne, je lui dis que je connaissais les phases si diverses de sa vie agitée, et je le priai de vouloir me dire ce qu'il pensait de l'influence exercée sur son pays, par cette lutte mémorable à laquelle il avait pris part.

« Toute glorieuse qu'a été pour nous la guerre de l'Indépendance, me dit-il, les résultats ne répondirent malheureusement pas à l'attente du pays. Elle ne servit qu'à faire revivre l'influence *lévitique* (le prieur ex-officier se servit de cette expression), à relâcher les liens déjà si faibles entre les provinces de la monarchie, à arrêter le cours des réformes commencées sous le règne de Charles III, à hâter la perte de nos colonies et la ruine de notre marine, à forcer le pays à se jeter dans les bras de l'Angleterre, pour aboutir enfin à la politique fatale où se fourvoya plus tard Ferdinand VII. »

Nous en vînmes ensuite à parler du règne de feu Ferdinand, et du parti carliste.

« Si Ferdinand VII, ajouta le prieur, eût été un tout autre homme, nul doute qu'il n'eût pu faire le bonheur de l'Espagne. Il n'avait qu'à marcher dans la voie tracée par son immortel aïeul Charles III. Rien ne saurait peindre l'enthousiasme avec lequel il fut reçu par son peuple en 1814. L'affection que le peuple espagnol a toujours eue pour ses princes, avait grandi pour Ferdinand de toute l'immensité des sacrifices que nous avait coûtés la guerre de l'Indépendance. Mais il aima mieux se jouer à la fois du parti lévitique et du parti libéral; toute sa politique consista à les opposer constamment l'un à l'autre. Peut-être sentait-il qu'il aurait été bien vite devancé par celui des deux partis qu'il eût favorisé; et lui, voulait les dominer tous deux. Il pressentait une catastrophe comme imminente après sa mort, et à ce sujet on l'entendit souvent comparer la situation de l'Espagne à une bouteille de bière forte, dont lui seul était capable de maintenir le bouchon avec sa main royale.

» La révolution de 1820 fut faite par l'armée, parce que c'était principalement sur elle que l'influence des idées démocratiques, éveillées par l'immense mouvement de 1808, s'était exercé. A cette époque notre armée était désorganisée, et commandée en général par des officiers peu instruits, et ne considérant la carrière militaire que comme un métier. Sur l'appel des juntes provinciales, toute la jeunesse des universités et des séminaires courut aux armes, et sa présence dans les rangs eut bientôt changé la face de l'armée, qui après la paix se trouva dans des idées trop avancées pour se résigner à subir la prépondérance lévitique. Puissamment aidée par les officiers espagnols qui, ayant été au service de la France, en avaient embrassé les idées révolutionnaires, elle se prit à conspirer, et s'insurgea à l'île de Léon.

» Le parti carliste date de 1823. La restauration opérée par les baïonnettes françaises n'avait pas produit les conséquences que le parti lévitique en espérait. Trouvant que Ferdinand ne poussait pas assez loin la réaction contre les libéraux, il se tourna vers l'infant don Carlos. Ferdinand encouragea d'abord le parti carliste, pour l'opposer au parti libéral très-influent à cause de la position sociale et du talent des hommes qui le composaient. Alors arriva le soulèvement des *agraviados* de la Catalogne, qui était le prélude de la terrible guerre qui nous dévore maintenant. Le roi avait conservé encore tant de prestige sur le peuple, qu'il n'eut qu'à se présenter au milieu des Catalans pour rétablir l'ordre. Cependant, cet événement lui fit comprendre de combien s'était accrue l'importance du parti lévitique. Alors il lui ôta la planche de dessous les pieds, en lui opposant les libéraux. Des amnisties furent accordées, les réformes administratives commencèrent, de nouvelles routes furent percées, l'agriculture fut encouragée, et sans le drame sanglant de la mort de Torrijos et de ses amis, on eût pu croire que l'Espagne n'était plus gouvernée par le même homme. Ferdinand eût dû mourir dix-neuf ans plus tôt, ou dix-neuf ans plus tard. »

Le lendemain le temps continuant d'être incertain, l'honnête prieur voulait à toute force me retenir encore. Malheureusement le laïque chargé de la cuisine était présent, et, soit qu'il pensât que la prolongation de mon séjour allait le surcharger de travail, soit qu'il crût de bonne foi que la pluie ne reprendrait plus, il me dit que je pouvais partir sans crainte pour Pollenza. Pour achever de me convaincre, il me mena dans son laboratoire enfumé, et là, m'ayant montré à travers une lucarne un bout de ciel sans nuages, il m'assura qu'une expérience de trente ans lui avait prouvé que lorsque cette parcelle d'horizon se montrait ainsi dégagée, il n'était plus permis de douter de l'arrivée immédiate du beau temps. Que voulez-vous? Nous fûmes assez sots pour croire sur parole l'astrologue de la cuisine, et nous partîmes. Mais, hélas! à peine avions-nous fait une lieue dans la direction de Pollenza, qu'un nouvel orage fondait sur nous. Et comme si la neige, la grêle, la pluie, le vent, ne fussent pas encore un châtiment suffisant de notre crédulité, de temps à autre, une éclaircie dans les nuages amoncelés laissait descendre un pâle rayon de soleil qui se reflétait, tantôt sur des montagnes majestueuses comme les Alpes, tantôt sur des collines aussi riantes que celles de l'Italie ; on eût dit qu'il se plaisait malicieusement à me laisser entrevoir quelques coins de l'admirable paysage qui m'échappait. Je vous laisse à deviner combien de fois il nous arriva de maudire le malencontreux cuisinier.

De Lluch à Pollenza, il n'existe vraiment pas de chemin, ou, pour mieux dire, il y en a tant et tous si détestables, qu'un mulet chargé a beaucoup à faire pour s'y tenir debout. Pensez ce que ces sentiers devaient être avec le débordement des torrents. A la nuit tombante, nous arrivâmes à Pollenza, mais nous ne nous y arrêtâmes pas. Nous nous dîmes que nous avions déjà tant absorbé d'eau, que nous devions en être saturés, et qu'il fallait, coûte que coûte, arriver à Alcudia dans la soirée. Pepe monta donc en croupe derrière moi, et nous nous confiâmes à Dieu et aux jarrets de *Roch*. Tant qu'il y eut un reste de jour, nous nous tirâmes passablement d'affaire, mais la partie devint rude à la nuit close. Sans compter les impétueux coups de vent auxquels, même en nous tenant étroitement embrassés, nous avions beaucoup de peine à résister, c'était, à tout moment, un torrent débordé à franchir. Heureusement Pepe connaissait si bien les gués et les détours des chemins, que non-seulement il parvenait à faire passer *Roch* à travers les innombrables obstacles de cette route diabolique, mais il trouvait encore le temps de m'amuser par de plaisantes saillies.

Je ne vous ai pas encore dit que Pepe, après avoir exercé l'emploi de courrier de la *Real Audiencia* de Palma, poussé par l'amour de la musique, s'était attaché au service des manœuvres du théâtre de cette ville. Je lui demandai, cette nuit mémorable, quel était son emploi actuel à Palma. « Mon poste est sur la scène du théâtre, me dit-il ; je suis celui qui, au commencement et à la fin de chaque acte, lorsque le régisseur du spectacle fait *pfiiii*..., est chargé de lever et de baisser la toile. Je gagne trois réaux par jour et quatre aux bals masqués, ce qui fait que j'en raffole. » Une autre fois, une discussion sur la suprématie des saints protecteurs des différents pays s'étant engagée entre nous, il me dit que depuis un certain voyage qu'il avait fait dans l'intérieur de l'île, avec un prêtre protestant, il n'avait plus de foi au martyrologe romain, et qu'à peine faisait-il une exception en faveur de saint Antoine, le patron de tous les quadrupèdes espagnols ; enfin que, depuis qu'il fréquentait les danseuses, il aimait à faire gras les jours maigres. Il me fit même à ce sujet une éloquente philippique contre la vente des bulles de la *Santa Cruzada*, par lesquelles les prêtres, moyennant une contribution annuelle de dix réaux, accordent à tout le monde en Espagne la permission de faire gras pendant l'année entière. Enfin, malgré les incommodités du voyage, grâce à l'originalité de Pepe, je ne me rappelle pas avoir jamais ri d'aussi bon cœur que pendant cette nuit.

Il était dix heures quand nous arrivâmes à Alcudia, jadis ville forte, dans laquelle les Comuneros de Palma tinrent assiégée, en 1521, la noblesse mallorquine qui s'y était réfugiée. Pepe me conduisit chez un petit propriétaire de ses amis, qui nous fit un excellent accueil.

Dans la soirée, plusieurs voisins vinrent visiter la famille de mon hôte ; dans le nombre des visiteurs, j'eus à remarquer un individu que tout le monde traita avec beaucoup de mépris, sans qu'il eût l'air de s'en fâcher, ni même de trouver la chose extraordinaire. « Quel est donc cet homme que vous avez si mal reçu ? demandai-je à mon hôte, quand l'individu en question fut sorti. — C'est un chien de *chueta*. Ses ancêtres étaient des juifs qui se firent catholiques pour ne pas être expulsés de l'île. Figurez-vous quel bon catholique peut faire un homme qui a du sang juif dans les veines ! Pour moi, je préfère mille fois les Mores ; au moins on n'a pas à leur reprocher d'avoir eu aucune part dans le crucifiement de Notre Seigneur.

— D'après ce que vous dites là, il paraîtrait qu'on les hait terriblement ces pauvres chuetas !

— Je le crois bien ; la répugnance qu'on a pour eux va au point qu'il n'y a pas longtemps, un riche chueta de Palma ayant proposé à une fille publique de l'épouser, celle-ci repoussa ses offres en lui disant : Bien que je fasse un vilain métier, je suis pourtant plus noble qu'un chueta. Malheureusement pour Mallorque, ces coquins de chuetas sont en possession de tout le petit commerce de l'île ; je dis malheureusement, car, dans la crainte de passer pour chueta, nos paysans ont une aversion insurmontable pour toute espèce de trafic. Pour moi, plus j'y pense, plus je me persuade qu'il n'y a qu'un seul remède à cela.

— Eh ! lequel, s'il vous plaît ?

— D'expulser de l'île tous les chuetas, comme on en expulsa jadis les juifs qui refusèrent de se faire catholiques. Cette mesure pourrait être exécutée sans commettre d'injustice envers personne, en consultant les tablettes où les dominicains enregistrèrent les noms de tous les anciens convertis. Avant la suppression des moines, ces tablettes étaient exposées dans les églises des couvents de saint Dominique ; actuellement on les conserve dans les archives de Palma, où vous pourrez les voir si vous le désirez. »

Telle fut la conversation que l'apparition de ce pauvre

chuela provoqua entre moi et mon hôte. Elle venait à peine de finir, lorsque je m'avisai de lui demander le montant de ma dette pour l'hospitalité qu'il m'accordait dans sa maison. Le croiriez-vous? Ce même homme qui aurait peut-être refusé un verre d'eau à un malheureux chuela mourant de soif, se crut presque offensé de ma proposition. Il me dit que les Mallorquins ne vendaient pas l'hospitalité, et que loin de lui avoir aucune obligation c'était à lui à me remercier d'avoir frappé à sa porte. J'eus beau insister; il me quitta sans que je pusse parvenir à lui faire accepter une seule piécette.

Le lendemain 28, le temps étant décidément au beau, nous prîmes la route d'Arta, petite ville qui doit sa célébrité autant à la fameuse grotte de l'Ermite, qu'à la beauté de ses femmes; elles passent pour les plus jolies de Mallorque. Le chemin qui mène à Arta longe la mer et traverse une contrée délicieuse, toute plantée de caroubiers, d'oliviers et d'orangers. Ce jour-là, le vert de ces arbres était si éclatant, le ciel si pur, le soleil si brillant et si chaud, que si j'avais pu oublier le cours des saisons il m'eût été facile de me croire transporté au milieu du printemps. A cette journée charmante succéda une fort agréable soirée passée au milieu des chants et des danses chez l'alcalde d'Arta, qui ayant tué la veille le plus gras de ses porcs, en célébrait *la matanza* (la mort du porc), par un bal où tout le village était invité.

Pepe, qui est connu ici de tout le monde, me servit d'introducteur chez l'alcalde. Nous le trouvâmes dirigeant lui-même l'orchestre tout composé de guitaristes, en grattant avec un bout de plume sur sa mandoline. Il vint à ma rencontre en me voyant entrer, et Pepe ayant fait la présentation, je fus prié de prendre place sur les bancs occupés par les hidalgos d'Arta, qui étaient revêtus de leurs plus beaux costumes mallorquins. En face de nous se tenaient les demoiselles et les femmes mariées, ayant toutes le visage emprisonné dans leurs plus beaux rebosillos. Les paysans, étaient groupés dans les coins et à l'entrée des portes, dont l'une donnait sur la rue, et l'autre dans la cuisine où était disposé un buffet couvert de dragées et de saucissons de toute espèce. Les hidalgos ouvrirent le bal en dansant entre eux le fandango, puis ils cédèrent la place aux paysans qui s'emparèrent des demoiselles de leurs nobles maîtres, et les firent sauter jusqu'au jour, avec ce mélange de gaieté respectueuse et d'abandon qui est le caractère distinctif du peuple mallorquin. Quant à l'alcalde, il gratta sa mandoline toute la nuit pour nobles et vilains, chantant aussi parfois de fort gracieux couplets. J'en ai retenu cinq qui se font suite ; les quatre premiers sont supposés dans la bouche d'une petite maîtresse. Le cinquième contient la réponse fort sensée du galant.

> Señor galan, si usted quiere
> De mi hermosura gozar,
> Me ha de dar lo que pido
> Sin tener que reparar.
>
> Lo primero que le pido,
> Que me merque usted una casa
> Que tenga cuatro balcones
> A la esquina de la plaza.
>
> Cuatro negros que me sirvan
> Y que me tengan temor,
> Porque cuando voy á misa
> Me acompañen con rigor.
>
> Y un coche con cuatro mulas
> Tambien es de menester,
> Porque soy niña bonita,
> Y no quiero andar á pié.
>
> — Quédate con Dios, hermosa,
> Que mañana volveré ;
> No es nada lo que pides
> Si encuentras quien te lo dé.

« Monsieur le galant, si vous voulez — Que j'accueille votre hommage, — Donnez-moi ce que je vais dire — Sans aucune restriction.

» La première chose qu'il me faut — C'est que vous m'achetiez une maison — Avec ses quatre balcons — A l'angle de la place.

» Quatre négrillons pour me servir, — Qui aient bien peur de moi — Afin qu'en allant à la messe — Ils me suivent fort cérémonieusement.

» Une voiture et quatre mulets — Sont de toute nécessité — Parce que je suis fort joliette — Et ne me soucie pas d'aller à pied.

» — Dieu te garde, ma belle, — Je reviendrai demain; — Ce que tu demandes est une bagatelle, — Si tu rencontres qui te le donne. »

Le lendemain du bal, je partais pour la fameuse grotte de l'Ermite avec Pepe, quatre guides, Roch et deux autres mulets supplémentaires, dont l'un chargé de torches de pin, et l'autre portant dans les paniers de son bât une longue échelle de corde, un paquet de pièces d'artifice, nos provisions de bouche, enfin l'inséparable compagne de tout vrai voyageur dans l'île : une énorme poêle à frire.

En agréable société, la route paraît toujours courte; aussi les deux lieues qui séparent Arta de la plage où est creusée la grotte se firent-elles lestement, au milieu des intéressantes causeries de mes guides, qui se plaisaient à me détailler les merveilles enfouies dans les nombreux souterrains de cette caverne mystérieuse dont personne n'a pu encore trouver le fond, sans me cacher les dangers auxquels s'exposaient les visiteurs peu prudents. Notez, je vous prie, que ces dangers sont bien réels, et non pas une de ces fréquentes exagérations que les voyageurs se permettent : témoin la fin tragique d'une nombreuse troupe de curieux, qui, engagés dans les cavités de cette grotte interminable, y perdirent la vie en perdant leur chemin, les falots allumés par les paysans qui les escortaient étant venus à s'éteindre.

Tout en causant, nous allions atteindre le sommet d'un étroit et tortueux sentier qui donnait à plomb sur la mer, lorsque Pepe me cria : « Regardez donc à votre gauche ! »

M'étant tourné du côté qu'il m'indiquait, je me trouvai en face d'une profonde et immense ouverture creusée dans un haut rocher qui surplombait au-dessus de ma tête. Cette ouverture simulait si bien la gueule d'un immense monstre marin prêt à m'engloutir que, dans le premier moment de surprise causée par cette brusque apparition, j'en eus presque peur. « Soyez sans crainte, me dit Pepe, qui s'aperçut de mon émotion, le monstre n'est pas dans l'usage de refermer ses hideuses mâchoires; et, à moins que saint Antoine ne fasse un miracle, il ne les fermera pas sur nous. »

Je mis pied à terre. Les guides allumèrent un fagot au bas d'une stalactite qui simulait à s'y méprendre une sentinelle posée en faction à l'entrée de la caverne, et Pepe ayant tiré sa large poêle, le déjeuner par lequel les Mallorquins préludent toujours à la descente de la grotte fut bientôt prêt. Le repas terminé, notre petite colonne se mit en mouvement. Deux des guides marchaient en tête, portant dans de petits grils en fer des torches de pin enflammées; les deux autres suivaient chargés du bois destiné aux falots, et moi je formais l'arrière-garde avec Pepe, à qui étaient confiées la *bota* de vin et l'échelle de corde. Nous avions tous mis habit bas pour avoir les bras parfaitement libres; nous étions tous chaussés de souliers de corde, afin de pouvoir grimper plus à notre aise.

Arrivés au fond du souterrain où nous avions déjeuné, nous allumâmes un grand falot qu'on appelle *el faló de la salud*, parce qu'il sert à jalonner la route pour qu'on la retrouve au retour; l'un des guides resta pour veiller à son entretien. Quelques pas plus loin nous nous couchâmes et nous nous laissâmes glisser à reculons le long d'une pente fort escarpée qui mène droit au fond de la première caverne. Les guides ayant allumé un second falot, je me trouvai dans une vaste salle circulaire dont la voûte reposait sur une colonne de trente pieds de diamètre, fort semblable à un arbre noueux dépouillé de ses branches. Dans les coins on apercevait une multitude de rochers simulant les uns des tourelles, les autres des fantômes ou de monstrueux animaux. Ayant atteint l'extrémité de cette salle, nous grimpâmes à quatre pattes sur un escarpement où fut allumé un nouveau falot devant un trou appelé *la Boca del infierno*. Nous nous enfonçâmes en nous accroupissant les uns après les autres dans cette *bouche de l'enfer*, tellement étroite que lorsque nous en fûmes sortis par le bout opposé, il n'y eut pas un seul d'entre nous qui ne se plaignît d'avoir donné plusieurs fois de la tête contre les parois. Les guides ayant allumé un quatrième falot, je reconnus que j'étais perché sur une espèce de balcon au-dessus d'un précipice qui, à cause des épaisses ténèbres du lieu, paraissait d'une profondeur incalculable. « Avez-vous du courage? me demanda Pepe, le précipice n'a que 84 palmes de profondeur. — Je ne crois pas compter parmi les plus poltrons. — Eh bien! nous allons vous mettre à l'épreuve. » Il déploya en même temps, dans toute sa longueur, son échelle de corde, et après en avoir attaché solidement le bout autour d'une forte colonne, il la laissa descendre dans le précipice en me prévenant qu'elle comptait cinquante échelons. Il s'agissait de prendre le chemin de l'échelle avec assez de sang-froid pour échapper aux inconvénients d'une dégringolade mortelle. Pepe et les guides me donnèrent l'exemple, et se tirèrent d'affaire en funambules consommés. Quant à moi, tout à fait novice dans ce genre d'expéditions aériennes, je n'y parvins qu'à travers mille hésitations. Parvenu au fond du précipice, je reconnus qu'il faisait partie d'une salle souterraine bien plus vaste et plus grandiose que la première. Figurez-vous une caverne immense dont la voûte reposait sur six colonnes gothiques symétriquement disposées dans le milieu, et tellement hautes que pour que l'œil vît où elles aboutissaient il fallut avoir recours aux feux d'artifice, les falots des guides ne suffisant pas. Entre autres merveilles de la cristallisation réunies dans cette salle, on voyait une immense nappe de pierre luisante et polie qui tombait toute déployée du haut de la voûte ; à côté de la nappe se trouvaient entassés un nombre infini de tuyaux aussi blancs que de l'albâtre, qui résonnèrent comme ceux d'un orgue quand je les frappai ; enfin à peu de distance de ces tuyaux, une rampe ovale de pierre noire était surmontée d'un globe d'un azur si éclatant qu'on eût pu le prendre pour de l'outremer. Nous laissâmes à notre gauche un immense souterrain tout rempli d'eau, pour nous engager dans un étroit passage communiquant à un appartement composé de quinze petites grottes dont l'ensemble formait un véritable labyrinthe. Ces grottes étaient toutes également curieuses : l'une festonnée en noir avait dans son milieu une pierre sépulcrale où il ne manquait qu'un nom, l'autre renfermait sept chapelles semblables à celles d'un calvaire, une troisième simulait un salon octogone bâti en cristal, et ma surprise n'eut pas de bornes dans les salles suivantes.

En sortant de ce bizarre appartement nous pénétrâmes enfin dans la quatrième caverne, celle du *Culebron*, grand serpent, qui est la dernière où les visiteurs aient encore osé pénétrer. Les ténèbres du lieu étaient si épaisses que d'abord je n'aperçus pas le Culebron ; mais les guides ayant lancé quelques fusées, je vis la plus étrange des stalactites suspendue à la voûte de la salle. On eût dit un énorme hippogriffe qui planait dans le sombre espace et paraissait prêt à fondre sur nous. Oh ! si tu n'es pas, m'écriai-je à sa vue, le dragon Cétus que Persée changea en pierre pour sauver la belle Andromède, qui diable es-tu donc, monstre effrayant ? Mais j'eus bientôt renoncé à cette idée un peu trop classique pour adopter celle de Pépé, qui m'assura que le Culebron n'était rien moins que le même démon qui se trouva jadis aux prises avec l'archange Gabriel.

Des difficultés insurmontables ne nous permettaient pas de pénétrer plus avant dans les entrailles de la montagne. D'ailleurs la flamme des torches, qui avait commencé à languir dès notre entrée dans la deuxième caverne, menaçait de s'éteindre à cause du manque d'air ; nous-mêmes nous respirions déjà si péniblement, que prétendre avancer encore, eût été vouloir à toute force mourir asphyxiés. Nous prîmes donc le seul parti raisonnable, celui de retourner sur nos pas. Une grande heure nous suffit à peine pour regagner l'entrée de la grotte. En comptant le temps employé dans la descente, il se trouve que notre expédition nous avait retenus près de cinq heures dans les sombres retraites de ce noir palais. Aussi, de ma vie, je ne me rappelle pas avoir jamais salué la lumière du jour avec autant de transport.

Tout incomplète qu'est ma description, elle suffira cependant, je l'espère, à vous donner une idée du lieu. Que votre imagination mêle maintenant à mon récit un peu de ce fantastique qui lui manque ; figurez-vous les merveilleux effets de lumière produits, dans cette suite de cavernes, par les nombreux falots allumés de distance en distance. Représentez-vous l'admirable jeu des fusées éclairant tout à coup tant d'espaces ténébreux, tant d'étranges stalactites, qui à peine entrevues disparaissaient aussitôt ; tâchez enfin de vous pénétrer de ce sentiment de curiosité mêlée d'une certaine crainte mystérieuse qui accompagnait le visiteur à chacun de ses pas, et peut-être regretterez-vous de n'avoir pu l'accompagner dans cette intéressante expédition souterraine.

Malgré l'humidité des lieux, les inscriptions tracées au charbon par les voyageurs, et il y en a de 1517 et 1614, se sont admirablement conservées. Un Anglais y fit, il y a quelques années, un tel butin de stalactites qu'il fallut huit mulets pour les transporter à Palma, d'où elles passèrent en Angleterre.

A revoir à l'année prochaine, mon ami ; les courses de votre voyageur ont fini pour cette année.

PAYS BASQUE.

Hernani, dans le Guipuzcoa, ce 2 septembre 1840.

Je causais aujourd'hui avec le curé d'Hernani, don Agustin Iturriaga, homme de sens et d'instruction, des immunités des trois provinces basques, le Guipuzcoa, la Biscaye et l'Alava, auxquelles ces immunités ont valu le nom de *provinces exemptes*. Cette connaissance est utile pour bien comprendre l'héroïque résistance opposée par les Basques aux armées de la reine.

« La *Hermandad* de la province de Guipuzcoa, dit le
» livre des *fueros*, est une très-ancienne fédération formée
» à perpétuité entre les conseils municipaux de tous ses ha-
» bitants, dans le but d'aviser aux mesures les plus propres
» à assurer le service du roi, aussi bien que celui de la ré-
» publique, et enfin de veiller au maintien de tous les pri-
» viléges, exemptions et libertés provinciales. »

Cette véritable fédération républicaine se compose d'environ une centaine de villes et bourgades qui ne reconnaissent aucune capitale; les dix-huit plus importantes ont cependant le droit de devenir, à tour de rôle, le siége de la junte générale. Cette junte se compose de soixante-dix *procuradores*, mandataires présidés par un *corregidor* nommé par le roi, qui confère ordinairement cet emploi à un magistrat de l'audience de Pampelune et de Valladolid; si le corrégidor est absent ou malade, la présidence de la junte appartient de droit à l'alcalde de la ville ou bourgade où elle est rassemblée. On a vu tout récemment l'alcade de Sestona, pauvre serrurier sans fortune, présider l'assemblée où siégeaient le comte de Monteron, le duc de Grenade et les plus riches propriétaires du Guipuzcoa. Le corrégidor ne peut se mêler en aucune façon aux débats de la junte, à moins qu'elle n'empiète sur la prérogative royale;

alors il prend ses réserves, et proteste contre ses arrêtés; à cela seul se borne son rôle politique. La déférence de la couronne envers la province est telle, que, s'il arrivait au corrégidor de parapher un acte de la junte qui serait plus tard reconnu entaché de quelque illégalité, et que la province vînt à être condamnée à une amende par la couronne, c'est lui seul qui en serait passible. Le corrégidor est changé tous les six ans, et, chose digne de remarque parce qu'elle prouve jusqu'à quel point le Guipuzcoa est indépendant de la couronne, d'après le fuero le roi n'a le droit d'y envoyer un nouveau corrégidor que sur la demande formelle qui lui en est faite par la province; seulement, par égard pour la royauté, depuis un temps immémorial, il est d'usage que le corrégidor sortant sollicite lui-même du roi un successeur, ou bien, si la province y consent, une nouvelle nomination en sa propre faveur.

La junte se renouvelle en entier chaque année, et ses séances, qui sont secrètes, s'ouvrent le 6 mai et ne durent que onze jours. Avant de se séparer, la junte fait publier un compte rendu de ses séances, et nomme une *depulacion de gobierno* composée de sept membres choisis dans son sein, laquelle exerce le pouvoir exécutif jusqu'à la réunion d'une junte nouvelle. Le premier membre élu prend le titre de *primer deputado*, qu'on pourrait bien appeler le président de la petite république. Anciennement, son emploi était tout à fait honorifique; maintenant, on lui alloue une pension de trois mille piécettes à titre de frais de représentation. Le premier député réside trois ans à Azpeitia, trois à Azcoitia, trois à Tolosa, et trois à Saint-Sébastien. Il a le pouvoir d'appeler autour de lui les six autres membres de la *depulacion de gobierno*, et lorsque les circonstances l'exigent, il convoque de sa propre autorité une junte extraordinaire de tous les procuradores, sans avoir besoin de l'autorisation de Madrid ni de celle du corrégidor, auquel il donne purement et simplement avis de la résolution par lui prise.

La nomination des procuradores appartient aux *ayuntamientos generales*, grandes assemblées municipales convoquées au son du fifre et du tambourin, où siège tout habitant noble possédant un immeuble quelconque. (Dans la Biscaye, la loi exige une *foguera*, un foyer, un feu, en d'autres termes, que l'*hidalgo* ne couche pas à la belle étoile.) Cette condition de noblesse, qui partout ailleurs semblerait indiquer une exclusion au profit d'une classe privilégiée, n'est ici à charge à personne. Tout habitant du Guipuzcoa qui peut prouver que sa famille est originaire de la province, est noble par cela seul. Il n'y a que les issus d'étrangers qui ne soient pas nobles, et chaque indigène peut se draper dans son hidalgie séculaire, depuis le joueur de fifre et de tambourin, depuis l'organiste, l'alguazil et le barbier, jusqu'aux individus les plus haut placés sous le rapport de la fortune. En mère affectueuse, la petite république guipuzcoane a traité avec un égal amour tous ses enfants, sauf les avocats cependant, auxquels la loi non-seulement a refusé l'honneur de pouvoir siéger comme procuradores dans la junte générale, mais a défendu même de pouvoir se rendre dans l'endroit où elle se trouve réunie, sous peine d'expulsion immédiate et de cinq mille maravédis d'amende. Telle est enfin la peur que l'esprit de chicane du barreau inspire aux Basques, que tout avocat domicilié dans la ville où réside la junte, convaincu d'avoir eu des rapports avec un procurador pendant la session, peut en être expulsé par l'alcalde pour tout le temps de la session. (En Biscaye, ce ne sont pas les avocats, mais les prêtres, qui sont frappés d'incapacité politique, et ne peuvent être élus procuradores.)

Les communes admettent quelquefois des individus non Basques à faire leurs preuves de noblesse. A cet effet, l'ayuntamiento de la bourgade où l'étranger demande à fixer son séjour envoie deux de ses membres dans le lieu de naissance du pétitionnaire, avec mission d'ouvrir une enquête sur son hidalgie. Au retour de ces envoyés, l'ayuntamiento se constitue en cour héraldique, et, pièces en main, accorde ou refuse les lettres de grande naturalisation qui lui sont demandées. L'étranger, une fois naturalisé, peut aspirer à devenir membre de l'ayuntamiento, et même député à la junte, pourvu toutefois qu'il ne soit pas Français, car le fuero dit formellement : « Tout originaire français sera exclu des ayuntamientos et de tout emploi de la république. »

Les procuradores portent l'habit à la française et l'épée, qu'ils déposent en entrant dans la salle des séances. Une loi somptuaire leur défend toute broderie en or ou en argent sur leur uniforme, et les militaires eux-mêmes qui se trouvent être procuradores sont obligés de se présenter en tenue civile.

Le pouvoir judiciaire est exercé soit par le corrégidor, assisté de quatre juges nommés par la province, soit par les alcaldes des villages, au choix des parties plaidantes, qui peuvent interjeter appel des jugements rendus contre elles devant la haute *audiencia* de Valladolid, et en dernier lieu avoir recours à la salle des *mil y quinientos* de Madrid, ainsi nommée parce qu'avant qu'une cause y soit plaidée il faut que les parties déposent 1,500 bons doublons, pour faire face aux frais de la procédure. Quant à la législation, elle est la même que celle qui régit la Castille.

Le personnel administratif de chaque commune se compose d'un alcalde, de deux lieutenants, d'un notaire secrétaire et d'un alguazil ; sauf ce dernier, leurs fonctions sont gratuites. L'alcalde réunit en sa personne les pouvoirs administratif et judiciaire en première instance, ainsi qu'il a été dit. Une des obligations de l'alcalde est de convoquer et de passer en revue, une fois par an, l'*alarde* de sa commune : c'est la réunion de tous les jeunes gens de la bourgade en état de porter les armes. L'alarde est commandé en chef par l'alcalde et ses deux lieutenants, et chacune des compagnies qui en composent l'effectif se trouve placée sous les ordres d'un des membres de la municipalité ; l'honneur de porter l'étendard de la commune appartient à l'alcalde sortant. Ordinairement l'alarde est convoqué le jour de la fête du village, et tout député à la junte générale est tenu de fournir une preuve écrite constatant que l'alarde a été bien et dûment tenu dans la commune qu'il représente.

L'alcalde rend compte devant l'ayuntamiento général de sa commune de la gestion des deniers publics. Si l'on fait quelques épargnes dans l'année, il est rare qu'une partie ne soit pas employée en quelque acte de réjouissance publique. Dans l'ayuntamiento général tenu la Saint-Jean de cette année à Hernani, sur la demande des hidalgos laboureurs, elles servirent à l'achat de quelques barriques de vin navarrais, de fromage de Hollande et d'excellent pain de maïs (sorte de galette cuite entre deux plaques de fer rougies au feu), avec quoi l'on dîna sur la place de la commune.

A l'instar des procuradores, les curés des villages sont nommés par les ayuntamientos généraux. Dans quelques localités cependant, comme à Oyarzun, tous les habitants, même les *pordioseros*, mendiants, prennent part à l'élection du pasteur de la commune. Le fuero établit qu'aucun prêtre ne peut aspirer à devenir curé d'un village, s'il ne peut prouver qu'il en est originaire. La dîme sert à l'entretien du clergé.

Pour ce qui touche la juridiction ecclésiastique, le Guipuzcoa dépend de l'évêque navarrais de Pampelune, ainsi que l'Alava et la Biscaye de l'évêque espagnol de Calahorra. Sans doute en décrétant cette mesure les rois d'Espagne pensèrent qu'il aurait été trop dangereux pour eux de constituer un clergé indépendant dans ces provinces déjà si indépendantes. C'est évidemment dans cette crainte qu'ils ne voulurent jamais consentir à ce qu'aucun siége épiscopal fût érigé dans le pays basque.

Le Guipuzcoa pourvoit à l'entretien de ses routes et aux frais de l'administration centrale, au moyen du revenu des barrières et de l'octroi établi aux portes des villages. Parmi les droits qui frappent l'introduction de certains objets de consommation, il est au moins curieux d'observer que celui qui pèse sur la viande tourne en partie au profit des enfants trouvés, tellement nombreux dans ce pays, que les hospices ne suffisent pas à les recueillir. Pour peu qu'une famille soit aisée, il est rare qu'elle ne se soit trouvée dans le cas de donner asile à l'une de ces innocentes créatures. Souvent il arrive au bon villageois d'être réveillé en sursaut par un tapage d'enfer qu'on fait à sa porte. Croyant recevoir quelque important message, le bonhomme s'empresse de descendre dans la rue; mais au lieu du messager, qui a pris la clef des champs, il ne trouve qu'un pauvre nouveau-né, auquel il n'a pas le courage de refuser un abri.

Quelques mots maintenant sur les priviléges du Guipuzcoa. Ils se composent de *costumbres* et de *fueros*. Les costumbres sont, ainsi que le dit le mot, d'anciennes coutumes antérieures à la réunion des provinces basques à la couronne de Castille. Les fueros sont les grâces qu'octroyèrent les rois d'Espagne à ces provinces, pour les récompenser des services qu'elles rendirent à la monarchie pendant les longues guerres soutenues par eux soit contre les Mores, soit contre les rois de France, soit enfin contre leurs propres sujets rebelles.

Parmi les fueros, il en est un dont les Guipuzcoans tirent une grande vanité; c'est celui par lequel don Enrique IV accorda, en 1466, le titre de très-noble et de très-loyale à leur province; ils en sont si fiers, qu'il n'y a pas de petite bourgade qui, dans tous ses actes publics, ne se dise *la muy noble y muy leal villa de.....*

Maintenant comment reconnaître quelle immunité est *costumbre* et quelle n'est que *fuero*? Il est fort difficile d'établir une opinion bien raisonnée à ce sujet; car si, d'une part, les habitants prétendent que toutes leurs immunités sont antérieures à la réunion de leur province à la monarchie espagnole, d'autre part on voit les écrivains espagnols se creuser la tête pour prouver qu'elles furent toutes octroyées par les rois, ce qui impliquerait, à leur sens, le pouvoir de les révoquer. Quoi qu'il en soit, voici les priviléges dont jouit le Guipuzcoa, depuis un temps immémorial.

— Liberté absolue de commerce à l'intérieur comme à l'extérieur de la province

— Exemption complète de toute espèce d'impôt foncier ou autre, à l'exception pourtant de l'*alcabala*, léger tribut payé à la couronne, qui monte à peine à 42,000 réaux, en signe de vasselage, sur l'introduction des vins étrangers et sur la vente des fers de la province. Dans quelques cas extraordinaires, et à la demande qui lui en est faite par la couronne, la province lui accorde aussi une somme d'argent à titre de *donativo*, don.

— La libre vente du sel et du tabac; point d'impôt du timbre, point de droit sur les contrats, ni sur les successions, etc. Exemption de tout service militaire forcé; en cas de guerre cependant, tous les Guipuzcoans doivent courir aux armes, mais uniquement pour la défense de leur sol, et la province seule a le droit de nommer le *coronel* ou général en chef de la milice provinciale.

— Nominations dévolues à la province des notaires et de l'alcalde de *sacas*, magistrat chargé de surveiller à la frontière de Béhobie l'exportation de l'argent.

— Vieux *fueros* par lesquels la couronne a promis de ne faire bâtir aucun fort, ville ou village dans le Guipuzcoa, sans le consentement de la junte, et de ne placer jamais dans cette province aucun employé espagnol, si ce n'est pour le service de la poste aux lettres dont la couronne a le monopole.

— Inviolabilité de la personne du débiteur, dont la maison, les armes et les chevaux, ne peuvent jamais être compris dans la mise en séquestre de ses biens.

— Il est dit enfin, au titre 29 des fueros de la province : « Le respect dû aux fueros est tel, que si jamais un ministre de la justice, ou tout personnage, quelque puissant qu'il soit, osait les enfreindre, chaque Guipuzcoan aura le droit, non-seulement de lui résister, mais de le tuer. »

Les armes du Guipuzcoa portent trois arbres qui surgissent du milieu des vagues de la mer ; un roi assis sur son trône et appuyant sa main droite sur le pommeau de son épée, dont la pointe s'enfonce dans le sol ; enfin les douze canons pris par les Guipuzcoans sur les Français, lors de la mémorable victoire d'Elizondo (1512).

J'ai cru devoir m'étendre sur les fueros du Guipuzcoa, pour éviter d'inutiles redites en vous parlant de la Biscaye et de l'Alava ; car les fueros dont jouissent ces deux provinces sont à peu de chose près les mêmes que ceux du Guipuzcoa.

L'organisation politique de la *très-noble et très-loyale seigneurie* de Biscaye est beaucoup plus compliquée que ne l'est celle du Guipuzcoa. Elle se compose de deux assemblées : l'une extraordinaire, connue sous le nom de *merindad* ; l'autre ordinaire, appelée *junta general*. A cette dernière est dévolue la nomination des membres du *regimiento*, échevinage présidé par le corrégidor royal, aussi bien que l'élection des deux députés qui, concurremment avec le même corrégidor, forment la *deputacion de gobierno*. Tout cela demande quelques développements.

D'après ses fueros, la seigneurie de Biscaye a le droit de se réunir en junte générale tous les deux ans, sous l'arbre de Guernica, qui se trouve situé à une très-petite distance du village de ce nom. C'est sous cet arbre que, la tête découverte et debout, les cent huit *procuradores* de la Biscaye prêtent devant les membres du *regimiento* assis sur des siéges de pierre, le serment de garder les *fueros* et de respecter les droits du seigneur ; car en Biscaye on n'appelle pas d'un autre titre le roi d'Espagne. Les procuradores passent ensuite dans la chapelle de Notre-Dame de la Antigua, et ouvrent la session sous la présidence de la *deputacion de gobierno*. Les séances se tiennent à portes ouvertes, et l'entrée de la chapelle est libre à tout le monde. La galerie destinée au public est décorée des portraits des vingt-six anciens seigneurs de la Biscaye, à partir de Lopez, surnommé le Corsaire-Rouge (848), jusqu'à l'infant don Juan Ier, qui, en montant sur le trône de Castille, incorpora la Biscaye à la monarchie. Les fauteuils des trois présidents sont placés au pied de l'autel ; tout autour de la nef sont disposés en fer à cheval trois rangs de banquettes, dont le plus bas est réservé aux *padres de la provincia*, pères de la province, nom par lequel on désigne les anciens députés auxquels il n'est accordé, dans les délibérations de la junte, qu'une voix consultative. Les archives de la seigneurie sont conservées dans la sacristie de la chapelle ; le grand sceau y est également déposé, et le corrégidor est obligé de le livrer aux députés, dans l'espace de vingt-quatre heures, chaque fois que la demande lui en est faite. Les débats de la junte ont lieu indistinctement, soit en basque, soit en espagnol, mais ne sont publiés que dans cette dernière langue. Deux choses importantes sont à observer en Biscaye : la seigneurie ne paye aucun impôt, pas même l'alcabala au seigneur, auquel elle est libre d'accorder ou de refuser le *donativo*, quand la demande lui en est faite par l'entremise du corrégidor. Sauf dans un petit nombre de localités, tous les habitants de chaque commune prennent part à l'élection de ses deux procuradores à la junte, ainsi qu'à celle des curés, également élus à la simple majorité des suffrages. C'est, comme vous le voyez, la démocratie pure qui règne en Biscaye.

L'autre assemblée, connue sous le nom de *merindad*, est composée des envoyés extraordinaires de toutes les communes de la seigneurie. Convoquée en cas d'urgence par le regimiento, elle s'assemble d'abord à Begona, dans la sacristie de l'église de Sainte-Marie, puis se transporte à Bilbao, où, sous la présidence du corrégidor et des deux députés, elle avise aux affaires qui ont déterminé sa convocation. Les arrêtés de la *merindad* ont autant de valeur que ceux de la junte générale de Guernica, à laquelle sont cependant réservées certaines attributions, qui font d'elle une véritable représentation souveraine. Le *regimiento* de la province est nommé par elle tous les deux ans. A cet effet, les procuradores se séparent en deux bans, appelés l'un *onazino*, l'autre *gamboino*, dénominations empruntées aux guerres civiles qui désolèrent jadis la Biscaye. (C'était sous le règne de Jean 1ᵉʳ; on se battit dans les champs d'Uribarrigamboa longtemps et avec acharnement; la question était grave : il s'agissait de savoir si certain cierge colossal qui devait figurer dans une procession, serait porté avec les mains ou sur les épaules, par les députés de la fédération basque.)

Dans chaque ban on tire au sort trois électeurs. Chacun de ces électeurs propose un certain nombre de candidats de son ban, parmi lesquels sont choisis au sort deux députés, six regidores, deux syndics et deux secrétaires. Ces mêmes électeurs nomment ensuite six regidores, qu'on appelle *regidores electos*, qui, dans la réunion du *regimiento*, passent avant les six regidores tirés au sort. Le regimiento ainsi composé des dix-huit membres, s'assemble régulièrement une fois par an à Bilbao, et par extraordinaire toutes les fois que la *deputacion de gobierno* le juge convenable.

La *deputacion de gobierno* est le pouvoir exécutif de la province. Elle se compose des deux députés membres du regimiento, et du corrégidor qui la préside. A elle appartient le contrôle politique des actes du corrégidor envoyé de Madrid, toutes les mesures administratives, militaires, judiciaires. Elle s'occupe du recouvrement des impôts décrétés par la junte de Guernica, à laquelle elle soumet plus tard un compte rendu imprimé, de tous les actes de son administration. En cas de guerre elle règle d'elle-même tout ce qui se rapporte à la défense du pays; elle décide en première instance sur les preuves de noblesse et de pureté de sang, à fournir par tous les individus de la monarchie qui désirent établir leur domicile en Biscaye; et enfin, veille à ce que les mesures que le corrégidor croit devoir prendre en sa qualité d'envoyé royal, soient en harmonie avec les fueros de la province. Observez à ce sujet, que toute garantie est donnée à la province ; car les décisions de la députation se prenant à la majorité des voix, si le corrégidor proposait l'adoption de quelque mesure nuisible au pays, il aurait inévitablement contre lui les voix des deux députés. D'ailleurs, les fueros prévoyant la possibilité de quelque abus de pouvoir de la part du corrégidor, disent formellement au titre I" : « Toute ordonnance rendue contre les libertés de la province, *sera enregistrée, mais non exécutée* (obedézcase y no se cumpla). » Par contre, le corrégidor est obligé de donner sa signature à tous les actes que les deux députés croient devoir prendre sous leur propre responsabilité, pour le bien de la seigneurie.

Chaque bourgade, ou, pour me servir d'un terme consacré dans les fueros, chaque république de la Biscaye s'administre intérieurement de la manière la plus indépendante du corps général. Elle n'est tenue que pour la forme à présenter un compte rendu de son administration au corrégidor ou à son lieutenant résidant à Guernica, lorsque ceux-ci entreprennent la tournée de la seigneurie.

Tout Biscayen est noble par le seul fait de son origine biscayenne; et le fuero désigne cette aptitude par les mots : *Todo Vizcayo de Vizcaya es noble*. Exempt de toute conscription, le Biscayen ne peut être forcé de se battre au delà du territoire de sa province, dont les limites, d'après les fueros, sont l'Océan et un arbre appelé *el árbol malato* placé près du village de Lujaondo.

Il y a deux législations en Biscaye : celle de Castille qui régit les villes soumises à la législation générale du royaume; et celle de la *terra llana* ou campagnes, lesquelles jouissent d'une juridiction tout à fait spéciale et aussi ancienne que la province. La cause de cette différence est que le sol occupé par les villes est considéré comme relevant de la couronne d'Espagne, tandis que les campagnes sont censées en être entièrement indépendantes. On peut citer comme un trait caractéristique de cette différence la faculté qu'a tout père de famille dans la *terra llana* de faire entière donation de ses biens à l'un de ses enfants, frappant d'exclusion tous les autres, à chacun desquels il est cependant tenu de laisser *un árbol el mas cabecero, una teja y dos reales de plata*; un arbre des plus hauts, une tuile et dix sous en argent. Dans les villages, au contraire, le père ne peut disposer que du tiers et du cinquième de ses biens, ainsi que cela se pratique dans tout le reste de la monarchie. Une autre particularité curieuse est celle relative aux meurtriers, qui, dans la *terra llana*, ne peuvent être poursuivis comme assassins, pourvu que les parents de la victime leur accordent leur pardon. Ce fuero est connu sous le nom de *perdon de los parientes del muerto*.

Au commencement de chaque nouveau règne, les rois d'Espagne sont tenus, en leur qualité de seigneurs de Biscaye, de se présenter sous l'arbre de Guernica pour y prêter serment aux fueros de la seigneurie; mais ordinairement ils se bornent à les confirmer par cédule royale.

Aucun Biscayen ne peut être distrait des juges de sa province si ce n'est pour paraître devant le grand juge de Biscaye résidant à Valladolid, qui siège tous les jeudis de l'année. Enfin, telle est la considération dont les Biscayens furent toujours l'objet de la part des rois d'Espagne, que lorsque la torture et la bastonnade comptaient parmi les peines criminelles, elles ne pouvaient sous aucun prétexte être infligées à aucun habitant de la seigneurie. Voici en quels termes, si honorables pour les Biscayens, s'exprime à ce sujet Ferdinand VI dans sa cédule de 1754 : « Vu que
» les Biscayens préfèrent la mort au déshonneur, j'ordonne
» qu'on ne puisse les condamner à aucune des peines qui ne
» peuvent être infligées aux hidalgos. Les juges pourront
» augmenter la durée de l'emprisonnement ou le montant
» des amendes pour satisfaire à la vindicte publique, mais
» ils auront toujours soin d'observer que la qualité de la

« peine portée contre les Biscayens ne puisse offenser ou
» léser le point d'honneur de vassaux aussi nobles et
» loyaux. »

Les armes de la seigneurie de Biscaye portent d'argent, à l'arbre de Guernica avec deux loups de sable dévorant chacun un agneau. D'après les chroniqueurs, don Lopez, premier comte de Biscaye, ayant rêvé, la veille du combat d'Arrigoriaga, de deux loups dévorant des agneaux au pied de l'arbre de Guernica, aurait fait peindre sur son bouclier le rêve qui avait précédé sa victoire; de là l'origine de l'écusson de Biscaye. Saint Ignace de Loyola est le patron de la seigneurie; il fut proclamé tel à l'unanimité dans la junte générale tenue à Guernica en 1680, sur les preuves fournies par le père don Gabriel Henao que le fondateur de l'ordre des jésuites était fils d'une Biscayenne. Le jour de la fête du saint, chaque nouveau regimiento réuni dans la basilique de Santiago de Bilbao prête, après une messe solennelle, entre les mains du célébrant, le serment de conserver à tout jamais intacts les fueros de la seigneurie.

Enfin, la junte générale de la très-noble et très-loyale province de l'Alava se réunit deux fois chaque année : la première au mois de mai, dans le couvent de Saint-François de Vittoria ; la seconde en septembre, dans une bourgade quelconque de la contrée. Les deux sessions sont également secrètes. Le pouvoir exécutif est exercé en commun par le corrégidor royal et par le député général élu chaque année par la junte de Vittoria. Tant qu'il est en fonction, le député a le grade de maréchal de camp. La nomination des alcaldes appartient aux ayuntamientos généraux ; dans quelques localités cependant c'est l'alcalde sortant qui nomme son successeur. Les procuradores à la junte et les curés des villages sont élus de même par les ayuntamientos généraux des 36 *hermandades*, confréries composant la grande hermandad alavaise. Anciennement, ces confréries tenaient leurs juntes dans la fameuse plaine d'Arriaga, et, au dire des chroniqueurs, les femmes des hidalgos avaient droit de vote à l'égal de leurs nobles maris. Les armes de l'Alava portent un château à tourelles, des créneaux duquel sort un bras armé qui paraît menacer ciel et terre. Celles enfin de la fédération des *trois sœurs basques*, ainsi que se qualifient entre elles les trois provinces du Guipuzcoa, de la Biscaye et de l'Alava, portent trois mains entrelacées avec ces mots : *Irurac bat*, les trois une. On pourrait dire que les *trois sœurs basques* forment une famille étrangère dans la grande famille espagnole. Langues, mœurs, traditions, institutions, tout contribue à cette différence, à cet isolement. Les denrées, les produits manufacturés des Basques sont considérés comme de provenance étrangère et payent un droit sur la ligne de l'Èbre, avant de passer en Castille; enfin, il leur est interdit d'avoir aucun commerce direct avec les colonies espagnoles.

Si vous me demandez maintenant comment il se fait qu'un pays où l'esprit d'indépendance et de liberté paraît inné, ait embrassé avec tant d'enthousiasme la cause de don Carlos, pour vous en expliquer les motifs, je vous demanderai la permission de jeter un coup d'œil sur le passé historique de ces provinces. Le Guipuzcoa, l'Alava et la Biscaye faisaient partie du royaume de Navarre, lorsqu'en 1200 don Alonzo VIII, profitant de l'absence de don Sancho le Fort, roi de Pampelune, qui se trouvait dans le Maroc, envahit l'Alava, et mit le siége devant Vittoria. Alors les communes alavaises, soit qu'elles redoutassent d'être conquises, soit qu'elles crussent qu'il était pour elles plus convenable de faire cause commune avec les rois de Castille qu'avec ceux de Navarre, se livrèrent spontanément à don Alonzo. « Le » roi se trouvait à Burgos, dit l'historien Mariana, lorsque » les ambassadeurs de cette partie de Cantabrie, qu'on appelle Alava, vinrent le trouver et lui firent hommage de » cette terre, qui jusqu'alors était restée libre et indépen- » dante, sans reconnaître d'autres lois que ses propres *fue-* » *ros*…. Réunies ensuite dans la plaine d'Arriaga, les com-

» munes alavaises jurèrent obéissance au roi en personne,
» plaçant de leur libre et pleine volonté, sous sa sauvegarde,
» les antiques libertés de leur patrie. »

Le Guipuzcoa et la Biscaye ayant suivi l'exemple qui leur avait été donné par l'Alava, les trois provinces basques s'incorporèrent de leur plein gré à la Castille, sous la condition cependant que tous leurs fueros et immunités leur seraient perpétuellement conservés. Henri III, Jean II, Henri IV, les rois catholiques, doña Juana la Folle, prêtèrent successivement serment à ces fueros, et même les augmentèrent. Lors de l'insurrection des communes de la Castille, ces provinces, sollicitées par les insurgés de faire cause commune avec eux, s'y refusèrent et se maintinrent fidèles à l'empereur Charles V, qui, voulant reconnaître leur loyauté, confirma, lui aussi, leurs fueros, et leur permit en outre de les faire imprimer. Philippe II imita son père, et tous les rois d'Espagne en firent autant après lui. Il est tout naturellement résulté dans les provinces basques un véritable attachement à la royauté, outre la naissance d'un sentiment instinctif qui les avertit que l'absolutisme, en Espagne, est le plus ferme soutien de leurs libertés. Aussi, lorsqu'en 1820 les constitutionnels exigèrent qu'elles prêtassent serment à la constitution, elles n'y consentirent qu'en déclarant céder à la force, et en faisant des protestations et des réserves. La restauration absolutiste de 1823 fut saluée par leurs acclamations unanimes, et, plus tard, la mort de Ferdinand VII fut considérée comme une véritable calamité pour la patrie basque. A Saint-Sébastien, dans la cérémonie funèbre qui eut lieu pour la mort du roi, le cénotaphe royal portait une inscription où Ferdinand était qualifié *el defensor el mas firme de los fueros*. Effectivement, Ferdinand défendit sans cesse ces provinces contre ses propres ministres, qui voulaient à toute force altérer leur ancienne constitution.

Était-ce de la part du roi un acte de reconnaissance pour l'énergique défense qu'elles avaient opposée à l'invasion française? Ce qu'on sait du caractère de Ferdinand rend peu croyable cette opinion, et il est plus raisonnable de penser qu'il n'agissait de la sorte que pour empêcher que les provinces basques se voyant maltraitées, ne fissent cause commune avec les libéraux espagnols.

Après la mort de Ferdinand, le manifeste de Zea Bermudez, qui annonçait la continuation du statu quo, « sauf toutefois les réformes administratives réclamées par la situation du royaume, » suffit pour jeter l'alarme dans le pays basque. Allant au-devant des événements, le clergé surtout sentit que la réforme administrative amènerait tôt ou tard une réforme politique empreinte des idées de la révolution française, et qu'alors c'en serait fait de l'influence qu'il exerçait depuis un temps immémorial dans ces provinces, influence immense tant à cause de l'esprit extrêmement religieux des habitants, que du personnel excessivement nombreux de ce même clergé. Il n'y a pas un seul village basque, si peu important qu'on veuille le supposer, qui ne soit desservi par un nombre d'ecclésiastiques triple de ce que le comporteraient les besoins spirituels de la paroisse. Ainsi chaque curé se trouve être un puissant abbé ayant sous ses ordres quatre, six, huit, souvent même douze autres ecclésiastiques, tous natifs de la bourgade qu'ils administrent, et tous également élus par le suffrage populaire. Unis par les liens de l'intérêt personnel aux nombreux couvents (il y en avait dans la moindre bourgade), ces prêtres formaient avec les moines et les familles les plus riches de leur commune, une sorte d'aristocratie villageoise toute-puissante. Se voyant menacés, les uns dans leur influence, les autres dans leur existence même, et enoutre, les masses pressentant que la liberté nouvelle imposée par les constitutionnels ne pouvait jamais égaler celle dont elles jouissaient déjà, tout le pays s'émut. De là cette insurrection presque unanime, parce que les intérêts du pauvre paysan s'y trouvaient engagés à l'égal de ceux des prêtres, des moines, du gentilhomme influent, à l'égal enfin de ceux de la nombreuse phalange des contrebandiers, accoutumée à voir dans ces provinces une sorte de terrain neutre qui lui offrait des facilités de tout genre pour son commerce lucratif avec les Castilles. Les propriétaires des mines de fer, et les commerçants de Bilbao et de Saint-Sébastien furent les seuls opposants; ceux-ci, pour obtenir l'ouverture des ports de ces villes aux arrivages des colonies ; ceux-là dans l'espoir de voir reculée jusqu'aux Pyrénées une frontière fiscale qui gênait la vente de leurs fers; les uns et les autres, enfin, croyant la source de leur richesse mieux garantie par la constitution que par les fueros, ils prirent parti pour les christinos.

Je finis en vous donnant le refrain de la chanson de guerre des bandes du curé Gorostidi, insurgées contre le régime constitutionnel en 1823. Les libéraux appelaient les insurgés basques des larrons, ceux-ci leur répondaient :

> Somos voluntarios,
> No somos ladrones;
> Somos defensores
> De la religion.
>
> Fuera la milicia, sí,
> Viva la nacion!
> Y muera eternamente
> La constitucion.

« Nous sommes des *volontaires*, — Et non des larrons ; — Nous sommes les défenseurs — De la religion.

» A la porte *la garde nationale*, — Vive *la nation*! — Et mort à tout jamais — A la constitution.

Ce mot de *volontaires*, opposé à celui de *garde nationale*, ce *vivat* à la nation, à côté de cet anathème lancé contre la constitution, enfin la protestation religieuse contenue dans le premier couplet, expliquent à merveille les idées qui animaient les Basques en 1823, et tout récemment encore, car les mêmes intérêts et les mêmes passions se trouvaient en jeu à ces deux époques.

Bilbao (Biscaye), ce 22 septembre 1840.

Bien que ma lettre soit datée de Bilbao, ce n'est pas de cette ville qui a tant fait parler d'elle pendant la guerre civile que je vous entretiendrai. J'y suis arrivé ce soir même, et vous savez que par le clair de lune les moindres objets, dans les lieux historiques, prennent des formes si imposantes et si fantastiques, que, pour éviter une de ces bévues auxquelles les voyageurs ne sont que trop souvent sujets, il vaut beaucoup mieux que je m'inspire à la clarté du soleil. Mettez plutôt le doigt sur la carte des provinces basques, et suivez-moi dans mes courses vagabondes.

Le 14 septembre, à la pointe du jour, Augustin, muletier fort connu à Saint-Sébastien, entrait dans ma chambre à l'hôtellerie du *parador* de cette ville. Il me dit que le temps était superbe, que ses mulets attendaient dans la rue, enfin qu'il ne me laissait tout juste que le temps de m'habiller et de prendre mon chocolat. Vingt minutes après nous sortions tous deux de Saint-Sébastien pour Sarans, lui montant *Marota* et moi *Espartera*; car tels sont les noms dont l'excellent fueriste Augustin a récemment baptisé ses mulets, en l'honneur des deux chefs christino et carliste, qui signèrent à Bergara le traité de la pacification des provinces basques. Nous prîmes le chemin de la côte, qui est si pittoresque et varié. Pendant quatre heures de montées et de descentes continuelles, nous fûmes salués partout sur notre passage par les paysans, avec des *à Dios* on ne peut plus courtois, qu'accompagnaient malheureusement les mille voix aigres et discordantes de leurs charrettes à roues pleines et qui ont conservé le primitif essieu tournant.

Chaudement recommandés à un hidalgo de Sarans, le señor don Manoel, qui cumule, à la satisfaction générale de toute la localité, les fonctions de posadero et d'escribano, nous reçûmes de lui l'accueil le plus distingué. Il fit à lui seul les frais de la conversation pendant le dîner, exaltant tantôt la bonté du *chocolin*, petit vin blanc de l'endroit, tantôt l'excellente administration des provinces basques ; parlant telle autre fois des preuves d'hidalgie que devait fournir tout étranger qui aurait désiré se fixer à Sarans ; soutenant enfin, avec un sentiment d'orgueilleuse complaisance, que tout ce que les États-Unis avaient de bon dans leurs constitutions républicaines, elles l'avaient emprunté aux provinces basques. Par un contraste d'idées, qui me parut d'abord très-bizarre, il conclut en exprimant la crainte que l'insurrection des juntes contre le ministère Pérez Castro n'amenât tôt ou tard la république à Madrid. Je lui demandai, du ton de l'étonnement, comment il se faisait que lui, si ardent républicain dans sa province, ne voulût à aucun prix de république au delà de l'Èbre.

« La chose est pourtant claire, me répondit-il ; la république à Madrid ne veut-elle pas dire égalité de droits et de charges pour toutes les provinces de l'Espagne, partant abolition de nos immunités, de nos fueros, enfin le bouleversement de notre état social, la destruction de notre sainte religion, l'établissement dans nos contrées de l'impôt foncier, de la conscription, du papier timbré et des douanes, le tout au profit de Madrid, le tout à notre détriment? Mais c'est égal, si on veut toucher à nos fueros nous recommencerons le *tiroteo* (fusillade). Notre pays a toujours été heureux avec ses vieilles lois, qui sont aussi anciennes que le patriarche Tubal. L'agriculture prospère dans nos vallées comme nulle part en Espagne, et cependant notre sol est le moins fertile de la Péninsule. Où trouverez-vous des forêts de pommiers semblables aux nôtres et du cidre à deux sous les quatre bouteilles, enfin une vie à meilleur marché et plus tranquille ? Notre population est si active et laborieuse, qu'elle a déjà réparé tous les désastres causés par cinq années de la guerre civile la plus atroce. Dans les villages d'Audaoin, d'Urniela, d'Iruria, vous verrez bon nombre de maisons qui, incendiées par les christinos, sont encore aujourd'hui dépouillées de leurs toitures; mais dans un an au plus ces toits seront refaits à neuf, et toute trace de la guerre aura disparu. Notre bien-être nous coûte si peu que les frais d'administration montent à peine à un pour cent du revenu de la commune. Comparez cet état de choses avec ce qui se passe au delà de l'Èbre, chez cette nation d'avides employés qu'on appelle l'Espagne! Enfin ne faut-il pas que nos paysans soient des hommes bien moraux et bien vertueux, puisque après avoir vécu si longtemps au milieu du sang et d'une guerre de partisans, il a suffi que les prêtres et les alcaldes aient annoncé que la guerre civile était finie, pour que chacun jetât son fusil et rentrât tranquillement dans ses foyers, sans qu'il y ait eu d'exemple d'un seul vol commis sur nos grandes routes, depuis le traité de Bergara? »

A midi nous prîmes congé de don Manoel, et passant par les bains de Sestona, nous arrivâmes sur les trois heures à Azpeitia, charmante petite ville près de laquelle se trouve le fameux couvent de Saint-Ignace de Loyola. Sa fondation remonte à l'an 1671, et est due à doña Mariana d'Autriche, ainsi que le dit l'inscription suivante, placée au bas de son portrait qu'on voit dans la salle d'attente : « Doña Mariana d'Autriche, mère de Charles II, reine d'Espagne, fondatrice et *curé* de cette sainte église et de ce collège de la société de Jésus. » L'église, magnifique morceau d'architecture dans le genre italien, est une vaste et élégante rotonde sans ailes, tracée par un cercle de colonnes en marbre derrière lesquelles court une galerie semée de petites chapelles d'une grande richesse. Dans la masse énorme des bâtiments composant le couvent qui ne put être achevé, grâce à l'expulsion des jésuites par Charles III, se trouve comme enchâssée la maison féodale de saint Ignace, seigneur de Loyola. On a respecté la distribution ancienne des appartements, et l'on montre la chambre où le jeune lieutenant, blessé au siége de Pampelune, reçut cette vision de l'apôtre saint Pierre, à la suite de laquelle, renonçant à la carrière des armes, il fonda la célèbre société de Jésus. Du temps de la guerre civile on comptait à Loyola cinquante jésuites ; il n'y en a plus maintenant que douze auxquels est confiée la direction d'un nombreux collége d'enfants. Les révérends pères me reçurent avec un grande politesse, mais je les vis si consternés si abattus par les nouvelles arrivées de Madrid, qu'aussitôt la visite du couvent terminée, je m'empressai de les quitter pour aller voir danser le *Zortcico* sur la place publique d'Azpeitia.

Le *Zortcico* est une danse particulière aux provinces basques. Il s'exécute au son du *tamboril*, orchestre composé de deux fifres et de deux tambourins. Ces quatre instruments ne sont joués que par deux musiciens. Chacun d'eux manie le fifre avec les doigts de la main gauche, frappant en même temps de la droite avec une baguette sur le tambour suspendu à son bras gauche au moyen d'une courroie. Les deux fifres sont accordés en tierce, et tandis que l'un des musiciens imite sur son tambour les claquements des castagnettes, l'autre par des roulements plus ou moins rapides et plus ou moins forts, anime l'air de la danse. Dans les grandes occasions, telles que la fête du saint patron de la bourgade, l'orchestre reçoit un renfort de deux autres musiciens jouant l'un du *silbato*, gros flageolet, l'autre d'une caisse plus forte, et faisant pour ainsi dire à eux deux la grosse voix aux voix plus aigues des autres instruments. L'orchestre est entretenu aux frais de la commune, et chaque village du Guipuzcoa a le sien. Les musiciens sont tenus d'aller tous les dimanches prendre chez eux les membres de l'ayuntamiento, et de les accompagner en jouant de leurs instruments jusqu'à l'église. Après vêpres ils se rendent sur la place de la bourgade et jouent jusqu'à nuit close pour quiconque veut danser ; s'il fait mauvais temps, l'orchestre s'établit sous le porche de l'église ou bien sous celui de la municipalité, à la disposition des danseurs qui affluent toujours à ces rendez-vous.

On a beaucoup disserté pour savoir ce que voulait dire *Zortcico*. Dans le grand nombre des étymologies incompréhensibles qu'on m'a données, j'en ai rencontré une d'après laquelle ce mot basque, dérivé de *zortci*, huit, signifierait *huitaine;* or, comme la chaîne des danseurs se compose de huit couples, j'adopte cette explication.

L'ouverture du *Zortcico* est faite par les hommes seuls. Huit vigoureux garçons au pantalon de velours maintenu autour de la taille par une large écharpe écarlate, coiffés d'un béret blanc, rouge, ou bleu, et chaussés de souliers de cordes, se prennent par la main et font six fois le tour de la place, musique en tête. Les deux extrémités de la chaîne sont occupés par les meilleurs danseurs, qui mettent le béret à la main, en signe de respect pour le public. Le sixième tour achevé, la chaîne s'arrête.

Comme il s'agit d'une danse des plus compliquées, permettez que je prenne haleine, comme nos danseurs, pour aviser à quelque moyen graphique propre à éviter toute confusion.

Voici huit points au-dessous de chacun desquels je place un numéro censé représenter un des danseurs :

$$\dot{1} \quad \dot{2} \quad \dot{3} \quad \dot{4} \quad \dot{5} \quad \dot{6} \quad \dot{7} \quad \dot{8}$$

Après quelques moments de repos pendant lesquels la musique ne cesse pas de jouer, les numéros 2 et 7 quittent leurs places, se présentent, le béret à la main, devant le numéro 1, et lui ayant demandé quelle est, parmi les dames présentes, celle qu'il choisit pour sa danseuse, ils la lui amènent au milieu d'eux. Alors le numéro 1 exécute devant sa dame un solo qui dure près de cinq minutes, faisant avec une gravité presque castillane des pas quelquefois gracieux, et le plus souvent des sauts et des écartements de jambes, tels que n'en ont probablement jamais fait les bras d'aucun télégraphe. Le solo se termine par une douzaine d'entrechats battus coup sur coup, et qui mettent le pauvre danseur tout à fait hors d'haleine. Après quoi la dame lui fait une gracieuse révérence, salue les deux parrains, présente le bout de son mouchoir à son danseur essoufflé, en même temps qu'elle saisit le bout du mouchoir que lui offre le numéro 3, et prend finalement place dans la chaîne.

Les deux parrains se présentent de la sorte successivement devant les numéros 8, 3, 6, 4, 5, avec les dames dont ceux-ci ont fait choix, et lorsque chaque danseur a exécuté son solo, saisi le mouchoir de sa dame, pris enfin place avec elle dans la chaîne, ils dansent à leur tour, puis s'établissent avec leur danseuse à leur ancien poste. Cette première partie du zortcico est ce qu'on appelle *danza réal*; elle s'achève par un duo exécuté par les numéros 1 et 8, l'un reproduisant les mêmes gambades et les mêmes contorsions que l'autre, sans lâcher le mouchoir de leurs dames respectives qui pendant ce temps se tiennent immobiles comme de véritables plantons. Vient ensuite le *contrapas*, qui est une espèce de *mazurka* dansée par chaque couple isolément à la manière de la *monferina* italienne. Puis tout à coup l'air change, un gai fandango se fait entendre ; à l'instant la chaîne se brise, les mouchoirs rentrent dans les poches de leurs belles propriétaires. Imitant par des sortes d'appels de langue et par des claquements de doigts le bruit de castagnettes, elles dansent avec leurs cavaliers qui, les bras arrondis au-dessus de la tête, semblent de vrais cupidons de l'Opéra.

Le zortcico se termine par le *arrin-arrin*, danse précipitée qui rappelle la *tarentela* napolitaine et le *tanqui-tanqui*. C'est une modification du fandango, où les hommes claquent des doigts et font des appels de langue pendant que les femmes tiennent gracieusement leurs mains appuyées sur les hanches. Alors danse qui veut, de manière qu'à la fin du zortcico, la place entière est couverte de danseurs.

Les Basques ont la danse en un tel honneur, que le jour

de la fête de la bourgade, ce sont les membres de la municipalité, l'alcalde et son premier lieutenant en tête, qui dansent le premier zortcico : c'est le *zortcico serio*. La population danse ensuite jusqu'à dix heures du soir, à la lueur de nombreux falots allumés dans les rues et sur la place publique.

Les danses nationales des Basques sont toutes fort anciennes. Il en est même, au dire des érudits, dont l'origine remonte aux Cantabres ; par exemple, la *espata danza*, danse des épées, qui est une véritable pyrrhique. Rangés sur deux longues files, chacun des danseurs est armé de deux épées ou bien d'une épée et d'un bouclier, et tout en dansant ils simulent une lutte de gladiateurs, tantôt avec leurs vis-à-vis, tantôt avec leurs voisins, marquant, par le cliquetis de leurs fers, la cadence de l'air joué par le *tamboril*.

Les Basques désignent toutes leurs danses par le mot générique de *carrica-danza*, danse de la rue. Même pendant le carnaval, ils ne dansent qu'en plein air, excluant de leur musique tout accompagnement de chant, de castagnettes et de guitare, qui sont les éléments de tout orchestre populaire dans les autres parties de l'Espagne.

Chez eux, la guitare est même tout à fait remplacée par le tambourin, et quelquefois aussi par une simple barre d'acier sur laquelle le musicien, tout en chantant, frappe avec une baguette, comme cela se pratique dans la *trovera*, espèce de sérénade bouffonne que les jeunes gens ont l'habitude de donner aux nouveaux mariés, la nuit de leur noce.

Il serait fort difficile d'assigner un caractère général aux mélodies des Basques. Le répertoire en est si riche, si varié, que chaque individu trouve à choisir et chanter à son gré quelque air, soit triste, soit gai, en harmonie parfaite avec ses propres sentiments. On cite, comme une chanson des plus pathétiques, l'amoureuse et plaintive élégie adressée, il y a trente-cinq ans, à la dame de son cœur, par le chevalier Istueta, pendant qu'il gémissait, à Saint-Sébastien, dans les cachots du saint-office.

Je regrette de ne connaître que les premiers couplets de cette chanson, qui se chante ordinairement à deux voix.

« Je vis à vingt-quatre lieues de toi, — Séparé des vivants par mille portes de fer, — Pleurant sans cesse, et demandant à Dieu si tu vis encore, — O *Concepcion*, mon âme!

» Un faible rayon de lumière — Éclaire seul ma prison pendant le jour; — Rien ne brise les ténèbres de mes longues nuits; —Pas de repos pour mon pauvre cœur,—Loin de toi, mon amie. »

Ayant recouvré la liberté, Istueta eut non-seulement la satisfaction de retrouver vivante et en excellente santé sa belle *Concepcion*, mais même de l'épouser. Déjà veuf de deux autres femmes, le sensible chevalier trouvait encore si douces les chaînes de l'hymen, qu'il avait toujours dit qu'il voulait mourir marié : Dieu lui accorda cette consolation.

A propos des chansons des Basques, je m'attends à ce que vous me demandiez ce que je pense de l'ancienneté de leur langue; mais absolument étranger à la science des philologues, et ne comptant tout au plus que six leçons de cette langue *immortelle*, pour me servir d'une expression empruntée à l'érudit Laramendi, je me garderai bien d'émettre un avis quelconque à ce sujet, préférant d'ailleurs vous donner ici l'opinion toute faite des savants compilateurs du livre des Fueros du Guipuzcoa, imprimé à Tolosa en 1696. Ces messieurs ont soutenu que la langue basque n'était rien moins que le patois né de la confusion des soixante-douze langues parlées par les hommes, avant que Nembrod conçût la pensée de bâtir la tour de Babel. Voici ce qu'il est dit au titre II, page 5, de cet ouvrage : « Bien que les livres sacrés se taisent sur les premiers habitants de l'Espagne, les recherches des savants portent cependant à croire que le patriarche Tubal, le cinquième des fils de Japhet, et à la fois neveu du second père du genre humain, fut le premier homme qui, émigrant de l'Arménie, vint s'établir dans la Péninsule après la confusion des langues à Babylone. Ayant traversé l'Europe, il dut naturellement faire sa première halte dans ce pays, situé entre l'océan Cantabrique et l'Ebre, qu'on désigne sous le nom de *Guipuzcoa*, parce qu'aucune partie de la Péninsule ne se trouvant, par l'effet de la bonté divine, plus richement fournie d'arbres fruitiers, de ruisseaux et de pâturages, de gibier et de poisson, enfin, de plus de mines de fer et d'acier, nulle part aussi Tubal ne pouvait espérer de rencontrer réunis avec plus d'abondance tous les objets indispensables à la vie, pendant le second âge du monde, lorsque l'agriculture n'avait pas encore été inventée. C'est de cette manière seulement qu'on parvient à expliquer la singulière conformité de noms existant entre les appellatifs de plusieurs montagnes et des cours d'eau de l'Arménie et ceux des sierras et des ruisseaux du Guipuzcoa. Qui peut en effet leur avoir imposé ces noms, si ce n'est Tubal, lequel ne pouvait les emprunter qu'à sa langue maternelle, celle née de la confusion des soixante-douze langues parlées par les hommes avant la destruction de la tour de Babel? Qu'on réfléchisse aussi à la position élevée de presque tous les villages du Guipuzcoa; elle est, nous n'en doutons pas, l'effet de la crainte que les premiers habitants de notre pays devaient avoir des inondations, dont leur imagination était naturellement portée à s'exagérer le danger, grâce au souvenir alors tout récent du grand déluge universel

» Les descendants de Tubal s'étant par la suite répandus en Espagne, leur langue y fut parlée partout, et s'y maintint dans sa pureté primitive jusqu'à ce que, par l'effet des invasions des Phéniciens, des Chaldéens, des Grecs, des Carthaginois, des Romains, des Alains, des Suèves, des Vandales, des Goths et des Arabes, elle se corrompit peu à peu, et finit par être complétement oubliée des populations conquises, lesquelles, en perdant leur antique nationalité, adoptèrent les idiomes de leurs conquérants. Seuls parmi les Espagnols, les Basques résistèrent victorieusement à toutes les invasions de l'étranger, qui ne parvint jamais à s'établir chez eux; seuls ils conservèrent intact le dépôt sacré de leurs libertés et de leurs bonnes coutumes.... Et voici comment se trouve démontrée la grande ancienneté de leur province, et celle aussi de la langue parlée par les Basques. »

A ce chapitre en succède un autre portant ce titre : *De la noblesse et hidalguie de sang des habitants originaires du Guipuzcoa.*

On y lit : « La noblesse est un honneur par lequel on distingue les hommes qui méritent l'estime et le respect dans les républiques et les populations ; elle se subdivise en *surnaturelle théologique*, en *naturelle première*, en *naturelle morale* et en *politique civile*. La *théologique* est celle de l'âme illustrée par la grâce divine. La *naturelle secondaire* n'est le fait que des hommes qui, par leurs exploits et leurs vertus, se distinguent parmi leurs semblables et soutiennent la splendeur primitive de leurs ancêtres. La *politique civile*, enfin, est un privilége concédé à certains individus par les rois de la terre, en conformité aux règles du droit. Entre ces différentes espèces de noblesse, celle qui appartient aux originaires Guipuzcoans est sans contredit la *naturelle secondaire*, appelée communément *hidalguie de sang*; elle leur appartient de droit comme de justice, l'ayant héritée des premiers pères du genre humain. Vainement quelques écrivains ont avancé que toutes les hidalguies provenant des concessions royales, la noblesse guipuzcoane était d'origine espagnole; la preuve du contraire en est en ce que toutes les maisons *solares* du Guipuzcoa possèdent également cette hidalguie sans qu'il existe souvenir qu'elle leur ait été octroyée ni par les conquérants étrangers, toujours victorieusement repoussés par les Basques, ni par aucun roi après la formation de la monarchie espagnole. Les Guipuzcoans ont donc hérité leur hidalguie des premiers habitants de leur territoire. »

Je vous laisse méditer tout à votre aise et remonter la longue suite des siècles jusqu'au patriarche Tubal.

A un autre jour la continuation de mon itinéraire.

Bilbao, ce 25 septembre 1815.

Le lendemain de mon arrivée à Azpeitia, je fus surpris de voir la foule des paysans qui, fifres et tambourins en tête, quittaient le village. Ayant demandé à l'aubergiste où allaient ces joyeux émigrants, j'appris de lui qu'ils se rendaient à Lesso, petit village situé à une lieue de Saint-Sébastien, pour y célébrer la fête de l'exaltation de la Croix. Il me raconta comme quoi on conservait dans l'église du lieu un miraculeux crucifix, fort vénéré par tous les marins basques, et finit par me dire que ce que j'avais de mieux à faire était de me rendre aussi à Lesso, vu que la fête en question n'ayant pu être célébrée pendant la guerre civile, elle ne pouvait manquer d'être cette fois-ci fort animée et brillante. Je me laissai si bien convaincre, que quelques heures après je me promenais avec Augustin dans les ruelles de Lesso, au milieu d'une innombrable foule de paysans accourus de tous les points de la côte. L'église était dix fois trop petite pour suffire à l'affluence des dévots; les nombreux candélabres placés sur l'estrade des autels n'avaient pas assez de becs pour recevoir tous les cierges votifs qu'on y apportait. Une légion de marmots s'acharnait à gratter avec les ongles les ruisseaux de cire qui coulaient de tout côté. Du haut de la voûte tombaient d'innombrables fils, au bout desquels les âmes pieuses avaient suspendu des galiottes pavoisées à mille couleurs, soit pour remplir quelque vœu fait en mer, soit pour implorer le retour d'un absent. Dans l'après-dînée, le miraculeux crucifix fut promené processionnellement tout autour de Lesso, et ce qui contrastait singulièrement avec la dévotion de la foule, c'était la bruyante gaieté d'un groupe de vigoureux garçons, qui, tenant dans leurs mains des vessies remplies de vent, s'amusaient à en frapper sur les épaules les jeunes filles au fur et à mesure qu'elles venaient à passer devant eux. La procession achevée, on mit le feu à plusieurs tonneaux remplis de menu bois; les fifres et les tambourins entrant en exercice, les danses commencèrent.

Le lendemain il y eut un grand combat de *norillos*, jeunes taureaux, sur la place de la municipalité, aux portes mêmes de l'église. Les membres de l'ayuntamiento occupaient les balcons de la maison commune. Sur un signe que l'alcalde fit avec sa baguette blanche, un bouffon habillé en paillasse ouvrit le spectacle en dansant tout seul à la manière des Chinois. Il se prit ensuite à contrefaire le taureau, et engagea un terrible combat contre *Dominguillo*, mannequin vêtu de rouge, qu'on avait établi sur le milieu de la place, et qui, chaque fois que le bouffon le frappait à coups de tête, se redressait sur sa base par l'effet du poids qui s'y trouvait concentré.

A la sortie du véritable taureau, le bouffon s'échappa, et il fut permis à tous les amateurs de faire leurs preuves, pendant que la foule des curieux, abritée derrière une palissade ménagée tout autour de la place, s'amusait à lancer contre le pauvre animal, une grêle de baguettes armées à leur bout d'épingles et de pointes de clous. Cinq taureaux figurèrent dans ce combat, mais aucun ne fut tué, vu le dénûment où se trouve la caisse de la commune. Les honneurs de la journée furent pour un petit taureau noir portant au cou un collier de grelots. Après avoir cruellement maltraité un jeune amateur, il parvint à s'échapper de la place en sautant par-dessus la barrière. Il courut jusqu'à Renteria semer l'effroi parmi de vieilles paysannes, à qui la masse de la population active, accourue à Lesso, avait confié la garde de la bourgade.

La *corrida* achevée, vint le tour de la danse. Les membres de l'ayuntamiento descendirent sur la place pour danser le *zortcico serio*. Je ne vis que le commencement, étant fort pressé de me remettre en route pour arriver avant la nuit à Hernani.

Hernani est une jolie bourgade, bâtie au pied du rocher de Sainte-Barbe, sur lequel s'élève un fort imprenable construit par les carlistes pendant la guerre civile. Elle ne compte qu'une seule et longue rue, bordée d'une double rangée de maisons, décorées la plupart de superbes armoiries en granit, et dont les croisées sont garnies de balcons en fer si larges et si massifs, qu'ils ressemblent presque aux cages d'une ménagerie. La rue aboutit à une place spacieuse, où se voient le vieux palais de la commune et une magnifique église remplie de chapelles étincelantes d'or, remarquables surtout par les belles statues de saints en bois admirablement sculptées qui décorent leurs autels. Elle possède un orgue délicieux et des cloches si harmonieuses, qu'il est impossible de les entendre tinter sans qu'aussitôt la pensée se porte au delà de ce monde. Derrière l'église est une vaste esplanade qui sert au jeu de paume, jeu dont raffolent même les femmes chez les Basques. (Les joueurs ont la main dans un gant de cuir simulant une écuelle.) L'entrée ainsi que la sortie du village sont défendues par des portes fortifiées. Telle est la bourgade d'Hernani, telles sont à peu de chose près toutes celles du Guipuzcoa.

Le lendemain 17, je pris la route de l'intérieur, et passant par Ornieta, Andaoin, Villa Gona, Tolosa, Alegria, Villafranca, j'arrivai à la nuit à Ormaiztegui, la patrie de Zumalacarregui.

Voici, à propos de ce personnage célèbre, quelques détails recueillis sur les lieux.

Zumalacarregui était petit, trapu, légèrement bossu, impérieux, taciturne, infatigable, inflexible : large moustache, encadrant les lèvres en forme de croissant, cheveux noirs et crépus, yeux noirs d'une vivacité extrême. En parlant, en jurant surtout, il remplaçait le *c* par un *d*, *sociaba*, comme disent les Espagnols. Terrible dans les moments de colère, sa physionomie prenait quelquefois une expression de bonhomie et de finesse qui sentait l'Arabe ainsi que son nom. Lieutenant-colonel en disponibilité à l'âge de cinquante-cinq ans, lors de la mort de Ferdinand VII, non-seulement ses offres de services furent repoussées par Quesada, ministre de la guerre, mais il se vit relégué en Navarre comme suspect. Il s'y trouvait lorsque don Santos Ladron arbora le drapeau de l'insurrection. On sait comment, pris les armes à la main au village de los Arcos, cet ancien brigadier fut fusillé dans les fossés de Pampelune. Trois hommes seuls, Eraso, Ituralde et Zumalacarregui, étaient jugés capables de le remplacer. La junte navarraise opta pour ce dernier. Aussitôt Zumalacarregui se jeta dans les montagnes à la tête d'une guerilla ; c'était en octobre 1833.

A la fin de 1834, la guerilla de Zumalacarregui comptait onze bataillons navarrais, six biscayens, quatre alavais, cinq guipuzcoans, en tout près de seize mille hommes, aux ordres de Carmona, Sans, Garcia, Torres, Aguire, Sagastibelza, Eraso, Zavala, Villareal. Le titre de général n'était pris que par Zumalacarregui. Ajoutez les bandes de Manolin et des frères Lantamendi ; enfin, trois escadrons de lanciers aux ordres de don Carlos O'Donnel, et une batterie composée de deux pierriers et de trois canons, dont l'un si long, si vieux, si rouillé, que les soldats l'appelaient en riant *el abuelo,* le grand-père.

Les fantassins n'avaient pas d'uniforme. Un fusil d'ancien volontaire royaliste, réparé à la hâte à Ecala dans les Amescoas, une ceinture à cartouches, un béret bleu ou blanc, une chemise et des souliers de corde fournies par les juntes, un large pantalon de velours, un petit sac de toile, enfin une couverture de laine aux mille couleurs; telle était la tenue des Basco-Navarrais. Quelques-uns étalaient fièrement l'uniforme enlevé à quelque christino tué dans une rencontre. On reconnaissait les officiers au béret rouge, au manteau roulé sur l'épaule, aux attentes d'épaulettes décorant leur petite capote bleu-clair. Peu d'entre eux avaient une épée ; presque tous une canne ferrée, dont ils se servaient au besoin en guise de lance. Le grand drapeau navarrais portait un squelette en champ noir ; sur les noirs drapeaux des bataillons, entre quatre têtes de mort, on lisait : *Victoria ó muerte*. Le drapeau de Castille ne fut arboré qu'en avril 1835, après le traité Elliot pour l'échange des prisonniers, qui jusqu'alors avaient été fusillés. Deux mulets suffisaient pour la cantine et les papiers du corps. Le chirurgien, les deux aumôniers, les commandants (il y en avait deux par bataillon) et les capitaines, avaient aussi leur mulet. C'étaient là tous les équipages d'un bataillon carliste.

Les armes étant mauvaises, après quelques décharges de mousqueterie, les chefs criaient dans les rangs : *Muchachos, à la bayoneta!* enfants, à la baïonnette! *A ellos!* à eux! répondaient les soldats, et la baïonnette en avant ils couraient à l'ennemi. Ce genre d'attaque plaisait aux Basco-Navarrais, hommes d'une force prodigieuse. Les jours de fête on disait la messe à un autel formé d'un groupe de tambours et surmonté de la bannière de la Vierge. Les clairons retentissaient au moment de la bénédiction, et toute l'armée mettait le genou en terre. Zumalacarregui guidait cette armée, monté sur un cheval noir. Autour de lui se pressait l'état-major : Guergé, Ituralde, Zavala, Guibelaldo, Gomez, Eraso, Villareal, plus une douzaine d'anciens gardes du corps portant la *zamarra*, veste noire en peau d'agneau, garnie d'aiguillettes et de grelots en argent. Maintenant représentez-vous Zumalacarregui sur le champ de bataille de Vitoria, parcourant les rangs et criant : *No hay cuartel!* Pas de quartier! La bataille gagnée, le général O'Doyle et son chef d'état-major (c'était son frère) furent immédiatement fusillés. Le comte de Via Manuel l'avait été de même quelque temps auparavant. Surpris dans une embuscade à la tête d'un détachement christino, tout avait été passé par les armes ; le comte seul, grand d'Espagne de première classe, avait été épargné. En attendant les ordres de don Carlos, Zumalacarregui en avait fait son hôte. Un jour, à la fin d'un repas pris ensemble, arrive une dépêche du Prétendant. C'était l'ordre d'exécuter Via Manuel. Tout en fumant la cigarette, Zumalacarregui passe le papier fatal au comte, et lui annonce qu'on va lui envoyer un confesseur. Deux heures après, Vie Manuel n'existait plus. — Avertis de l'approche de Zumalacarregui, cinquante miliciens de Villafranca s'étaient réfugiés avec leurs femmes et leurs enfants dans l'église, qui était fortifiée. Sommés de se rendre, ils répondirent en faisant feu sur le groupe même où se trouvait don Carlos. C'était à la nuit tombante. La porte abattue à coups de canon, les carlistes mirent le feu à l'église; les miliciens se retirèrent dans le clocher. L'incendie et la fusillade durèrent toute la nuit. A l'aube, se voyant près de mourir asphyxiés, les assiégés se rendirent à discrétion : Zumalacarregui était à la porte. Il administra un coup de cravache à chaque enfant et à chaque femme. Celles-ci furent enduites d'une couche de miel, roulées dans des plumes, et dans cet état promenées à dos d'âne au milieu des huées et des coups de pierres. Les miliciens furent tous fusillés deux jours après à Lumbiers.

Par un contraste qui prouve que Zumalacarregui n'était pas toujours insensible à la pitié, quelque temps après il épargnait deux cent quatre-vingts christinos par lui surpris dans le village de los Arcos. L'hôpital renfermait une centaine de blessés. Zumalacarregui les visita, et se découvrant : « Je viens honorer en vous, leur dit-il, le courage malheureux; je vous fais grâce de la vie. »

Zumalacarregui eut quelque temps l'idée de former des régiments, mais il y renonça, l'expérience lui ayant prouvé que le bataillon (ces bataillons comptaient environ six cents hommes) était plus maniable, et convenait mieux à la guerre de montagnes. Le bataillon n'avait point de trésorier. Le général lui-même remettait chaque samedi l'argent au chef de bataillon, et celui-ci aux capitaines, qui faisaient la distribution de la solde aux compagnies. Chaque junte carliste avait une garde d'honneur. Un *asistente*, domestique, était accordé à tout officier, et le dévouement de ces hommes à leurs maîtres fut admirable.

Blessés, ils les chargeaient sur leurs épaules ; convalescents, ils travaillaient jour et nuit pour leur procurer quelque soulagement.

Le respect, la terreur qu'inspirait Zumalacarregui à ses soldats, allait jusqu'à leur faire faire des choses à peine croyables. Atteint du choléra, le 6ᵉ bataillon navarrais avait perdu beaucoup de monde. Les hommes valides étaient tristes et découragés. Voulant les distraire, Zumalacarregui leur fait signifier, par l'entremise de don Pablo Sans, leur chef, qu'ils aient à danser la jota aragonaise. Le choléra en perspective, les soldats laissent jouer les trompettes, et se promènent en silence. « P.......os, s'écrie la cravache en l'air don Pablo Sans, Zumalacarregui vous a-t-il ordonné de danser, oui ou non ? » A ce nom redouté, les soldats oublient le choléra et se mettent à danser.

Une scène d'un bien autre genre se passait peu après dans la vallée de la Vorunda. Le village d'Echarri-Arranaz était entre les mains des christinos ; deux officiers de la garnison s'étaient engagés à le livrer à Zumalacarregui. La nuit fixée, le bataillon des guides navarrais se présente devant la bourgade ; ils sont déjà maîtres du pont-levis que les deux officiers christinos leur ont livré, lorsqu'un coup de fusil part des rangs carlistes, et donne l'éveil à la garnison. Les Navarrais lâchent pied et battent en retraite. Le lendemain, Zumalacarregui réunit les guides, et annonce à ce bataillon, le plus vaillant de son armée et dont il était adoré, qu'il va être décimé. Un sac contenant des billets blancs et noirs circule dans les rangs ; l'arrêt de mort échut aux plus braves. Ils furent fusillés sans murmurer par leurs camarades mêmes : Zumalacarregui était là.

On connaît la mort de ce chef indomptable, sous les murs de Bilbao. Il examinait les travaux du siége du haut d'un balcon voisin de l'ermitage de Begona, lorsqu'une balle ennemie le frappe au genou, au moment même où il disait à ses officiers de prédilection, Arjona et Vargas : « Rentrons, ne nous faisons pas tuer pour rien. » Quatre jours après, Zumalacarregui n'était plus. Dévoré par une fièvre cérébrale, exaspéré par les contrariétés que lui suscitait le parti *ojaletero* (mot dérivé de *ojalá!* Dieu le veuille! par lequel on désignait le parti monacal castillan), il mourut, assisté de deux mauvais chirurgiens de village. Un bruit courut qu'il avait été empoisonné.

* Bilbao, ce 27 septembre 1840

Nous allons nous remettre en route.

Le sort, qui me ménage toujours d'amusantes rencontres, me donna pour convives, à Villaréal, quatre *zeladores* de Guipuzcoa, espèce de gendarmes auxquels a été confiée la police de la province après le traité de Bergara. Figurez-vous quatre gaillards ayant tous plus de six pieds de haut, larges à proportion, et puis des mains, des mains à exécuter des tours de jongleur avec l'obélisque de Luxor, sans plus de gêne qu'une belle Andalouse qui coquetterait avec son éventail ; quatre gaillards enfin à la physionomie franche et gaie, mais de cette gaieté basque qui a besoin de s'épancher en cris, gestes, poignées de mains, accolades, et mille folies enfantines plus bruyantes les unes que les autres. Une petite veste rouge à boutons de métal, un large pantalon de velours bleu, une ceinture à cartouches, enfin un chapeau fort bas de toile cirée, sur lequel on voyait écrit en jaune : *Zeladores de Guipuzcoa*, tel était le costume de ces gens. Deux avaient appartenu aux *chapelgorris* (bérets rouges de Christine), et les deux autres aux *chapelzurris* (bérets blancs de don Carlos) ; mais à les voir maintenant boire fraternellement dans le même verre, on n'aurait jamais pu croire que ces hommes s'étaient fait pendant si longtemps une guerre à mort. Les chapelzurris et les chapelgorris ne se faisaient jamais de quartier. Vous peindre l'appétit et la soif de mes convives, vous donner une idée de leurs terribles éclats de rire, serait impossible.

Après s'être fait entre eux toute espèce de niches, les deux chapelgorris s'en prirent au chien de la cuisinière. Ils le tourmentèrent de mille manières, tantôt l'étreignant affectueusement dans leurs bras au point de l'étouffer, tantôt lui mugissant à l'oreille d'une façon effroyable, enfin lui frappant de la main sur le museau trois vivats, dont l'un pour la reine, l'autre en l'honneur des fueros, le troisième pour la constitution. Quand ils la lâchèrent, la pauvre bête était tellement étourdie qu'elle s'affaissa à terre, n'ayant plus même la force de fuir. Les deux chapelzurris faisaient leur cour à la vieille cuisinière, avec le projet de la guérir de la surdité par leurs hurlements. Ceci était fort comique à voir, car la bonne femme, qui était sourde à ne pas entendre Dieu tonner, croyant que ses galants lui faisaient des grimaces pour la faire rire, s'amusait à les contrefaire de son mieux.

Le lendemain je retrouvai les zeladores dans la cuisine, où ils saluaient à la fenêtre le jour naissant, un verre d'anisette dans une main et l'inévitable tasse de chocolat dans l'autre.

Quelles singulières gens que ces Basques! me disais-je en chevauchant vers Bergara. Ils sont si contents d'être ensemble, si fiers d'être Basques, si satisfaits de leurs montagnes, un peu rudes, à la vérité, dans leurs démonstrations amicales; mais il y a chez eux tant de bonhomie, tant d'expansion, qu'il est impossible de ne pas les aimer. Et leurs femmes au teint si fleuri, aux traits si fins, à la longue tresse de cheveux flottant si gracieusement sur le dos, aux manières si simples et si enjouées, marchant toujours pieds nus, et les ayant aussi blancs que si elles sortaient d'un bain!

Augustin interrompit le fil de mon monologue pour me montrer, dans le fond d'une riante vallée, la jolie petite ville de Bergara, près de laquelle, il y a un an, les deux armées de Christine et du pays Basque, entraînées par l'exemple de leurs chefs, se jetèrent dans les bras l'une de l'autre, et terminèrent heureusement, sans intervention étrangère, la longue guerre civile qui désolait l'Espagne. La vaste esplanade où cette scène de réconciliation nationale se passa, récemment baptisée du nom de *Campo del Abrazo*, champ de l'accolade, a été achetée à frais communs par les trois provinces basques, et bientôt un monument, destiné à éterniser la mémoire du *convenio de Bergara*, y sera élevé. La première pierre en a été posée le 28 août dernier, devant un immense concours de Biscayens, d'Alavais et de Guipuzcoans. On raconte que, pendant la cérémonie, on entendit plus d'un spectateur dire naïvement : « que la guerre civile demeurait désormais ensevelie sous cette pierre. » Fasse Dieu maintenant que les gouvernants de Madrid ne soient pas les premiers à l'en exhumer, en marchant en aveugles sur les errements de l'excessive centralisation française! Les Basques semblent convaincus que tant qu'Espartero vivra leurs fueros seront respectés ; ils disent avoir une grande foi dans sa loyauté. Ils entrevoient sa mort comme une grande calamité pour la patrie basque, car ils redoutent que la révolution ne considère tôt ou tard comme non avenu le traité de Bergara.

De Bergara je passai à Oñate, où, grâce à l'humeur ce jour-là fort peu traitable des habitants, je ne fis qu'une halte de quelques heures pour visiter le beau palais de l'Université et la modeste maison où résidait don Carlos. Accueilli d'abord de la manière la plus maussade par le régisseur de l'Université, quelques instants après j'entre dans une hôtellerie, et je demande à la posadera ce qu'elle avait à me donner pour dîner. *Nada*, rien, me dit-elle sèchement. Renvoyé de la sorte, je me présente à une autre auberge; j'y débute par demander à la cuisinière si elle parlait espagnol.

— *Pues me toma usted por alguna Francesa de su pais?* Me prenez-vous donc pour quelque Française de votre pays?

— Pardon, madame, il m'est arrivé si souvent de rencontrer des gens ne parlant que le basque...

—On voit bien que vous n'êtes habitué qu'à fréquenter des femmes sans instruction. A Oñate c'est autre chose : toute femme y sait son castillan par cœur.

—Ignorant, me dis-je, comment n'as-tu pas pressenti que les cuisinières d'Oñate, habituées aux savantes causeries des étudiants de cette université célèbre, où les cours se font en latin, doivent naturellement parler l'espagnol, et peut-être la langue du Latium, à l'égal du basque! Pénétré de mes torts et pressé par la faim, j'offris d'humbles excuses à la posadera, qui, pour m'apprendre à vivre, sans doute, me fit payer fort cher un repas excessivement frugal. Et nous autres, pour nous venger, de partir à l'instant pour Durango, où l'on arrive en traversant le fameux défilé de Campanzar, sis à cheval entre le Guipuzcoa et la Biscaye, et du sommet duquel on embrasse d'un seul coup d'œil la vue magnifique des innombrables défilés de cette dernière province. Le lendemain, nous visitions Guernica, et après avoir risqué de nous perdre dans une interminable forêt dont le nom m'échappe, nous faisions notre entrée dans la capitale de la Biscaye.

Bilbao est une ville fort jolie, fort active, fort commerçante, chère à tous les majos de par delà l'Èbre à cause des excellentes cordes de guitare qui s'y fabriquent, mais à laquelle je n'ai nullement trouvé cet air antique que je m'étais plu à lui donner au clair de lune, moins encore cet aspect de formidable forteresse que je lui supposais. C'est au contraire une ville à peine défendue par un mauvais mur d'enceinte ouvert dans plusieurs de ses parties, ce qui fait croire que sans la mort de Zumalacarregui Bilbao aurait fini par tomber entre les mains de don Carlos.

Après la délivrance de leur ville, les Bilbaïens célébrèrent l'événement par une chanson en patois biscayen, où ils mettaient dans la bouche de don Carlos ces mots d'amère complainte :

Calrros el Baragarri
Los visarres torció,
Cuando la palerosa
Erresistencia vió.

Y al prallo le deciá :
Ah! padre capillan',
Las damas bibañas
Misa de V. no oirán.

« Charles le Barbu — Se tordit la moustache — En voyant la vaillante résistance.

» Et dit au moine : — Hélas! père chapelain, — Les dames de Bilbao — N'entendront pas votre messe. »

Pendant la durée du siège, une lutte poétique s'engagea. Parmi les couplets échangés, je ne vous citerai que les deux suivants.

Les carlistes chantaient :

> Para curar las tercianas,
> Nada mejor que la quinina ;
> Y para rebolber la España,
> Como la reyna Christina.

Pour la cure des fièvres tierces, — Rien n'est tel que le quinine ; — Et pour mettre l'Espagne sens dessus dessous, — Rien de tel que la reine Christine.

A quoi les christinos répondaient :

> Si Carlos quiere corona,
> Que se la haga de papel ;
> Que la corona de España
> Es de la reyna Ysabel.

Si Carlos veut une couronne, — Qu'il se la fasse de papier ; — Car la couronne d'Espagne — Est à la reine Isabelle.

Salvatierra (Alava), ce 3 octobre 1840.

La posadera de Salvatierra a tellement arrosé d'eau son encrier, que je doute fort, ma belle dame, que vous parveniez à déchiffrer mon griffonnage à œil nu ; je crains qu'il ne vous faille charger votre joli nez d'une bonne paire de lunettes.

Partis de Bilbao le 1er octobre, nous arrivions le lendemain à Vitoria, où nous ne pûmes pénétrer qu'après avoir subi une visite rigoureuse de la part de la douane ; car, pendant que le commerce est libre dans toute l'étendue de l'Alava, la capitale de la province seule est assujettie au système de douanes espagnoles. La cause de cette anomalie est que Vitoria fut conquise par les rois d'Espagne, tandis que le reste de la province ne se soumit qu'en faisant ses conditions.

Située dans une plaine peu fertile, Vitoria doit son importance et son aspect animé à ce qu'elle est le lieu de transit de tout le commerce qui se fait entre l'Espagne et la France. Elle possède une magnifique place publique, où se tiennent habituellement les marchés, et dans les grandes occasions les combats de taureaux. Toutes les croisées des beaux édifices qui l'entourent sont numérotées, et la municipalité a le droit de les louer comme de véritables loges, à l'exclusion même des propriétaires, lorsque ceux-ci refusent d'acheter la permission de demeurer chez eux pendant le combat. Les églises méritent également d'être visitées, la cathédrale surtout, qui possède une délicieuse madone de Murillo. A qui veut s'égayer, je recommande la lecture d'une composition lyrique écrite sur les battants de la grande armoire de la sacristie. Le petit poëme porte en tête cet avertissement : « Ceci est un *labyrinthe* en l'honneur de l'apôtre saint Jacques, patron des Espagnes ; on peut le lire de trois manières différentes, car c'est à la fois une ode, un hymne et un sonnet. » Vous pourrez vous exercer sur la strophe suivante, la lisant d'abord d'un bout à l'autre, puis à rebours, et enfin par petits vers en forme de couplets.

> *Rayo encendido,* — *Capitan valiente,*
> *Brillante llama,* — *Etna fulminante,*
> *Terror del Moro,* — *Fuga del turbante,*
> *Gloria de España,* — *Alma de tu gente.*

> Foudre allumée, — Brave capitaine,
> Flamme brillante, — Etna foudroyant,
> Effroi des Mores, — Fuite du turban,
> Gloire de l'Espagne, — Ame de tes suivants.

Suivent trois stances toutes de même force. N'en recherchez pas le sens ; le poëte a eu le soin de vous prévenir que sa composition était un *labyrinthe*, et certes jamais titre ne fut mieux justifié.

A ma sortie de la cathédrale, je rencontrai un de ces groupes d'athlétiques et vagabondes Asturiennes qui exercent à la fois le métier de vendeuse de citrons et de contrebandier. Elles arrivent pour la plupart de la vallée de Mena, chargées de citrons, et après les avoir débités dans le pays basque, retournent dans leurs montagnes chargées de marchandises défendues, qu'elles introduisent sans craindre les poursuites des douaniers espagnols : les jolies comptent sur le talisman de leurs charmes, les laides sur la bonté de leurs jarrets, et toutes, au besoin, sur la force merveilleuse dont les a douées la nature. Oh ! si Archimède avait pu voir les pieds et les mains de ces femmes, nul doute que, sans rechercher son introuvable point d'appui, il n'eût dit : Donnez-moi les quatre pattes d'une Asturienne, et à moi tout seul je soulèverai la terre ! Un corset de velours rouge, un jupon d'étoffe verte dépassant à peine le genou, un riche collier de grains de verre aux mille couleurs, des souliers de cordes, tel était le costume de ces montagnardes intrépides. La main armée d'un bâton de pèlerin, elles portaient toutes sur leur dos une charge de citrons à faire honneur à un mulet, ce qui ne les empêchait pas de marcher d'un pas aisé, et de cajoler les passants, les invitant par mille lazzi à leur acheter leurs fruits. Quand ce curieux groupe vint à passer devant nous, Augustin, toujours audacieux vis-à-vis du sexe, s'approcha de la plus jolie, et, lui appliquant sur le dos une tape vigoureuse, qui résonna comme si le muletier eût frappé sur un tambour : « Je parie, grande drôlesse, lui dit-il, que tu es de la vallée de Mena? — Eh! vraiment oui, répondit l'Alcide en jupons. Et toi, d'où es-tu, grand nigaud? » Ces mots furent prononcés d'une façon si originale, que tous les assistants partirent d'un éclat de rire. « Dommage, s'écria Augustin en continuant de s'adresser à l'Asturienne, qui s'éloignait; dommage que nous ne fassions pas chemin ensemble, nous en entendrions de belles de ta bouche ! »

Heureusement les regrets d'Augustin ne furent pas de longue durée, grâce à une fort intéressante rencontre que nous fîmes aux portes de Vitoria, au moment de prendre la route de Pampelune.

C'étaient deux belles Alavaises dont les douaniers venaient de visiter le bagage, et qu'ils aidaient maintenant à s'asseoir sur leurs montures avec les marques d'une rare courtoisie. L'une de ces dames, qui me parut une bourgeoise aisée d'une petite ville, était remarquablement jolie, et lorsqu'elle fut assise sur la selle elle mit à découvert un pied finement chaussé et si mignon, qu'un enfant eût pu le tenir dans la paume de sa main. Sa compagne avait l'air d'une riche paysanne. « A coup sûr, me dit Augustin, ces dames sont des contrebandières de haut bord; nous allons les rejoindre. » Il poussa son mulet à leur poursuite, et les aborda avec un compliment que je ne pus entendre, étant resté en arrière, mais qui dut être magnifique, car elles l'accueillirent avec un éclat de rire des plus gais. De bonne foi, je ne pourrais vous dire si ce fut mon mulet qui, habitué à faire route en compagnie, comme la plupart de ses semblables en Espagne, hâta de lui-même le pas, ou bien si le charme qu'exerçait sur le cavalier la vue du pied de la belle Alavaise, balancée si gracieusement en l'air, agit jusque sur ses éperons ; tout ce que je sais, c'est qu'au bout de quelques secondes je chevauchais entre les deux dames. Après quelques compliments qu'elles me rendirent courtoisement, le dialogue suivant s'établit entre nous.

L'Alavaise. — Caballero, votre muletier est un homme fort original ; il veut à toute force que je sois une contrebandière, et me propose de m'accompagner dans toutes mes périlleuses expéditions.

Augustin. — Pour l'amour de Dieu, ma belle, ne grevez pas votre âme d'un mensonge inutile. Après tout, est-ce un crime de faire de la contrebande, lorsque les douaniers sont des Espagnols ? J'ai été moi-même contrebandier pendant de longues années, et vous savez la chanson :

Yo que soy contrabandista....

Moi. — Allons donc, mauvais chanteur. Señorita, serait-ce par hasard une demande en mariage qu'Augustin entend vous adresser ?

L'Alavaise, *sur un ton colère.* — Señor caballero, je croyais par ma noble naissance mériter mieux que la main d'un muletier. En tout cas, votre drôle de fiancé est trop vieux pour moi.

Augustin. — *Prenda de mi alma* (bijou de mon âme), quel âge avez-vous donc ?

L'Alavaise. — Pas encore vingt et un ans.

Moi. — Mais à merveille, señorita ; Augustin en a trente-quatre : ne faut-il pas que le mari soit plus âgé que la femme ?

L'Alavaise, *d'un air distrait.* — Passe encore pour quelques années de plus, mais autant...

Ici la belle interlocutrice soupira, et prit un air si rêveur, si mélancolique, que je m'aperçus bien que sa pensée volait ailleurs. Presqu'en même temps sa suivante, qui jusqu'alors n'avait fait que rire malicieusement et nous observer, s'écria : « *Cuidado, hay moros en la cuesta !* (Gare ! *il y a des Mores sur la côte,* tu as un rival !) »

Augustin. — Un rival? où se cache-t-il?

La paysanne. — Tu le chercherais vainement ici : il a émigré en France avec les loyaux.

Augustin. — Oh! alors il faut se consoler : les émigrés ne reviendront pas de sitôt.

L'Alavaise, *toujours rêveuse*. — Il reviendra... il reviendra avant les Mores! (*volverá antes que los Moros!*)

Les choses en étaient là, lorsque, voulant reconnaître le pays, je déployai une carte des provinces basques. La belle Alavaise désira la voir, et comme elle s'étonnait qu'un si grand nombre de mots pût tenir dans un si petit espace, Augustin, qui est un chaud admirateur de tout ce qui se fait en France, s'avisa de dire que la chose n'avait rien qui dût surprendre, attendu que la carte était française. Il partit de là pour faire ensuite l'éloge de chaque article de mon équipage, celui de mon parapluie en particulier, qu'il passa tout déployé à la dame, pour lui montrer combien il était léger, et finit par proclamer qu'il n'y avait rien de bon que ce qui se fabriquait en France. A cette conclusion, la belle Alavaise, jusqu'alors si gaie et enjouée, fronça le sourcil, et jetant sur Augustin un regard d'inexprimable mépris : « Vois, mauvais Espagnol, lui dit-elle, jusqu'à quel point nous différons de goût; pour moi, j'abhorre tellement les Français, qu'il me suffit de savoir qu'un objet vient de leur pays pour que sa vue me déplaise. — Va-t'en, *gavacho*, » ajouta la suivante de la dame, toute rouge de colère. Puis elles poussèrent toutes deux leurs mulets au trot, sans même me dire un mot d'adieu.

« L'Asturienne avait bien raison de t'appeler grand nigaud, dis-je à Augustin; ne m'avais-tu pas dit que tout le monde était carliste ici, *hasta los perros y los gatos*, jusqu'aux chiens et aux chats? Le beau moment pour faire du sentiment en faveur de la France! »

Augustin, sans m'écouter, murmurait entre ses dents : « *Gavacho*, à moi, à un Basque! » tellement cette injurieuse épithète, qui depuis la guerre de l'Indépendance est particulièrement demeurée affectée aux Français, l'avait annihilé. Il pencha ensuite la tête sur la poitrine, et s'abandonna en sifflant au pas de son mulet. Il sifflait encore quand nous arrivâmes à Salvatierra.

———

Erice (Navarre), ce 5 octobre 1840.

« Vous ne sauriez croire, me disait hier soir dans l'hôtellerie de Salvatierra un bon curé navarrais, jusqu'à quel point la guerre civile a dénaturé le caractère des paysans dans quelques localités de la Navarre, et éveillé en eux la passion de la rapine. Ce n'est pas qu'on n'entendît autrefois parler souvent de voyageurs dévalisés; mais aujourd'hui gare aux curés eux-mêmes! Figurez-vous que depuis plus d'un an je ne puis avoir une douzaine de volailles dans mon poulailler, autrefois le mieux garni de la paroisse d'Alareta que je dessers... Et passe encore pour les poules, puisque du moins elles profitent au voleur! Ce qui m'afflige bien plus, ce sont ces rixes sanglantes qui éclatent entre nos paysans sous les prétextes les plus frivoles. Le dimanche surtout, à la suite des parties de balle, elles sont si fréquentes, que je ne vois jamais sans trembler approcher ce jour. Tout bon catholique que je suis, je n'hésite pas à déclarer que le saint-siége ne saurait nous accorder une faveur plus signalée que celle qui aurait pour but la suppression temporaire de tous les jours de fête. Une autre mesure féconde en bons résultats serait l'incendie d'une bonne part de nos vignobles, car le vin navarrais, tout agréable qu'il est au palais, est cependant si fort, si épais, porte si facilement à la tête, que nul doute qu'il ne soit la principale cause de l'humeur si querelleuse de nos paysans.

— Ils boivent donc beaucoup, vos paroissiens, monsieur le curé?

— S'ils boivent! il y en a qui sont capables d'avaler plus de vin qu'un gros bœuf ne pourrait avaler d'eau. Le vin est à si bas prix que les enfants eux-mêmes en boivent comme les adultes, et vous savez si la jeunesse va vite en besogne une fois qu'elle commence. Mais à propos, monsieur le voyageur, je vous avertis que demain est justement un dimanche. Si vous désirez éviter toute mauvaise rencontre, tâchez de ne pas rester en route aussi tard que vous l'avez assez imprudemment fait ce soir. »

En ce moment dix heures sonnèrent. Augustin, qui tombait de sommeil, m'en fit la remarque avec un si long bâillement, que j'eus pitié de lui, et après avoir offert mille souhaits de bonheur à l'excellent curé d'Alareta, nous allâmes nous coucher. Le lendemain, Augustin vint m'éveiller à la pointe du jour pour aller entendre la messe. « Qui voyage par ici doit avant tout être bien en règle avec l'Église. »

On pénètre en Navarre par la vallée de la Vorunda, ingrate et sombre contrée, dont l'aspect s'accorde très-bien avec le caractère de ses habitants. Figurez-vous une plaine de huit lieues de long, resserrée entre deux chaînes de montagnes couvertes à leur base d'une végétation presque noire, et couronnées à leur sommet par deux massifs grisâtres, qu'on pourrait prendre pour deux interminables redoutes, taillées dans le roc par la main des habitants jaloux de leur sauvage indépendance. Dans la plaine, aucune perspective agréable ne s'offre à la vue. De quart d'heure en quart d'heure on rencontre de petites bourgades; mais placées, comme elles le sont, à cheval sur la route, on les dirait bâties exprès pour barrer le passage. Chez les habitants, plus de cette gaieté expansive qui fait les délices du voyageur dans le pays Basque; plus de ces *adios* remplis de courtoisie par lesquels on vous y salue à tout moment. Loin de là, les paysans de la Vorunda, hommes presque tous à la physionomie farouche et vineuse, ne vous voient passer qu'en jetant sur vous des regards de méfiance : « *miran como los toros en la plaza*, — ils regardent comme les taureaux dans l'arène, » ainsi que dit Augustin. S'il vous arrive de les questionner, vous trouvez dans leurs réponses la même méfiance qui s'échappe de leurs regards. Enfin, à la manière dont les nombreux mendiants vous demandent l'aumône, vous ne savez trop si c'est une prière ou une menace qu'ils vous adressent. *Anda !* va-t'en ! m'a dit un de ces mendiants à qui je répondais que j'avais donné à ses camarades toute la petite monnaie que j'avais sur moi.

Quand nous arrivâmes à Echarri-Arranaz, le village le plus important de la Vorunda, il était près d'une heure. Ne sachant où trouver la posada, nous nous adressâmes à un groupe de prêtres qui commentaient dans la rue les journaux de Madrid; ils nous indiquèrent une vieille maison blasonnée, à côté d'un bâtiment incendié en 1838 par les christinos. En entrant dans la cuisine, je vis, assis sous le manteau d'une immense cheminée, un prêtre, une jeune femme qui nourrissait un enfant, et un homme de haute taille, à l'air martial mais nullement prévenant : ce dernier était le posadero. Il répondit d'un signe de tête à mon salut, et n'ouvrit la bouche que pour me demander si j'avais dîné. Sur ma réponse négative, il ajouta sèchement : «Vous dînerez avec nous;» puis il sortit pour se rendre à l'écurie, où Augustin avait déjà installé ses mulets. Quant au prêtre, à peine avait-il daigné jeter sur moi un regard furtif au premier moment de mon apparition; il avait ensuite collé ses yeux, bien décidé à ne plus les relever, à une marmite qui bouillonnait à ses pieds. Il ne comptait probablement pas m'adresser la parole, lorsque la curiosité ayant poussé la jeune femme à s'enquérir de ma patrie, et moi lui ayant répondu que j'étais Italien, je vis tout à coup la physionomie du prêtre s'épanouir. Il me toisa avec attention, puis, comme s'il eût voulu réparer de son mieux le froid accueil qu'il m'avait fait : «Caballero, me dit-il, je vous avais cru Français.

— Je l'avais cru de même, répliqua la jeune femme : aussi ne vous étonnez pas d'avoir été reçu d'une manière aussi glaciale. Vous savez sans doute combien peu nous aimons les Français.' »

Le posadero rentrait; il parut étonné de me voir en pleine conversation avec les siens; sa surprise ne cessa que lorsqu'il eut appris, lui aussi, que j'étais Italien.

Cependant, le dîner étant prêt, nous nous levâmes tous pour nous rendre dans la pièce où la table était mise. J'ouvris la marche; mais, arrivé sur le seuil de la porte, je m'arrêtai et crus devoir m'effacer en invitant de la main le prêtre à vouloir bien passer devant moi. Sur quoi le posadero me dit : « Passez donc, caballero, le règne des prêtres est fini chez nous. Autrefois, rien que de dîner à la même table qu'un prêtre eût été réputé une haute faveur; mais actuellement on peut impunément leur manquer d'égards, les insulter, voire même les coucher en joue, comme cela arrive chaque jour aux soldats christinos, car c'est l'impiété qui commande en Espagne. Passez donc ! »

Eussé-je eu envie de me rendre à l'invitation du posadero, j'y aurais renoncé, tant il y avait d'amertume dans ses paroles. Je persistai, et le prêtre, silencieux et roide, passa le premier. La dame se montra sensible à mon attention; elle me pria courtoisement de m'asseoir en face du prêtre son neveu, et prit place elle-même vis-à-vis de son mari. Pendant le repas, le prêtre fuma plus d'une cigarette, mangea peu, parla moins encore. Absorbé dans ses propres pensées, le peu de fois qu'il lui arriva de prendre la parole (ce qu'il faisait toujours à voix basse et sans jamais me regarder en face), ce ne fut que pour me demander des renseignements sur les carlistes réfugiés en France, et sur la manière dont je croyais que le gouvernement français envisageait les progrès du parti exalté en Espagne.

Quant au posadero, ancien volontaire royaliste sous Ferdinand, et plus tard officier carliste sous les ordres de Zumalacarregui, il but et mangea comme quatre; et cependant, malgré ces qualités de bon viveur, et sous ses manières de soldat, il y avait dans ses yeux et dans l'expression de sa physionomie quelque chose de si cruel et de si brutal, que, sans lui faire du tort, on eût pu le prendre pour un forçat échappé du bagne. Il parla aussi beaucoup; au sujet de don Carlos, il dit que son aveugle prédilection pour les Castillans avait perdu un parti qui avait tout en sa faveur. Il reprocha à don Carlos de s'être détrôné volontairement en sanctionnant les horreurs d'Estella, et alla jusqu'à dire que, tout bon carliste qu'il était, si jamais don Carlos remettait les pieds en Navarre, ce serait contre lui qu'il tirerait son premier coup de fusil. Il exalta le courage des bandes navarraises, et essaya de justifier l'affreux système des représailles. Il poussa le cynisme jusqu'à me conter la part qu'il y avait prise, en faisant fusiller un officier christino dont il avait été le camarade de pension pendant deux ans à Vitoria : « Avant de mourir (je cite ses propres paroles), ce malheureux demanda à me parler, et, me rappelant notre longue amitié et tant de souvenirs qui nous étaient communs, il me supplia de le sauver. — Tu me demandes l'impossible, lui répondis-je. Dans cette guerre, il n'y a plus ni parents ni amis. Serais-tu mon père, je ne t'en ferais pas moins fusiller. D'ailleurs les ordres de Zumalacarregui sont formels : il faut que tu y passes. Et je l'envoyai tuer (*y le mandé matar*). —*Ya se ve*, ajouta le prêtre, *quando los jefes mandan es preciso obedecer*. Il le faut bien, quand les chefs ordonnent, c'est le devoir d'obéir. »

Pour comprendre tout ce que j'éprouvai d'horreur pendant ce récit, il vous aurait fallu l'entendre de vos propres oreilles et de la bouche même de cet homme; le voir de vos yeux, tout en racontant les circonstances de cet affreux assassinat, tenir, pour mieux suivre le fil de ses idées, son regard attaché sur le verre rempli de vin qu'il avait à la main. Pour moi, quand je lui entendis prononcer ces mots : « *Y le mandé matar!* » je sentis un frisson s'emparer de toute ma personne, et je crus voir dans le verre du posadero, non le vin dont il était rempli, mais le sang de son infortuné camarade.

Sentant qu'il m'aurait été impossible de me maîtriser plus longtemps, je me levai et quittai la table pour aller respirer le grand air.

Quelques minutes après je quittais Echarri-Arranaz, et laissant à ma gauche la gorge de Gurzu, par laquelle le Guipuzcoa communique avec la Navarre, je sortais avec une joie infinie de cette vallée ingrate de la Vorunda. A la nuit tombante j'arrivai au petit village d'Erice, où il me fallut mettre de côté tout reste de tristesse, et danser malgré moi la jota navarraise avec les filles de la *posadera*, qui, suivant l'habitude de tous les dimanches, donnait chez elle un petit bal. J'avais d'abord refusé; mais lorsque la plus jolie de ces demoiselles a de nouveau insisté, m'assurant que je ne pouvais me dispenser de prendre part à la fête, que les maîtres de la maison m'en seraient fort reconnaissants, le refus expira sur mes lèvres. Sans doute la légèreté de ma conduite va m'attirer mille reproches de votre part. Comment, direz-vous, après avoir fait preuve de tant de sensibilité en présence du posadero d'Echarri-Arranaz, avez-vous osé danser le soir même? — Vous avez parfaitement raison, madame; mais que voulez-vous? Nous autres hommes sommes ainsi faits, qu'un sourire de femme suffit pour nous faire tout oublier. Oh! que le proverbe espagnol a raison :

> El hombre es stopa,
> La muger es fuego;
> Viene el demonio y sopla.

L'homme est de l'étoupe, — La femme du feu; — Vient le diable qui souffle.

Pampelune (Navarre), ce 10 octobre 1840.

Mon voyage a été heureux et très-agréable, sauf toutefois une rencontre assez suspecte. Près de Pampelune, à la nuit tombante, il m'arriva de me trouver tête à tête avec une espèce de géant navarrais armé d'une hache, qui, après m'avoir bien examiné, et avoir regardé à droite, puis à gauche, pour épier probablement s'il n'était vu de personne, fit un pas vers moi : Augustin m'avait devancé de quelques cents pas et me tournait le dos. Ma première pensée fut que le géant allait nous pourfendre, moi et mon mulet, avec sa hache, sans plus de façon que vous voyez à votre table le couteau pourfendre un de ces admirables fromages de Lombardie, ces *stracchini* que vous aimez tant. J'armai mes pistolets et je passai devant le terrible Navarrais, le regardant aussi fixement qu'il me regardait. Je vous entends d'ici me dire : Pourquoi n'avez-vous pas piqué des deux votre monture? C'est que, me laissant aller involontairement à un sentiment d'admiration artistique, je ne pouvais me lasser de contempler cet homme, tant il était beau sous son air farouche et sauvage. Vous rappelez-vous ce tableau où Delaroche peint la mort de Jeanne Grey? Eh bien ! mon homme ressemblait, comme deux gouttes d'eau se ressemblent, au bourreau de la malheureuse reine d'Angleterre; mais au lieu de tenir les yeux baissés, il les avait collés sur moi. C'étaient des yeux d'un gris tellement sinistre, que je crois les voir encore en ce moment même.

La grande question qui agite ici tous les esprits, c'est de savoir si le gouvernement de Madrid respectera les fueros de cet ancien royaume, bien qu'il n'ait eu aucune part dans le traité de Bergara. Ces fueros sont à peu de chose près ceux des provinces basques : exemption de la conscription et de tout impôt qui n'est pas voté par les cortés de Navarre, point d'impôt du timbre, etc. La différence essentielle est dans les lois qui règlent le commerce de transit. Quoiqu'il n'y ait pas de douanes en Navarre, le système de *guias* (passe), généralement connu sous le nom de *medias tablas* (demi-douanes), les remplace en quelque sorte. La *guia* est un permis, signé d'un inspecteur de la douane, de transporter de tel à tel endroit telle quantité de marchandise de telle qualité; faute de quoi la marchandise qui voyage est immédiatement confisquée. Tout douanier a le droit d'exiger de tout individu, muletier ou non, qu'il lui exhibe son permis. Ces précautions ont pour but d'empêcher qu'on ne forme des entrepôts de marchandises défendues sur la ligne de l'Èbre, où l'on trouve toute espèce de facilités pour les introduire en Castille. Les *guias* nuisent tellement au commerce de l'intérieur, que chacun fait des vœux pour que la frontière fiscale de l'Espagne soit tout à fait reculée aux Pyrénées.

Des cortès navarraises, on n'en fait même plus mention; la réforme du clergé et l'abolition des couvents les ont rendues désormais impossibles. Comme vous le savez, les cortès de Navarre se composaient de trois bras : bras ecclésiastique, bras de la noblesse, bras populaire. Le premier bras était formé par les grands dignitaires de l'Église du royaume, parmi lesquels figuraient au premier rang l'évêque de Pampelune et les abbés de l'Oliva et de Leira, qui étaient les procureurs-généraux de tous les couvents de Bénédictins et de Bernardins existants en Navarre. Le bras de la noblesse appartenait par droit héréditaire aux plus anciennes familles du royaume. Le bras populaire, enfin, se composait des députés des villes et principales bourgades. Les trois bras se réunissaient en cortès à Pampelune, sous la présidence de l'évêque de cette ville, chaque fois que le roi d'Espagne leur adressait, par l'entremise du vice-roi de Navarre, une demande de subsides; sauf ce cas, ils ne pouvaient s'assembler sans l'autorisation préalable du roi. Les cortès faisaient toute espèce de lois politiques et civiles, mais elles ne devenaient exécutoires qu'après avoir obtenu la sanction royale.

Le royaume de Navarre possédait en outre une haute cour souveraine appelée *consejo de Navarra*, résidant à Pampelune, qui prononçait en dernière instance sur toutes matières civiles et militaires. Le pouvoir exécutif appartenait sans partage au vice-roi. La partie administrative était réglée, sous la présidence de l'évêque, par la *deputacion permanente de las cortes*, laquelle se composait de six membres, chacun des bras des cortès concourant pour un tiers à cette nomination.

Il y avait enfin une haute cour des comptes, *cámara de cóntos*, l'administration financière de la Navarre étant tout à fait séparée de celle de l'Espagne proprement dite.

Toutes ces institutions ont existé jusqu'à la mort de Ferdinand VII.

Pampelune, ce 12 octobre 1840.

Pampelune est située au centre de la *Cuenca* (écuelle), plaine circulaire baignée par l'Arga, l'un des trois fleuves qui contribuent le plus à la majesté de l'Èbre, ainsi que le dit un intraduisible proverbe populaire.

    Arga, Ega, y Aragon
    Hacen, al Ebro, Baron.

C'est une jolie ville dans le vieux genre espagnol : de belles et nombreuses églises étincelantes d'or, des couvents magnifiques, une place spacieuse servant au besoin d'arène aux toréadors, enfin des rues bordées tantôt de palais qui ressemblent à des forts, tantôt de maisonnettes dont la modeste apparence contraste avec le luxe des armoiries qui décorent souvent leurs entrées. Ajoutez une citadelle bâtie sur le plan de celle d'Anvers, ouvrage, comme on sait, du fameux duc d'Albe, et une superbe cathédrale élevée par les rois de Navarre Charles III et doña Eleonor. Leurs mausolées embellissent le chœur situé au milieu de la nef, à la manière espagnole. A voir la façade reconstruite tout récemment dans le style italien, on ne se douterait pas qu'une église gothique se cache derrière. Choqué de ce manque d'unité architectonique, je m'en plaignis au chanoine qui avait l'obligeance de me servir de guide. Qui m'aurait dit que j'avais tort? Mon aimable mentor me l'a pourtant prouvé. « Voyez-vous ma soutane, m'a-t-il dit; l'envers a-t-il quelque rapport avec l'endroit? Pourquoi l'extérieur d'un édifice en aurait-il davantage avec son intérieur? La façade peut donc être de style italien et la nef de style gothique, tout aussi bien que le drap de ma soutane est noir et la soie de la doublure violette; d'ailleurs les deux parties de l'édifice ayant été construites à des époques différentes, il était naturel que chacune portât l'empreinte du goût dominant à son époque.—Voilà ce qui s'appelle parler, » ajouta le vieux sacristain qui nous accompagnait.

Quelques moments après, nous nous promenions dans le cloître contigu à la salle des anciennes cortès de Navarre; témoin de mon admiration devant ce précieux morceau d'architecture gothique, le chanoine me dit : « Hé bien! les hommes qui ont pu faire de telles merveilles étaient-ils des barbares, des sots, comme les appellent nos révolutionnaires? Je défie ces prétendus civilisateurs, profonds égoïstes s'il en fut jamais, de rien élever de pareil; que dis-je? rien qui leur survive, seulement une génération. C'est que sans la foi on ne fait rien de grand; c'est que ce siècle est un siècle d'impiété et d'athéisme. »

Le chanoine allait continuer, lorsqu'il se vit brusquement interrompu par l'arrivée d'un messager qui l'accosta et lui dit quelques mots à l'oreille : « Je vous suis, » répondit-il, et m'exprimant tout le regret qu'il éprouvait de me quitter, il chargea don Cyrille, le sacristain, de le remplacer. Celui-ci, qui mourait d'envie de parler à son tour, se montra heureux de la commission. A peine fûmes-nous arrivés dans le salon de la *barberia*, ainsi appelé parce que les chanoines allaient autrefois s'y faire raser, qu'il se prit à commenter à sa façon le discours du chanoine : « Oui, caballero, c'est un siècle d'impiété et de péché que celui où nous vivons; aussi n'est-il pas étonnant que des signes de la colère divine s'y montrent déjà : témoin ce qui vient d'arriver à un paysan de Saint-Jacques de Compostelle ; le diable s'est emparé de lui et lui a fait faire les choses les plus miraculeuses. Le *Catholique* de Madrid, que j'ai lu ce matin, raconte comme quoi, au grand étonnement de tout son village, ce paysan parle latin comme un professeur. L'exorciste, sans sortir de chez lui, n'a qu'à le sommer de comparaître, et à l'instant le malheureux, sans même qu'il ait pu voir ou entendre qui l'appelle, accourt au presbytère. Le prêtre lui dit de chercher tel livre sacré dans sa bibliothèque, et le possédé, qui auparavant ne savait pas même épeler son nom, met de suite la main sur le volume demandé. Il discute en latin sur la théologie, et dit souvent des choses qui émerveillent tous les prêtres du diocèse. Le curé ayant demandé à l'esprit infernal à quelle phalange il appartenait, celui-ci a répondu qu'il est un de ces vingt mille diables qui assistèrent à la mort de Luther et de Calvin, et emportèrent leurs âmes maudites dans l'enfer. Il lui a dit aussi que trois mille de ces diables volent maintenant, revêtus de formes invisibles, sous les voûtes de l'église de Saint-Jacques de Compostelle, et qu'ils ne retourneront chez eux que lorsque les Espagnols abjureront l'athéisme, et, repentants, se jetteront aux pieds du Seigneur; car, bien qu'au fond aucun autre peuple de la terre ne soit plus religieux que les Espagnols, ils sont cependant devenus si méchants, que lui-même, diable, ne les reconnaît plus. Enfin, chose consolante, il a révélé que le jour du repentir n'est pas éloigné; car Dieu, malgré leurs innombrables péchés, les aime encore, les Espagnols... Ah ! il n'y a pas de doute que Dieu nous aime, dit le sacristain en terminant sa douloureuse complainte; s'il en était autrement, je commencerais à croire que le monde touche à sa fin. »

La visite de la cathédrale terminée, je pris congé du sacristain. Un groupe d'officiers fumaient la cigarette devant l'église. Je m'adressai à eux et leur demandai de vouloir bien m'indiquer le palais de l'évêque, qui me restait à voir. « *No es casa que frequentamos* (ce n'est pas une maison que nous fréquentions), » me répondit en souriant un de ces militaires.

Je ne pus m'empêcher de répéter en moi-même l'exclamation de don Cyrille : Je commence à craindre que le monde ne touche à sa fin.

Deux jours encore, et j'aurai franchi les Pyrénées. Adieu, Espagne, mes vœux t'accompagneront toujours !

FIN.

ERRATA.

Page 210, ligne 1, *au lieu de* Venta de los Dornacos, 18 septembre, *lisez :* Venta de los Dornacos, 6 octobre

213, ligne 4, *au lieu de* Venta Nueva, 19 septembre, *lisez :* Venta Nueva, 7 octobre.

215, ligne 24, *au lieu de* Grenade, 20 septembre, *lisez :* Grenade, 8 octobre.

219, ligne 7, *au lieu de* Grenade, 23 septembre, *lisez :* Grenade, 12 octobre.

245, ligne 30, *au lieu de* Il remplaçait le c par un d, *lisez :* il remplaçait l'r par un d.

TABLE.

	Pag.
URDAX. — Mes compagnons de voyage............	1
CANFRAN. — Muletiers et douaniers espagnols.......	3
BERNUENS. — Les débris de la légion étrangère......	5
AYERBE. — La *Jota*................	8
SARAGOSSE. — La *Rondalla*............	10
ARIZA. — La peur.................	13
GUADALAJARA. — Brigandage. Une diligence espagnole..	15
MADRID. — Contribution de *pajaros*. Doña Dolores...	19
Bayles de la piñata. Mascarade politique...	21
Saragosse surprise par Cabañero........	24
Les Cortès.................	26
Théâtres. Opéra-Italien...........	31
Les Madrilègnes..............	34
TOLÈDE. — La procession de Sainte-Léocadie. La maison des fous...................	44
Monuments. Les maisons de don Juan de Padilla.	50
MADRID. — Les *aleluyas*. Muñagorri. Le señor Asinelli...	55
La Puerta del Sol.............	58
Triple exécution à la garrotte.........	62
Création d'un chevalier de l'ordre d'Alcantara.	72
Combats de taureaux.............	75
ARANJUEZ. — Le prisonnier christino............	85
L'ESCORIAL....................	93
MADRID. — Les sociétés secrètes.............	96
SÉGOVIE. — Voyage en *galera*............	101
Foire de gitanos.............	105
GRANJA. — Jardins.................	112
La révolution de la Granja..........	113
MADRID. — Les adieux de don Gil Asinelli.........	129
OCAÑA. — Souper en voyage...............	131

	Pag.
TEMPLEQUE. — Le *celador*.	132
MADRIGALEJOS. — Les mendiants.	133
PUERTO LAPICHE. — Illusions optiques. Chanson militaire.	134
MANZANAREZ. — *La manchega*.	137
SANTA-CRUZ. — Un honnête guerillero	140
LA CAROLINA. — La Sierra-Morena.	142
BAYLEN. — Navarrais fusillés.	144
ANDUJAR. — Mon nouveau passe-port.	145
CASA BLANCA. — L'eau de *Chufas*.	146
CORDOUE. — L'ancienne mosquée.	147
ECIJA — La fille du soleil.	150
SÉVILLE. — Musique d'étudiants.	152
Exécution militaire.	154
Monuments. Mœurs. Traditions.	157
CADIX. — Italica. Le couvent des dominicains.	166
Déjeuner à bord du **	171
ISLA DE LEON. — Le vin de Xérès. L'arsenal de la Caraca.	174
LISBONNE. — Aspect de la ville. Cintra. Mafra.	175
Affiches de spectacle. Courses de taureaux. Partis politiques.	181
OPORTO. — Les paysannes. Les soufflets. *Chamorro et Migiado*.	188
Funérailles.	190
Les Lignes d'Oporto.	191
GIBRALTAR. — Les *licitadores*. Le consul grec. La contrebande.	194
Mons. Galiano. Services de cet ancien corsaire à la famille d'Orléans.	202
MALAGA. — Bonne foi des brigands. La Vierge de la Victoire.	206
VENTA DE LOS DORNACOS. — Une rencontre avec les brigands.	210
VENTA NUEVA. — Trois domestiques. Le brigand Lopez. Un dialogue.	213
GRENADE. — La *Vega*. Système d'irrigation.	216
Mœurs grenadines. La chanson en Espagne. Le *majo* et la *maja*.	219
Un *Campo* dans l'Alhambra. Traditions.	227
MALAGA. — La sœur de Charité.	230

	Pag.
MALAGA. — *Casa de pupilos*.	233
Un patriote de 1808.	236
Une affaire criminelle.	240
Usages religieux.	248
Bal de gitanos.	249
Le Saint-Sacrement. Le bagne. Le *baratero*.	253
Les vapeurs de l'anisette.	259
CARTHAGÈNE. — Les chiffres arabes.	260
VALENCE. — Le sacristain d'Alicante.	263
La junte des représailles. Les bandes aragonaises.	265
JATIVA. — La Huerta de Valence. Tribunal des *Acequieros*. La *Verbena*. Les étudiants.	270
A BORD DU *Phénicien*. — Le gabeleur arabe. Position des étrangers en Espagne.	277
TARRAGONE. — Le grenadier Bianchini.	279
A BORD DU *Phénicien*. — L'amazone de Tarragone. Lois sur le mariage.	283
BARCELONE. — Les *pastorcillos*. La *missa del gallo*. Le ministre des quatre nations.	286
Les dindons. La *tahonera*. Tripili-trapala.	289
Le comte d'Espagne. Bals masqués.	292
PALMA. — Curiosités. Le curé de Valdemosa et G. Sand.	294
Excursions. La grotte de l'ermite.	302
HERNANI. — *Fueros* des provinces basques.	316
BILBAO. — Course dans le Guipuzcoa. Le *Zortcico*. Langue basque. Hidalguie basque.	333
Procession. Zumalacarregui.	243
Les *zeladores*. Les *posaderas* d'Oñate.	350
SALVATIERRA. — Vitoria. Les Asturiennes. Conversation.	355
ERICE. — Le *posadero* d'Echarri-Arranaz.	360
PAMPELUNE. — Les fueros de la Navarre.	366
Don Cyrille.	368

FIN DE LA TABLE.

www.ingramcontent.com/pod-product-compliance
Lightning Source LLC
Chambersburg PA
CBHW070443170426
43201CB00010B/1201